理性之梦

古希腊到文艺复兴时期哲学史

［英］安东尼·戈特利布　　　著
（Anthony Gottlieb）

肖聿　　译

The Dream
of Reason

A History of Western Philosophy
from the Greeks
to the Renaissance

中国人民大学出版社
·北京·

前　　言

多年前我开始写作此书时，最不希望发现的是世上根本就没有哲学这种东西。尽管如此，我还是发现了这一点，而这说明了很多问题。我决心忘掉自以为知道的东西，着手研究以往 2 600 年中那些被视为西方伟大哲学家的人的著作。我的目的（朋友们客气地说它"雄心勃勃"，而他们常用此词来表示"疯狂"）是以记者应有的方式去了解哲学史：仅仅依靠原始资料，只要它们尚存；质疑已变为传统智慧的一切；最重要的是尽力把它解释清楚。

我钻研了哲学史上形形色色的人物：从公元前 5 世纪乃至公元前 6 世纪那些在传统上被归为哲学家的人，到苏格拉底（Socrates，公元前 469—前 399 年）、柏拉图（Plato，公元前 427—前 347 年）、亚里士多德（Aristotle，公元前 384—前 322 年）（他们常被归为三人组，可是，难道没有三个彼此更为不同的人吗?），再到古希腊有知识的医者，再到古代后期的神秘主义者和术士，然后是第一批基督教思想家，即中世纪早期沉迷于逻辑学的修士，中世纪的科学家和神学家，文艺复兴时期的魔法师、预言家、文法学家和工程学家，一直到现代初期，"哲学"（它或许是最古老的学科）的大致构造才呈现在我眼前。我的结论是：传统的哲学史一直想把哲学与物理学、数学、社会科学、人文学科区分开，因此显得过分简单化。把通常所说的"哲学"限制在一门能被完整地绘入学术地图的学科之内，这是完全不可能的。

其理由之一是这幅地图上的地名往往会改变。例如在中世纪，

"哲学"其实包括未被归入神学的神学知识的每一个分支。牛顿（Newton，1643—1727 年）（研究）的学科是"自然哲学"，这个术语在 19 世纪上半叶仍被从更宽泛的意义上使用，用来表示如今被我们当作科学和视为哲学的一些学科。人们所说的哲学思考，往往会自然地越出传统的边界。哲学思考的漫游癖（wanderlust）和无法满足的好奇心，往往会催生出一些新的思想领域，这会使绘制学术地图的工作更加复杂。我们将在本书的第一章看到，古希腊少数几位思想家（他们被称为第一批"哲学家"）堕落到忽视关于众神的传统说法，而开始探究事件的自然原因，遂创造了西方科学。产生于更晚近时期的心理学、社会学和经济学，则大多来自当时被称为哲学家的人们的工作。同样的创造过程一直持续至今。例如，计算机语言就萌发于长期被看作哲学家最令人讨厌的那项发明，即形式逻辑。19 世纪德国数学家格奥尔格·康托尔（Georg Cantor，1845—1918 年）* 的经历就是个典型的小例子，说明了"哲学"如何产生了新分支。他对"无限大"（infinity）这个课题的研究，最初因为被他从事科学的同事们看作"哲学"而被一笔抹杀，因为它似乎太离奇，太抽象，又毫无意义。如今每所学校都在教授这个理论，其名为"集合论"（set-theory）。

　　哲学史其实是大量具有鲜明探究性的思想的历史，而不是一门被精确界定的学科的历史。哲学的传统形象是：一门纯思维的冥想科学，莫名其妙地与其他学科毫不相干。这个形象大多是历史视角造成的错觉。这个错觉是由我们观察过去的方式造成的，尤其是我们的一种习惯做法造成的，那就是给知识贴上标签，把知识切碎，再重新给它们贴上标签。哲学的工作往往被其他学科盗用。昨天的道德哲学变成了明天的法学或福利经济学，昨天的思维哲学变成了明天的认知科

---

* 格奥尔格·康托尔：德国数学家，集合论的创始人。——译注。全书星号脚注如无特别说明，均为译注。

学。这条路是双向的：其他学科的新探究也为哲学好奇心提示了新问题。明天的经济学会变为后天的道德哲学。不断变换边界造成的一个结果，就是哲学思维往往易被看作毫无用处，即使对知识产业而言亦是如此。这大多是因为，哲学的任何一角一旦被视为有用，它马上就不再被称为哲学了，因此便造成了一种假象，即哲学家从未取得进展。

据说，心理学家威廉·詹姆斯（William James，1842—1910 年）曾说哲学是"对思想清晰性的一种格外固执的追求"。这个定义十分枯燥，但比我知道的其他任何定义都更贴切。许多人想到哲学时，首先想到的确实不是清晰性（clarity）。不能否认，哲学家追求清晰思维的尝试往往会事与愿违。（例如，一切造就了海德格尔的学科都应向世界道歉*。）威廉·詹姆斯对哲学的描述也是正确的。即使是研究最晦涩哲学的哲学从业者也会尽力说清事物的意义，而正是这种努力使他们成为了哲学家。这种努力有时不会成功，但常常能够成功。

说哲学思维"固执"，这格外贴切。伯特兰·罗素（Bertrand Russell，1872—1970 年）曾说哲学思维"异乎寻常地固执"。这是因为有个特点使哲学思维区别于其他思维：哲学思维不肯接受传统的答案，即使从实践角度看，这似乎也说不通。正因为如此，哲学家们才成了绝顶可笑的人物。对此，早期的希腊哲学家对世界的解读超过了我们今天的理解，因为他们的书中布满了可笑的趣闻轶事，其中一些也许真有其事，而大部分事件即使是虚构的也非常有意义。反对嘲讽这种可以嘲讽之事，就失去了哲学核心中的玩笑精神。对于人们误认为常识的东西，哲学家往往会挑起眉毛，不以为然；一旦事实证明"常识"都是大大的误解，哲学家便会妙语连珠，大开玩笑。玩笑有

---

* 马丁·海德格尔（Martin Heidegger，1889—1976 年）是德国哲学家，20 世纪存在主义哲学的代表人物之一，其理论来自他学习的神学和胡塞尔现象学。他在二战期间效力于德国纳粹政权，因此这里说造就了他的一切学科都应向世界道歉。

时开错了，最终被看成傻瓜的正是哲学家。但有工作便会有风险。

把理性的探究不懈地推向极端，这注定会失败，会使激发哲学家思考的理性之梦成为海市蜃楼。但在另一些情况下，这种探究也取得了极大成功，使理性之梦成了取得丰硕成果的灵感。本书力求从成败两方面讲述理性之梦的故事，从公元前 6 世纪讲到文艺复兴时期。本书下一卷《启蒙之梦》将继续讲述这个故事，从笛卡尔讲到法国大革命。

这本新版《理性之梦》对原版最后一章做了大幅修改，并把它分成了两章。其他地方也做了些小改动。

目　录

第三部

第一部

1

原型：米利都哲学家

没人知道是谁开启了哲学之门。可能是某位可怜的天才发明了哲学，但他尚未使自己被后人知晓，就坠入了没有文字记录的历史的深渊。没有理由认为有过这样一个人，当时也不会有这样一个人。幸好至少还有些关于某人开始了哲学研究的记录，虽说我们不能断定哲学还有其他一些虚构的发端。

如今，图书馆和大学都在认真研究最早的著名哲学家，但他们初获声誉，却是在一个可能被视为娱乐业的分支里。他们出现在公众面前，常常身着华服，或发表演说，或吟诵诗歌。这些表演吸引了过路观众和虔诚的追随者，有时则被众人讥笑。他们当中的一些人比另一些人活泼些。在一个极端，有吟游诗人色诺芬尼（Xenophanes，约公元前 570—前 480 年）*——据说他当时 92 岁，自称"在希腊的土地上……来来回回操心了 67 年"[1]。在另一个极端，则有目空一切的贵族——以弗所的赫拉克利特（Heraclitus of Ephesus，约公元前 540—前 480 年）（古时他曾以"忧郁""哭泣""晦涩"而闻名）。出于令他自豪的使命，他厌恶一切听他讲话的智者与群氓，这大概也导致了他的离群索居。早期哲学家大多处在这两极之间的某个位置上。当时是

---

* 色诺芬尼：古希腊哲学家、诗人、历史学家、社会和宗教评论家。

公元前 6 世纪和公元前 5 世纪，地点在如今的希腊、土耳其和意大利。

如今，这些人被称作"前苏格拉底哲学家"（Presocratics）。这个称谓反映了一个事实：他们几乎都有一种某些 19 世纪史学家所认为的不幸，即出生于苏格拉底之前。也许有人愿把这个标签留在他们的脖子上，但他们其实绝不只是苏格拉底这部歌剧的序曲。如尼采（Nietzsche，1844—1900 年）所言，他们发明了后世哲学的一切原型（archetypes）[2]。他们也发明了科学，而当时科学与哲学几乎是一回事。

这些神奇人物的第一批绝非突然从天而降。公元前 6 世纪的希腊不是哲学诞生之始。有一个事实也许能说明哲学起源得更早，那就是巴比伦人初步的几何学或希腊人的早期宗教。可以说，前苏格拉底哲学家虽然是优秀的思想家，却并未发明思想本身；因此，追溯一些更早的努力将有助于弄清他们的思想。但本书是哲学史，不是通史，所以我们必须从某个地方开始。

这个地方就是米利都（Miletus）——爱奥尼亚（Ionia）的一个城邦，位于小亚细亚海岸（如今在土耳其境内）。公元前 6 世纪，泰利斯（Thales，约公元前 624—约前 547 年）、阿那克西曼德（Anaximander，约公元前 610—约前 545 年）、阿那西米尼（Anaximenes，约公元前 586—约前 524 年）就活跃在那里。米利都是富裕的海上强国，在色雷斯（Thrace）北部和黑海一带有很多殖民地，与意大利南部、东方和埃及有贸易联系。它是一方文明之地，给了一些人悠闲，而亚里士多德后来常说：悠闲是哲学的先决条件。两个世纪之后，亚里士多德数次讨论过这些米利都哲学家。他把早期希腊思想家分成了神学家（theologi，即认为控制世界的是一些鲁莽的超自然存在）和物理学家（physici，即自然主义者），后者力图用一些更简单、更客观的原理去解释看似无序的世界。他说，这些米利都人属于第一批物理学家。

　　许多前苏格拉底哲学家都写下了他们的思想，都把思想呈现给了公众，但根据如今的留存，你却很难知道那些思想。时光已把他们的著作拆得七零八落，即便有所留存，也只是短小的残篇。两千多年来，学者们一直在钻研那些残篇上的段落（仅比寥寥数语多一点），从这处或那处挑出些许词句，且都大大地依靠第二手资料。关于古人对这些残篇的一些注解，我们至少可以相信其力争达到的精确性。但即使是其中最好的注解，也都写于前苏格拉底哲学家们去世后数十年甚至数百年。阅读另外一些第二手或第三手资料时，例如，阅读那个往往并不可靠却最令人愉悦的传记作家第欧根尼·拉尔修（Diogenes Laertius，生活在公元 3 世纪）的著作时，我们就必须挑起至少一边的眉毛*。作为历史学家，第欧根尼是一头不挑食的鲸鱼，吞进了漂过他身边的每一个故事。

　　牢记以上提醒，我们来看看米利都的泰利斯。他在古希腊出名是因为很多事情，而其中最著名的那件事，他其实并没做过，那就是预言了公元前 585 年的日食。那次日食发生在米利都东边的两伙邻人——吕底亚人（Lydians）和米堤亚人（Medes）交战期间，因而大大增强了他预言的影响力。那次战争成了泰利斯的智力财富。那些战斗令人印象深刻，尤其是在双方战斗时发生了日食，士兵们纷纷放下武器，罢兵言和。泰利斯似乎预言了那次日食，很多希腊人都对此大为震惊，以至于后来竟把数量多到令人难以置信的智慧之言、智慧行为及种种发现，从各种几何定理的证明，到赚大钱的能力，统统归到了他的名下。最重要的是，他们深深尊重泰利斯的思想方法。

　　但是，泰利斯并没有真的做出过那个预言，那只是一次侥幸的、以情况为据的猜测而已。最有可能的情况是：他绝不会理解日食的真

---

*　即表示怀疑。

正性质，甚至不会知道月亮跟日食有何关系。他的幸运在于他游历广泛，而这能解释他的猜测。从巴比伦的星相家们辛辛苦苦的记录中，他也许知道了一点：以往的日食似乎总有个循环周期；某些年份很可能发生日食，另一些年份则不会发生。他根据那些记录做出的最合理的推断是：公元前585年的某个时候很可能发生日食。若说泰利斯的预言比这个推断更精确，那就言过其实了。

在自然主义者的世界观里，日食是一件幸事。他们显然都是我们应当考察的思想家。我们考察他们那些现存观点的细节时可能会感到古怪，因为据最可靠的推断，他们的理论来自泰利斯的观点：磁铁有生命，世界由水构成。泰利斯也许还说过其他一些不那么具有猜测性的话，这使他得到了侪辈的尊敬，被看作具备实际学识的人。但即使是这两个明显令人无法接受的观点，若放在适当的语境里，也理应得到几分重视。

先说说水。我们如今所说的对事物的科学描述，其区别于其他描述的标志就是应当尽量简单。泰利斯过分夸大了这个标志，想把一切都简化为一种事物，那就是水。他似乎并未真的设法对此做出任何哪怕是不大合理的解释（毕竟，那还是在很早的年代）。但是，泰利斯找到了一种自然的物质，这样可以把观察到的世界现象结合起来，化繁为简，而没有乞灵于众多的神，把事情弄得更复杂。他至少是在我们如今认为的正确的地方去寻求知识。

泰利斯的意思是"从某种意义上说，万物皆由水构成"，还只是"万物皆来自水"？我们对此并不清楚。他完全有可能兼具这两层意思。过分地误解泰利斯，以至于像亚里士多德那样，认为泰利斯将水视为"本原"（arche，稍后的一些思想家用这个词表示事物的本原，也表示基本物质，万物都以某种方式由它构成，并最终回归于它），这不但已经落伍，而且没有必要。

对泰利斯来说，无论做出哪一种解释，水都是个不错的选择。与其他普通要素（例如土和火）不同，人们很容易看见水呈现为不同的形态，例如冰或蒸气。水灵活易变，似乎很活跃。亚里士多德解释泰利斯对水的偏爱时，也指出了水与生命的密切联系。食物、血液和精液都含水；植物和动物也都由水来滋养；生物往往是湿的，它们一死就会变干。很多对宇宙的神话描述都赋予了水头等地位。巴比伦人和埃及人都有创世神话，水在其中发挥了首要作用。鉴于这两种文化都依赖于其人群定居的河流，这个观点似乎一点也不奇怪。在荷马（Homer，约公元前 9 世纪至公元前 8 世纪）的史诗里，俄刻阿诺斯（Okeanos，在圆形地表上流动的水之化身）造就了一切生命，也许还造就了一切神的生命。根据普鲁塔克（Plutarch，约 46—约 120 年）的记载，埃及的祭司们常常宣布：荷马和泰利斯关于水的思想来自埃及。

泰利斯大概知道埃及人和巴比伦人的神话。但这绝不是说他的思想只是那些神话的回声，也不意味着他的思想最先从那些神话中获得。不妨说，这两个神话和他的推断部分地萌芽于一个认识：水显然是活跃的，形态很多，参与了生命的过程。此外，泰利斯对这个认识的利用也跟别人截然不同。与荷马的俄刻阿诺斯不同，泰利斯的水不是忒提斯女神（Tethys）*的哥哥（和丈夫）；不是巴比伦人宇宙学里那个化合体，即三类化身为人的水——阿卜苏（Apsu）、提亚马特（Ti'amat）和穆木（Mummu）**（他们造就了众神）；也不是埃及神话中的清晨太阳神之父努恩（Nun）***，即最初的水。它完全是原本的水，人们可以在其中游泳或饮用它。它跟任何化身为人的神都毫无瓜葛，无论通过生育还是婚姻。

---

* 忒提斯女神：古希腊神话中的海洋女神。
** 阿卜苏：巴比伦神话中的原始甜水之源。提亚马特：巴比伦神话中原始大海的化身，咸水的化身。穆木：巴比伦神话中湿雾的化身。
*** 努恩：古埃及神话中原始深渊之水的象征。

　　泰利斯和他那些制造神话的后继者的另一个区别是：他似乎觉得至少该为自己说的话提供一些理由。他认为地球安放在水上，这似乎是说：这是"因为地球能像木头或其他类似材料那样漂浮，这样的构造使它能漂浮在水上，而不能飘浮在空气中"[3]。是什么支撑着地球？这是很多自然主义者都试图回答的问题。泰利斯没有教条式地强调一个结论，所以他像是想给出一个理由。水能支撑某些东西（例如木块），因此也许能独立地支撑地球。这个推论没有说服亚里士多德，他指出：地球若是需要放在什么东西上，那么能支撑地球的水也需要放在什么东西上；所以，泰利斯其实并未回答这个问题。对泰利斯的观点，还有一项致命的反驳：木块能漂浮，但其他一些东西却漂不起来。为什么认为地球会像木块一样漂浮，而不会像石块那样沉下去呢？不过，即使这个诘问驳倒了泰利斯，那也是泰利斯的胜利。为了反驳他，我们必须跟他说理，而我们却没想给埃及的祭司们这样的机会。

　　泰利斯也许理应得到一些赞誉，因为他说磁铁和琥珀是有生命的——或者说是有灵魂（psuche）的，当时这两个说法几乎是同一个意思。他注意到它们能使另一些物体运动——自动地朝它们运动，便想通过提出它们具备某种生气（animation），来解释这种神秘现象（毕竟，自发的运动往往是生命的标志）。我们会反驳泰利斯说：造成运动的力量并不足以证明"石头有生命"的说法是正确的；但这并不等于说我们可以拒绝他的那些思考，把它们看作纯粹的怪念。如今，人们对生命仍然没有精确的定义；而在公元前7世纪，人们对生命更是几乎尚未形成模糊的概念。因此，我们不妨把泰利斯这个显然很古怪的思想，视为一个喜欢探究的头脑在知之甚少的情况下自然得到的结果。

　　在离开泰利斯、介绍其他米利都哲学家之前，还应当重提泰利斯的一则轶事，即使它来自第欧根尼·拉尔修的记载：

据说有一次，一位老妇把他带到了屋外，好让他观察星星。
他跌进了一个水沟。他的呼救声遭到老妇的回应："泰利斯，你
知道天上的一切，怎么连你脚下的东西都看不见呢?"[4]

这个故事若是真的，泰利斯便不但有了第一位哲学家的名号，而且有
了第一位心不在焉教授的名号。无论如何，这个故事道出了一个事
实：人们很早就乐于把哲学与脱俗（unworldliness）联系在一起。在
柏拉图的《对话录》中，苏格拉底为了反驳泰利斯，讲述了同一个故
事的另一个版本。在阿里斯托芬（Aristophanes，约公元前448—约
前380年）的戏剧《云》（Clouds）里，他为了反驳苏格拉底，也讲述
了一个类似的故事，但措辞更为粗鄙。

希腊人欣赏有秩序的智慧，往往喜欢在看似缺少秩序之处建立秩
序。这是人们研究希腊人的一个理由。把事物排列清楚，这种欲望表
现在希腊人书写自己历史的方式上：在有关早期哲学的古代资料中，
我们看到了师生之间的庄严（传承）序列，其中每个人都把知识的火
炬传给了指定的继承人。因此，阿那克西曼德，一个比泰利斯稍微年
轻的米利都城邦市民，便常被称作泰利斯的"弟子和继承人"，尽管
他根本不可能师从泰利斯。像泰利斯一样，阿那克西曼德也很博学。
他的《论自然》（On Nature）虽然只存留下一些句子，但这些留存的
证据足以说明一点：他确实写出了一本书，书名近似"论自然"（希
腊语），其内容几乎包罗一切。他甚至绘出了关于地球当时已知部分
的第一幅获得公认的地图。他还设法补足他不了解的自然的相关知识
（这部分未知的自然知识当然很多）。

这并不是说阿那克西曼德撒了谎，而是说他试图独立地思考事
物。他思考了宇宙的起源和命运、支配自然过程的原理、日月星辰的
成分、生命的发展、气候和其他很多问题。他利用相似的形象和概念
去解释他见到的一切。但从某种意义上说，他没见到的甚至比他见到

的更重要。他知道，对自然的最佳描述不能总是依靠能直接观察到的东西，有时必须深入挖掘。与泰利斯提出的"水"不同，他提出：世界的本原或基本材料（basic stuff）是某种无形的东西。若说泰利斯的哲学展示了科学思维的一个基本方面，即一种简化和减少可观察到的现象的冲动（urge），那么，阿那克西曼德的著作就举例说明并增加了（科学思维的）一个同样基本的方面：科学认为眼睛能见到的世界是很有限的。

阿那克西曼德把他所说的基本材料称为"to apeiron"，即"无限的"（indefinite），其最主要的含义是"不确定的"（indeterminate）。他这个术语常被译为"无限"（the infinite），但这却使他显得故弄玄虚。毫无疑问，阿那克西曼德的确认为构成世界的原料是漫无边际的，其意义在于"广阔无垠"，正如荷马把海洋描述为"apeiron"（无限的）那样。但阿那克西曼德认为最重要的是：无论那种基本材料是什么，其自身都不应具备可被观察到的性质，如此才能用它去解释一切可被观察到的现象。

阿那克西曼德注意到，可被观察到的事物往往呈现为两极——例如冷与热、湿与干——这些要素（element，这是他的叫法）往往处于对抗状态。正如他仅存的词句所言：它们"根据时间（time）的评估，为了它们的不公平（injustice）而互惩、互偿"[5]*。他的思想似乎是：事物互相侵犯（以维护其"公平"），时而成为受害者，时而成为复仇的侵犯者，时间则扮演仲裁者的角色。例如，时间命令黑暗和光明应大致相等，机会均等。在昼与夜的有序交替中，我们看到了这种独特斗争的结果。在宇宙的"石头—剪子—布"的游戏中，其他的斗争也持续不断：有时火进攻了水，使水蒸发；有时水熄灭了火，作为

---

* 参见辛普里丘（Simplicius of Cilicia，约490—约560年）：《论亚里士多德〈物理学〉》（*On Aristotle's Physics*），24，13。辛普里丘是公元6世纪研究亚里士多德的学者，著有多部论述和注释亚里士多德著作的书。

报复。

互相冲突的元素，第一次呈现在了阿那克西曼德面前，并反复地出现于西方文学中。例如，弥尔顿（Milton，1608—1674 年）曾写道：

> 冷热干湿，四者相争
>
> 于此拼斗，争占上风[6]

其他的描述更是不计其数。但是，在不确定的无限中，冷、热、干、湿是如何出现的呢？阿那克西曼德只能说，"无限"中包含着某种"分离"的过程。他的理论虽会留下一些尚未解答的问题，但至少是一种用另一些问题解答这个问题的尝试。阿那克西曼德认为，万物都以某种方式产生了一种原始的、不确定的物质。这个假设的优点是：它解答了困扰泰利斯或其他任何人的一个难题，后者也认为日常元素之一就是现存事物的"原理"（principle）。这个难题是：若万物最初都是水，火是如何产生的？火难道不会一出现就被熄灭吗？阿那克西曼德的回答是：从"不确定"中同时产生了互相对立的基本两极，因此，那些互相斗争的物质无一能先于对方出现，因为这不公平。

阿那克西曼德更详细地讲述了宇宙诞生的故事：某种包含冷和热的基本两极的卵、萌芽或种子，从不确定的无限中分离了出来。这颗种子发展成了一种又凉又湿的物质，周围被火包围，"热"对"冷"的猛攻造成了两者间的暗雾。"冷"变成了地球，火成为了行星。地球是个扁平的盘子，要么也许是个圆柱体，但一定不会是个球体。此外，更奇怪的是：日月星辰不但不是球体，而且都是绕着地球转的火环，都被封闭在雾环里。这些雾环都有气孔，火闪现在孔中。因此，每一个雾环都像有小孔的、充了气的自行车内胎。我们见到的天光，其实就是那些气孔。日食则是其中一个气孔被暂时遮蔽了。

可以想见，这种叙述更适用于描述宇宙，而不适用于描述眼睛所见。如果我们重新构想阿那克西曼德是怎样描绘那幅天体图画的，那幅图画便不会显得那么奇怪了。也许是一棵正在生长、脱去树皮的树的形象，使他把行星看作了火环。阿那克西曼德大概想用这个形象说明，在"热"与"冷"的最初分离中，地球周围如何形成了一个火焰壳。脑海中有了这幅图画，就更容易理解他为什么把天体想象为环状了：地球像蜕皮一样地把它们蜕了出来，而这至少解释了行星从何而来。因此，他只需做一件事即可：描述行星如何出现在我们眼前，呈现为光点或光球。在这方面，他正好可以求助于"气孔论"［theory of breathing-holes，或称"小孔论"（theory of punctures）］。

阿那克西曼德的宇宙论里还有一个富于想象力的观点，其诡辩性比它表面的怪异性更引人瞩目。他认为地球不需要任何垫子的支撑——无论是水还是其他什么，都不需要。他认为：地球位于一个球形宇宙的中心，其他一切都围着地球运转；正是地球的这种轴心位置才解释了它为何没从空中掉落。它靠平衡力（equilibrium）保持它的位置，正如亚里士多德解释的那样（对阿那克西曼德观点的描述）：

> 因为它理应位于中央，与各极的关系相等，不比另几边矮半分，亦不比另几边低半分；它不会同时朝着相反的方向移动，因此被必然性地固定在了原位上。[7]

如此，地球就像布里丹那头著名的驴子：它被置于两捆干草的正中间，无法决定先吃哪捆，饿死在了正中间的位置。* 从某些方面看，阿那克西曼德的这个思想是先进的（尽管这个思想也错得离谱，尤其是它假设了地球位于宇宙中心，但为便于叙述，我们且不计较）。首先，它是一个令人愉悦的数学概念。像一个在高空秋千上的艺术家，跳进

---

* 让·布里丹（Jean Buridan，1295—1358 年）：法国哲学家，巴黎大学教授。据说他证明了在两个相反而又完全平衡的推力下，不可能随意行动，并举例说，一头驴在两捆完全等量的干草之间是完全平衡的（驴没有理由选择吃其中哪一捆草，因此永远无法作出决定，只能最后饿死）。但此说并不见于其著作。

了虚无的空间，自信地认为其搭档一定会荡过来抓住他，阿那克西曼德也勇敢地跨出了物质支撑的领域，相信能通过数学概念了解地球。当时还没有伽利略（Galileo，1564—1642年）或牛顿提出的运动定律，这些定律可以解释为何物体可以保持在稳定的进程中，而其运动方式也可被精确计算。但当时的确有了一条诉诸数学的普遍原理，即认为从地球到宇宙各个边缘的距离相等。这条原理被用于解释某种根本的性质。阿那克西曼德的平衡原理也像他的"不确定的无限"一样，虽然是无形的、客观的，却像众神之一那样强大有力。对其他的自然主义者来说，这一思想太过新颖，因此他们很快就把地球的物质垫子还给了地球，好让它安坐在上面。

阿那克西曼德讲的故事，其连贯性令人印象深刻。他用典型的非神话术语来描述地球上动物的生命，说它们都是通过那个"分离"过程产生的，那个过程也解释了宇宙的诞生。产生了各种天体的原始湿雾来自冷热对抗的运动。生命也来自那团湿雾，因为湿雾受到了太阳之热的刺激（生物会自然地产生于温暖、潮湿的物质，这一思想在17世纪之前几乎普遍流行，甚至存在于19世纪；到了17世纪，显微镜才开始让人们想到了另一个版本的故事）。据称，阿那克西曼德还认为（地球上）第一批动物都裹着多刺的皮肤，并用那层"火焰壳"（它后来变成了行星）去解释那种皮肤。整个故事的设计都力求前后一致，因此做到了尽量简单。

阿那克西曼德对人类如何出现于地球的解释是真诚的，尽管与我们想象的先见之明相去甚远。有一种神话说阿那克西曼德预示了进化论，该神话包括对他的一些评论，例如公元2世纪的一份很有影响的资料说：他认为人类起源于另外的物种。唉，可是阿那克西曼德不是达尔文（Darwin，1809—1882年）啊。一些更充分的叙述则说：他认为地球上第一批人类来自鱼类（或类似鱼类的动物）的腹中，那些鱼类的行为如同代孕者。他并未说人类这个物种是从另一个物种（鱼类）逐步演化出来的。他的理论似乎来自他的观察：（他看到）人需要一个异常漫长的哺乳期，其间不能独立进食。因此，他产生了这样一个想法：最早的人类不具备独立生存的能力。一旦人类得到了鱼类的哺育，具备了照顾自己的能力，第一代水中婴儿（water-babies）便来到了陆地上，在陆地上他们就有可能养育自己的幼儿。

在米利都哲学家的传统谱系里，阿那克西曼德之后的一代是阿那西米尼——最后一位米利都哲学家。他比阿那克西曼德年轻约 25 岁，其事业结束于公元前 494 年，那年米利都被波斯人摧毁了。这个城市在 15 年后重建了起来，但从此以其羊毛而非以其哲学闻名。

古代的哲学史家把阿那西米尼看作三位米利都哲学家中最伟大的一位。在他们清醒的大脑中，阿那西米尼是最后一位米利都哲学家，而这个事实自然会使他们认为他是其中的佼佼者。但以现代的眼光来看，阿那西米尼却似乎是这三人当中最不重要的。他不像阿那克西曼德那样富有令人愉悦的想象力；在阿那克西曼德那些跳跃式的推测之后，阿那西米尼不但显得步履拖沓，而且似乎是在倒退。例如，阿那西米尼放弃了阿那克西曼德关于"平衡力"的玄奥思想（说它玄奥，恐怕是误解），退回到了一个观点上：支撑地球的是某种物质的东西。他认为支撑地球的是空气，并以风能吹起树叶为喻，就像在他之前的泰利斯认为支撑地球的是水，并以水能浮起木块为喻那样。阿那西米尼还回头寻找选择他的本原，即构成世界的基本材料。他像泰利斯一样，也选择了日常的元素之一，但并未选择阿那克西曼德那个神秘的"无限"，而是又用"气"代替了泰利斯的"水"。

阿那西米尼为什么对元素中最不具实体的元素——"气"如此感兴趣呢？其答案多半与呼吸有关，希腊人认为呼吸关系到生命与灵魂。阿那西米尼显然认为人的灵魂与世界的本原是相似的：两者都是气。初看上去，这个观点似乎甚至算不上一个十分费解又给人以启发的比喻。灵魂怎么会是气呢？即使灵魂是气，它和"岩石和树木是由什么构成的"这个问题有何关系呢？但阿那西米尼的意思并不像看上去那么难以理解（在他那个时代，表示灵魂的单词"psuche"有很多含义）。心灵与物质之间尚无明确区别，人们只是把灵魂简单地理解为一种能赋予生物生命的材料。若存在这样一种材料，气（其表现为呼吸）就是一个合理的选项。阿那西米尼并非第一个选中了气的人。在荷马史诗里，灵魂除了有其他作用之外，还关系到生命的呼吸：英雄死前，气会从他口中逸出。在史诗《伊利亚特》（*Iliad*）中，风能让雌性受精怀孕，至少对牝马是如此。

只要把气看作某种能赋予生命的力，我们便能弄清阿那西米尼的主要思想。希腊早期的思想家全都认为：世界是以某种方式独立地成长或发展出来的，不是众神无中生有地创造出来的。传统神话中的众神也许做出了某些东西，但使用了事先已经存在的材料，而那些材料也是他们做的。因此，希腊人自然就会认为：构成世界的基本材料本身就具备成长变化之力——换言之，这种材料以某种方式与生命联系着。我们有理由认为泰利斯注意到了水与生命之间的联系：他惊讶地发现植物和动物都需要水。另外，阿那西米尼也注意到了气与生命之间的联系：活人呼吸，死尸气绝，这一点更触动了他。

我们不能确定泰利斯是相信万物都是由水构成的，还是只认为先有了水，然后万物才以某种方式出现。至于阿那西米尼，我们能确定得更多一些：他显然认为万物都是由气构成的，甚至尝试解释它是如何构成的。正是这种尝试性的解释，给直到今天的后继者都留下了深刻的印象。它使其中一些人推崇阿那西米尼，认为他发现了科学阐释的基本形式。但将这个殊荣给阿那西米尼也许很不恰当，因为他明明认为：树木、圆石和一切都是由稀薄的空气构成的。

其实，阿那西米尼认为：构成了树木和圆石的气，其关键在于它的特点是稀薄（thin）。气能呈现为各种形式，一切取决于它被稀化或被压缩的程度。稀化程度最高的是火，然后是普通的气：将气压缩，便成了风；进一步压缩气，就有了云；再压缩后，就成了水、土和石，依次递进。在某种意义上，我们呼吸的空气就是气这种材料的自然状态，其他一切形式都将回到这种状态。但由于气受到了搅扰而不断运动，所以有些地方的气才会比另一些地方多，也更浓稠。因此，气的运动造成的稀化和压缩就是阿那西米尼的世界中各种变化的引擎。它们解释了冷暖和干湿，解释了实体和非实体。这是对那种未加解释的"分离"过程的改进，阿那克西曼德用它解释来自不确定的无限的不同元素的表现。

这个故事的新颖之处在于，阿那西米尼认为不同的性质（或种类）取决于不同的量（或数）：元素包含的气的总量不同，造成了元素的多样性。把世界丰富的多样性简化为这种量的概念，这个做法几乎从阿那西米尼一直延续到了当今的科学家们。但这个做法背后的思想，即自然这本书是用数学语言写就的，却一直到 17 世纪的伽利略和牛顿那儿才得到了充分的表达。（在毕达哥拉斯派哲学家——我们将在下一章讲述他们——当中，还有更令人印象深刻的先声，他们发现了自然中的数，因为他们在万物中都见到了数。）

阿那西米尼故事的其余部分，却一点也不像伽利略或牛顿的故事。据公元 3 世纪罗马的一位基督教护教论者希波吕托斯（Hippolytus，170—235 年）记载：

> 他说，天体不是像其他人设想的那样在地球下面运行的，而是围绕着地球运行，就像一顶毡帽围着我们的头转；太阳被遮，不是因为它在地球之下，而是因为地球的上半部分遮住了它，还因为它与我们之间的距离变远了。[8]*

---

* 希波吕托斯：《驳一切异端邪说》（*Refutatio Omnium Haeresium*），1，7，6。此书是公元 3 世纪初一部基督教论辩摘要，共分 10 卷，其第 2 卷和第 3 卷今已不存。通常认为其作者是罗马的希波吕托斯，他是当时罗马最重要的神学家之一。

阿那西米尼把世界看作了现代天文馆，我们坐在里面，仰视穹顶（即他所说的"毡帽"），行星模型则在我们上方移动。太阳和行星像地球一样，也是扁平的，而这能使它们像叶子一样飘在风中。据说它们都是火球，地球蒸发出的水气越来越稀薄，直到燃为火焰。夜的黑暗是因为太阳（最大的、烈火熊熊的叶子）消失在了北方的群山后面。

阿那西米尼还尝试用他的新工具（即稀化与压缩）去描述气候，这个话题在海上强国米利都的哲学家们当中十分流行。但他最后的结论却和阿那克西曼德的观点相差无几。他继承了阿那克西曼德的一个说法，即雷鸣电闪是因为空气在猛烈地挣脱攫住它的云团。公元前5世纪末，阿里斯托芬的《云》讽刺过这个思想：

> 斯瑞西阿得斯：……霹雳是什么？
>
> 苏格拉底：每当干燥的风刮起来，又被这些云关住，它就会在云里膨胀起来，像膀胱那样；接着出于必然，它冲破了那些云，迅速跑到了外面，而这是因为它的浓度，还因为它跟云的猛烈冲撞点燃了它自己。
>
> 斯瑞西阿得斯：太对啦，宙斯（Zeus）啊！反正我就碰上过这种事儿……那天，我给亲戚们烤一根儿很粗的腊肠，一不小心，腊肠从我手里滑了出去——它胀了起来，突然爆了，里头的腌臜东西溅到了我的眼睛上，还烫了我的脸呢。[9]

雷电和地震虽不是爆开的腊肠，却正是神话的作者们借众神的行为去解释的那类事情。在爱奥尼亚诗人荷马和赫西奥德（Hesiod，约公元前8世纪至公元前7世纪）的作品里，地震是海神波塞冬（Poseidon）造成的，他有"造成大声撞击的大地撼动者"[10]之称。但阿那西米尼认为（据亚里士多德记载）：

> 地球（它被水浸后变干）开裂，又被崩塌的山峰震撼时，地震便发生了。因此，在干旱和随后雨水过多的时期便会发生地

震……地球干了，碎裂了，被水浸泡得过湿，便崩塌了。[11]

因此，自然主义，即物理学家的世界观，便让波塞冬失了业。古希腊人真的信仰过波塞冬，这使人们想知道那种信仰有什么意义。这个问题十分复杂，那时人们对宗教的态度大概也是多种多样的，像现在一样——但它与这个问题无关。即使是那些相信波塞冬和其他神的人也欣然赞成一个观点，即有可能从自然的角度去解释地震等事情。事实是：我们根本不知道在米利都哲学家之前有谁真的做出过这样的解释。

随着米利都的衰落，一个时期内，哲学活动的焦点向西移到了意大利南部的希腊殖民地。在这个过程中，哲学变得更加重视海洋：除了冷静地讨论天气之外，又增添了对灵魂的运数和正确生活方式的沉思。一些读者听到这些可能会感到欣慰；这些话题更符合人们对哲学的认识。但是，在讲述毕达哥拉斯（Pythagoras，约公元前580—约前500年）及其西方的追随者之前，还是值得对这些米利都哲学家做出评价，并解释一下为什么他们也被冠以哲学家之名。

即使与仅仅一百年后的希波克拉底派医生们（Hippocratic doctors）的方法相比，米利都哲学家的方法也粗劣得可怕，更不用说与公元前3世纪的阿基米德（Archimedes，公元前287—前212年）和欧几里得（Euolides，约公元前330—约前275年）的方法相比了。而荒谬的是，这恰恰是他们被看作哲学家的理由。当时，科学思维几乎尚未诞生，但他们依然敢于寻找事物的自然成因。所以，他们试图挖掘的深度比传统的世界图像表现出来的可能更深。事实是，他们确实这么做了，而且把理性作为挖掘工具，这使他们成了哲学家。

运用理性是基于信念之举。若是根本不存在支配宇宙的客观规律，若是那些规律在人类的理解力之外，则描述那些规律便几乎毫无意义。米利都哲学家只是相信存在这些规律，相信人的头脑能领悟它们，相信自然界存在可被理解的模式，这个信念一旦遇到了他们认为的对生命、日食和雷电等事物的合理解释，便有了回报。阿那克西曼德关于"必然"、关于元素"根据时间的评估，为了它们的正义而互惩、互偿"的说法（尽管它们带有几分诗歌的语言），都表明了米利都哲学家新树立的一种信念，即相信世界受可被理解的规律支配。

没过多久，这些信念就被明确地宣布出来了。聚集在希波克拉底（Hippocrates of Cos，约公元前 460—约前 370 年）周围的医者，都积极地赞赏这种新的自然主义。他们曾这样分析在当时被称作"神圣之疾"的癫痫：

> 此病被视为神圣，然其病因与其他疾病成因无二，亦来自进出人体之物，来自寒冷，来自太阳，来自持续多变的风……不必将此病列为特殊一等，不必将它看得比其他疾病更神圣；疾病皆为神圣的，皆为人类所患。每一种疾病都自有其性质与力量；任何疾病皆非毫无希望或不可治愈。[12]

他们没有把世界分成两部分：一部分是神圣的神秘事物，另一部分是可被解释的自然事物。像米利都哲学家一样，他们也相信万物都可被解释。

希波克拉底派的医生观察事实更为仔细，并怀疑那些无法证实的事物。人们有时说，与此相反，米利都哲学家则没有兴趣去证实他们的思考（这削弱了他们言论的可信度）。此话有几分真实，尽管也有证据表明阿那克西曼德真的做过某种实验。他的结论完全是错的，但这是题外话。他说（转述自一项看似真实的记载）：你若噘起嘴唇，让你的嘴形成一个小洞，朝你的手吹气，气息就是凉的；但你若张大嘴巴呼气，气息就是热的。这个事实似乎支持了他稀化和压缩空气的理论，该理论认为：压缩的空气较凉，稀化的空气较热。（其实是压缩的空气较热，但由于在这个实验中，它更快地吹过手上，所以才使手感较凉。）

阿那克西曼德想通过吹暖他的双手来支持他的宇宙论，这既是个例外，也印证了一项规则：总的来说，米利都哲学家都不肯让实验来烦扰自己。这一点也不令人惊讶，因为他们最喜欢考察的领域——天空、天气和事物的起源——其实都不会促使他们去做实验。大雷雨和落日都不易被操控或被仔细分析。面对这些神秘的现象，米利都哲学家做了他们最擅长的事：他们尝试利用手边最近的一切类比方法和观察结果，靠推理得出结论。考虑到他们的那些兴趣，我们很难相信：倘若他们能想到再多做一点儿实验，他们的进展本来会大得多。

对于米利都哲学家和希波克拉底派医生，还有一样更严厉的批评：他们自称具备了更高级的知识，此话十有八九是假的。例如，前文引用的希波克拉底那本书的作者认为：癫痫的病因是痰从头部流入了血管，阻断了气道。因此，他虽然嘲讽了想用魔法治愈癫痫的江湖骗子，但他自己的运气却几乎不比他们好多少。总的来说，自然主义的第一批提倡者之所以值得注意，是因为他们坚决拒绝用神话去解释自然，而不是因为他们用于解释自然的那些其他方法的细节。

其后的爱奥尼亚人中，尽力坚持用这种新方法观察世界的人并不多。太多的事情显然尚不能得到解释。以希罗多德（Herodotus，约公元前485—约前430年）为例。他常被冠以"历史之父"之名，虽然有时也（不厚道地）说谎，但说他是一位秉着米利都哲学家的精神调查事实的人，则是正确的。但是，伴随着他那些更具自然主义色彩的段落（例如他尝试解释尼罗河的洪水和他对超自然故事抱有坚定的怀疑态度），在采用制造神话的神学家的方法方面，他常会犯些小错。例如，他说提洛斯岛（Delos）的一次地震是众神发出的警告。[13]他偏离了物理学家那条狭窄的怀疑主义之路，并不单单因为他提到了神。据说，阿那克西曼德和阿那西米尼都曾把他们各自的本原说成神，但现代的读者不应过分曲解他们这种表述。在那个时代，欲使某个事物堪称神明，除了该事物必须活着（即它能造成运动）并永远不死外，几乎再无其他必要条件了。正如一位现代评论家所言："我们看到的运作于世的一切力量和力，都不是和我们一起诞生的；我们死后，它们仍会继续存在，因此都可以被称为神，而世上的力量和力大多都是如此。"[14]希罗多德之罪并不是他随意谈论神明，而是他引进了个人的存在（personal beings）*，他们披着神秘的外衣，伪装成宗教膜拜的对象，被当作一切自然事件的总的原因。而这正是泰利斯、阿那克西曼德和阿那西米尼断然不肯去做的事情。

米利都哲学家和希波克拉底派医生以这种新方式看世界，并未受到关于这种神圣之疾的神话和迷信的妨碍。是什么使他们如此呢？无人确切知道。亚里士多德认为：第一批哲学家的重要之处在于他们都有富余的时间。但这个说法几乎不能算是故事的全部（若真有那个故事的话）。有关他们的三个事实也许更中肯：第一，爱奥尼亚人（尤其是米利都人）讲求实际，热衷于发展他们作为天文学家、地理学家、水手和土地测量者的技能。他们几乎没时间理会那些富于幻想的神话。第二，作为勤勉的贸易者，他们很多人都游历广泛，见到过大量的外国人，或至少听说过外国人。外国人往往有跟他们不同的神话和迷信，而这促使一些爱奥尼亚人以怀疑的态度反思自己的信仰。第三，他们对宗教抱有比较自由的思想态度。爱奥尼亚人有他们正统的众神，即荷马史诗所说的奥林匹斯山众神，也有他们供奉众神的神庙；但总的来说，他们并不是特别虔诚的信神者。和许多神秘信仰和民间宗教（它们发展到了色雷斯的北部和西部）的拥护者相比，米利都人几乎都是不可知论者（agnostic）。**自然主义最先出现在这样的背景下，这很难说是巧合。

竞争性公共辩论的盛行，也许有助于解释自然主义（也是哲学）

---

　　* 此指把自然力比喻成了具体的人（拟人化），把对自然力的崇拜变成了对宗教偶像的崇拜。

　　** 此指米利都人既不相信宗教，又拒绝无神论。

为何兴起于希腊。希腊城邦居民以好辩闻名；事实上，希腊人似乎认为辩论和批评是说话的最高贵的用法。亚里士多德写道："说话的力量在于力图阐明适宜与不宜，同样阐明了正义与非正义。"[15] 至少在一些城邦，辩论的方法最终被用于研究自然，这绝非奇迹。还应指出：第一批哲学家的公开演讲和高声告诫，都是为了越来越多的有文化的听众。大约在公元前 8 世纪，希腊有了书面文字；到公元前 6 世纪，书面文字开始广泛传播。这使人们可以把一切能说出来的都轻松地写下来，我们很难体会到当时的人们那种新奇感。用文字把一切信仰、神话、理论和故事固定下来，这是只能通过口口相传的方式讲故事的原始文化（pre-literate cultures）下的人们从未想到的方式，这也使人们得以有机会去检视和批评这些信仰、神话、理论和故事。米利都哲学家虽有缺点，但他们仍然是第一批尝试利用这种机会的人。

2

世界的和谐：毕达哥拉斯学派

有关毕达哥拉斯的传说，如同铁屑被磁石吸引一样飞向他本人。例如，据说他曾同时出现在好几个地方，并曾多次死而复生。按字面理解，这个说法可以扔进那个装满他的故事的箱子里，箱子里还装着那个说他有一条金大腿的故事；但从比喻的意义上看，这个说法却只能算轻描淡写。毕达哥拉斯——至少是毕达哥拉斯主义——无处不在，至今依然如此。

就连小学生都可能至少两次看到过他的名字：在几何学里（关于直角三角形各个边长的那个著名的勾股定理），以及在莎士比亚（Shakespeare，1564—1616 年）的戏剧中[1]：

> 小丑：毕达哥拉斯对野鸟有何意见？
>
> 马伏里奥：他说我们祖母的灵魂也许曾经寄居在鸟儿的身子里。
>
> 小丑：你觉得他的意见如何？
>
> 马伏里奥：我认为灵魂是高贵的，绝对不赞成他的说法。
>
> 小丑：再见，你还是继续愚昧下去吧。等你赞成了毕达哥拉斯的说法，我才会承认你是头脑健全的。千万别打山鹬，因为你也许会害得你祖母的灵魂无家可归。再见。*

---

* 此段为译者根据原文译出。

若三角形和灵魂轮回（transmigration of soul）* 还不算多样，那还可以说：每当我们使用"平方"或"立方"这类数学用语，或偶然见到"天体音乐"（music of the spheres）** 的诗意形象，或使用"哲学家"这个词的普通意义（即试图超脱世俗烦恼的爱智者）时，我们总会遇见毕达哥拉斯。不仅如此，柏拉图还围绕着毕达哥拉斯的思想，发展了一些最具影响的柏拉图学说。

伯特兰·罗素在他的《西方哲学史》（*History of Western Philosophy*）里引用《第十二夜》（*Twelfth Night*）的上述对话时，玩笑似地说：毕达哥拉斯建立了一种宗教，"其主要教义就是灵魂轮回和吃豆有罪"[2]。罗素夸大了豆类的意义，这可以谅解，但总的来说，他并非看不起毕达哥拉斯。恰恰相反，罗素写道：毕达哥拉斯是"在智力上最重要的历史人物之一"[3]。有一个时期，罗素本人也曾是狂热的毕达哥拉斯主义者，而这也许能解释他为何对毕达哥拉斯做出过高评价。

可以说，毕达哥拉斯无处不在，从小学生的练习本到伯特兰·罗素的头脑，也可以说，毕达哥拉斯处处不在。他可能说过或写过的东西无一存留（至少没有写上他的名字，公元前 6 世纪的一些诗歌被认为出自神话中的歌手俄耳甫斯（Orpheus）***，但其实可能是毕达哥拉斯所作）。古代关于毕达哥拉斯学派的记载中，区分不出毕达哥拉斯本人的思想和他的追随者们的思想。这大多是因为这个狂热宗教或兄弟会的成员们认为，把自己想出来的一切都归功于这位大师，乃是唯一正确的做法。这也是因为，毕达哥拉斯学派以对其信条保密为

---

　　*　灵魂轮回：此指前述莎剧中说的"我们祖母的灵魂也许曾经寄居在鸟儿的身子里"。

　　**　天体音乐：欧洲古代哲学概念，指天体（日、月、行星）运动中的比例关系。通常认为人们听不见它，它只是一个和声学、数学或宗教的概念。此句所谓"诗意形象"是指以文学语言暗示出的这种音乐。

　　***　俄耳甫斯：一译奥菲欧，古希腊神话中的歌手。

傲，只把信条透露给新入会者。他们的保密取得了一定程度的成功，但只是间接的成功：它激起了关于毕达哥拉斯学派的大量无来由的闲话，以至于在一大片嗡嗡作响的流言蜚语中，几乎不可能听见毕达哥拉斯本人的声音。

以下是这些自相矛盾的闲话中的一个典型例子，写于古代，内容是关于毕达哥拉斯的生活：

> 最重要的是，他绝不吃红鲻鱼和幼鲑鱼，绝不吃动物心脏和豆类。亚里士多德说，他有时甚至不吃动物胃和鲂鱼。一些人说，他只吃些蜂蜜、蜂巢和面包，白天从不碰红酒，只吃煮熟的或生的青菜，几乎不吃鱼……他为来访者提供的食物总是无生命的，但有人说，他会给他们提供公鸡、吃奶的山羊和小肥猪（这是他们的叫法），但从不提供绵羊。不过，亚里士多塞诺斯（Aristoxenus，公元前 375—前 335 年）* 却说他准许吃其他一切动物，唯独禁止吃耕牛和公羊[4]。

可以肯定地说，毕达哥拉斯的饮食在古代引起了最多的议论。关于其饮食的最确凿的说法是：他是素食主义者。而这基于他的一个信念，即人们有时会以寄居在动物身体里的形式复活（或像前述莎剧中的马伏里奥所说，"我们祖母的灵魂也许曾经寄居在鸟儿的身子里"）。

毕达哥拉斯的饮食跟他的几何学毫不相干，但总的来说，毕达哥拉斯主义中很多神秘的方面的确妥贴地结合在一起。讲述它们之前，我想简要地说一说（我们能知道的）毕达哥拉斯生活和学习的环境。这方面的资料很少，也十分珍贵。

毕达哥拉斯生于公元前 570 年前后，大约 70 年后去世，这使他

---

* 亚里士多塞诺斯：古希腊哲学家，亚里士多德的学生。其音乐论著《和声要义》（*Elements of Harmony*）仅存残篇，是研究古希腊音乐的重要资料。

成了和阿那西米尼同时代的人。他像阿那西米尼一样，也是爱奥尼亚人，出生在位于米利都正西北方的萨摩斯岛（Samos），但在 40 岁前后离开家乡，去了意大利南部的希腊"殖民地"，在那里度过了他的余生。他"移民"时，已享有禁欲主义圣人之誉。虽无证据表明心思相当缜密的毕达哥拉斯及其追随者是被驱逐出萨摩斯岛的，但他们会离开那个在其统治者波利克拉特斯（Polycrates）的绝对暴政下由盛而衰的城市，却一点也不奇怪。一些真正的迫害是后来才出现的，当时毕达哥拉斯已定居意大利南部的克罗顿城（Croton），并建立了他的学派。在那里，毕达哥拉斯及其追随者在该城市的政治方面发挥了重要作用，但我们并不清楚他究竟从事了什么活动，也不清楚为什么在他享誉 20 年后竟会引发一场反对他的起义。公元前 6 世纪与公元前 5 世纪之交，克罗顿和一些邻近城市的毕达哥拉斯主义者中，很多佼佼者都遭到了围捕和杀戮。毕达哥拉斯本人也被驱逐。一位历史学家认为：针对毕达哥拉斯的明显敌意，一部分是因为他"激怒了当时的普通人，他们认为：给他们制定法律的是一帮无与伦比的书呆子，特别重视禁食豆类，还不让他们打自家的狗，只是因为那帮人从狗吠声中听出了一位已故朋友的声音"[5]。

那次起义后，毕达哥拉斯四处漂泊，大概死在了位于意大利塔林敦湾（Gulf of Tarentum）的麦塔庞顿（Metapontum）。毕达哥拉斯主义社团很快再度繁荣，并发展到了意大利南方。但公元前 5 世纪中期前后，却出现了对毕达哥拉斯学派的又一次更残酷的清洗，致使其中许多人猝然星散，离开意大利，去了希腊。经历这些移栽的毕达哥拉斯主义，在其新土壤上表现为各种不同形式并开始败落。到公元前 4 世纪初，所有的毕达哥拉斯主义社团其实都离开了意大利；在那个世纪中，各地的毕达哥拉斯主义社团几乎都陆续不复存在了。

但是，他们的思想影响却仍在不断增强，主要是通过柏拉图（他是毕达哥拉斯的密友，也是毕达哥拉斯主义者）和塔林敦的阿契塔

（Archytas，约公元前420—约前350年）*。阿契塔是思想家、政治家和数学家，并很可能是柏拉图笔下著名的"哲学家—国王"（philosopher-kings）的灵感之一。亚里士多德写道（虽然夸张，但不荒唐）：柏拉图哲学"在很多方面都继承了"毕达哥拉斯学派。[6]柏拉图主义吸收了毕达哥拉斯的很多思想，以至于如今人们常常难以把这两种哲学分开。可以设想：对于这种成功的复兴，毕达哥拉斯应该相当欣喜。

随后的毕达哥拉斯主义的发展图景是混合的。几乎无人尝试把它的早期形式与后期形式分开，更不用说把毕达哥拉斯本人的观点与其追随者们的观点分开了。至于毕达哥拉斯本人，我们可以说：他相信轮回，他至少对数字十分感兴趣；但其他一切关于他的事情却差不多都是推测。我还可以说：毕达哥拉斯主义者都很相似，尽管其中一些人的最大兴趣其实在研究科学问题和知识问题上，但另一些人则沉迷于禁忌的事物、淫词艳语和用迷信指导生活（那种生活是指毕达哥拉斯全部学说的宗教方面的）。即使在20世纪，在两个完全不同的领域仍有人对毕达哥拉斯感兴趣。一方面，你会发现：一些科学家和哲学科学家，例如沃纳·海森堡（Werner Heisenberg，1901—1976年）和卡尔·波普尔爵士（Sir Karl Popper，1902—1994年）认为，现代物理学使人回想起了毕达哥拉斯。另一方面，你会发现：关于毕达哥拉斯的系列丛书里，还包括一些关于炼金术、女巫和占星术的读物。要把这两个方面完美地结合起来，便需要毕达哥拉斯那种格外大胆的思想。

这两方面的结合，最易见于毕达哥拉斯提出的一个关于精神拯救的新奇观点。这个观点可以滑稽地表述为：你若想永远不死，就去学数学吧。要比较严肃地理解这个概念，首先必须了解一下俄耳甫斯崇拜（cult of Orpheus）的宗教理念。

---

* 阿契塔：古希腊哲学家、数学家、天文学家、政治家、策略家。

不过，我们没有必要了解俄耳甫斯本人或俄耳甫斯教（Orphism）的全部。这无关紧要，因为没人完全了解这两者。古代资料提到俄耳甫斯或俄耳甫斯教时，通常都暗指起源于色雷斯的一些关于再生的信仰，也暗指一种观念，即必须净化灵魂才能获得令人满意的来生。一些人认为，俄耳甫斯教有详细的正式的信条，到毕达哥拉斯时代已经成文。另一些人认为，关于俄耳甫斯的观念当时还很不定型，一直到数百年之后才固定下来。无论哪种情况，这里使我们感兴趣的观念都在狄奥尼索斯（Dionysus）神话的一个版本中得到了表达。那个神话以仰慕之情，糅合了各种形式的俄耳甫斯教信条。

据有关神话，狄奥尼索斯为宙斯和他女儿珀尔塞福涅（Persephone）的二次血亲相奸所生（说二次血亲相奸，是因为珀尔塞福涅本身就是宙斯和他自己的母亲相奸所生）。宙斯让狄奥尼索斯统治世界，但这个不幸的孩子被提坦诸神（Titans）杀死并吃掉了，因此宙斯后来才用霹雳击杀了他们。从提坦诸神的灰烬中跳出了一名男子，他是一个好坏参半的人：他的一部分是好的——其实是神圣的——因为狄奥尼索斯被消化后的残渣也在那堆灰烬中。但他的另一部分却是坏的，因为那些灰烬来自提坦诸神，所以此人受到了他们罪恶行为的污染。"被玷污的"和"神圣的"这两种要素，前者对应他凡人的、不纯洁的身体，后者对应他不朽的灵魂。只有宗教的净化才能帮他摆脱被污染之身。死亡是从肉体彻底解放的唯一希望，因为肉体被视为囚禁灵魂的牢房。不过，死亡有时也像刚离了煎锅，又掉进了火里，因为未净化的灵魂在死后会遭到可怕的惩罚。

这个神话为关于俄耳甫斯的诗歌和铭文提供了主旨和意象。把俄耳甫斯奉为先知的，其实正是宗教的神圣经文。俄耳甫斯教可被看作狄奥尼索斯崇拜或酒神崇拜（Bacchic cults）更为知识化的复兴——它比以前更带禁欲色彩，因为禁欲并不难做到。同样，毕达哥拉斯主义也可被看作更为知识化的俄耳甫斯教信条。

在对狄奥尼索斯的崇拜中，宗教仪式的主要责任是：通过入会仪式和其他以放纵著称的仪式（其中包括性交、红酒、暴力或这三者的任意结合）与神构成某种结合。俄耳甫斯教的仪式更正式、更得体，与自我否定（而非自我放纵）有关。但它们大多仍很烦琐并毫无意义。俄耳甫斯教信徒（至少在有些人的眼里是独特的存在），见于欧里庇得斯（Euripides，约公元前 480—前 406 年）的戏剧《希波吕托斯》（*Hippolytus*）——该剧于毕达哥拉斯去世 70 年后首演。剧中的忒修斯（Theseus）对其私生子希波吕托斯发怒时，嘲笑他说：

> 那么，你现在去炫耀你的纯洁吧！去大声吹嘘你那些没有肉的饮食吧！去把俄耳甫斯当作你的主和先知，沉溺于对他那些唠唠叨叨、夸夸其谈的狂热崇拜吧！对，你暴露啦！[7]

俄耳甫斯教信条的毕达哥拉斯主义翻版中有个新变化：纯粹（purity）。因此，要与神相会，便应去过一种沉思（theoria）和探询的生活。根据哲学家赫拉克利特的记述，毕达哥拉斯"所做的探询超过了其他一切人"[8]。这种探询包括很多事物，但数学被认为格外有价值。人们认为，优秀的毕达哥拉斯主义者首先应研究数学、几何学、天文学和音乐，因为其中每一门都揭示了关于宇宙秩序原理的某个方面。

毕达哥拉斯主义者认为：考察自然，应纯粹为了寻求无关利害的知识，而不应为了获得任何实际回报。他们似乎是第一批使用"哲学"（philosophia）一词的人，其意为：为了智慧本身而爱智慧。正如西塞罗（Cicero，公元前 106—前 43 年）在接下来的故事中所阐述的：

> 利昂［Leon，弗利奥斯城（Phlius）的统治者。这座城位于希腊东南部，是毕达哥拉斯派的中心］请毕达哥拉斯说出他最依赖的那门艺术，但毕达哥拉斯说自己不懂任何艺术，只是个哲学

家。利昂惊异于此词之新颖，便问他哲学家是什么人……毕达哥拉斯……答道，在他看来，人生就像一个用最精彩的游戏去庆祝的节日……因为在这个节日里，一些人……尽力赢取王冠，以出人头地，尽显荣耀；另一些人则被以买卖赚钱的发财之路所吸引。但还有一类人，他们全是最好的自由民，不求喝彩，不求利益，而是悉心观察、密切注意人们所做之事和做事之法。因此，我们也看到：我们如同从某个城市前来观看一场众人汇聚的表演……我们进入此种人生后，有些人成了野心之奴，有些人成了金钱之奴。还有少数特别的人，他们视一切如乌有，只顾认真查看事物的本质；这些人自称"爱智者"（因为那就是"哲学家"一词的意义）；做这些游戏时，这些最纯粹之人的探索完全不为私利，如此，在他们的人生中，沉思和发现自然便大大超过了其他一切追求。[9]

一个俄耳甫斯式的主题贯穿毕达哥拉斯主义者（尤其是更倾向于毕达哥拉斯主义的柏拉图）所阐述的探询，即两种知识的对立：一种是被玷污的、凡人的身体及通过其感官了解的关于世界的知识；另一种是更高级、更纯粹、可以依靠灵魂获得的知识。这个观点见于公元5世纪的一段描述，说的是毕达哥拉斯对几何学的兴趣：

> 我在此借用毕达哥拉斯学派的说法。他们甚至有一个能表达我的意思的传统短语："一个数字和一个平面，而不是一个数字和几枚小钱儿"。他们用这个短语暗示：值得研究的几何学是在每一个新定理上都建起一个平面，循它上升，提升灵魂，而不是让灵魂落入（感官察觉到的物质对象）当中，而屈从于这种凡人人生的普通需要。[10] *

---

* 该引文出自普罗克洛斯（Proclus，约410—485年）的《欧几里得〈几何原本〉卷一评注》（*In Euclidem*）。普罗克洛斯是希腊新柏拉图主义哲学家、数学家、天文学家。

换言之，你使用几何学若只是为了一些世俗目的，例如像古埃及人那样去计算土地面积，你的灵魂就仍旧被锁在你世俗身体的牢狱中。但是，若把几何学当作一门无关利害的、抽象研究的学科，就是说如果研究几何学的首要目的是为了确定哪些定理为真，那它就是能提供使灵魂逃脱的一种手段。对纯洁的灵魂来说，它是一种很有价值的消遣。毕达哥拉斯主义者所做的数学探究最终获得了各种实际的成功，但那些探究仍然大多是道德探究或精神探究。他们认为，对宇宙的有序安排和对美的理解，将会带来对那种秩序与美的某种形式的参与。总之，研究宇宙的人褪去了宇宙的某种壮丽外观，使之不再那么神秘了。

这个思想后来被看作典型的毕达哥拉斯主义，由柏拉图《理想国》（*Republic*）里的苏格拉底表述出来：

> 这是因为，像阿得曼托斯（Adeimantus）这样真正专注于外部现实的人，绝无闲暇垂眼观看人的琐屑小事……但他会专心凝视永恒的事物和不变的秩序，看见它们既无错误，又不彼此误解，而是全都遵照理性的吩咐，信守和谐。他会尽力模仿它们，尽力使自己与它们相像，通过仿效它们来塑造自己……因此，与神的秩序相连的爱智者本身就变成有秩序的和神圣的了。[11]

大约 2 300 年后，伯特兰·罗素在他第一批著作中的《哲学的问题》的最后一章里，写出的话与之惊人相似。他说，哲学之所以值得去研究，"首先是因为，哲学家们沉思宇宙之伟大，其心灵也被变得伟大，变得能和宇宙结合，而宇宙乃是心灵的至高兴趣"[12]。

这些话听上去全都最令人鼓舞。但是，人们认为哲学家专心凝视的究竟是什么呢？毕达哥拉斯主义者认为，那显然就是天体——它们有序地、和谐地运行在天上。在柏拉图看来，它变成了某种更抽象的东西，而天体是它的象征。它就是理想的形式（ideal forms），尘世万物只是它们的低等摹本（在讲述柏拉图本人时，我将进一步解释这些形式）。罗素似乎只为精神生活唱了赞歌，但对那种生活究竟应该包括什么却界定较少。一种思想把这两者结合了起来：一个人沉思某种事物，便能获得该事物的某些理想特征，其原因也许是该事物给此人留下了深刻的印象，此人试图模仿该事物。例如，柏拉图认为：对不朽宇宙所做的哲学研究会赋予一个人某种不朽性：

> 最真诚地爱知识、爱真正智慧者……必定具有不朽的、神圣的思想，只要他获得了真理，并凭借人的能力，分享到了这种不朽性，他就必定完全是不朽的。[13]

这段话来自柏拉图的《谛美斯篇》（*Timaeus*）——他最具毕达哥拉斯主义色彩的对话。罗素也回应道："头脑通过沉思宇宙的无限性，分享了宇宙的某种无限性。"[14]

"分享"不朽或无限性，若把这种思想作为对哲学无害的委婉赞颂，会显得相当含糊。例如，罗素当然只是意在赞颂，尽管其措辞是回身向毕达哥拉斯致意。我们不会立即懂得：仅靠沉思某种不朽的事物（例如宇宙），一个人如何就会真正地不朽（像据说毕达哥拉斯认为的那样）。这种最重要的思想（只要能对它做出起码的解释）似乎包含了这样的意思：世俗的或实际的挂虑使灵魂下坠，因此，灵魂若一直未被净化，便永远逃不出身体的束缚。人死时，灵魂只是转到了另一个身体中（或是人的身体，或是动物的身体）。但是，人若遵循正确的净化程序（类似于某种精神修炼——与身体建设相对的灵魂建设）灵魂便能摆脱肉体，上升到不朽的、非物质的领域，它是灵魂的真正家园。这个净化程序包括两个部分：遵守正确的迷信禁忌（即不食用豆类或其他什么东西）；过一种严格运用哲学的生活——沉思（theoria）的生活，或称纯粹探询的生活。

我们知道，毕达哥拉斯认为：数学是打开宇宙的秩序和美的钥匙，哲学家的任务就是打开此锁。根据传统，每当哲学家们有了一个重大的发现时（那个发现事关数字与乐音的关系），这把钥匙就开始转动了。如今，很多受过教育的人发现这两者的关系也毫不令人惊讶，在一定程度上，这应当归功于毕达哥拉斯学派。

他们发现：三种被希腊人视为协和的或悦耳的音程（intervals）——八度音程（octave）、四度音程（fourth）和五度音程（major fifth*）——之间存在直接关系。这种关系，可用通过拨动以产生乐音的琴弦的长度来表示。以独弦琴（monochord）为例。它只有一根琴弦，这个发现可能是最先在这种乐器上取得的。在琴弦的不同位置按下去，再拨动琴弦，便能产生各种不同的声音，像吉他那样。若在弦长的正好一半之处按下去，产生的音符就会比让琴弦自由振动（即根本不按琴弦）时的声音高一个八度。因此，八度音程便对应着2∶1的比例——发出低音的琴弦的长度，其实是发出高八度音的琴弦长度的两倍。同样，被称作悦耳的音程的四度音程和五度音程，则分别对应着4∶3和3∶2的比例。

这是个绝好的消息。它表明：各种现象（此例中是乐音）都隐含着可被揭示的结构。以上就是一个具体证据，证明了数字能解开世界运作的秘密。同样，上述三个比例（2∶1、4∶3和3∶2）也恰好涉及数字1、2、3和4，其总和为10。这也是个好消息！毕达哥拉斯学派认为：10是个完美的数字，具有神秘的意义。尤其让他们高兴的是：他们注意到那些协和音程（它们在希腊音乐中具有特殊的意义）都对应着同样具有特殊意义的数字。

如今，我们有了得益于科学知识的后见之明，因此便能说，毕达哥拉斯学派找到的解释涉及三个事实：（1）乐音的音高是空气的振动

---

* major fifth：原文如此，直译为"大五度（音程）"，有误。和声学中的一、四、五、八度音程没有大音程这个概念，故此处应为"纯五度（音程）"，其英文为 perfect fifth。

率使然；（2）弦乐器的振动率取决于弦的振动率；（3）弦的振动率又是与弦长有关。（魔法数字 10 完全是胡扯。）毕达哥拉斯学派根本不可能提供任何此类解释。但他们有了这个惊人的发现，便觉得自己似乎完全可能一跃而得出一个相当重要的结论：在看似混乱的自然中，数字是一切秩序之本。因此，从某种意义上说，数字（或更概括地说，数量概念）在解释自然现象时发挥着不可或缺的作用。试想一下连一个数字都没有的物理学或化学课本吧，那种课本根本就不存在。毫不奇怪，毕达哥拉斯学派不大知道怎样表达这一切。他们退了一步，使用了从米利都学派那里继承来的词汇，并以此方式称：数字乃万物之本原。

我们讨论泰利斯及其追随者时，已指出了"本原"是个模糊的概念。我们能说数字就是"本原"，意为数字是最先存在的事物吗？我们能说数字构成了万物吗？我们能说数字以某种方式成了万物之因吗？亚里士多德研究了毕达哥拉斯学派言论的几种可能的含义，并不赞成其中大多数说法。他谈论这些遥远的先辈时，语气往往就像幼儿园老师在复述当天幼儿园里的孩子们讲的那些令人开心的蠢事，尤其是在他记述毕达哥拉斯学派及其关于数字的胡扯时。对于"用数字造出了整个自然的毕达哥拉斯学派"，他直接地反驳说：他们这个说法不可能是正确的，因为"自然的实体显然天生就有重量，而个位数（即数字）的混合既不能构成实体，亦不会有重量"[15]。但亚里士多德在这里一定是太缺乏想象力了。毕达哥拉斯学派真的认为（例如）数字 6 具有某种重量吗？他们真的认为你砸碎了一块岩石就会看见一堆数字吗？想必不是的。当然，毕达哥拉斯学派得出的结论是：自然的本质是数学的，而若假以时日，他们把"数字"唤作"本原"——万物的原理，以概括这个相当模糊的思想，便是十分自然的事情。但这并不一定是说：他们相信，数字构成物质对象的方式和以砖盖房的方式一模一样。

　　但是，毕达哥拉斯学派似乎确实相信：在某种特定意义上，物质对象是由数字构成的。这种特定意义来自他们的几何学研究。试想以下的步骤：画出一个由 4 个点构成的图形，就像骰子表面那样；用线把 4 个点连起来，构成正方形；然后画出更多的点和线，构成立方体。在这个简单的操作中，点构成了线，线构成了平面，平面构成了立方体。这几乎就是具有几何学头脑的毕达哥拉斯学派思考物质对象的常用方式：他们认为，物质对象是由点、线等构成的。亚里士多德认为，他们为昔日米利都学派提出的一个问题提供了一个难以置信的答案；那个问题是：事物是由何种材料构成的？但毕达哥拉斯学派其实是转向了一个新问题。他们发现，集中关注并讨论事物的数学方面，这是一种崭新的令人兴奋的方法。正因为如此，他们也许才说过：在某种意义上，物质对象是由数字构成的。毕达哥拉斯学派对单位（units）的定义比较宽松，认为它有时是这个意思，有时是另一个意思。毫无疑问，这种模糊性来源于他们的一个做法：用几何图形表示数字；那些图形由点（或小圆点）构成，就像多米诺骨牌或骰子上的图案。

　　遗憾的是，即使为毕达哥拉斯学派做出最宽厚的解释，也不能使他们摆脱由数字崇拜导致的某些极端观点带来的解议。他们似乎走得过远，以至于把特定的数字等同于各种抽象概念。古代的一位评论家曾说：他们认为头脑是 1，雄性是 2，雌性是 3，正义是 4，婚姻是 5，机会是 7。在其他一些资料里，与这些事物对应的数字有所不同。在某些情况下，人们大致能知道是什么造成了这种杂乱的数字逻辑。作为 4 的正义就是最简单的例子：数字 4 由正方形表示，正方形各边相等——不妨说，它是一种公平的图形，而我们有时甚至用"square"*一词表示"fair"（公平）。例如，我们会说"squaring debts"（偿债）。

---

　　* 公平（square）的另一个意思是正方形。

不过，虽然在疯狂（madness）的想法中有时也可能包含着方法，但它依然是疯狂的。毫无疑问，是某种东西使他们说出了这种话，弄清那种东西是十分有趣的事情，但我们还需要考察毕达哥拉斯学派的另一个造成了这种后果的思想。

这里要考察的毕达哥拉斯学派哲学总体学说的最后一部分，乃是他们本应最先阐述的部分：这个部分阐述了宇宙原理的终极源头。他们虽然认为数字在某种意义上构成了万物，但并不相信数字就是终极的成分。他们认为有可能需要开掘得更深。数字本身是由其他某种东西生成的。那种东西就是阿那克西曼德所说的"不确定的"或"无限的"，或某种与之相似的东西。

毕达哥拉斯学派思想的两个基本概念是"有限"和"无限"：毕达哥拉斯学派认为，每当你寻找对任何现象中的秩序或美的解释时，这两个概念一定会出现在最终的解释中。后来，柏拉图挖掘出了一个想必属于毕达哥拉斯学派的信条：

> 古人比我们更好，住得离众神更近。他们将一条格言传给了我们，作为馈赠。那格言是：我们总说，万物皆由"一"或"多"构成，其性质皆与"有限"和"无限"相连。[16]

关于"有限"和"无限"的关联这番话背后的思想，似可作出这样的表述：把某种形式的限制（或规定）加在宇宙的无限的原料上，便创造出了秩序和美。这方面的一个常见例子也许是：在没有形状的油酥面团上，可以用蛋糕烘焙圈（baking wing）压出一个能辨认出的形状。同样，毕达哥拉斯学派也许已看到：音乐的比例，标志着把秩序加在无形式的声音上能产生迷人的结果。毕达哥拉斯学派认为：比例从不和谐的噪音中创造出了音乐的和谐；同样，其他许多种令人满意的事物，其实都是和谐或协调的例子。他们认为：健康的身体、贞洁的灵魂、正义的社会，都是具备了正确比例或正确元素混合的基本材料。在每一种情况下，和谐的比例或混合都表明了建立起来的秩序或限制。"有限"与"无限"这对概念，通过"偶数"（even）和"奇数"（odd）的算数概念影响了数字。无限以某种方式对应着（或许是造就了）偶数；有限则以某种方式对应着奇数。奇数与偶数共同形成了数字 1，而其他一切数字都是 1 生成的。

这就为我们揭示了数字的秘密，从而揭示了其他一切事物的秘密，因为数字本身被看作一切事物的成分。但数字最初是怎样造出来的呢？毕达哥拉斯学派提供了一种关于宇宙肇始的叙述。在阿那克西曼德讲述的这个故事的版本中，某种卵或种子从不确定的无限中分离了出来，成长为我们所知道的世界（见本书第 1 章）。毕达哥拉斯学派讲述的这个故事也始于一粒种子：这粒种子吸吮无限，再赋予无限某种形式或限制，不断成长。世界上的每一种事物——行星、岩石、音乐，也许还有人——都是这种成长的结果，滋养这种成长的是无形式的、无限的胎盘（placenta of apeiron）。所谓"吸吮"（sucking）的意义多少是字面上的：在这个语境中，无限似乎也被说成了"pneuma"，即空气或呼吸（它后来也指"灵魂"）。如此，我们便有了一种对宇宙发展的叙述：宇宙中大多是不断成长的有机体的形象，它们在其生长的环境中吸进和呼出养分。

但是，这种伪生物学的叙述，怎能与毕达哥拉斯学派对几何学和数字的沉思相提并论呢？那些沉思更抽象、更复杂。我们虽然可以说"一切数字都是 1 生成的（例如反复地加上 1）"或"可以把立方体想象为由点和线构成的"，但我们现在是否在假定：在宇宙发展中的某个特定瞬间，数字 1 真的生成了其他数字（数字造成了线，线造成了平面图形，如此等等）呢？这就像《旧约·创世记》（*Book of Genesis*）从开头几页就迷失了方向，与初级数学课文胡乱地混在了一起。

停止假设是明智之举。所有对毕达哥拉斯学派的这些推断，其来源都很粗略并可能错误百出。在某个阶段，你不得不承认：从那些资料中挤榨不出更多的启示了。更重要的是，我们应当记住：毕达哥拉斯学派不是超人，不能仅凭大步一跃，便跳出其先辈们更原始的思想。他们的一只脚仍然留在第一批物理学家的阵营里，而我们知道，那些人最关注的是一些关于万物起源的粗略故事。毕达哥拉斯学派尽力思考另外一些问题，尤其是数学问题，但还不知道如何与旧的说话方式决裂。

我们在本章此前的文字里看到：真正的毕达哥拉斯主义者想全心致力于研究自然，尤其是天文学、数学和音乐。他们认为，这种研究就是在净化自己的灵魂。那些都是良好意愿，因此他们很容易在研究之始就公布出来，但毕达哥拉斯学派真正实现了其中多少呢？

据我们所知，他们对音乐的（或严格地说，对和声学的）贡献是短暂而美好的。它包括前文讨论的那些观察——它们揭示了比例与悦耳的协和音程之间的关联。仅此而已。尽管如此，这个贡献还是给现代科学史家留下了深刻印象，其中一位说：毕达哥拉斯学派对声学的那些修修补补"都是我们的重要证据"，证明在柏拉图时代之前，"哲学家们已经致力于经验性的研究了"[17]。但是，毕达哥拉斯学派最著名的音乐理念——关于"和谐"或"天体音乐"的学说，却跟经验性的研究几乎毫无瓜葛。最好把它想象成一个形象，其中紧紧包含着他们的宇宙图画，而它之所以能让很多人相信，大多是因为它似乎是一种很有魅力的思想。在柏拉图、西塞罗、乔叟（Chaucer，1343—1400年）、莎士比亚、弥尔顿、蒲柏（Pope，1688—1744年）、德莱顿（Dryden，1631—1700年）的作品中和其他许多地方，这种思想的启发性都得到了证明。亚里士多德对它做出过很好的描述，但描述得更好的是《威尼斯商人》（*The Merchant of Venice*）里的罗伦佐（Lorenzo）：

> 坐下吧，杰西卡。
>
> 看，天堂之门嵌满了灿烂的金钹；

就连你能见到的最微小的天体，

运动时也会像天使那样歌唱，

应和着目光炯炯的小天婴的歌：

这种和谐也存在于不朽的灵魂；

当它裹上这具易朽的泥土皮囊，

我们就再也听不到这种和谐了。[18] *

事实上，罗伦佐极好地表达了这种思想，甚至仿佛还改进了毕达哥拉斯学派的理论。最初的理论似乎是：天体发出声音，是因为它们以不同速度在空中疾飞；正是这些不同速度的比例，保证了那些声音的和谐；我们觉察不到这种音乐，是因为我们从出生起就一直听到它，对它已习惯了。正如亚里士多德在他的解说中所言（他本人并不赞成这种思想）："因此，人们遇到的情况便正如铜匠遇到的那样，他们习惯了铜匠铺的噪音，对它已无所谓了。"[19] 有关毕达哥拉斯学派的一个传说称，毕达哥拉斯本人能听见天体音乐，因为他其实是神而不是人；但并无多少证据表明在莎士比亚之前出现过这种思想，因为我们是凡人，所以听不见天体音乐。但从某种意义上说，莎士比亚的那种思想比毕达哥拉斯学派更像毕达哥拉斯学派。凡人的一生中，灵魂被暂时锁在了"易朽的泥土皮囊"里，因此完全领略不了宇宙的和谐秩序和美，这是纯粹的俄耳甫斯主义思想。毕达哥拉斯也许喜欢过它，但似乎从未打算用这种思想去解释我们为何听不见天体音乐这个问题。

对这个问题，亚里士多德本人的看法并不算独特：

这个理论虽然悠扬悦耳，富于诗意，但不能作为对事实的陈述……我们知道，过分的噪音能粉碎固体，甚至能粉碎无生命的固体……但是，倘若运动的实体如此巨大，倘若刺入我们的声音

---

* 出自莎士比亚：《威尼斯商人》第 5 幕第 1 场。此段为译者根据原文译出。

与实体的大小成正比，音量便必须是雷声的很多倍，声音才会到达我们这里，其行动之力也必须无比强大。我们之所以听不见声音，那种暴烈力量之所以没有影响我们的身体，其理由其实不难找到：那就是根本就没有声音。[20]

但对毕达哥拉斯学派来说，这个理论简直完美得不像是真的。它把三个要素捆在了一起，而这些基本要素都是毕达哥拉斯学派的理论想联系在一起的：（1）自然的有序性（其形式为各个天体的规则运动）；（2）自然的美（其形式为这些运动创造出来的和谐）；（3）无处不在的数字（其形式为能解释这种和谐的比例）。

这个理论假定了一种其实谁都听不见的声音，因此陷入了尴尬境地；同样，毕达哥拉斯学派的另一些天文学说也是建立在一些令人生疑的无形对象上的。至少，后期毕达哥拉斯主义者的一些最有影响的天文理论就是如此，它们来自公元前 5 世纪的一些作者。这些理论说，地球及各个天体都围绕着一种无形的"中心之火"运转，它是"中央炉膛"（central hearth），就像房屋中央的火炉；在地球与"中心之火"之间的一个轨道上，还有一个"反地球"（counter-earth），也是无形的。有人推断说，对于我们为何看不见那两种东西，毕达哥拉斯学派的解释是：因为我们居住的地球的这一面永远都背对着它们。

这个理论最有意义的一点是：它把地球从世界中心的位置挪走，让地球也像其他所有天体那样，绕着"中心之火"运转。这种崭新的思想，虽然似乎跟毕达哥拉斯学派思想的其他任何部分都毫无联系，但意义十分重大。哥白尼（Copernicus，1473—1543 年）在他 1543 年出版的《天体运行论》（*De revolutionibus*）的题献中说：正是对这个古代理论的思考，才使他有勇气探究那个当时尚属非正统的假说，即地球绕着太阳转，而不是端坐在宇宙的中心（后者是中世纪人人都相信的说法），"以此为起点，我开始思考地球的运行……"。因此可以说，毕达哥拉斯主义是现代天文学的起点，尽管这是偶然的。

无论出于什么理由，古代的毕达哥拉斯学派都提出了其天文观。但是，能证明他们对天体独立地进行详细观察或把他们心爱的数学运用于天文学方面的资料，全都很少。而第一个认真尝试把数学运用于天文学，并发现了天体运动规律的人，即约翰尼斯·开普勒（Johannes Kepler，1571—1630年），却是一位坚定的毕达哥拉斯主义者（尽管对毕达哥拉斯学派而言，他姗姗来迟了）。他相信，天堂一定是按照一种和谐的模式安排的，那种模式自动地显现出了简单的数学关系。这个信念使他构想出了关于行星的几个理论。其中一些是出于误解的幻想，如今已被人们随意地忘记了，尤其被这样一些人忘记了：他们很讨厌人们从现代科学家联想到那些疯子般的古代哲学家。但他的另一些理论如今却被看作物理学的里程碑。开普勒提出的行星运动三大定律，常被说成中世纪宇宙论逐渐变型为现代天文学的十字转门（turnstile）。尽管如此，开普勒仍然是一位十足的毕达哥拉斯主义者，因为他的论著《世界的和谐》（*The Harmony of the World*，1619年）公布了他的几个最著名的发现，不但用大小调和声音阶的术语分析了行星运动，而且甚至详细说明了土星、木星、火星、金星、水星、月球和地球的轨道奏出的、人们听不见的不同音调。

虽然毕达哥拉斯学派启发了后世的人们，但我们很难说：最初的毕达哥拉斯学派学者在他们那个时代就推动了新生天文学的发展。纯数学则是另一回事：连多疑的亚里士多德都不得不承认"他们最先推进了这项研究"[21]。被归功于毕达哥拉斯学派的数学发展的最重要结果（包括著名的毕达哥拉斯定理本身），似乎都产生于公元前5世纪中期或更晚，即在毕达哥拉斯去世多年之后。但其数学理论的一些其他部分，却完全可以溯及毕达哥拉斯。把4和9等数字归类为"方形"，这个做法可能在最早期就出现了（毕达哥拉斯学派把这些数字表示为由圆点组成的正方形，因此它们才被称作了"方形"）。关于数字的各种定理可能也是如此，因为数字都容易用这种几何方式表示出来。把数字分成奇数和偶数，可能也是毕达哥拉斯的发明。但是，认为毕达哥拉斯本人第一个提出了严密的数学证明，而不仅仅是对数字、三角形等做出过多方面的观察，却似乎只代表了他的一些拥护者的主观愿望。

这些拥护者当中，现代的罗素最为大胆。他宣称毕达哥拉斯是一切思想家中最有影响的，因为他认为毕达哥拉斯凭一己之力使数学大大地影响了其他思想领域。罗素似乎想到了两个重大影响，但并未明确地区分它们：一个是欧几里得《几何原本》（*Elements*）里发现的数学证明法，该书写于公元前 300 年前后，此后一直是几何学的圣经，直到 19 世纪才增加了一些《新约》（*New Testaments*）的内容。*欧几里得的证明法，是从一些被看作不证自明的简单公理开始，通过谨慎的推理，得出可靠的、往往是复杂的结论。这种逻辑砌砖式的稳重风格，在数学领域内外都产生了深刻影响，不但成为表述科学成果之方法的榜样〔例如，牛顿就以这种方法写出了他的《自然哲学的数学原理》（*Principia*）〕，而且影响了法律和神学。罗素写道：没有毕达哥拉斯，"神学家们就不会去寻找上帝与不朽的逻辑**证据**"[22]。不过，我们虽然能有把握地说"数学证明"这一概念是希腊人发明的，其时间是在欧几里得（他活动于公元前 4 世纪）之前的某个时候，但我们没有理由认为：发明数学证明的全部或部分功劳应归毕达哥拉斯或其追随者。读者在本书之后章节讨论的巴门尼德（Parmenides，约公元前 515 年至公元前 5 世纪中叶以后）的著作中会更清楚地看到"严密的推理"。应被视为毕达哥拉斯学派贡献的事情与数学证明有关，但

---

* 此句将欧几里得的数学证明法喻为《旧约》，将 19 世纪一些新的数学证明法喻为《新约》。

关系更微妙。早期毕达哥拉斯学派似乎是第一次强调了一点：研究数学可以为了智力的满足，而不仅仅是因为数学能解决问题。乔纳森·斯威夫特（Jonathan Swift，1667—1745 年）在他的《格列佛游记》（*Gulliver's Travels*）里描写飞岛国（Laputa）那位心不在焉的数学家时，大概在脑中描绘了毕达哥拉斯学派的漫画像：

> 他们的房子造得很差劲……所有的房间里连一个直角都没有，这个缺陷是因为他们瞧不起实用的几何学……我从来都没见过比他们更笨的人，也没见过对其他一切学科的认识都那么迟钝、那么糊涂的人，除了对数学和音乐。[23]

从纯理论的角度研究数学，像真正的毕达哥拉斯学派确实做过的那样，至少有助于为"数学证明"这个概念铺平道路；而对当时更讲实际的希腊人来说，数学证明可能几乎毫无用处。一个关心认真沉思、渴望揭示事物的数学基础的毕达哥拉斯主义者，会对数学对象（例如三角形和数字）产生兴趣，并认为它们本身就有意义，而不仅仅是代表几小块土地或一笔钱的符号。他会尝试用抽象的概念思考这些事物，以了解数学的真理和概念如何彼此相关。这会把他带到欧几里得式证明的门槛前，无论他自己是否迈过了它。

罗素将数学的其他重大影响归功于毕达哥拉斯则更为不准确。它来自一个认识：数学提供了关于完美对象（例如完美的圆形、完美的直线）领域的知识，而在某种意义上，这种知识高于我们靠感觉获得的关于物质世界的粗糙而不完美的知识。毕达哥拉斯学派认为，数学知识不但更精确，而且更令人兴奋，更具启发性，而恰恰是因为它更抽象，所以它才为其他各种知识树立了榜样。罗素后来写到了自己最终"从毕达哥拉斯撤退"，其意思是：他放弃了"智力高于感觉（**意为感官知觉，例如视觉**）的观点"[24]。这个观点显然是俄耳甫斯主义的自然结果：它认为身体和身体告诉我们的知识是被污染的；头脑

（或曰灵魂）和它告诉我们的知识更佳。柏拉图是持这种态度的、最有影响的毕达哥拉斯主义拥护者，而罗素认为毕达哥拉斯学派（尽管也许不是毕达哥拉斯本人）是柏拉图在这个问题上的灵感来源这一点则是正确的。罗素的过分之处是他的一个假定：由于毕达哥拉斯学派似乎先到了那里，所以后来一切走同样道路的尝试都应归功于他们。其实，这是一条让人想不断去尝试的路，许多人都在这条路上有了自主的发现。尽管如此，相信神秘主义的数学家若需要一位圣人保护，毕达哥拉斯仍是最当之无愧的。他也许并未真的创造出那些被归于他的奇迹，但大多数或全部的圣人也都是如此。

3

探究自己的人：赫拉克利特

我们知道，"哲学家作为心不在焉的教授"这个流行观念能追溯到泰利斯那里。正是赫拉克利特体现了这幅传统漫画的另一个侧面，即极端晦涩。他的"出谜者"（the riddler）之名绝非虚传。据说，欧里庇得斯问苏格拉底对赫拉克利特的著作有何看法，苏格拉底答道："我看得懂的那部分极好；我敢说，我看不懂的那部分也极好，但唯有提洛斯岛的潜水者才能看见它的底。"[1]这并不只是苏格拉底开的小玩笑。以下两个例子说明了赫拉克利特的话是多么晦涩得令人难忘：

> 死乃我们醒时一切所见；我们睡时一切所见，皆为睡眠。[2]
>
> 人生乃孩童做游戏，在游戏中挪动木片。王权属于孩童。[3]

他的警句式格言并不都像以上两则那么难解，但他书中尚存的将近130条格言都包含某种程度的悖论。赫拉克利特的一位评论者谈到一段看似直截了当的赫拉克利特的残篇时说："这段文字中找不到任何令人困惑之处，几乎会使人怀疑其真实性。"[4]

但是，赫拉克利特绝不是在炮制漫无目的的谜语。总的来说，他的著作令人起急，却不会使人恼火，因为他奋力说出的话里往往都有新意。他的悖论式文风也大有深意。他说过："自然喜欢隐匿。"[5]换言之，事物并非它们显示的那样。其实，赫拉克利特认为，事物往往与它们显示的截然相反。他的一些看似自相矛盾的谜语，恰恰就是他表述这个事实的怪异方式。亚里士多德在其修辞学论著中冷冷地抱怨过赫拉克利特的句法含糊不清。赫拉克利特若有机会作答，便完全可能会说：这个世界本来就是模糊不清的。因此，赫拉克利特思想的内容和形式是密切相连的：自然是一团谜语，所以他才用自己的谜语去说明和解释这个事实。

　　赫拉克利特不同于其一切前人。他的兴趣和处境，使他非常不同于米利都哲学家，也非常不同于毕达哥拉斯。他和毕达哥拉斯不一样（他把毕达哥拉斯称为"江湖骗子之王"[6]）：他似乎从未启发他那个时代的哪个学派，本人当然也不曾追随任何学派。关于他的最确凿的事实是：他为人高傲，蔑视他人，这也许就是他那种难以解读的文风的来由。他表现他的智慧时，大概喜欢把自己所说的话想象成特尔斐神谕（Delphic oracle）*，他说过：特尔斐神谕"既不宣布，又不隐藏，而会暗示"[7]。据说，他把自己唯一的著作存入了一个神庙，以防乌合之众得到它。此事应发生在公元前 5 世纪初的某个时候，于毕达哥拉斯去世后不久，地点可能在以弗所（在米利都以北 30 英里），赫拉克利特是当地一个人数众多的皇族的成员。

　　赫拉克利特的家虽然离第一批物理学家的家不远，但其动机却与泰利斯、阿那克西曼德和阿那西米尼大不相同。的确，赫拉克利特采用了后者谈论物质要素时的说话方式，也认为那些要素在日常生活中会互相转化。在这方面，他更接近的是米利都哲学家，而不是毕达哥拉斯学派，因为他似乎对数字及其在解释自然方面的作用没有兴趣。但他并不满足于米利都哲学家错误频出的物理学和天文学，也未对这些学科或其他科学做出过有价值的贡献。此外，他似乎也不赞成米利

---

　　* 特尔斐神谕：古希腊特尔斐城（Delphi）阿波罗神庙女祭司传达的阿波罗神预言。那些女祭司也被称为神谕者。

都哲学家的一个信念，即宇宙在创世的某个特定瞬间产生于某种材料；他认为宇宙始终存在。他没有探究万物的起源，因为他不相信存在这样的源头。相反，他说，"我要探究我自己"[8]。

米利都哲学家全都没有说过这样的话。他们太忙于探究外部世界，以至于没有闲暇去探究内心世界。赫拉克利特对这两个世界都感兴趣。他还认为支配人与自然的原理是相同的，因此认为：只要发现了支配前者的原理，通过检验它们，便能发现支配后者的原理。有人认为，正是在赫拉克利特那里发现了心理学之端倪：他也许是第一位不以传统方式看待灵魂的思想家，即不但认为灵魂是赋予身体生命的神圣气息，而且认为它能使人独立地思考和观察。他敏锐地觉察到了这个能思考的自我的奥秘："仅凭走路，你不会找到灵魂的界限；你就是走遍了每一条路，也找不到。"[9] 所以，他的探究灵魂之旅才转向了内心。他转向了内省，以描述这个内心舞台上的活动；还讨论了梦、情感和性格（他思考了"性格即命运"[10]）。

转向内省并不意味着他放弃了客观的调查，而客观的调查是物理学家区别于制造神话的神学家之处。首先，他不仅审视内心，还重视感觉证据的重要性（"我更喜欢那些来自视觉和听觉的、从经验习得的东西，无论是什么。"[11]）。他使用有说服力的例子和生动的描述，这把他牢牢地归入了推理者的阵营，而不是善于创造的诗人的阵营。其实，他还明确地警告人们：面对"未知之事"[12]，不可相信诗人的证词。

不过，对内心世界和外部世界的细心观察并非故事的全部。赫拉克利特认为：感觉的证据，其实也包括任何一种学问，全都不重要，除非你能正确理解支配自然的原理，他把它们称作"逻各斯"（logos，即事物的"原理"、"理论"或"公式"）。不少人的学问都毫无结果，毕达哥拉斯即为其一，因为他们的学问没有正确的"逻各斯"的指导："学问越多，越狡诈。"[13] 看来，除了赫拉克利特，每个人都被严重地误导了："人们承认了那些明显的东西，就是被欺骗了；荷马即是如此，他是全希腊最有智慧的人。"[14] 赫拉克利特还在另一处把人比作野兽、醉鬼、沉睡者和儿童（意为他们的观点就像玩具）——这一切都是因为他们不理解真正的"逻各斯"；他说："人们总是不理解逻各斯，无论在听说它之前还是之后。"[15]

那么，"逻各斯"是不是唯有赫拉克利特才看得见，其他人都看不见呢？但这种夸口毕竟会令人失望，因为人们发现：他并没有一个仅用一个短语就容易总结出的大秘密。相反，他倒有一口袋彼此相关的秘密，其中大多都能概括为两句话。第一句是：万物都在斗争，都处于混乱中。如他所言："万物出现，皆因冲突。"[16]此话的意思是：事物和谐稳定的表面下面，各种事物都处于流动状态，而那里就是互相冲突的两极的战场。但是——这是他的第二个秘密——从某种意义上来说，这些对立的两极又都是同一的："万物为一。"[17]这个双重真理是他内省时发现的。难怪他发现不可能把他得到的启示简单地表达出来。

对赫拉克利特来说，这些关于冲突、变化和万物为一的思想，都是一幅图画的组成部分，那幅图画一部分来自他内省之旅中的所见，一部分来自他对自然的观察。要弄清他描述的这些场景的意义，最容易的办法就是把这些图画切成片段，分别进行观察。我要先讲讲他关于"流动"（flux）的概念，再讲讲他关于"冲突"（conflict）的概念（尤其是火在其中的作用），然后谈谈他所说的"对立的两极"和为什么它们"其实是同一的"。最后，我还要说说这幅图画的片段如何能拼接起来。

赫拉克利特用一个简单的比喻说明了他关于"流动"的概念，其含义最初可能并不明显："连饮品（potion）都是分开的，除非它被搅动。"[18]赫拉克利特所说的饮品就是搅入了大麦粒和碎干酪的葡萄酒。关键在于搅动。你喝它时，若不搅动大麦粒和碎干酪，使之转动起来，它们就会停留在高脚杯底部，这样你倒不如喝普通的葡萄酒。因此，饮品依赖运动。此例可作为一个象征，表示赫拉克利特认为的、伪装良好的整个宇宙的真理，那就是：事物的性质取决于潜在的运动或变化。另一例是河流："人们踏入同一条河时，不同的河水一波又一波地流过他们。"[19]他要人们注意一个事实：每一条河其实都流着永远在变的水。因此，我若今天在某处踏入泰晤士河，明天又在同一处踏入泰晤士河，那么我每一次都踏入的是不同的河。赫拉克利特大概想到了一点：河流的实况，就是我们见到的每一种事物某些方面的实况，也是我们灵魂的实况。正如一句古语所言："panta rhei"——万物皆流动。

但万物不是在平静地流动。正如赫拉克利特那句带有轻喜剧色彩的话："斗争乃一切之父、一切之王。"[20]他用"斗争"（strife）这个富于幻想的概念来解释他关于"流动"和"变化"的理论，这是为什么呢？由于"自然喜欢隐匿"，我们便不能期望赫拉克利特的发现马上都能被普通的感觉证明。但部分答案似乎就在他关于对立两极的阐述中：

> 荷马说："愿众神与人类之间的冲突消失！"此言差矣，因为无高音与低音便无协调，无雄雌便无任何动物；如此两者，皆为两极。[21]

赫拉克利特认为：两极始终是对手。所以，音乐便包含着冲突，因为它既使用了高音，也使用了低音，它们位于音阶上对立的两端。他如此轻松地从"对立"（opposite）跳到了"对手"（opponent），再跳到了"冲突"（conflict），最后跳到了"战争"（war）——就像每一种"对立两极"似乎都以某种方式处于战争状态——这也许反映了一幅图画，画的是各种物质要素之间的永恒战斗，就像阿那克西曼德所说的互惩、互偿和不义那样。* 米利都哲学家在自然要素的相互作用中

---

* 互惩、互偿和不义：见本书第 1 章中阿那克西曼德的言论。

看到了斗争，斗争是他们最关心的一种变化；而赫拉克利特想到了更多样的变化或差异，因此才把它们互相"冲突"的隐喻引进了他那个更广大的领域。河流无疑总是狂暴或喧嚣的，因此，过分努力地在单个事物之间的冲突或斗争中寻找证据，而担心"只见树木，不见森林"，便是不智之举。按照赫拉克利特的观点，流动的河水就是各种斗争要素的更大场景的一部分："火死而气生，气死而水生。"[22]

赫拉克利特赋予了一种元素优先地位。他是个有知识的纵火狂：火使他心醉神迷。宇宙是"永久的火，如火一般点燃，如火一般熄灭"[23]。他还说"万物为火的报酬、火为万物的报酬，犹如货物为黄金的报酬、黄金为货物的报酬"[24]，从而把黄金作为商品交换媒介的作用，比作了火作为物质交换媒介的作用。这似乎是夸大其词。人们明明看见，并非每一种物理过程都涉及火（至少是普通意义上的火）。那么，火究竟有何特别之处呢？赫拉克利特也许赞成一种宇宙循环论，它认为：在反复发生的一系列宇宙大火中，万物都会周期性地变成火。若果真如此，"万物上空都闪着火的阴影"这句话便的确有意义。即使如此，火仍然特别适合他那幅混乱的自然图画——即使不存在周期性的宇宙大火——因为燃烧的火焰象征着事物核心的斗争。稳定燃烧的火苗（例如蜡烛的火苗）证明了在表面的稳定下面隐藏着流动，因为火苗能以看似稳定的状态存在，完全是由于它永远都在消耗某种燃料。像河流一样，火苗也需要新燃料的不断流入。人们最易看到火这种元素能把一种物质转变为另一种物质（例如把木头变成灰烬），因此发挥着基本的促进变化的作用。总之，对赫拉克利特那幅永远充拆着混乱的图画来说，火是完美的。

赫拉克利特有时还把火认同于灵魂，认同于神性，认同于世界的指导原理或"逻各斯"。但赫拉克利特认为火有两种。神圣或高尚之火不同于其低等的亲戚（即我们见到的炉膛中燃烧的可见火焰）。被早期思想家们看作构成灵魂的材料的，正是空中的"以太"（aether），它是来自上界的、稀薄干燥的热气。我们已知道，赫拉克利特认为灵魂有理性、能思考。因此，在他看来，从传统的灵魂材料"以太"，到指导自然的"逻各斯"，两者之间只差一小步：人的灵魂可被看作人的行动潜在的动力，同理，世界的灵魂也是世间事件潜在的指导原理。对希腊人来说，把这种"永生的"世界灵魂描述为神圣的是很自然的事情。我们往往认为火具有肆虐的破坏性，赫拉克利特却把火视为一种秩序之力（force for order）——它以某种方式维持着各种元素之间的平衡。火在冷热、干湿的转换中起着主要作用。对于这些转换（"冷变热，热变冷，湿变干，干变湿"[25]），米利都哲学家都极感兴趣。

　　赫拉克利特还经常提到睡与醒、生与死的变换，把生物界的这些变化与物质元素的消长联系在一起。例如，他认为，当灵魂过于潮湿时，死亡便会到来，但这种潮湿最终也会再度变为生命："因为灵魂变水即为死亡，水死变土，土又生水，水生灵魂。"[26]在这个循环过程中，水造就了生命，也导致了死亡，这取决于循环的阶段。这个过程表明了对立的两极可以联系起来。

　　这个过程造就了赫拉克利特那幅图画的最终成分：事物的统一——换言之，从某种意义上说，对立的两极是相同的。赫拉克利特严厉责备的那些更早的智者们的缺点之一就在于他们不理解这个真理。他说，被尊为最有智慧者的赫西奥德甚至不理解昼与夜的真理，即"昼夜为一"[27]。赫西奥德把夜看作某种黑暗之力暂时遮住了白昼，很像喜剧小说家弗兰恩·奥布赖恩（Flann O'Brien，1911—1966年）*虚构的那位哲学家，他把夜看作大气的错乱，起因于黑气增多。[28]赫西奥德似乎不承认昼与夜是同一枚转动的钱币的两面。赫拉克利特认为，赫西奥德因此才没有看到世界的某种关键特征，而其他许

---

　　* 弗兰恩·奥布赖恩：爱尔兰小说家、文学评论家，其代表作为后现代主义小说《双鸟戏水》（*At Swim-two-birds*，1939）。

多例子都能说明这个特征，例如：

上坡路与下坡路相同。[29]

生与死，醒与睡，年轻与年迈……全都相同。[30]

是疾病使健康显得美好，是饥饿使饱食显得美好，是疲劳使休息显得美好。[31]

海是最洁的水，亦是最脏的水：对鱼而言，海水可饮，可维持生命；对人而言，海水不可饮，是致命的。[32]

以上四例说明了看似对立的事物之间的统一联系。第一例直截了当：上山之路也是下山之路，正如入口通常也是出口。第二例不那么直截了当，因为活人不是死人，少女不是老妪，睡者不是醒者。但在赫拉克利特的宇宙循环程序中，这些对立的两极最终都成了同一个事物，因为睡着的事物醒了，醒着的事物睡了，活的事物变成了死的，死的事物变成了活的（因此在某种意义上，年老的变成了年轻的）。至于以上引用的第三个片段中所说的健康与疾病等对立的两极，赫拉克利特想的大概是：疲劳使休息有了意义，反之亦然；疾病使健康有了意义，如此等等。在第四个片段里，我们看到了对立两极之间的另一种联系：这个例子说明，同样的物质会对不同的生物产生不同的影响。

赫拉克利特认为，上述例子都证明了一点：每一对对立的两极其实都不是两个事物，而是同一个事物，正如昼夜为一。在我们看来，这就像一种混乱不清的过分概括，几乎没有真正的意义。我们能阐明：即使对立两极相关联，其中的对立面也并非同一个事物（例如，睡不是醒）。我们能找出"对立"和"相同"这两个词各种含义的区别，因此，赫拉克利特把它们绑在一起的努力，并不能让我们信服。我们似乎应当找出这些区别，赫拉克利特似乎也应当强调年轻与年迈、健康与疾病、上坡路与下坡路等等的区别。他大概认为，把对立的事物联系起来有助于理解这些事物。毕达哥拉斯执着于音乐和谐与数字之间的联系，并快速得出一个结论：数字以某种方式解释了万物。同样，赫拉克利特执着于对立两极间的某种联系，并得出了一个结论："万物为一"。

很多事物乍看上去并非"为一"（"all one"），其中之一就是赫拉克利特本人的思想：从今天的角度看，它似乎是自相矛盾的。一方面，无论他看哪里，他都能发现流动、变化和斗争；另一方面，这种斗争的某些方面却似乎是虚假的战斗，因为参战的两极——例如那些元素、昼与夜、青春与老迈——其实最终全都处于同一方。那么，按照赫拉克利特的理论，是否真的存在流动和斗争呢？答案是：它们真的存在；但流动与稳定、统一与多样本身就是同一枚硬币的两面，就像昼与夜那样。再回想他那个河流的例子。它虽然只是一条河，却由许多水构成。它虽然包含了许多水，却仍然只是一条河。以这种方式，赫拉克利特将关于斗争和统一的思想汇集了起来，形成了一个和谐的整体。他虽然从未清楚地表达过这个思想，但是，"统一中的流动"和"流动中的统一"这种二元陈述，似乎就是他认为的更早的思想家们不理解的"逻各斯"。

即使在赫拉克利特尝试解释了自己的思想之后，后来的一些思想家仍然不理解它。柏拉图传播的观点是对赫拉克利特的观点的一种曲解，这大大地伤害了赫拉克利特。柏拉图认识一位名叫克拉底鲁（Cratylus，公元前 5 世纪人）的哲学家，此人似乎抓住了赫拉克利特思想的一个方面，把它夸大到了极不合理的程度。柏拉图及其弟子亚里士多德重复了克拉底鲁的思想，后来的许多思想家则都完全通过这两人的眼睛去看赫拉克利特。

克拉底鲁的思想似乎是：万物始终处于流动状态，所以你无法说清任何事物，因为它们都在飞快地变化着。因此，亚里士多德才说："自称赫拉克利特主义者的人，例如克拉底鲁……其观点最终都认为：说任何话都不对，而只能摇摇自己的手指。"[33] 在与柏拉图的一则对话中，苏格拉底指出，这种极端的观点来自头脑的混乱：

> 我们许多现代思想家……探究事物性质时，总是因为围着一
> 个问题不停地转动而头晕目眩，因此他们便想象世界也在不停转
> 动——朝着四面八方转动。他们认为，这种表象（源自他们自己
> 的内心状态）大概就是自然的真相。他们认为，并不存在稳定或
> 永久的事物，只存在流动和运动。[34]

一旦把这些无稽之谈归于赫拉克利特，柏拉图嘲笑起那些所谓赫
拉克利特的追随者（克拉底鲁是其中唯一有记载的例子）便容易
多了：

> 那些以弗所人从未讨论过赫拉克利特提出的这些原理，却自
> 称熟悉它们；你还不如去和疯子说话。他们忠于他们自己的论
> 述，所以的确永远都在运动……你提出问题时，他们就会颤抖地
> 从他们那些神谕般的短小格言中抽出一条，朝你扔去。你若想得
> 到关于其意义的某种描述，立即就会被钉在另一条格言上，它带
> 着刚刚伪造出来的隐喻。凭着那些格言，你永远到不了任何地
> 方。而他们万分小心，绝不留下任何不变的东西，无论在论述中
> 还是在他们自己的头脑里。[35]

赫拉克利特的一句话在他的言论中最著名，似乎支持了柏拉图和
亚里士多德的极端主义解释："你无法两次踏入同一条河流。"[36]这句格
言后面的思想十分清楚：构成河流的水永远在变，永远在流逝；因
此，你每次踏入的河流都是不同的河流。但我们应当在多大程度上赞
同这种思想呢？按照克拉底鲁的极端观点，我们应当赞同这句话的每
一个字：按照我们平常的想象，河流根本就不存在。哪怕有一条名叫
"泰晤士"的河，它也只能存在短短一瞬，然后就会变成另一条河。
类似的观点（根据克拉底鲁的解释）表明：其他一切事物无不如此。
构成它们的材料永远都在变。正如苏格拉底转述这个观点时所说：

"并不存在稳定或永久的事物，只存在流动和运动。"[37]

但你若细看，赫拉克利特关于河流的另一条议论却和这一条截然相反："人们踏入同一条河流时，不同的河水一波又一波地流过他们。"此话清楚地谈到了水流在**同一条**河里：换言之，不同的水不一定会构成不同的河。因此，你可以两次踏入同一条河流。克拉底鲁、柏拉图和亚里士多德所做的，似乎是只看到了赫拉克利特那种双边哲学的一半，却完全忽视了另一半。你若像这三人那样，只从字面意义上去理解赫拉克利特的"你无法两次踏入同一条河流"的意思，那你就不可能理解他的思想。

赫拉克利特自豪地发现并想引起人们注意的，是这样一个事实：河流或其他一切事物，都充满了变化和流动，即使它们表面上看起来不是如此。但他不认为它们完全是一片混乱，使你根本无法描述它们，只能像克拉底鲁那样摇摇你的手指。毕竟，那种粗劣的夸张歪曲了赫拉克利特想表达的观点。若根本没有河流，它们显然就不会充满了流动，甚至也不会充满任何东西。

至少，柏拉图靠他的误解取得了成果。他虽然嘲笑了他认为的赫拉克利特理论，但同时也认为其中包含了真理的种子。亚里士多德说，柏拉图

> 被赫拉克利特学说的真理说服了，该学说是：一切能被感觉到的事物（即能被感官觉察的事物）始终都在消逝。因此，欲赋予知识或思想一个对象，就必须存在其他某些永恒的实体——它们脱离了那些能被感知的实体；因为不可能存在关于处于流动状态的事物的知识。[38]

因此，柏拉图对赫拉克利特的夸张便引出了一个真正的问题：怎样才能获得对不断变化的世界的确切知识？

这个问题散发的魅力，使赫拉克利特本人所说的那些更难捉摸的

事物都黯然失色。其实，他自己的思想从未被其他任何人发展过；即使有人发展它们，也不会有任何结果。但对他提出的一个主题的类比和独立研究，却的确构成了哲学的下一个重要阶段。巴门尼德的著作（我们将在下一章讨论），可被看作对赫拉克利特"万物相关"这一主题的发展。他们二人都批判了对宇宙发展、日常现象运作的较早的零散叙述。他们都想用"万物为一"理论的一个版本来取代那些叙述。但他们的版本大不相同：巴门尼德的版本中不存在永远都在变化的事物；而在赫拉克利特的版本中，万物始终在变化（尽管不是克拉底鲁相信的那种非常剧烈的变化）。产生了更大影响的，正是巴门尼德的思想。赫拉克利特的思想，则仅仅存在于柏拉图对它们的误解里。

因此，由于柏拉图，真正的赫拉克利特被很多哲学史完全抹黑了。这种令人误解的、过分简单化的传说是赫拉克利特应得的，因为他故意让自己的语言晦涩并充满了悖论。据说他曾想对他的学说保密，因此从某种意义上来说，他最终得到了想要的结果。

4

"无"的真理：巴门尼德

据说，随着巴门尼德的到来，一条蛇溜进了哲学的伊甸园。但与《圣经》里的那条蛇不同，这条蛇并未提供知识，它威胁说要拿走知识。巴门尼德的观点破坏了以前对自然的全部描述。很多早期思想家都试图解释宇宙的发展，但巴门尼德却似乎想证明：宇宙根本就不可能发展。早期思想家都试图解释这个包罗万象、不断变化的世界中的事件，但巴门尼德却似乎想证明：根本就不存在变化或多样性这种东西。他认为，现实是完整的、不变的、永恒的。在巴门尼德及其弟子之后，人们不得不用他们那些令人费解的证据的残砖碎瓦，去重建知识的大厦。

不过，巴门尼德并未自视为破坏者。他认为自己正在照亮一条道路，它能使人走出谬见之林，走向他所说的"真理之路"（Way of Truth）。为了强调这一点，他以启示（revelation）的形式来表述他的论证。他谎称那个启示来自他在天界旅行时遇到的一位女神：

> 女神向我亲切致意，将我的右手握在她手中，对我说："年轻人，你在不朽的战车驭手和坐骑的陪同下，来到了我的屋里，欢迎。将你送上此路的绝非厄运，而是正确与正义——此路离人的脚步其实很远。你应了解一切知识。"[1]

对于写出以上文字的人，我们知之甚少。当闹腾的赫拉克利特不同凡响时，巴门尼德几乎尚未出现。我们知道他思想的枯骨，却根本不知道此人鲜活的肉体。柏拉图有过一番描述，讲的是苏格拉底和巴门尼德一次假想的会面，提道：巴门尼德出生于公元前 515 年前后。巴门尼德当然比赫拉克利特年轻，比苏格拉底年长。但除此之外，我们只能说：他和他的学生芝诺（Zeno，约公元前 490—前 425 年）生活在埃利亚（Elea），那是一块位于意大利西海岸的爱奥尼亚殖民地；像很多早期哲学家一样，巴门尼德似乎也比较富裕、比较有名。

他的思想像是"无中生有"，仿佛真是上天讲给他的。巴门尼德来自意大利，这使一些人把他称为与传统公开唱反调的毕达哥拉斯主义者；除了也使用推理方法这一点外，并无真正的理由认为他与毕达哥拉斯主义有瓜葛。据说推理是毕达哥拉斯学派在同一时期用于数学研究的方法。据说，巴门尼德曾是流浪诗人，是神学家色诺芬尼的弟子。但即使这是真的，也说明不了什么问题，因为巴门尼德的思想极具独创性，似乎与任何人都毫无关系。

我们将会看到：巴门尼德玩弄"无"（nothing）的概念，使人想起了那个使刘易斯·卡罗尔（Lewis Carroll，1832—1898 年）忍俊不禁的关于"没人"（nobody）* 的双关语笑话：

> "你在路上超过了谁？"国王接着说，向信差伸出手，又给了他一些酬劳。
>
> "没人。"信差说。
>
> "很对，"国王说，"这位年轻女士也看见他了。这么说，没人一定比你走得慢。"

---

* 刘易斯·卡罗尔：《爱丽丝镜中奇遇记》（*Through the Looking Glass*），第 8 章。这国王误把"没人"（nobody）当作了人名，故有此谐音双关。刘易斯·卡罗尔，原名查尔斯·路特维奇·道奇森（Charles Lutwidge Dodgson），英国数学家、逻辑学家、童话作家，代表作有童话《爱丽丝漫游仙境》（1865）和《爱丽丝镜中奇遇记》（1871）。

"我尽力啦，"信差不高兴地说。"我肯定没人比我走得快！"

"他做不到，"国王说，"否则他就会先到了……"[2]

　　希腊人也有类似的笑话，来自荷马。在《奥德赛》（*Odyssey*）里，可怕而愚蠢的独眼巨人波吕斐摩斯（Polyphemus）抓住了奥德修斯（Odysseus）问他的名字。以擅用诡计闻名的奥德修斯说自己叫"没人"。后来，奥德修斯设法戳瞎了巨人的独眼，痛苦的吼叫声惊动了波吕斐摩斯的邻居。他们跑到了屋外的夜幕里，问他们的巨人同伙是否需要帮助。波吕斐摩斯大声说"没人"伤害他。邻居们自然误解了他的话，都回去上床睡觉了。可以说，这个故事包含了巴门尼德哲学的萌芽。但巴门尼德对这种文字游戏的利用却非常新颖。

　　巴门尼德选择的写作形式也不同寻常，至少就哲学家而言如此。他使用了六步诗（hexameter verse）——在荷马、赫西奥德和其他许多不大有名的诗人作品中常见的这种格律形式。在前苏格拉底哲学家当中，只有色诺芬尼和（后来的）恩培多克勒（Empedocles，约公元前495—约前435年）使用这种形式。不过，巴门尼德与色诺芬尼不同，他模仿了英雄史诗作者们的风格和意象，至少其诗歌的开头是这样的。例如，他的旅行使人想到了奥德修斯的冥府之旅。诗中迎接他的女神使人想到了文艺女神（muses），她们给了更守传统的诗人们灵感。因此，出现在赫西奥德《神谱》（*Theogony*）开头的赫利孔山（Mount Helicon）上的文艺女神对诗人说："我们知道如何讲出很多假话，使它们像真话一样；但若我们愿意，我们也知道如何讲出真话。"[3]巴门尼德的女神也说她会告诉他一些真话，也会给他讲一些假话——"全面的真理的坚实核心，以及凡人的观点，全都没有真实的根据。"[4]

　　这位女神的真话和假话是分开的，这是巴门尼德之幸，或不如说是读者之幸。他那首诗*有大约 150 行存留了下来，分为三部分：以上引述的充满英雄气魄的序诗；晦涩难解的"真理之路"，巴门尼德在诗中提出世界是不变的、永恒的；被公开视为虚妄的"意见之路"（way of seeming）仅存少量片段。最后这部分的现存诗行较易理解：它们对不断变化的物质世界做出了自然主义的描述。问题是，为什么会有这样的诗句。为什么那位女神承认：她对事物的描述会造成误解并与前面的"真理之路"相矛盾？稍后，我会回答这个问题。这首诗的重要部分是"真理之路"，我们必须先作分析。为使叙述更易理解，我会引述巴门尼德忠实的也更单纯的弟子麦里梭（Melissus）的一些思想，补齐巴门尼德的推理线索，以适应他的总体理论。

巴门尼德从一个关于思维和语言的简单概念开始，然后把它转变成了一种完整的哲学。他认为：对于"不存在的事物"（what is not），人们无法进行任何思考或议论。在他看来，那样等同于只字不提，而谈论或思考"无"的人，其言论或思想根本就不会被理解。因此，我们必须从我们的思想中尽量删除"不存在的事物"和"无"。这么做超乎想象的困难，因为这种否定性概念涉及所有的事物。例如，事实证明：我们无法有意义地谈论任何开始存在的事物，因为这意味着该事物在某个时间不（not）存在。巴门尼德认为这不可能，因为我们无法说清什么是"不"。同样，我们也无法有意义地谈论任何不再存在的事物，因为那也涉及那个不可能存在的观念，即"该事物在某个时间不存在"。所以，说任何事物开始存在或不再存在，都绝不会是真的。因此，万物都是永恒的。

单单这个观点就足以令人惊诧了：毕竟，我们似乎总能看到事物的诞生和消亡、开始存在和不再存在。但更糟的还在后头。由"人们

---

* 指巴门尼德的哲学长诗残篇《论自然》，共 19 条，154 行，包括序诗、"真理之路"和"意见之路"三部分。序诗 32 行完整无缺，它以女神启示的形式提出了两条道路，一条是通向真理之路，另一条是不包含真理的意见之路。

无法思考或谈论**不存在的事物**"的原理得出的另一个结论就是:任何事物都永远不变。这是因为,若什么事物变了,那就意味着它在某个时间是(is),在另一个时间"**不是**"(is *not*)。但我们说不清什么是"**不**",因此就无法**谈论**变化。这个原理的另一个结论是万物都不运动:若某个事物运动,就是它在某个时间在某个地方,在另一时间**不**在那个地方。我们不能说某个事物**不**在某个地方,因此就不能说它有运动。巴门尼德若是正确的,那赫拉克利特及其永远一团混乱的宇宙就错得不能再错了。

巴门尼德指出:无论存在的是什么,都必定始终是完整的。说它缺少什么,或说它曾经缺少什么,就等于说存在(或曾存在)某个**不**存在的事物,而我们也就无从谈论或思考这种事物了。因此,巴门尼德若是正确的,那阿那克西曼德、阿那西米尼就彻底错了。宇宙不可能以他们所说的方式发展,也不可能以其他任何方式发展,因为宇宙必定一直都是充分发展了的。在论证宇宙不可能随着时间发展时,巴门尼德又提出了一个理由,以反驳"宇宙不可能从无而来"的思想。他问道:"是什么需要,驱使它(宇宙)晚一些而不是早一些从无中开始和发展?"[5]换言之,宇宙若从无而来,它为什么恰恰就在那一刻出现,而不在其他时刻出现?巴门尼德以前,似乎任何人都不曾提出过这个问题。

正因宇宙(或按照巴门尼德惯用的说法,叫"存在的事物")在一切时间都是一样的,所以它在一切地方也都一样。宇宙没有任何部分是空的,因为那意味着这个部分什么都没有,而巴门尼德认为这显然是不可能的。整个宇宙必定是满的。最后,由于巴门尼德相信"存在的事物"是始终如一和无分化的,所以他便认为宇宙是独一无二的事物。换言之,他认为只有一种事物存在。在某一时期他曾说,"存在的事物"是"完整的,唯一的,不动摇的,完美的"[6]。由于它是完美的(此外还有一些更复杂的理由,不在此赘述),所以巴门尼德就在"真理之路"的末尾把存在的事物神秘地比作了球体，而希腊人通常把球体看作完美的形状。他说，球体"各个方向与中心的距离都相等"[7]。这样，我们便知道了真理，或更准确地说，知道了巴门尼德认为的真理。不存在诞生、死亡、变化、运动和多样性。只有一个永恒的、不可移动的事物；它是完整的、不可分的，与球体并无不同。

这条思路的一个值得注意之处是它的一致性。巴门尼德一次次地回到思考不存在的事物的不可能性上。这正是这条思路的长处：从这种所谓的不可能性出发，他织出了一张网，这张网能捕捉到变化、运动、诞生、死亡、多样性和不完美供他思考。但是，某件事在某个地方出了大错。正如亚里士多德所言："这些观点虽然看似遵守了逻辑，但若考虑到事实，相信这些观点便与发疯相差无几。"[8]

巴门尼德的观点不但大大有悖于常识，而且互相冲突——冲突得异常剧烈。他频频否认一些事物——例如，他否认运动、诞生、死亡存在。在这个过程中，他说的和想的都是不存在的事物，而按照他的思路，"不存在的事物"不可能存在。既然你自称要避免一切否定性思想，那否认这么多的事物就会显得自相矛盾。

不过，这个反对意见并未击中问题的核心。它证明巴门尼德的观点出了错（我们已经知道这一点了），却未说明错在哪里以及为何出错。我们需要的是验尸报告，而不是死亡证明书。幸好我们不必到远处寻找，就发现了这个麻烦的起源。他的起始观点是正确的，即那个"你无法思考或谈论不存在的事物"的原理。很显然，无论巴门尼德说什么，我们都能思考或谈论不存在的事物。我们能有意义地谈论和思考（例如）：在世界各地都找不到独角兽，克里斯托弗·哥伦布（Christopher Columbus，1452—1506 年）如今已死，白垩不是奶酪，我没有银行存款，以及大量诸如此类的其他事情。所有这些都可以被说成"谈论不存在的事物"。如果谈论或思考不存在的事物没错，那么我们就能拒绝接受巴门尼德那些离奇的结论。

巴门尼德当然不会受这些分析的影响。他会说，人们以为自己能思考和谈论不存在的事物，但他们错了。他认为，我们思考或谈论不存在的事物时，只不过是在制造"毫无意义的声音"。正如他的那位女神所言：

> 你绝不可再想到这种探询方式，绝不可让习惯（它来自众多的经验）迫使你走上这条路，让你去漫无目的地使用眼睛和耳朵，使用发出无意义声音的舌头：依靠理性，去判断我说的那些颇具争议的反面意见吧。[9]

她似乎是说：表面现象并不重要，只要考虑理性对你说的即可。用开放的头脑去思考我的论证，忘掉那些出于常识的偏见，你便能见到真理。

若这位女神对巴门尼德再多说一些，巴门尼德对我们再多说一些，我们便能更容易理解这个忠告了。诗中解释"你无法思考或谈论不存在的事物"这一原理的部分杂乱而晦涩，并且可能语句残缺。再说，巴门尼德也不是一位好诗人，常被他自己的六步诗弄得十分纠结。即使他写的是直白的散文，也很可能说不清为什么他认为这个原理如此令人信服，因此，如今也许没人能替他说清原因了。（刘易斯·卡罗尔笔下那位国王也许会补充说：因此"没人"比巴门尼德更聪明。）尽管如此，我们还是有可能重构这个故事的。事实证明，在你能想什么、说什么和不能想什么、说什么这个问题上，巴门尼德不只是犯了一个愚蠢的错误。相反，他也犯了一个聪明的错误。

巴门尼德似乎得出了一个结论：思维活动与正在思考的无论什么事物之间，存在着某种直接联系。其实，他认为思考更像触碰（touching），尽管并未明说。你无法触及不存在的事物，因此按照巴门尼德的理论，你也无法谈论或思考那个不存在的事物。试图思考不存在的事物就像试图触碰鬼魂。似乎正是这个理由，才使他一开始就把否定性的概念（例如"无"和"不存在的事物"）驱除出了他对世界的描述。

头脑与它思考的事物必有联系，这一思想的更聪明之处在于：它是对一个问题的部分回答，其他任何人都不曾想到提出那个问题，即你头脑中的词句和思想是怎样指称和描述外部世界的。或者换一种说法，语言和思想是怎样与世界联系的。巴门尼德能想到的唯一答案是：头脑一定以某种方式几乎真的接触了世界。这个说法虽然不能给人多少启发，但至少是个起点。

如今，我们对这个问题的理解已超过了巴门尼德，但许多关于思维和意义的问题仍然尚未解决。这些问题占据着心理学家、语言理论家、哲学家和认知科学家的头脑。从巴门尼德开始，思想家们都提出过一个问题：头脑与使思维和语言成为可能的世界之间，究竟存在何种联系？20世纪初，一些哲学家集中思考了这些问题。在他们最早做出的一些回答里，夹杂着巴门尼德答案的微弱的回声。不过，20世纪哲学家做出这些回答，毕竟是在有人已走得那么远、说了"每当你谈论不存在的事物，你其实什么都没说"之后很久的事情了。事实上，除了巴门尼德及其弟子们，大概谁都不曾轻信这个说法。

通过追问巴门尼德所说的"谈论不存在的事物"的确切含义而解开他那张网的，正是柏拉图。[10]柏拉图区分出了"不存在"（is not）的几种用法，以此说明（像巴门尼德也许做过的那样）把那些用法绑在一起的做法是多么粗鲁。事实表明，一旦区分并阐明了"存在的事物"（what is）和"不存在的事物"（what is not），便能减少谈论"不存在的事物"的可能性造成的困惑，也更容易理解"使用否定性术语或做出否定并不等于一无所言"了。对于这个问题，柏拉图没有做出完整的论述，但其分析已足以使他的弟子亚里士多德用这样一句话去反驳巴门尼德了："他以为'存在'（is）只有一种用法，这是错误的，因为它有许多种用法。"[11]

不过，在我们把巴门尼德看作一个不但诗作拙劣而且连他自己的母语都不理解的人之前，还应当想到一件事情。柏拉图用以澄清"谈论不存在的事物"这个概念的语法分析工具，那时才刚刚发展；而发展它的，似乎是那些巡回教学的"智者"（sophist）教师，他们在苏格拉底时代聚集于雅典（参看本书第9章）。巴门尼德年轻时，此类语法术语和定义尚未流行，因此，他绝不会从语法的角度系统地思考这些问题。其实，没有巴门尼德和其他早期思想家那些令人困惑的说法的触动，柏拉图或亚里士多德也不会思考这些问题。巴门尼德当然不是唯一不理解关于语言的一些事实的人，而如今我们认为那些事实是显而易见的，几乎不值一提。为了给巴门尼德辩护，还有一点值得一说：把思考比喻为触碰（巴门尼德似乎热衷如此），在他那个时代比在我们这个时代更显得牵强。"真理之路"中，被译为"思考"（think）的希腊语动词"noein"和我们使用的单词"思考"的含义不尽相同。它表示对世界上真实对象的某种认知，这种认知一般都依靠感觉，因此其含义有时几乎等于"察觉"（perceive）。的确，亚里士多德也曾指出，巴门尼德时代和更早时代的人们"都把思考尊为一种像察觉那样的身体活动"[12]。

柏拉图虽然用无情的语言手术刀解剖了"真理之路"，但他还是很尊重巴门尼德其人的。在柏拉图的一篇对话中，他让他的主角"苏格拉底"说："我最尊重一个人。我认为，巴门尼德就像荷马所说，是个'可敬又可怕的'人物。我在很年轻时见过他，他那时相当老了。我当时认为，他具有一种全然高贵的深度。"[13]事实的确表明，巴门尼德对柏拉图产生了深远的影响。柏拉图忠实地从他那里传承了一个概念：无论终极的真实是什么，它一定都是不变的、自存的和不朽的。但是，柏拉图对这个结论的论证，却和所谓"思考不存在的事物"的不可能性毫无关系。柏拉图还利用了巴门尼德的一个概念：理性与感觉之间的尖锐对立。他也利用了巴门尼德的（归根结底是俄耳

甫斯的）一个思想：从某种意义上说，智力（理性）高于感觉。我们
已知道，毕达哥拉斯学派含糊地赞美过这种"理性主义"（rational-
ism）。但巴门尼德却是使它开始发挥作用的第一人。

　　柏拉图以这种智力与感觉的对立为基础，创立了一种理论。按照
这种理论，世界分为两个领域：一个是永恒的、不变的领域，我们依
靠理性去了解它；另一个是移动的、变动的领域，我们依靠感觉去了
解它。与巴门尼德不同，柏拉图愿意承认：我们看到、听到和触到的
那个较低等的世界仍是真实的，虽说是次等的真实。巴门尼德把那个
世界斥为不可能存在的幻觉，也不愿说我们是依靠感觉了解它的，而
是认为感觉以某种方式欺骗了我们，使我们误以为它是真的。这两人
思想的另一个区别是：柏拉图虽然认为那个更高等的世界是永恒的、
不变的，但也认为它包含着许多事物；终极的真实并非巴门尼德所说
的"一"（one），而是包含着纯粹的、不可改变的形式（forms）或理
念（ideas，我们后面介绍柏拉图本人时，将会更充分地描述这个概
念）。因此，柏拉图保留了巴门尼德的世界图画的一些部分，擦除了
其他部分。他被一种思想所吸引：终极的真实无生、无变、无灭。但
他认为这还不够，他不赞成巴门尼德认为"不可能存在日常世界"的
那些理由。因此，他也试图为那个世界的存在找到可能性。

　　他不是第一个这么做的人。公元前 5 世纪的四位著名的思想家
（其写作活动大多在柏拉图以前）都曾至少抓住了巴门尼德的某些思
想，尽力复原那个日常的世界。恩培多克勒说存在着四种元素——
火、气、水、土，它们都是永恒的、不变的，正如巴门尼德所说的
"一"那样。虽然每一种元素本身永远不会改变其特性，也无生无灭，
但恩培多克勒还是认为：这四种元素能到处运动或与其他元素结合起
来，形成了我们看见的日常现象。阿那克萨哥拉斯（Anaxagoras，约
公元前 500—约前 428 年）也赞成一切基本物质都无生无灭，但不像
恩培多克勒那样认为只存在四种元素，而是认为一切自然物质都处于

永恒的、不可改变的状态。常见的物体都由这些不朽的材料混合而成。他和恩培多克勒都认为：一个多样的、不断变化的世界就这样被烹制了出来，其原料就是那些元素的混合物，那些元素本身是永恒的、不变的。

这个节目单上最后、最有影响的变奏曲是"原子论"（atomism）。留基伯（Leucippus，约公元前460—前390年）和德谟克利特（Democritus，约公元前460—前370年）提出了一个理论：微小的、运动的"原子"也像巴门尼德常说的那样是永恒的、不变的，其区别仅仅在于其形状和空间位置。可以用它们解释其他一切：一切自然物质和物体（包括人和动物）都由原子组成；各种原子在"虚空"（void，即真空）里到处飞速运动，直到与其他原子互相缠绕，形成一棵树、一个人、一个银块等。这个繁忙的世界与巴门尼德想象的世界相距甚远：它包含着运动、多样性和（某些地方的）真空。

我们已看到了巴门尼德的一些继承者如何尝试解释他的论证。那他自己是如何解释其论证的呢？他不得不把自己放在一种不可能存在的位置上。若仅仅存在一个事物（像他想的那样），那么，那个事物把作为人的他置于何处呢？根据他的论证，要么他一定是虚构的，就像他否认的那个运动的、变化的日常世界那样；要么他必定就是那个无变化的、球体般的"一"。此外，即使暂且不提上述荒谬的选项，怎么能假定一个人能活在他所说的那种世界中呢？在那个世界中尝试做任何事情都毫无意义，因为不可能存在运动和变化。看看巴门尼德的忠实信徒麦里梭所处的两难困境吧：他是业余哲学家，又是萨摩斯舰队的司令官（公元前441年，该舰队在一场抗击雅典海军的战斗中获胜，他因此而闻名）。但既然他确实赞成其导师的所有观点，那么，他认为自己能干什么呢？舰船不能移动，他不能移动，战斗不能发生，此外还无人去战斗。

我们只能假定：巴门尼德和麦里梭把日常生活看成了某种幻觉，

或至少看成了一个神秘的谜团，并认为最好还是参与其中。他们从未这样说过，但很难想象他们会想到别的。按照他们宣称的哲学信念，他们都过着正常生活，却未能采取任何行动——或不如说，根本就没有任何行动。

也许他们很少想到把他们的信念和日常生活需要统一起来有多难。对此，我们不可能知道。巴门尼德那首诗的第二部分"意见之路"亦未提供任何帮助，在这部分诗中，那位女神向他讲述了人的虚假信仰。其实，那些片段更令人困惑。正如普鲁塔克所言[14]：在"意见之路"中，巴门尼德"说了很多关于天地日月的话，并详述了人类的产生……"* 但巴门尼德并未说明这样一个故事如何与严格的"真理之路"中的观点统一起来，按照那个观点，世上只有一个事物，没有产生任何新事物。

但是，"意见之路"既未提出巴门尼德自己的观点，也未提及其他人的言论——即使仅仅作为历史记录。它是以物理学家的风格做出的一种独创性叙述，只是某些部分更为复杂，其中那位女神说：她提供那种叙述的目的是"防止凡人的任何思想超过你"[15]。这意味着：巴门尼德把"意见之路"收入他那首诗，是为了证明他已牢牢掌握了传统的智慧。他利用了一个传统，即让那些文艺女神既说真话，又说假话（像在赫西奥德的著作里那样），以表明他也能玩那个游戏，即为日常的世界发明一个自然主义的解释。他仿佛在说：任何人都能这么做，而我比大多数人做得更好。

虽说如此，也并非任何人都能写出"真理之路"。考虑到其产生的时间和地点，此诗堪称一项奇迹般的成就。巴门尼德的抽象论证也许是理性的恣纵，但它至少是理性的运作，并显然是第一次运作。他

---

* 出自普鲁塔克：《驳克洛忒斯》（*Adversus Colotem*）。克洛忒斯（Colotes，公元前320—前268年之后）是伊壁鸠鲁最著名的门徒，提出了"除了依照伊壁鸠鲁的原则，不可能依照其他哲学家的原则生活"的观点。普鲁塔克以此文驳斥了这个观点。

尝试根据一条原理——规避一切关于"不存在的事物"的思想的原理——编织一张概念之网，而这就以缜密的逻辑方法开创了推理论证在数学之外的系统运用。他这项尝试也开创了一种思维方式，即对普遍原理的延伸论证被用于引出关于世界和人类知识的惊人结论。我们已知道，另一些哲学家也认为世界与其外表并不一致。巴门尼德哲学之新颖之处，就在于他试图用详细的证据证明这一点，找出现实的真正特征。他学说的这个方面标志着一种接合（seam）的开始，它曾在思想史的某几处浮出表面，最典型的例子就是黑格尔（Hegel，1770—1831 年）及其追随者们的著作。* 黑格尔在他的哲学史讲演中说："巴门尼德开始了真正意义上的哲学"[16]，此话的意思也许是：巴门尼德是第一位因其足够智慧而被黑格尔视为先声的思想家。

黑格尔关于巴门尼德的其他论述都含混不清，但最让他心仪的似乎是巴门尼德的一个观点，即"转瞬即逝之物中毫无真实"[17]，其大致意思是：任何变化的事物都不可能是真的。这的确是巴门尼德的主要思想，很容易被看作一种宗教的或神秘主义的思想，尽管他对严密论证的运用已使他远离了那些更传统、更浪漫的神秘主义者。（尼采曾恰当地提到过巴门尼德的"令人极为敬畏的抽象概念的……冷水浴"[18]。）巴门尼德认为，终极真实是无时间性的、整一的、不变的，这种思想当然很像色诺芬尼提出的关于唯一的、不变的上帝的概念[19]，对于当时的希腊人来说，这个观点非同寻常。但是，推断巴门尼德是否受了色诺芬尼的影响，或像尼采所想的那样，推断这两人的相似性是不是惊人的巧合[20]，却毫无意义。有一个天堂般的永恒领域，居于混乱不堪的日常世界之上，这个幻想既反映在色诺芬的诗作中，也反映在巴门尼德的论证中，但都藏于深处，因此不可能是其中任何一个

_____

* 此句所谓"接合"，其实是指历史上哲学思想方法的前后呼应，即后人继承和发展了前人的思想方法。

人的专有财产。

巴门尼德的推理论证虽然具有独创性和历史意义，但一个不能回避的事实是：他的论证不是稍显荒谬，而是十分荒谬。舒舒服服地坐在扶手椅上——或像巴门尼德那样，坐在空中的战车上——捏造出一些观点，它们都毫无忌惮地与我们以更直接、更可靠的方式获得的观点相矛盾，这难道不是十足的蠢举吗？你只要环顾四周，就能知道"证明只存在一个事物"的尝试简直是胡扯，这样的尝试有什么意义呢？

但是，我们不该让巴门尼德那个极不可信的起点，给后来的逻辑论证投下过长的阴影。抽象的逻辑论证能揭示一些重要的真理，即使它直接对立于当时所谓的常识。这是因为，"常识"有时是错的，并且总是不够完整。追随巴门尼德足迹的第一次尝试（也许是最有价值的尝试之一），见于其弟子芝诺的著作中。芝诺将在下一章出现。

5

悖论之路：芝诺

　　世人用了不到 2 500 年左右的时间，就意识到了巴门尼德"真理之路"的荒谬。这一点在他那个时代已很明显，却丝毫未使他那位忠实弟子芝诺踌躇不前。芝诺（生于公元前 490 年前后）一直是坚定的巴门尼德主义者，因为他认为自己能反击那些来自"常识"的对立观点。

　　有一段叙述被看作芝诺自己写的，讲的是他如何反驳那些观点。柏拉图讲到：有一次，巴门尼德和芝诺离开故乡埃利亚，去雅典参加泛雅典娜节（Panathenaea），节日四年举办一次，主题是音乐、诗歌、体育运动，旨在供奉雅典娜女神。他们到了雅典，遇到了年轻的苏格拉底，芝诺朗读了自己写的一本论著。苏格拉底向芝诺问起那本书，芝诺回答说：它"其实就像为巴门尼德的观点辩护，以防御那些想取笑它的人。它就是用一些不常用的东西，以其人之道还治其人之身"[1]。芝诺得出了一个聪明的结论：进攻是最好的防御。他的部队包括一系列独出心裁的悖论（paradoxes），旨在通过证明常识性的观点会导致令人无法接受的结论，使那些观点不为人接受。这些难题想达到的效果是：证明反对巴门尼德的人至少也像巴门尼德一样荒谬，促使人们更好地理解巴门尼德。

　　例如，试看芝诺声名狼藉的、关于运动的悖论之一。为了论证，芝诺假定运动确实如常识所说是不可能的（巴门尼德也不承认存在运动）。为了说明问题，假定著名飞毛腿阿喀琉斯（Achilles）* 要参加隆重的泛雅典娜节的一场赛跑。芝诺对阿喀琉斯提出：他跑到终点之前，必须先跑到赛程一半之地；他若想跑到赛程一半之地，就必须先跑到赛程四分之一之地；他若想跑到赛程四分之一之地，就必须先跑到赛程八分之一之地。阿喀琉斯逐渐意识到自己有了麻烦，因为这条推理线显然会无限地延长下去。芝诺使阿喀琉斯相信：他根本就不能跑完任何距离，因为他跑完一段距离之前，必须先跑完它的一半，如此继续，永无止境（ad infinitum）。如此一来，这场比赛便永远不能开始。芝诺似乎在暗示：你只要开始谈论运动，便会陷入这种混乱。不如承认巴门尼德是正确的，说万物都不运动。[2]

芝诺的大量悖论中，留存下来的有九个：四个关于运动；三个指向"多"（plurality），即认为世上存在很多事物，不像巴门尼德认为的那样只有"一"；一个直接反对"空间"这个概念；还有一个想证明感觉不可信。本来也许还有更多，因为芝诺显然是一位发明悖论以用于辩论的天才。普鲁塔克在他写的关于雅典政治家、演说家伯里克利（Pericles，约公元前 495—前 429 年）的传记中说，伯里克利"曾是埃利亚人芝诺的学生……他完善了一种反驳技巧，而这种技巧一定会让对手感到难过"[3]。

亚里士多德几乎能解释一切，但芝诺的悖论却让他难过。他认为自己知道如何避开那些悖论——尽管他的一些办法其实都未奏效。但他确实承认芝诺是"辩证法（dialectic）的发明者"[4]。亚里士多德所说的辩证法似乎指一种获取真理的方法。在柏拉图早期的"对话"里，苏格拉底就使用过它。苏格拉底喜欢穷究人们的观点，再逐步引出答案，而人们都未料到他那些尖锐问题竟有那样的答案。如此，苏

---

* 古希腊神话中的勇士。

格拉底一步一步地瓦解了他们的观点，使他们懂得了必须看得更远，才能正确地回答眼下遇到的问题。这种做法，的确很像芝诺的"反驳"技巧的延伸。在上述那个悖论中，芝诺抓住了"不可能有运动"（具体地说，不可能有赛跑）这个观点，力图证明这个观点很快就会造成一些难题。芝诺似乎具备进行迅速的、强有力的辩论的专长；而苏格拉底的做法却是：慢慢与对手搏斗，压倒对手，并总会使对手以为这是为了他们好。这两人都使用了表面上的否定性策略，即根据对手的言论或信念推导出他们不喜欢的结论。

柏拉图认为苏格拉底使用的辩证法最终是肯定性的，是（获取）知识必经的初级阶段，这是正确的。辩证法的用途与其说是在辩论中反驳对手，不如说是在获取知识的共同事业中消除错误。苏格拉底本人就是这样看待自己的穷究追问的。

芝诺的目标似乎没有这么高尚。他与苏格拉底不同，似乎没有什么建设性的意图，而只想为导师巴门尼德意义重大的不可信性（implausibilities）辩护。因此，芝诺便被人们看作擅长搞恶作剧的人——一个十足的麻烦制造者，尽管他很真诚。然而，历史证明了他是正确的，但并不是通过挖掘出什么有利于他的事实，当然也不是通过证明他的结论最终是正确的，而是通过找出他悖论中经常出现的许多令人兴奋的思想。正如哲学家、数学家阿尔弗雷德·诺思·怀特海（Alfred North Whitehead，1861—1947 年）在 1932年写的："写出你那些反驳之后，你在每一个世纪都有人遭到了反驳，而这正是你巨大成就的顶点……读过芝诺的人都会反驳他，每一个世纪都有人认为他值得去反驳。"[5]

芝诺的悖论，尤其是有关运动的悖论，其存在的时间超过了前苏格拉底哲学家思想中其他的重要概念。这些悖论曾被数学家、物理学家、哲学家详细讨论，从他那个时代直到如今。伯特兰·罗素在 20世纪初对它们进行的讨论[6]，给它们注入了新生命，使之至今仍生生不息。它们也突然出现在了一些意想不到之处：从托尔斯泰（Tol-stoy，1828—1910年）的小说《战争与和平》（*War and Peace*）（其中，它们被用于澄清关于对运动的看法和对历史的理解的一个模糊的比喻）[7]* 到20世纪的一部闹剧（其中，这些悖论之一以混乱的形式出现，用于制造轻松释然的气氛）[8]。

芝诺的悖论不但一直令人着迷，而且据说即使在今天它们也未被忽视，我们仍然能从它们当中获得教益。这个令人惊讶的说法既有几分道理，又有几分误导。芝诺悖论的长寿，在很大程度上缘于一个事实：我们不知道它们究竟是怎样的。至于了解他那些最有名的悖论，我们几乎不得不完全依赖亚里士多德的概括，而那种概括是压缩的、模糊的，也许并不准确。这就给大量的争论留下了空间，而这也意味着评注者们能没完没了地玩解释和再解释的游戏，并把他们自己的思想写入芝诺那些亡佚的文本中。同样，这些悖论大都以某种方式涉及"无限性"这个概念；对于这些悖论，人们似乎总有一种言犹未尽之感，这反映了一个事实，即关于"无限性"也似乎总有一种言犹未尽之感（这种感觉十分恰当）。各个时代的科学家和哲学家往往把芝诺悖论用作挂钩，挂上他们关于一些话题的思想，那些话题和"无限性"纠缠在一起，例如空间和物质的无限可分性，以及时间和运动的概念。芝诺促使思想家们打开了"无限性"这个潘多拉魔盒，释放出了一大堆难题，而两千多年之后的牛顿仍在被它们折磨。这些悖论甚至被拖进了当代物理学的争论。[9]

因此，芝诺的悖论的一个富有成效的特征就是：它们引出的问题，比与其密切相关的答案带来的问题还多。例如，阿喀琉斯赛跑悖

---

* 托尔斯泰：《战争与和平》第十一部第1章。此章中说："人类的智慧理解不了运动的绝对连续性……只有采取无限小的观察单位——历史的微分（即人们的共同倾向），并运用积分法（即得出这些无限小的微分总和），我们才有希望了解历史的规律。"此句所说的"模糊的比喻"，指以微积分的方法分析历史。

论的答案可能是这样：阿喀琉斯若想跑完任何一段距离，就必须也跑完该距离的一半，如此下去，永无止境。由此推论出：在某种意义上，他必须跑完数量无限的距离。但不能由此推论说：他必须每次只跑完一段距离，必须先跑完前一段距离之后才能去跑下一段距离。这是个关键性的疏漏。一位现代评注者[10]关于这个悖论的任何一个类比都会有助于说明这一点。从理论上说，鸡蛋能被分成无限多的部分，但这并不等于说为了吃鸡蛋，你必须依次吃掉它的每一个部分。你若真的不得不这么做，你要么必须能吃得无限快，要么就必须把吃早餐的过程一直延续到星辰寂灭。幸好这两种做法都不必要。我们只用几口，便能吃掉鸡蛋无限多的部分，因为每一口都消灭了那些微小部分的一个无限性；同理，我们也能设法只用几步就跑完无限多的距离，因为每一步都使你前进了无限多的距离。单单这一点，就足以反驳上述赛跑悖论的说法了。但这又引出了一些新问题。一个普通尺寸的鸡蛋不可能有无限多的部分，同样，一段 100 米长的跑道也不会有无限多的距离。

任何仍对这一大堆无限性感到困惑的读者，都不妨想想一个事实：芝诺绝不是第一个对此感到不安的人。一系列分割的局部越缩越小，似乎绝不可能最终消失，这个概念直到 19 世纪才有了令人满意的解释。19 世纪，牛顿和莱布尼茨（Leibniz，1646—1716 年）用他们发明的微积分在解决有关问题方面取得了进展。他们的著作，虽然促使科学家们用微积分考察了以前被视为不可能存在的运动和变化，但也涉及了一些尚未澄清的混乱思想，直到戴德金（Dedekind，1831—1916 年）、魏尔施特拉斯（Weierstrass，1815—1897 年）、康托尔（Cantor，1845—1918 年）等 19 世纪数学家写出进一步的著作。[11]牛顿关于"无穷小"（infinitesimal）的量的不规范概念是微积分学的一个特征。这个概念使他不高兴，也曾受到一些人的正确批评，其中包括 18 世纪的哲学家贝克莱主教（Bishop Berkeley，1685—1753

年）。贝克莱把这种"无穷小"嘲讽为"与量分离的鬼魂"[12]。康托尔等人凭借各自的天才，才驱除了这些鬼魂。因此，我们不必仍对这些鬼魂感到困惑。

芝诺另一个关于运动的悖论与数学的关系不那么明显，却同样独出心裁。它试图证明：一支看似飞着的箭其实并没有运动，因为在它飞行中任何既定的一瞬，它都占据着与它本身完全同样大小的空间。[13]例如，一支"正在运动"的 12 英寸的箭会占据一系列空间，每个空间的长度都是 12 英寸。芝诺似乎要以此暗示：在每一个 12 英寸的空间里，那支箭都是静止的。我们可以换一种方式表述他这个观点，那就是追问究竟何时那支箭才会被看作在运动。考察它的所谓"飞行"，我们会发现：它此刻在一个地方，下一刻又在另一个地方，而在两者之间的每一段距离上它都处于中间位置。由此看来，它无论在哪里都是静止的。那么，它何时才会从一个地方移动到下一个地方呢？它似乎没有时间这么做。

芝诺像是通过分段地考察一支箭的行程，把它流动的运动凝成了一系列静止照片。从某种意义上说，他这个做法是正确的：他隐约地悟出了一个真理，即运动是由一系列静止构成的。芝诺错在由此得出一切都不曾运动的结论，因为说一个物体在运动，就几乎等于说它在不同的时间里占据了一系列不同的空间。因此，芝诺否认"一支箭在某一瞬间运动"的说法是正确的——这不是因为那支箭在每一个瞬间都静止不动，而是因为用动静之别分析单个的瞬间毫无道理。唯有你考虑的是一段延伸的时间，这种分析才有意义。所以，唯有一支箭在一段时间内始终处于同一个地方，我们才能说它是静止的；它若处在不同的地方，它就是在运动。运动大致就是如此。

以上叙述被称为运动静止论（static theory of motion），而芝诺关于箭的悖论无意中为人们提供了一个接受这种理论的强有力的理由。他的另一个悖论（这里不再考察）[14]也无意中证明了一个事实：只能参照另一些物体的相对运动，去判断一个物体的运动；换言之，若不参照其他物体，便不能说某个物体本身在运动。因此，芝诺的悖论不但没有否定运动的概念（这是他的明确目的），反而通过使我们更准确地理解运动是由什么构成的，让运动的概念有了更坚实的基础。

现在，我们有理由评论芝诺的总体成就了。我们看到，他那些悖论引出了一些当时（以及很久之后）的思想家不知如何圆满地回答的问题。正如对巴门尼德一样，我们也可以对芝诺宣布：我们能在（例如）跑道悖论或运动的定义等问题中看到更多的意义。其理由之一是：他那些难题，使后世思想家为了解决这些问题而不断改进他们的观念。观念发展了，而帮助观念发展的，就是芝诺提出的那些独出心裁的难题。

芝诺似乎走得太远了，因为他先满怀热情地搜到了难题，最后又像谚语所说的那样——把婴儿和洗澡水一起泼掉了。除了走出否认一切都在运动这极端的一步，只说运动和无限性促使人们去做进一步的调查，难道不是更合理吗？我们能凭着后见之明回答说：对，芝诺走得太远了，但那至少确保了他能获得大量的关注。但我们也应承认这个裁定多多少少包含着后见之明。事实证明：为了证明反驳他的意见是正确的，可以改进和重构关于运动和无限可分性的概念。但芝诺本人却无法预见如何改进这些概念。在他看来，运动和无限可分性的概念都是胡扯。

芝诺的悖论成功地证明了一点，就是博识者的扶手椅思索* 可以取得多大的成绩。那些思索能澄清和激发思想，而这是知识进步之必需。在发现世界方面，抽象论证和概念思维的作用比人们最初想象的更大。科学家只是到处漫游，做一些仔细的观察，收集一些事实，这个想法反映了一种对科学工作的幼稚认识。科学家也力图找出一些新

---

* 此指哲学家的书斋沉思。

方法以描述其所见，力图让他们收集的事实符合真正的解释性理论，力图思考和评估他们收获的证据。换言之，他们力图重建和刷新我们的思想或概念。这就是芝诺之类的思想家们的论证的作用。最好把这些论证描述为概念批判（conceptual criticism）。这种批判绝非自称哲学家的人们的领地里独有的。它也不是任何人的领地里独有的。芝诺的悖论表达的思想从何而来，它们是否有悖于当时的所谓常识，这些都不重要，只要人们发现这些思想能给人启发，能从中吸取有益的教训即可。

巴门尼德和芝诺思想的直接影响，是激发公元前 5 世纪的思想家们写出了一些著作，例如恩培多克勒、阿那克萨哥拉斯、留基伯和德谟克利特（尤其是最后两人）。这些人构成了前苏格拉底思想的最后阶段，那是一个折中的时期，哲学家们试图悄悄溜回自然主义考察的伊甸园，而巴门尼德之前的思想家们享受过它。"用理性去判断"是巴门尼德的那位女神的主张，也是一个绝好的忠告，只要不认为它是建议人们忽视证据，而认为它是建议人们尽量找出证据就好。这就是最后一批前苏格拉底哲学家对那位女神的忠告的理解。我们将看到，这些不同的思想家的兴趣，都大大超出了其作为巴门尼德和芝诺的反叛性继承者所担负的任务。

6

爱与斗：恩培多克勒

西西里岛南部阿克拉加斯（Acragas，即如今的阿格里真托，Agrigento）的恩培多克勒发明了一种物质理论，非常简单，看似极具说服力，以至于一直到文艺复兴时期人人都相信这个版本。亚里士多德支持这种理论，做了少许改动，这个事实对它大有帮助。背靠亚里士多德的权威，这种理论甚至在某些保守的著作里一直流传到了 17世纪，那时它想必是被波义耳（Boyle，1627—1691 年）* 这种化学家的启蒙批判降伏了。这种理论说，万物都是由四种元素（土、气、火、水）的混合物构成的，其中没有一种元素凌驾于其他元素之上。这些元素以不同的比例结合为不同的事物。因此，套用恩培多克勒仅存的两个配方之一，即骨头是由两份水、两份土和四份火构成的，我们也很想为恩培多克勒本人开出类似的配方：他是由两份原型科学家（proto-scientist）、两份毕达哥拉斯式宣讲者、一份制造奇迹者构成的，还需掺进少许赫拉克利特式的高傲。

恩培多克勒被喻为浮士德（Faust）[1]，因为他自称知识使他像神一样，使他能制造奇迹，例如起死回生和控制天气（或曰控制"各种自然元素"，像我们有时说的那样）。这让人想起了那个邪恶天使对马

---

* 罗伯特·波义耳（Robert Boyle）：英国化学家。

洛（Marlowe，1564—1593 年）剧中的浮士德说的话：

> 浮士德，投入那种著名的艺术，
>
> 其中包含着自然宝藏的全部，
>
> 愿你在地上如同朱庇特在天，
>
> 成为这些元素之主和司令官。[2] *

传说甚至赏给了恩培多克勒一个浮士德式的结局：据说，他跟几位朋友吃过晚餐后，跳进了埃特纳火山（Etna）的烈焰，消失了，正像浮士德在午夜被拖入了地狱之火那样。第欧根尼·拉尔修、弥尔顿和马修·阿诺德（Mathew Arnold，1822—1888 年）的引述，使这个故事流传了下来。[3] 其实，恩培多克勒由于政治原因被从西西里岛流放，大概在流放中死于伯罗奔尼撒半岛。丰富多彩、不同凡响的是他的生命，而不是他的死亡。

他出生于公元前 492 年前后，父母地位显赫，自己也并非无名之辈。他身穿紫红色长袍，束金色的腰带，足蹬古铜色的鞋，头戴特尔斐桂冠，这一切似乎都达成了他想要的效果：

> 我到四处走走，人们全都尊敬我，因为理当如此。我系着缎
>
> 带，戴着新鲜的花环。我走进他们那些兴旺的小镇时，认识我的
>
> 人都向我致敬，有男人，也有女人。他们数千人都跟着我……[4]

就在这番夸口之前，恩培多克勒还坦言他已是一位"不朽的神，不再是凡人"。不喜欢他学说的人简直就是"傻瓜！"[5] 他虽傲慢，但他在阿克拉加斯参加的政治活动却包括勇敢捍卫民主制、反对暴君，这可能会使人意外。心怀感激的市民们甚至因为他主张平等的努力而给了他王权。他的著作与他的政治主张确实完全一致，尽管他的人品似乎并

---

* 出自克里斯托弗·马洛（Christopher Marlowe）的《浮士德博士哀史》（*The Tragical History of Dr Faustus*，1604 年）。克里斯托弗·马洛是英国 16 世纪大戏剧家，创作有 6 部戏剧和一些诗作。

非如此。他热情地描写了昔日的一个黄金时代，那时人们快乐地生活在一起。他的宗教学说暗示人们：一切人，而并不仅仅是幸运的恩培多克勒，都能重获他们曾经享有的神圣地位。因此，他在精神上是平等主义者。事实上，他把这个信念推到了极端，认为一切生物在精神上都是同类。他赞成毕达哥拉斯的一个信念，即：人死后灵魂会转移，以植物、动物或人的形式复活。他自己就"曾是一个男孩、一个女孩、一棵灌木、一只小鸟和一条蹦跳的游鱼"[6]。

这种毕达哥拉斯式的胡言乱语，怎么会与关于自然元素的严肃的化学理论（它使恩培多克勒在历史上占有了一席之地）一致呢？像毕达哥拉斯学派一样，恩培多克勒的科学活动也与他的宗教观点相连。毕达哥拉斯学派认为，精神事务和关于自然的知识之间的联系，是他们的"theoria"的概念提供的，此词意为"一种无关利害、能净化灵魂的沉思方式"。对恩培多克勒来说，这种联系更为直接。在他的诗篇（或曰该诗的一部分）《净化》（*Purifications*）里，恩培多克勒表达了他对灵魂和拯救灵魂的俄耳甫斯教或毕达哥拉斯学派思想的理解。在他的"科学"诗篇《论自然》（*On Nature*）（或可能是同一首诗的一部分）里，人们则能见到他把这种思想运用于人类思想的领域。人类的戏剧只是各种元素的宇宙大戏的一幕，而《净化》和《论自然》里的出场人物大致相同。因此，使各种化学元素互相吸引、结合在一起的"爱之力"（the force of Love）也存在于人们心中，而那就是性吸引力之因。"斗之力"（the force of Strife）能使各种元素相斥，也是人类精神堕落之因。

恩培多克勒的遗作包括大约 450 行散佚的诗句，出自他的两首诗，被以语录的形式引进了其他作家的作品中，遂得以保存。这比当时其他任何思想家的遗作都多，并也许表明了一个事实，即人们普遍认为恩培多克勒的作品最值得引用。他是最后一位以诗写作的古希腊哲学家，而且也许是技巧最佳的；亚里士多德把他称为"修辞学之父"[7]。他的著作当然要比巴门尼德的更易理解，但这么说尚嫌不够。

恩培多克勒赞成巴门尼德的一个观点，即任何事物都既不能被创造，也不能被毁灭；但他找到了一种更易被接受的表达方式："一切凡胎都不是生出来的，也都不会以被诅咒的死亡告终，而只是混成物的混合与交换——出生只是人们给这些交换起的名称。"[8]这番话是巴门尼德学说与常识之间的妥协产物。恩培多克勒愿意"顺应习俗"[9]，谈论生死，只要人们牢记一点：生（或曰创造）其实就是某些已有原料（pre-existing ingredients）的成形；而死（或曰毁灭）其实就是那些原料的离散，它们以后还会不断地构成其他的物。那些原料本身不是被创造出来的，也不能被毁灭。因此，从某种意义上说，巴门尼德是正确的。恩培多克勒还赞成巴门尼德的另一个观点：不可能存在真空。但人们很少听他说不可能存在运动，也很少听他谈论世上只存在一个事物。总之，恩培多克勒似乎完全忽略了巴门尼德学说和芝诺论证中这些不便解释的部分，他这是在维护这两个人。

恩培多克勒提到的"混合与交换"，指的是他所说的四种元素的混合。他把大自然混合这些元素以造就物体比喻为画家混合颜料：

> 人们……将许多颜料抓在手中，将它们和谐地混合起来，这种颜料多一些，那种少一些。他们用这些颜料描摹万物，创造出了树林、男人、女人、野兽、鸟类、以水为生的鱼、不死的众神，也创造出了最高的荣誉。[10]

恩培多克勒所说的"土""气""火""水"——现实世界用来混合的原料——和我们对这些单词的理解并不完全相同："气"指一切气体，"水"指一切液体；而金属被算作液体，是因为金属会熔化并与其他金属混合。他还用神的名字给每一种元素起名（有时会给一种元素起两个名字），但这并非"诗人的特权"（poetic licence）*。由于这些元素是不朽的，所以它们便被看作当时那种宽泛而大度的神学里的神。"爱"与"斗"这两种基本的力也是如此，人们有时也用众神的名字称呼它们。"爱"把各种元素拉到一起，"斗"使它们分离。这种拔河的结果，就是我们见到的不断变化的世界。

恩培多克勒认为："爱"曾取得了完全的统治，所有元素被结合成了一个单一、神圣的球体（就像巴门尼德那个球状的"一"）。而"斗"的力量却逐渐壮大，成功地分开了各种元素。于是，"爱"开始反击，设法合成由群山、海洋、星辰等事物构成的世界。在我们这个世界目前的阶段，"爱"和"斗"仍在我们周围互相竞争，像刘易斯·卡罗尔笔下的狮子和独角兽为了王冠而争斗那样。"爱"设法把各种元素很快地聚合为一种生物，接着"斗"把它们化为灰烬，如此继续下去。

"斗"会在某一天获胜（虽非永久的胜利），万物分崩离析，再次成为元素碎片。时候一到，"爱"会发起更大的反攻，把元素聚合成另一个庞大的球体，于是这个过程又会周而复始。这番叙述，大致相当于现代宇宙论所说的"大爆炸"（big bang）和"大崩塌"（big crunch）。按照现代宇宙论，一切物质和能量曾在某个时间被压缩于一处，后来在一次"大爆炸"中爆裂分开。若条件合适，在遥远的未来将发生一次"大崩塌"，那时万物会被万有引力再次吸回到一个点上。这种最后的宇宙聚缩理论对应着恩培多克勒所说的"爱的胜利"。因此，我们可以把恩培多克勒对宇宙的叙述，看作斯蒂芬·霍金（Stephen Hawking，1942—2018 年）物理学与芭芭拉·卡特兰（Barbara Cartland，1901—2000 年）**浪漫小说的混合。

---

* 诗人的特权：西方文学批评术语，指艺术家可以为了追求艺术效果而采用非常规手法，例如颠倒语序、嫁接意象、创造另类新词等，又称为"诗人的自由"或"诗的破格"。

** 芭芭拉·卡特兰：英国著名爱情小说女作家，写有 723 本言情小说，销量超过 10 亿册。

恩培多克勒的一些故事，听上去会让人觉得既像它们之前的一些叙述，又像它们之后一些怪诞之说的先声。我们已看到，米利都哲学家使用过的四种"对立"（即冷热干湿），听起来很像恩培多克勒的元素四重奏。他所说的"斗"也有点像赫拉克利特所说的"战争"，也许还有点像阿那克西曼德所说的那种"分离"的过程。那么，这位自诩的"神"的独创性何在呢？就其基本思想而言，恩培多克勒确实不是赫拉克利特或巴门尼德那种革命性的思想家，而也许正因如此，他的元素论才比其他人的任何学说都更容易融入传统理论。他的独到之处在于他解释和推断的细节，尤其是在生物学方面，我们不久就会讨论这一点。不过，他对关于物质和力的更早期思想的提炼虽然较为隐晦，有时看来微乎其微，但确实大有帮助。

例如，他那些元素的重要特征是：它们都是平等的合作者，没有一种元素最先出现，所以没有一种元素是米利都哲学家所说的那种最初"本原"。恩培多克勒认为没有一种元素是基本材料，因此他就不必解释各种现存事物如何神秘地由它生成。他比在他之前的所有人都表达得更清楚的是这样一种思想：应根据对象包含的相对较少的纯物质（它不能再被减小为其他任何东西）的比例，去解释无限多样的生命和物质。17 世纪的化学家得出的结论是，4 种元素并不足以完成这项工作（他们写这番话时，已被确认的元素有 118 种），而恩培多克勒的 4 种元素无论如何都不是纯物质。但这些化学家与恩培多克勒的相似点，仍然超过了他们与古希腊任何其他哲学家的相似点。至于"爱"与"斗"，虽然其名称颇具幻想性，但和所有早期思想家力图解释的"力"的概念相比，它们更接近被经典物理学奉为神圣的"力"的概念。在恩培多克勒之前，物质元素或对立两级都是按照某种方式，独立地完成制造世界的工作的。物质材料与作用于它的力之间，并未被做出真正的区别。但是，恩培多克勒的"爱"和"斗"却显然是两种独立的力，如同我们所说的万有引力或电磁力。

恩培多克勒若只说"爱"以某种方式把元素结合在了一起，就此打住，我们便只会把他看作一个泪眼蒙眬、只是碰巧预示了某种现代科学的浪漫的人而一笑置之。但他并未就此打住。恩培多克勒认为："爱"和"斗"在制造世界过程中的活动，体现为人们更熟悉的自然过程。他费力地对这些过程做出了连贯一致的叙述。像一切最优秀的古希腊思想家的叙述那样，这些叙述也是敏锐的观察和想象性解释的混合体。让解释植根于经验，但不是通过任何一种人为实验，而是通过令人信服地运用隐喻和实际类比去检验解释。

因此，恩培多克勒就把"爱"制造第一个生物的活动描述成了制陶：泥块被水浸湿，再被太阳之火硬化成形。他还使用了烘烤面粉和水的形象。也许正因为骨头是硬脆的，其色发白，很像经过了特别猛烈的高温烘烤，所以恩培多克勒才认为：在构成骨头的 8 份元素中，火占了 4 份。（你可能想知道，他为什么似乎从未尝试做出某种骨头，以证明这个配方是正确的。也许他知道自己即使遭到天谴，也无法把太阳之火召唤下来把自己烧掉。）总之，按照他的说法，自然的物体来自火作用于土和水的硬化活动。他认为，太阳之火对土元素的影响最为突出，这一点儿也不奇怪，因为你会想到他就生活在西西里岛的炙热中。他是西西里人，这个事实也有助于解释他的一个在其他情况下会令人不解的思想，即固体可能产生于被加热的水和被加热的土：他说岩石来自水——这似乎毫无根据，但在他那时生活的西西里岛，人们以商业规模蒸发海水来获取盐粒，因此他也许认为这恰恰证明了能从水中获取岩石。同样，埃特纳火山的熔岩似乎也是涌出的岩石，而熔岩由于是流动的，所以就被恩培多克勒算作了水。若恩培多克勒是爱斯基摩人而不是西西里人，便很可能对自然的一些基本过程得出不同的结论。例如，他若见过自己用雪块砌的圆顶小屋融化成了泥浆，便会更重视太阳把固体融化成液体的方式。

恩培多克勒对生物的描述更进了一步。例如，他知道：不同的器官看上去并不相似，却能服务于同一种功能，并做着相似的工作——
这是生物学的一条基本原理。因此，他说橄榄是橄榄树的卵，还说毛
发、羽毛和鳞片都是同一种东西。他对存活做得最详细的生物学解
释，来自对动物和人的呼吸的叙述。根据这个理论，呼吸的规律性起
因于血液流过鼻孔后部血管的小孔，通过这个运动来吸进空气。那些
小孔足以让空气进入，却不足以让血液通过（因此，空气的微粒被设
想得比血液的更小）。他很聪明，把有关的机械原理类比成简单的真
空抽水机，那是一种输水设备，当时已为人们熟知。这个理论虽然非
常离谱，但对一个能相信自己投胎成了灌木的人来说，并不算坏。

恩培多克勒击中了生物学的核心问题，并准确得惊人。他说，动
物有用的、幸运的特征源自一个事实：它们本来是有很多种特征的，
而那些古怪、畸形的特征未能保存下来，是因为它们不适宜于动物生
存，因此只剩下了那些良好的特征适宜于动物繁衍后代、在地球上生
存。他这番描述具有幻想的成分，也包含着一部更像传统神话的动物
寓言集（"此处跳出很多无颈之脸、无肩之臂，四处游荡，互不相连，
迷失的孤眼在寻找前额"[11]）。但他似乎以此抓住了自然选择的原理，
比达尔文和华莱士（Wallace，1823—1913 年）* 早 2 300 年，这两人
因提供了支持这项原理的证据而闻名。亚里士多德把这项原理表述为
"动物的身体零件多为偶然形成"[12]，把动物的身体零件随意抛进了
"爱"与"斗"的混战（mêlée）；这些零件若是有用，动物便让它们
有幸"存活下来，以适当的方式自动组织起来；那些无用的零件则会
死亡，并会不断地死亡"[13]。达尔文对这番话的评论是："我们在其中
预先看到了自然选择原理。"[14]

亚里士多德描述恩培多克勒这个前科学的故事，就是为了反驳

---

　　* 阿尔弗雷德·拉塞尔·华莱士（Alfred Russel Wallace）：英国博物学家、探险家、地
理学家、人类学家与生物学家。

它。他不能接受对自然的叙述中没有"目的"这个概念却代之以"偶然"这样的概念。亚里士多德（不仅是他，还有他以前的柏拉图）认为：自然里充满了有目的的设计，不能用纯机械术语解释自然。柏拉图和亚里士多德赢得了那场战斗：恩培多克勒对生物适应过程的解释被有效地消灭了，直到达尔文出现。亚里士多德虽然渐渐接受了恩培多克勒的选择论，但还是批判了恩培多克勒几乎所有其他论著，有时甚至恣意地暗示说恩培多克勒"无话可说"[15]。

在恩培多克勒的机械论解释的工具箱里，最常用的工具之一就是他关于气孔（pores）和发射物（effluences）的理论。他认为，一切物体都有气孔，都有微小的通道或各种大小的孔，它们都以某种方式发射出微粒。物体通过其气孔不断地交换这些发射物，但它们在交换中有所选择。一些气孔接受某几种微粒，另一些气孔则接受另外几种微粒。恩培多克勒认为这种机制能解释各种元素的结合，能解释为什么某些物质能混合起来，另一些则不能——例如，为什么水能与红酒混合，却不能与油混合。他用这种理论解释一切现象，包括电磁现象和腐败现象（物体的放射物若多于其吸收物，它便会衰败）。他对这种理论最独出心裁的运用是尝试用它解释知觉。他说，每一种感觉器官都有自己的气孔并接受与气孔相应的微粒。因此，正如柏拉图后来举例所说："颜色乃是各种与视觉相称并被视觉感知的形体的发射物"[16]，他还用这个思路对气味、滋味和听觉也做出了解释。

恩培多克勒的知觉观中有两个明确的思想，其中一个被掺进了一种关于思维性质的普遍理论。这是一篇机械论的粗糙论文，其内容是：我们的感官与外部对象通过两者间的发射物有了物理接触，遂产生了知觉。还有一种更模糊、更普遍的原理在起作用，那就是"英雄识英雄"（like is known by like）的原理。这是古希腊人的一个谚语，与"同类相吸"（like attracts like）的模糊观念有关。例如，恩培多克勒认为，我们能设法看到明亮之物，是因为我们的眼睛本身就包含了明亮之物（他认为这两者以某种方式互相关联，而现代人并不清楚这种关联是什么）。

若说气孔和发射物的理论是描述眼睛、耳朵和鼻子生理机制的尝试，我们便可以把"英雄识英雄"的思想视为描述意识的普遍性质的蹒跚尝试。对恩培多克勒来说，知觉与思维是人与自然界其他事物之间的亲和性（affinity）的特例。我们能看见并意识到元素，是因为我们也由那些元素构成。在人身上也能找到"爱"和"斗"的力。而正是依靠这一点，人才能觉察和理解这些力在世界上的运作。不幸的是，"斗"在人的生命中变得过于强大（或曰恩培多克勒如此认为），人类生存中的诸多麻烦都反映了这个事实。在恩培多克勒的宗教诗《净化》（*Katharmoi*）里，这种伤感情绪为俄耳甫斯教和毕达哥拉斯学派的思想开辟了道路。

恩培多克勒的受众想必会把《净化》看作一种（字面意义上和比喻意义上的）清洁仪式；对于冒犯了众神或破坏了圣规的人而言，这种仪式必不可少。他在著作的这个部分讲到了"爱"与"斗"的道德表现，描述了"爱"之力如何引诱人去犯罪，使人离开了自己的神性，其结果就是失去了神的赐福：

> 他离开了神的保佑，流浪了三万年，其间一直在轮回，变为各种形式的必死之物，经历了一种又一种生之艰辛。气的力量将他逐入大海，大海又将他送回陆地上，土地将他逐入耀眼的阳光，太阳将他逐入气旋；他被从一个气旋抛入另一个气旋，而每个气旋都憎恶他。如今我就是其中一个，一个被众神放逐的人，一个流浪者，因为我把自己的信任交给了那个疯狂的"斗"。[17]

在赫西奥德的著作里，奥林匹斯山上的神若行为不端，便会被放逐一个时期："他与不朽的众神断绝了九年的关系，从未参加过他们的会议或欢宴。但他在第十年回归，加入了住在奥林匹斯山的房屋中的不死众神的行列。"[18]恩培多克勒把取自正统神话的思想，与俄耳甫斯教等神秘教派的元素圆满地结合了起来。因此，对犯错的惩罚便不只有放逐，还有多次轮回的循环。不只是有过失的奥林匹斯山众神，而且是每一个人，都会受到如此惩罚。所以，每一个具有（或有过）神性火花者或每一个人，都是"被逐离了众神的人，都是流浪者"[19]。也许正是以动物燔祭和以动物为食的罪过，造就了这种降低身份、轮回为低等生命的命运（"天啊，心中毫无怜悯的日子最初没有毁掉我，直到后来我想出了吃肉这种卑鄙的行为"[20]）。像毕达哥拉斯的信条一样，补偿这种可恶错误的办法，就是变成素食者。

恩培多克勒这个故事的基本寓意是：人应按照"爱"的方式而不是"斗"的方式生活。他描述了一个黄金时代，"daimones"（可以大致译为复数的"精神"）在其中快乐地生活，后来那些精神被穿上了"异己的肉装"[21]，作为惩罚："它们当中没有对战神的崇拜……而'Cypris'（即'爱'）就是女王"[22]……"兽类与鸟类，一切都服从于人，与人亲和，其友谊闪耀着灿烂的光辉。"[23]所以，杀死动物以食用或以动物做燔祭被视为错误，首先是因为人应与动物和平相处，像与一切事物那样。

人从这个乐园坠落，被投入轮回的循环，反映了那个较早的"爱"之帝国的解体，彼时"斗"摧毁了天球，分开了各个元素。那些元素最终会被"爱"之力重聚在一起，因此穿着各种肉装的"精神"也将恢复其神圣的状态。它们通过一系列化身不断上升：

> 但最终，他们来到了地球上的人类当中，成为先知、诗人、医生和贵族，然后上升为最尊贵的众神，与其他不朽者分享他们的壁炉与餐桌，而无人类的悲伤或厌倦。[24]

事实上，恩培多克勒恰恰就是先知、诗人和医生。他显然也乐于被待为贵族。医学（或至少是粗糙的生理学）似乎是他主要的科学兴

趣所在，如同数学是毕达哥拉斯学派的最爱那样。毕达哥拉斯学派把
数学推崇为最有可能带来拯救的研究；恩培多克勒似乎把医学也抬高
到了类似的地位。至少，比起几何学，医学更容易引来普通人的
赞美。

恩培多克勒被看作古代三个主要医学学派之一的创始人，因"经
验"学派而闻名，以纪念（据称是）他通过仔细观察获取知识的方
法。他当然远离了巴门尼德"感觉完全是彻底谬见之源"的观点。恩
培多克勒敦促他的听众：

> 现在来吧，用你们的全力将每一个事物观察清楚吧。既不可
> 认为视觉比听觉更可信，亦不可认为嘈杂的听觉高于舌头的感
> 知，不可克制对其他任何器官的信任。无论如何，都有一条通向
> 理解的通道。但一定要清楚地了解每一个事物。[25]

恩培多克勒极为欣赏巴门尼德，因此放弃了较早思想家们对纯理
性的依赖（即把它视为通向真理的唯一向导），不肯"克制"对知觉
器官的"信任"。我们的下一个主题是克拉佐曼纳的阿那克萨哥拉斯
（Anaxagoras of Clazomenae）。他也像恩培多克勒那样渴望找出日常
世界的意义，而不是拒绝承认它。但阿那克萨哥拉斯身上却毫无先知
或诗人的痕迹。像米利都哲学家一样，他是大自然的考察者，纯粹而
简单。一切投胎为灌木、野兽、鱼类、小鸟的神秘邪教观念，在他的
头脑中都了无痕迹。

7

心灵与物质：阿那克萨哥拉斯

阿那克萨哥拉斯出生于士麦那（Smyrna）*附近的克拉佐曼纳，但幸运的是他并未留在那里。正是他把爱奥尼亚的自然主义向西带到了雅典。他公元前 460 年前后来到雅典时，苏格拉底还是个小男孩，柏拉图尚未出世，而雅典这个城市似乎从未见到过哲学家或科学家。雅典人宽容了阿那克萨哥拉斯 30 年左右，给他起了一个略带嘲弄色彩的绰号"心灵"（mind，希腊语为 nous），并迷上了他的讽刺性的机智和不谙世故。但人们的迁就也仅此而已：他们最终还是给阿那克萨哥拉斯定下了渎神之罪。他逃回了东方的莱姆瑟科斯（Lampas-cus）**，给雅典人留下了深刻的记忆。

官方认为，他的罪行是认为天体不是应当崇拜的神，而只是些赤热的岩石，应当避开。几位古代作家说，他受迫害是因为他和伟大的雅典领袖伯里克利的友谊。伯里克利的政敌发现，不谙世故的阿那克萨哥拉斯是一个更容易打击的目标。这个理由貌似有理，因为伯里克利的其他朋友也遭到了类似的指控。在公元前 5 世纪末的雅典，出于政治动机的审判很常见。不过，若是异端邪说和不相信超自然事物并

---

 * 士麦那：即今土耳其伊兹密尔。
 ** 莱姆瑟科斯：古希腊城市，位于希腊西北部赫勒斯滂海峡（Hellespont，达达尼尔海峡的古称）东岸（今土耳其境内）。

未引起雅典人（或至少是一部分雅典人）真正的不悦，这种审判便不
会为政治目的服务。

柏拉图在他关于大约 30 年后苏格拉底因渎神受审*的记述中，提
到了阿那克萨哥拉斯。苏格拉底问他的原告之一迈雷托士（Mele-
tus），是不是因为他曾说"我不相信太阳和月亮是神，因为这是人类
的普遍信念"[1]，所以才指控他。迈雷托士说："他当然没这么说过，
陪审团的先生们，因为他的原话是：太阳是一块石头，月亮是一堆
土。"这个回答给了苏格拉底嘲笑迈雷托士的机会："我亲爱的迈雷托
士，您以为您控告的是阿那克萨哥拉斯吗？您太瞧不起这些先生了，
您认为他们会无知到不知道克拉佐曼纳的阿那克萨哥拉斯的著作充满
了这样的理论吗？"

对于天文学，阿那克萨哥拉斯当然怀有爱奥尼亚人的那种强烈兴
趣。据说他预测出了公元前 467 年一块陨石落在了色雷斯的伊哥斯波
塔米（Aegospotami）。这个说法比说一个多世纪之前泰利斯预测出了
一次日食更令人难以置信。但这个故事仍有意义：听说一块石头从天
而降，也许证实了阿那克萨哥拉斯关于构成星星的物质的观点。这种
对天体性质的猜想，在思想自由的爱奥尼亚当然平安无事，但显然不
会在保守的雅典畅行无阻。

阿那克萨哥拉斯不仅反对关于星星的迷信，还反对通常的迷信。
普鲁塔克的《伯里克利传》（*Life of Pericles*）里有个故事说：有一
次，伯里克利买了一个山羊头，头上面只有一支角，竖起在头部中
间。一个名叫拉庞（Lampon）的预言家宣布：在伯里克利的土地上
发现的这个不同寻常之物，意味着伯里克利将成为雅典的领袖人物
（他确实做到了）。但这故事接着说：阿那克萨哥拉斯马上切开羊头，

---

* 此句中的"大约 30 年后"，是指阿那克萨哥拉斯于公元前 428 年前后去世约 30 年之
后，即公元前 399 年，苏格拉底受审，时年 70 岁。该案原告共 3 人，诗人迈雷托士为其中
之一。

证明了之所以会有那支独角兽般的角，是因为这头山羊的脑袋变了形。普鲁塔克暗示说：就像阿那克萨哥拉斯认为的，一旦揭露了这个生理事实，就不必去寻找关于此事更多的意义了。

身边有这样一位热衷怀疑、喜欢刨根问底的良师，对于伯里克利似乎是件好事。据普鲁塔克说，由于和阿那克萨哥拉斯的联系，伯里克利"头脑中装满了所谓更高级的哲学和高尚的思考"，并使他"摆脱了迷信"，而这"影响了那些无视事物起因、醉心于神的干预的人……"[2]普鲁塔克把伯里克利的高尚和好脾气归因于他学会了阿那克萨哥拉斯的哲学思考。苏格拉底说，阿那克萨哥拉斯的哲学造就了伯里克利在辩论与修辞方面的高超技能。[3]但是，无论怎样看待阿那克萨哥拉斯对伯里克利的有益影响，苏格拉底都没有全盘接受阿那克萨哥拉斯的世界观。他认为那种世界观的科学性不足：在他看来，它过于注意事物的机械原因，而不够注意事物的意义及目的。

苏格拉底对阿那克萨哥拉斯世界观的摒弃被称颂为哲学史上的一个转折点。人们有时说它标志着一个关键点：在这个关键点上，哲学把自身对自然的思辨性研究转变成了对人的严肃的道德研究。正如西塞罗在大约三个世纪之后所说：

> 从古代到苏格拉底时代……哲学一直研究数字与运动，研究万物从何而来或回归何处的问题，热衷于调查行星的大小、行星之间的距离、行星的运行和一切天象；但是，苏格拉底将哲学从天上唤了下来，将它放在了人们的城市中……迫使它提出关于人生、道德和善恶之事的问题。[4]

这番描述在一定程度上是真实的，但还不够真实。说苏格拉底出现之前哲学仅关心科学问题，这不符合事实。在苏格拉底之前很久，一些哲学家（包括毕达哥拉斯和赫拉克利特）就讨论过"关于人生、道德和善恶之事的问题"。他们在公元前 6 世纪的那些模糊论述，的确不像苏格拉底所说的那些话那么复杂深奥。但在苏格拉底时代前后的雅典，也有一些关于道德的精妙的论辩性论述，都与苏格拉底的影响无关（参看本书第 8 章后半部分）。同样，苏格拉底（如西塞罗所说）把哲学从天上唤到地上之后很久，在雅典和希腊的其他地方，哲学仍在继续研究天文学问题和其他科学问题。

苏格拉底对哲学的科学方面没有兴趣，其部分原因是他发现关于科学问题的争议太多。他不知该相信众多互相对立的学派中的哪一派。但主要原因却是：他更感兴趣的是人及其行为，在这方面当时的科学对之少有说法。柏拉图和亚里士多德认为，阿那克萨哥拉斯那样的哲学家犯了一个错误：他的科学哲学中，理性和目的在自然中起的作用太小了。我们不清楚苏格拉底在多大程度上赞成这个说法，但柏拉图说自己赞成它。柏拉图笔下的苏格拉底想听到从头脑智能运作的角度对自然做出的解释。他可能喜欢这样描述自然的行为：以某种方式把自然的行为比作人的行为，根据那些行为想要达到的目的来解释其是如何运作的。

柏拉图认为：正因如此，苏格拉底最初才对他听说的阿那克萨哥拉斯思想产生了好奇。阿那克萨哥拉斯模糊地提到了某种普遍的"心灵"——"努斯"（nous），也可译为"理性"（reason）——遍布世界，并以某种方式控制着一切自然过程。但是，苏格拉底对这个思想的兴趣很快就变成了失望，因为阿那克萨哥拉斯从未对这个术语做出过真正的解释：

> 我年轻时……对学问的那个分支怀有异乎寻常的激情，它被称为自然科学。我那时想，知道每一种事物开始存在、不再存在或继续存在的原因是极好的事情……是否像一些人所说，是冷和热造成的发酵孕育了生物？我们是靠血液思考，还是靠火在我们体内造成的气思考？……我终于得出了结论：我绝不适合从事这

种形式的调查……这些猜测使我大为困惑，甚至使我忘记了从前
以为自己知道的东西……

但有一次，我听某个人说他在读一本书。他说那本书是阿那
克萨哥拉斯写的，它断言正是心灵造就了秩序，心灵乃万物之
因。这个解释让我愉悦。不知何故，心灵似乎应当是万物之因。
我想，若真是这样，心灵……就使万物有了秩序，就以对每一种
事物最有益的方式安排了它们。因此，若有人希望找出任何既有
事物为何不再存在或继续存在的理由，他就必须找出对那个事物
来说最有益的方式……

这番思索使我欣然地认为：在阿那克萨哥拉斯的思想中，我
找到了对原因的权威解释，甚合我意。我以为他会先告诉我们地
球是扁是圆，再详细解释其观点的理由和逻辑必然性，说明那个
观点何以比应有的更好……我从未想到有人会断言事物的秩序来
自心灵对事物的解释，除了最有益于事物的解释之外，不可能有
其他解释……（苏格拉底说，他拿到了阿那克萨哥拉斯的一
本书）

……我读那本书时发现：这个家伙根本没有使用心灵（的概
念），也不认为心灵是世界秩序产生的原因（即解释），而是把万
物之源缩减成了空气或以太、水和其他许多荒唐之物。[5]

换言之，原因仍然是那些古老的元素。我以后再回来讨论这个思想，
即应当结合心灵（或曰理性）、结合“最有益于事物的方式”去解释
事物。柏拉图和（在一定程度上）亚里士多德都捍卫了这种方式，其
影响持续了两千年，遮盖了阿那克萨哥拉斯和他之前的物理学家们一
直在发展的更具唯物主义和机械论色彩的科学思维方法。唯物主义科
学后来复活了，在伽利略和牛顿的时代开出了花。但是，在唯物主义
科学被淹没在柏拉图和亚里士多德这种人物的身后之前，通过所谓

"原子论哲学家"（atomists）留基伯和德谟克利特却使其在古代世界发展到了巅峰，在某些方面，这两人可以被看作先于其时代出现的 17 世纪思想家。

既像他之后的原子论哲学家，也像他之前的恩培多克勒，阿那克萨哥拉斯对自然的描述也是在巴门尼德的影响下发展起来的。他需要找出一种方法，重构巴门尼德攻击的那个不断变化的物质世界。阿那克萨哥拉斯对心灵谈论得太少（这使柏拉图不悦），但他关于物质的谈论确实很多。他之所以被载入哲学史册，主要是因为他对物质的论述，而不是因为他对迷信的攻击。

阿那克萨哥拉斯从与恩培多克勒相同的观点开始，却结束于与后者几乎截然不同之处。恩培多克勒将巴门尼德那个不朽的、不可毁灭的"一"乘以四，得到了不朽的、不可毁灭的"四"；阿那克萨哥拉斯则完成了一种更雄心勃勃的形而上学乘法。若想知道他为何如此，不妨分析一下他突然想到的那个古怪问题："毛发怎会来自非毛发之物……"[6]

在这个问题上，阿那克萨哥拉斯暗示了一个事实：我们吃的食物看起来（总体来看）没有任何毛发，却使我们的身体不断生长，而身体却有毛发。因此，毛发就来自非毛发之物。他为什么对此感到困惑？因为作为坚定的巴门尼德主义者，他认为不可能无中生有；无论是从无生有，还是从其他东西生有，都不可能。这使他想把一些作为既成事实的明显事例（例如毛发的生长）解释清楚。恩培多克勒的"四元素论"曾试图解释这种变化，说这些变化只是那些元素的改组。例如，以正确的方式改组水、土和火，你便会得到骨头。由此便可以说：骨头生长时并未出现任何新东西，因为那只是世界已有成分的众多重新安排之一。但阿那克萨哥拉斯不赞成这个观点。因此，他提出了更激进的理论。

他最重要的思想是：每一种物质都包含着其他物质的很多微小部

分。这种思想解决了"一个物体为什么看上去变成了另一物体"的难
题，因为它说"新"物质一直都在旧物质当中，所以，说到底，什么
都没有被创造出来。因此可以说，我们的食物滋养了我们，变为毛
发、骨头等，是因为那些食物从一开始就包含着毛发。阿那克萨哥拉
斯似乎认为：一种绝对的"有"能变成另一种绝对的"有"（也许会
经过很多中间阶段）。因此，他才说：每一种物质不但包含着许多其
他物质，而且其实包含着所有其他物质。所以，我们说：面包也包含
着肉、水、土、面粉、金子和其他各种物质，但含量甚微，因此我们
只能看见占支配地位的面包。亚里士多德对这种思想（他并不同意这
种思想）作了如下转述：

> 事物……看上去各不相同，得到的名称也不相同，名称取决
> 于混合物的无数成分中数量占主导地位的物质。这是因为，任何
> 东西……都不纯粹，都不完全是白的、黑的或甜的，都不完全是
> 骨头或肉。但人们认为：一个事物的性质就是它含有最多的那种
> 物质的性质。[7]

委婉地说，这是一种富于想象的理论。古罗马哲学家卢克莱修
（Lucretius，约公元前 99—约前 55 年）在其长诗《物性论》（on the
Nature of Things）中说，这种理论很容易受到嘲讽。他说，按照阿
那克萨哥拉斯的理论，"谷物亦是如此，它经过石磨粉碎性力量的碾
压，往往本应显出血液或那些滋养我们身体的物质的痕迹"[8]。卢克莱
修认为这个结论很荒谬，但阿那克萨哥拉斯也许早给他准备好了回
答。他会说，谷物的确包含着血液，而看不到血液的唯一原因是：石
磨不能把谷物碾得小到使血的微粒能被看见。只看谷物，并不足以弄
清它的真实性质。

因此，阿那克萨哥拉斯才认为感觉无法提供关于这个世界的全
面、准确的知识。提到万物那些据说能在事物（例如面包或水）中找

到的不可见部分，阿那克萨哥拉斯说："这些物质包含着唯有理性才能理解的部分"[9]*。他的意思是：告诉我们面包必定包含着其他事物的微粒的，是合理的论证，而不是感觉。这个论证是说：若非如此，我们便无法解释面包如何变成我们体内的其他物质，为我们提供营养。沿着这个思路思考，阿那克萨哥拉斯服从了巴门尼德那位女神的要"依靠理性去判断"，而不要被未见到的现象误导的命令。但他不像巴门尼德那么极端。在阿那克萨哥拉斯看来，"依靠理性去判断"并不是彻底忽视证据，而是尽量找出证据的更多意义。正如他那句意味深长的话所表达的："外表是不明事物的闪现。"[10]换言之，感觉为我们提供了世界的模糊轮廓，而理性随后把那些轮廓置于焦点，使之变得清晰。

阿那克萨哥拉斯认为，物质必定无限可分解。无论你怎样磨碎（例如）一块金子（在阿那克萨哥拉斯看来，这就是说一块材料的最主要成分是金子），每一颗微粒都仍然包含着金子的一部分，如此继续，永无止境。若非如此，那就可以用一种方法毁灭金子，即把它碾小到丝毫不剩。而像阿那克萨哥拉斯这种新巴门尼德主义者（neo-Parmenidean）认为：永远都不存在这种绝对毁灭的概念。正如他所言："小物体中亦不存在最小的部分，总有更小的部分（因为不可能有什么物体一经切割就不再存在）。"[11]

因此，按照阿那克萨哥拉斯的理论，世界上挤满了无比复杂的、一个套一个的中国盒子**。世界是如何成了那个样子的？恩培多克勒借助他的"爱"之力和"斗"之力，解释了整个宇宙安排物质的方

---

　*　出自埃伊修斯（Aetius）：《论哲学家的观点》（*De Placita Philosophorum*）。埃伊修斯是公元前 1 世纪或公元前 2 世纪的折中主义哲学家，古希腊哲学家论述的编辑者，其著作今已不存。
　**　此处所说的"中国盒子"或称"中国魔盒"，是一种很多大小不同的盒子层层相套的盒子，很像俄罗斯套娃。

式：那两种力量使四种原始元素轮流地结合与分离，构成了我们见到的多种多样、不断变化的形式。阿那克萨哥拉斯借助了一种不那么富于独创性，但更具想象力的，被称为"心灵"的物质。他说：最初有一个无运动、无分化的物质团块，包含着裹在一起的全部物质。后来，心灵以某种方式启动了物体的运动：

> 于是，它开始旋转，先形成一小块区域，但后来形成了较大的区域，接着形成了更大的区域……心灵安排了即将出现的万物的一切，包括这种旋转，在旋转中出现了行星、太阳和月亮，气和以太被分离出来。这种旋转造就了这个分离过程。浓厚与稀薄、冷与热、明与暗、干与湿，都被分开了。[12]

这番话中有些听起来很令人耳熟。阿那克萨哥拉斯借用了米利都哲学家的几个概念，即对立性质的最初分离，并主要用两种方法升级了它们。第一，为了符合巴门尼德"无中不能生有"的原理，他提出了一个新概念，即各种物质全都存在于原始混合物中。第二，他引进了一种以心灵为形式的外力，作为运动之因。阿那克萨哥拉斯显然没有像巴门尼德那样走得那么远，以至于认为不可能存在运动；但他的确像是对巴门尼德这个观点深感不安，所以觉得必须对它做出某种解释。与米利都哲学家不同，阿那克萨哥拉斯不认为运动是理所当然的。

应当承认，阿那克萨哥拉斯对运动的解释不算充分。他只是朝他那个"心灵"指了一下，便说它启动了一切运动。至于他为什么选中了心灵，认为是它启动了运动，其论证的逻辑大概是这样的：他在其他地方也说过，心灵迫使原始物质开始旋转，继而控制了一切生物；除了每一种物质都包含着其他所有类型的物质之外，"还有一些东西（指生物）也包含着心灵"[13]。所以，对希腊人来说，生物与非生物的主要区别是：唯有生物才能自行运动。阿那克萨哥拉斯似乎是说，正是心灵的存在才使生物有了运动（或许植物也具有使其生长的初级心灵）。由此到"心灵激活了早期宇宙，使它开始运动，然后激活了生物"的结论，其间只有一小步。

阿那克萨哥拉斯说，心灵是一种具备了"关于万物及最伟大力量的全部知识"的实体，是"无限的、自律的和……完全独立的"，是从原始物质中分离出来的[14]。因此，人们不禁会得出一个结论：我们至少在此看到了这样一个古希腊人，他设法抛开粗劣的唯物主义，采取了"二元的"世界观。那种世界观认为：现实分为两个领域，一个是无形的、智能理性的明确领域，另一个是粗糙的固体物质的领域。但这个理论尚欠成熟。阿那克萨哥拉斯认为，心灵其实是一种特殊形式的物质，并非与物质截然不同。他用描述物质的术语，把心灵清楚地描述为一种稀薄、纯粹的物质，它以某种方式占据着空间，而不完全是非物质的。因此，阿那克萨哥拉斯其实是在挣脱粗劣的唯物主义的限制，却未能如愿。

后来，苏格拉底失望地说：心灵在宇宙诞生时短暂出现过，之后便很快退了场。作为无生命的物质，心灵启动了最初的旋转之后似乎就无事可做。客观的、自然的原因很快接替了心灵的工作，而阿那克萨哥拉斯只是在描述宇宙开始旋转后如何运转时，才提到过那些原因。他说，行星都是被旋转的地球甩出的石块，它们发光是其移动速度使然。接着，阿那克萨哥拉斯以类似的机械学方式尽可能多地去解释自然现象，他引用了向心力和离心力的概念，引用了"同类相吸"的古希腊原理。因此，心灵的作用就只是为宇宙这台弹子机发球。球一旦发出，物质便会迅猛地返回它自己那条嘈杂、多彩的球道。

值得庆幸的是，阿那克萨哥拉斯很快就把心灵推到了背景的位置，这使他免于被贬到昔日神学家的等级上，那些人一直在讲述关于众神的无法预测的怪念头的故事。在把对很多自然过程的解释留给自然和客观的力量之后，他重新获得了声誉，即成为后来的"物理学家"和早期的自然科学家之一。

　　阿那克萨哥拉斯推测过很多事物，包括天气、少量的生物学、知觉，以及宇宙论和天文学。他大概知道月光来自太阳，知道地球的阴影造成了月食。在所有这些解释中，人们都能看到米利都哲学家的遗产在起作用。但与泰利斯不同，阿那克萨哥拉斯不是务实之人。他生于富贵之家，却放弃了财产，专注于哲学研究，对政治和金钱毫无兴趣。有一个故事说，他对世俗事务的斯多噶主义超然态度，甚至延伸到了他自己的孩子身上。据说，他在听到几个儿子的死讯时说："我知道我的孩子们有生必有死。"[15] 据说某个人——也许是个希望阿那克萨哥拉斯留在克拉佐曼纳城的雅典人——曾用以下的话指责他说："你毫不关心你的家乡吗?"据说，他指着天空答道："我非常关心我的祖国。"[16]

8

笑到最后的人：德谟克利特

　　紧随巴门尼德学说出现的最后的、最引人注目的早期希腊理论是原子论（atomism）。它似乎是留基伯发明的（我们对他其实一无所知），而德谟克利特发展了它，至少人们认为如此。历史学家第欧根尼·拉尔修笔下的德谟克利特，就像夏洛克·福尔摩斯（Sherlock Holmes）与特尔斐神谕的结合体：据说，德谟克利特只尝了一口奶，就断定奶一定来自一头刚生过第一胎的黑毛母山羊。这个传说像他的另一个故事一样貌似可信，那个故事说：他100多岁时通过吸入刚烤好的面包的香气来任意地延迟自己的死亡。德谟克利特终于死了之后，被作为"嘲笑的哲学家"（the laughing philosopher）而记住，这显然是因为他嘲笑了人类的愚蠢。根据他现存的著作，你几乎猜不出他是这样一个玩世不恭的人。那些遗著的严肃性使人很难想象他会嘲笑什么："切莫怀疑每一个人；但要精明，此乃为了安全起见"；"为做坏事而悔悟乃人生之荣耀"；"举止有矩者，其生活亦井然有序"[1]。

　　后见之明似乎告诉我们，对他那个绰号更合理的解释是：事实表明，他才是笑到最后的人。这是因为，在我们和德谟克利特之间相隔的2 400年中的大部分时间里，他的学说都被淹没在了柏拉图、亚里士多德和基督教会的反对声中。但在17世纪的科学革命中，他的运势得到了扭转，从此一直保持在高位；柏拉图和亚里士多德的物理学理论则被人们抛弃了。现代世界观与德谟克利特及其追随者思想之间的共同点，比与其他任何希腊人的都多。我们将看到，一些被归于伽利略的明显的革命性思想，其实大多是对德谟克利特言论的复述。令人印象更深的是，影响环环相扣（daisy-chain），从古代原子论者一直连接到了 19 世纪现代物质原子论的胜利。应当承认，伽利略及现代原子论者都曾努力提出并检验过他们的结论，而德谟克利特只是说出了原子论的概念，并有幸被事实证明是对的。尽管如此，古代原子论还是被贴切地说成了柏拉图之前的希腊哲学取得的最高成就。

这个理论的最惊人之处也许是：这个看似科学的哲学理论，竟然是从巴门尼德那些晦涩的、令人难以置信的概念中直接发展而来的。只要对巴门尼德那个不动、不变的"一"稍作调整，就能把它变成德谟克利特那一大团嗡嗡作响的原子。我稍后将对这个过程做出解释。

原子论虽然走进了 17 世纪并继续前行，但其行程却很艰难。亚里士多德曾努力地去证明原子论大多是胡扯。柏拉图认为它令人极为厌恶，以至于似乎都不愿提到德谟克利特，更不用说反驳他了。据说，柏拉图想让德谟克利特的书全被烧毁，而这必定是个艰巨任务，因为德谟克利特的著作也许比他所有前辈的著作加在一起还多。遗憾的是，柏拉图无论如何还是如愿以偿了，因为德谟克利特的几乎全部著作都因人们的忽视而销声匿迹了。早期基督教思想家抓住了每一个谴责原子论的机会，并阻止对它进行研究。他们的敌视态度与一个事实毫无关系：原子论认为一切物质都是由可分的微粒构成的，这是耶稣和《旧约》中的先知都不曾提及的一个主题。早期基督教徒十分惧怕原子论，其因有二：第一，原子论想用机械论而不是用一位神（他们对这位神的描述十分烦冗）的活动来解释万物；第二，原子论认为没有来生，因为一切事物（包括灵魂，而若说其后面碰巧潜伏了什么，那也一定包括众神）纯粹是原子的临时构造，终将解体，重归混沌。

原子论因为与被看作坏人的人有交集而深受其害。伊壁鸠鲁（Epicurus，公元前 341—前 270 年）捍卫并发展了原子论，但他后来被视为赞扬感官快乐和饕餮恶德之人，因此在崇尚美德者看来，他并未给原子论增光。更糟的是，最著名、最有影响的原子论版本竟然是卢克莱修那首公然反宗教的长诗《物性论》陈述的。卢克莱修声明，这首诗就是为了使人们摆脱迷信、对死亡的恐惧和祭司的暴政：

> 当人们一生卑躬屈节，匍匐于地，被从天界露出头的迷信压垮，成了面带恐惧、低三下四的凡人时，一个希腊人成为第一个敢于抬起凡人的眼，睥睨迷信的人，成为第一个挺身反对迷信的人，因为众神的传说、霹雳、上天威胁的咆哮，都不但不能压服他，反而使他灵魂的勇气更加炽烈了。因此，他的希望便应是：所有的男人应先去砸碎自然大门的围栏。[2]

卢克莱修笔下这个英勇的希腊人就是伊壁鸠鲁；但第一个以原子论之名砸碎了自然大门围栏的，其实是德谟克利特和留基伯。

德谟克利特说过，他宁愿去找到哪怕一个真正的解释也不愿去当波斯国王。[3]他的好奇心把他带到了很远的地方：巴比伦、埃及、波斯，也许还有印度和埃塞俄比亚。他的广泛经历和兴趣催生了大约 50 篇论文，其论题多种多样，包括磁力、耕作、音乐、绘画、生理学，也许还有怎样利用盔甲作战；此外还有一些纯哲学主题的书。他最热爱的主题之一是生物学，但关于此话题，他自己的言论留存下来的较少；其实，其他话题留存下来的言论也都很少。德谟克利特有 299 段留存下来的有编目残篇，比柏拉图以前的任何哲学家的残篇都多，但几乎全部来自他那些相当卖弄学问的伦理著作，其中一些只是人们认为他使用过的词。不过，这些残篇中还是有足以拼出原子论学说梗概的残篇（主要来自后人对他的评论）。

根据亚里士多德的说法，这些梗概最初是由留基伯草拟的，后者大约出生于公元前 460 年，其出生地或是埃利亚，或是米利都——这两个最多产的哲学源泉。德谟克利特大约在同一年出生于色雷斯沿岸的爱奥尼亚城的阿布德拉（Abdera）——不知何故它后来以其居民的愚蠢而著称。德谟克利特和留基伯一同研究，接受了那个被人们记住的思想：无数微小原子在"虚空"（void，即空旷的空间）里到处飞速地运动，直到与其他原子互相缠绕，结合成世界上一切常见的事物，包括生物和非生物。正如日后一位注释者所言：

> 这些原子在无限的虚空中运动，彼此分离，其形状、大小、位置及排列都不相同。它们互相追赶、互相缠绕，其中一些随时都会被朝着任何方向甩出去；另一些则按照其形状、大小、位置交织在一起，留在了一起，成为那些渐渐成形的复合实体。[4]

"原子"一词来自"atomos"，意为"不可切割的"。而德谟克利特和留基伯所说的原子被看作绝对固体的、不可分的、不可毁灭的。构成平常事物的原子一旦分散，那些事物便会死亡或解体。因此，就像恩培多克勒和阿那克萨哥拉斯的学说一样，原子论的理论体系也试图对变化和毁灭做出解释；巴门尼德则认为不可能对变化和毁灭做出折中的解释。三种折中的解释 * 都说：平常的、不断变化的事物所包含的成分本身是不变的，除非它们的构造聚在一起或飞散开来。这种构造产生了我们见到的不断变化的世界。

把原子聚在一起的力的运作方式类似于古希腊人"同类相吸"的原理。正如德谟克利特所说："造物……按其种类聚在一起，鸽与鸽，鹤与鹤，如此等等。连非生物都是如此，可见于筛子中的种子和海岸的卵石。"[5]形状相似的原子往往粘在一起；一些原子甚至被认为带有小钩以互相勾连。德谟克利特试图用不同的形状、大小和原子构造，

---

* 三种折中的解释：指恩培多克勒、阿那克萨哥拉斯和德谟克利特对变化和毁灭做出的解释。

去尽量解释常见事物的性质。甘甜之物是由圆形的、光滑的大原子构成的；辛辣之物包含着小小的、有棱角的、不圆的（因此是尖利的）原子；苦涩之物对应着圆形的、光滑的但不规则的原子；多油之物包含着精致的圆形小原子（因此像滚珠那样很容易滑开，德谟克利特大概认为这能解释油何以是黏的）。[6]*

按照德谟克利特的理论，这些微小的如积木一样的雨不断地落在我们身上。由于万物最终必定都是一种由原子构成的物质，知觉便被粗略地解释为：它是由物体发出的少量原子通过感官进入身体造成的结果。人们觉察到某个事物时，体内究竟发生了什么？这个问题一直很含糊。头脑被说成体内某些地方的球形原子的集合体，思想则被说成这些头脑原子在原子雨流的刺激下产生的运动。对于大规模现象（例如天气）的解释，德谟克利特随意地借用了当时人们熟悉的一些说法。例如，他认为打雷是结合不均匀的原子团冲破了包围它的云造成的。[7]

德谟克利特能使所有传统思想都能适应他的要求，对其加以改造，使之符合原子论并将之装进他那幅世界图像。原子论者的物理学理论的鲜明而独特的特点，就是他们对原子本身的解释和他们的决心，即用最简约的方式解释全部自然。德谟克利特一直认为，唯有原子的大小、形状和排列才能被用于真正的解释，所以他成功地挖到了比恩培多克勒和阿那克萨哥拉斯更深的地方——尽管他并未打算掘金。恩培多克勒和阿那克萨哥拉斯一找到某种形式的日常性质或材料（恩培多克勒找到了土、气、火、水四种"元素"；阿那克萨哥拉斯则找到了少量的日常物质），马上就满意地停止了挖掘。

"原子"这个概念从何而来？能证明德谟克利特描述的（例如甜、

---

*　参见泰奥弗拉斯托斯（Theophrastus，约公元前371—约前287年）著《论植物之因》（De causis plantarum）。泰奥弗拉斯托斯是古希腊生物学家、逻辑学家；其《论植物之因》原有8卷，现存6卷，其中有对各类植物的气味、滋味和性质的分析。

咸之物中）原子形状的证据何在？他没有暗示过关于这些思想的任何实验或检验。也许德谟克利特是在看见浮尘时突然产生了"原子"的概念，因为他曾把原子比作"光束照进窗户时我们见到的空气中的尘埃"[8]。至于原子的形状，对于具有幼稚的常识的人来说，他那种描述具有某种出于直觉的可信性。两千多年后的 17 世纪晚期，一位法国化学家居然还在一本教科书里写道[*]：

> 对事物潜在性质的最佳解释，就是将它那些局部的形状与它产生的全部影响联系起来。谁都不否认液体的酸性是由于它含有尖利的微粒。所有的试验都证明了这一点。你只要尝一尝，便会感到舌头被刺痛，就像被某种金属物刺中一些很细小的点时一样。[9]

这位化学家为这番话提出的证据并没有比德谟克利特提出过的那些多多少。但不知为什么，那些证据就是让人觉得应该是正确的。

留基伯和德谟克利特提出原子的概念，似乎并非来自任何证据，而是来自芝诺。他们得出结论：芝诺的悖论（至少是其中一部分）错在他假定物质材料是无限可分的。芝诺确实假定，只要存在日常的材料，它就必定是无限可分的。他说，这个认识最终会导致荒谬，而这就是他反对常识的一个理由。但留基伯和德谟克利特认为，无限可分性也许恰恰是芝诺悖论的唯一弱点。毕竟，芝诺从未给这个观点提供过任何证据，而只是提出了这个假设，并让他那些悖论都以此为出发点。相反，若有人假定物质不是无限可分的——存在着体积最小的物质，不可能对它做进一步的切分，芝诺就会被迫停在他那些跑道上（至少留基伯和德谟克利特这样认为）。因此，他们认为：他们的"atoma"（原子）是体积最小的物质。

反驳了芝诺，这两位原子论哲学家下一步要反驳的就是巴门尼

---

[*] 出自尼古拉斯·勒麦利（Nicolas Lamery，1645—1715 年）的《化学教程》（*Cours de Chymie*）。尼古拉斯·勒麦利为法国化学家。

德。巴门尼德反对"运动"这个概念的一个说法是：运动需要空的空间，否则任何东西都没有运动的余地。但是，由于空的空间就是"无"，巴门尼德认为不可能存在"无"，因此不可能存在空的空间，而运动也就不可能存在。两位原子论者虽未明确说过他们认为对"空的空间"的这个反驳是错误的，却在论证中预设了对这个反驳的否定。他们说：其实可能存在一种叫"虚空"的东西，一旦建立了这种真空，他们那个由不断运动的原子构成的世界马上就会冲进去。两位原子论者的论证大致是这样的：一旦允许存在虚空，"多个事物"的概念（不仅是巴门尼德的那个"一"）也会被允许存在，因为不同事物之间现在有了空的空间，隔开了事物。但是，原子本身绝无内部空间。原子若有内部空间便不是坚固的，因此可以被分成更小的部分；而根据定义，原子是不可分的。原子由于没有局部，不会变化，不会衰落，因此是永恒的。[10]

这样一来，通过去掉巴门尼德逻辑机器上的一个齿轮（即所谓空的空间的不可能性），两位原子论者便使那台机器为他们自己的目的服务了。除了"原子有运动"和"原子很多"这两个区别，德谟克利特的原子与巴门尼德那个神秘的"一"有很多共同之处，即：两者都永远存在，都从无变化，都无局部，内部都无空的空间。其实，巴门尼德的弟子麦里梭似乎朦胧地预感别人可能会这样发展其导师的观点。他曾说，即使世上有很多事物，每一种事物也都会被证明很像巴门尼德那个"一"。

原子论学说带着毕达哥拉斯的淡淡气味，更带着巴门尼德的浓烈气味。在毕达哥拉斯的宇宙中，万物都由"单元"（units）组合而成，而不知为何，单元被看作比其他任何事物都更真实。毕达哥拉斯学派认为，这些单元就是数字（其原因很神秘）；德谟克利特和留基伯认为，这些单元是坚实的物体。古代原子论的学说根本不曾提到数字，甚至不曾提到想要统计任何数量（尽管人们认为德谟克利特写出过十几本以数学为主题的书）。这个事实区分了古代原子论和现代原子论：唯有当化学家和物理学家发明了测量物质现象的复杂方法时，原子论才能开出花朵，发展成成熟的科学理论。

不过，若说德谟克利特的原子的特征在他那个时代还不能被精确量化，那它们在理论上被看作可被精确量化的事物，便具有重大的意义。它们正是那种最适合数学和物理学研究的材料。原子有运动，有大小，有位置，有重量，还有几何形状。这就是原子的全部真相。它们绝无任何作为固有特征，尤其能联系到人的感觉（例如颜色、气味和滋味）的性质。德谟克利特认为，日常事物的颜色和气味根本就不是外部世界中的客观属性。相反，它们似乎是人体的一些状态，起因于原子的流动。因此，他说（例如）甜东西的原子又圆又大时，并不是说这种原子本身就是甜的，而是说它们圆和大的性质使我们产生了甜的感觉。

促使他说出这番话的是一个事实：对同一个物的感觉有时也会因人而异。用亚里士多德的话说："同一物，尝过它的人中，一些人认为是甜的，而另一些人认为是苦的。甚至对每一个人的感觉来说，物也并非总是一样的。"[11] 德谟克利特也说："传统观念上所谓的甜，传统观念上所谓的苦，传统观念上所谓的热，传统观念上所谓的凉，传统观念上所谓的颜色，其实皆为原子与虚空。"[12]

换言之，感觉告诉我们的温度、气味、颜色等都是纯主观的。我们把这些性质归于物体本身，并往往一致认为某种物体具有某种性质，这只是一种约定俗成。这是因为，其实身外除了空间里的原子组合没有任何东西，那些原子具有各自的大小、重量等性质。这又让我们想起了巴门尼德，他说：颜色（而人们相信颜色是因为人们幼稚地相信自己的感觉）之类的东西只是些"名称"而已。[13] 像巴门尼德一样，德谟克利特也不相信感觉，尽管他并未跟随巴门尼德走得远到彻底否定感觉。德谟克利特区分了靠智力（或曰理性）获得的知识与靠感觉获得的知识：

> 他明确宣布——"知识有两种形式：真知识和伪知识。属于
> 伪知识的是视觉、听觉、味觉、滋味及触觉；但另一种形式的知
> 识与它截然不同，属于真知识。"——他接着说："每当伪知识不
> 再能看见那些业已变小之物，或不再能凭听、嗅、尝、触去察觉
> 业已变小之物时，人们就必须借助另一种更精细的工具。"因此，
> 理性便成了（判断真伪的）标准。[14] *

原子论者认为，那些"伪"感觉的可靠性，仅够确认一个不断运
动的世界中常见物体的存在。巴门尼德错在否认这样一个世界。但唯
有理性才值得信任，才足够有力量，才足以揭示这个世界更深刻的真
理：世界最终是由无色的原子构成的。通过思考和阐述芝诺与巴门尼
德的观点，理性被引向了这个真理，并建立在这些观点的基础上。

从这一切当中浮现出的画面与伽利略描述的画面惊人地相似。有
一段话常被引用，因为它被看作一幅崭新的科学图画。伽利略说：

> 我想象任何一种……物质材料时，总是马上觉得必须把它想
> 成……具有某种形状；它与其他物质材料相比的大小；它在某个
> 既定时间处在某个特殊的地方；它是静止的还是运动的；它是否
> 接触了其他实体；它的数量是一个还是多个……但我并未强迫我
> 的头脑确定它是白是红，是苦是甜，是嘈杂还是安静，其气味是
> 好闻还是难闻。没有这些感觉作为我们的指导，无助的理性或想
> 象力便可能永远无法了解这些性质。因此，我认为：滋味、气
> 味、颜色等只不过是名称而已，只是我们赋予对象的名字；它们
> 只存在于意识中。因此，若去掉了生物，所有这些性质便都会被

---

* 出自塞克斯都·恩披里柯（Sextus Empiricus，约160—约210年）的《反对数学家》
（*Adversus Mathematicos*）。塞克斯都·恩披里柯是希腊医生、怀疑论和经验论哲学家。

清除、被消灭。[15]

德谟克利特也许会完全赞成这一切思想（除非他愿意把它们视为剽窃）。在 17 世纪，这种思想终于出现了。罗伯特·波义耳——爱尔兰物理学家和化学家，他拥护"原子论哲学，并纠正和净化了其最初发明者们的恣意幻想和夸张之词"——从他所说的事物的"初级"（primary）和"次级"（secondary）性质的角度描述了物质。[16]初级性质包括大小、形状、秩序、质地、固体性和微粒的运动：这些都是科学家的工具箱里需要有的，用来解释自然现象。因此，可以说，波义耳所做的解释热度、黏性、流动性、固体性、颜色和其他许多他所说的初级性质的尝试，取得了比德谟克利特更多的成功。在此基础上，哲学家约翰·洛克（John Locke，1632—1704 年）发展出了一种详细的、很有影响的理论。他承认事物的五种初级性质，即大小、形状、数量、固体性和动静状态，并说次级的感觉性质（例如颜色或气味）"根本不属于对象本身，而只是一些通过对象的初级性质造成我们各种感觉的力量"[17]。现代科学保留了一组基本的、能精确测量出来的特性，用以解释其他各种事物（尽管如今的性质列表和波义耳或洛克提到的不同）。但伽利略却没有那么快地承认这一点：颜色之类的感觉性质都只是"名称"，如果任何人都未觉察到它们，那它们便不存在。至于这个说法是不是误导性的，人们仍然意见不一。

当今的科学家们没有附和德谟克利特（也没有附和伽利略、波义耳和洛克）的说法是：那些"伪"感觉在认识世界方面毫无作用。相反，在一切值得尊重的物理学理论中，感觉都或多或少地涉及证据的积累和检验。为避免夸大后来的物理学思想与德谟克利特理论的相似性，应当看看实验得出的证据把现代原子论推离了它的源头多远。我们所说的原子不是留基伯和德谟克利特所说的原子，尽管它们是从后者发展而来的。最重要的是，现代的原子不是永恒的，不是不可毁灭的，不是坚固的、不可分的。它们产生于自然过程，它们会衰变，它们包含的大多为空的空间（它们是围绕着极小的、密集的原子核的电子云），它们能被"分裂"成它们的各种成分。德谟克利特根木没提到过原子的大多数重要特征，也没提到过用于描述原子行为的那些能量。例如，他对电荷一无所知——更糟的是，电荷的运行方式和古希腊人预期的截然相反。在电磁世界中，同类并不相吸，而是相斥。

关于古代原子论和现代原子论的区别的清单还可以续写下去，但这也会造成误解。人们必须当心自己正被引向术语定义的虚假对立。例如，科学史家通常都会指出：根据定义，留基伯和德谟克利特所说的原子是不可分的，而我们现在称为"原子"的东西却以"可分"而著称，已不再被看作构成物质的基本成分。在它们的位置上，我们看到了更小的基本粒子，它们被分成了两种，即夸克（quarks）和轻子（leptons）。但这是题外话，并不意味着事实证明古代原子论的核心命题是错误的。事实毕竟证明，我们如今称作"原子"的东西并不是物质的基本成分；而这只能说明，现代物理学把这些特殊粒子命名为"原子"是过于草率了。19 世纪的科学家把他们调查的微粒称作"原子"，因为他们相信那些粒子是不可分的（事实证明他们错了）。德谟克利特和留基伯的原子论并未被驳倒，直到事实表明不存在不可分的基本粒子，无论你想如何称呼它们。是否还有剩下的东西，这是个尚未解决的问题。不过，这个问题却越来越与原子论无关。现代物理学中，粒子这个概念本身已经过时了。粒子越来越密切地涉及力（forces）与场（fields），在一些情况下被看作大致等于一种说话方式（façon de parler）。正如一句现代描述所说："各类基本粒子显现为能量束和相应类型的动量场。"[18]

我们若看留基伯和德谟克利特的关于将宇宙看作整体和人在宇宙中的位置的概念，而不看他们对小型物质结构细节的描述，就更容易看出他们过早的现代性。他们看见了一个广袤、无限、与个人无关的宇宙，它与柏拉图和亚里士多德遗赠给 17 世纪的那个几近平凡的、人的宇宙大不相同。这是因为，留基伯和德谟克利特以某种方式描述了全速运动的原子构成的混乱中出现的秩序和生命，提出了一个无限的宇宙，其广袤程度足以使人有理由设想在某个地方会意外地发现各种世界：

> 一些世界没有太阳和月亮；另一些世界中，太阳和月亮比我们这个世界的大；还有一些世界中，太阳和月亮的数量更多。各个世界之间距离不等。有些间隔中的世界多一些，另一些间隔中的世界少一些。一些间隔中的世界在增多，有的世界的数量已达到了顶点；另一些间隔中的世界则在减少。一些间隔中，世界正在上升；另一些间隔中，世界正在下落。它们的彼此相撞毁灭了它们。有些世界全无动物、植物和水分。[19] *

因此，我们这个世界只是众多可能存在的世界之一，其环境恰好适宜生命的存在（在这里，"世界"一词的大致意思是一颗或一组行星）。至于原子，则正如卢克莱修所言：

> 从无限的远古时代至今，［原子］一贯以各种方式运动和相遇，尝试过一切结合的方式，无论其结合能产生什么。因此，人们才认为：由于原子尝试一切结合与运动的方式，所以它们才会在广袤的时间里散布开来。这些原子最终聚在一起，往往会变为大型事物之始，例如陆地、海洋、天空以及一代生物。[20]

将这番话与最近的一本科学书籍《自私的基因》（*The Selfish Gene*）中的话做一下比较。《自私的基因》作者理查德·道金斯（Richard Dawkins，1941— ）在此书开头就以卢克莱修的方式宣布："面对一些深刻的问题（例如，生命有意义吗？我们为何而活？），我们已不再

---

* 出自希波吕托斯：《驳一切异端邪说》（*Refutatio Omnium Haeresium*），1，13，2。希波吕托斯是意大利基督教神学家，《驳一切异端邪说》是他的主要著作，分为 10 卷，第 2 卷和第 3 卷今已不存。

不得不求助于迷信了。"他描述了科学如何"给我们指出了一种将简单变为复杂的方法",描述了"无序的原子如何自动组成更复杂的模式,直到最终构成了人类"。因此,"不必考虑设计、目的或指导管理。一组原子若未能形成稳定的模式……便往往会一直处于不稳定状态"[21]。

就这样,现代科学为德谟克利特、伊壁鸠鲁和卢克莱修的秃骨增添了血肉。它迅速地补充了在无设计者的情况下原子混沌中为何会自然地出现秩序和生命的细节,实现了这三人的愿望。达尔文"通过自然选择实现进化"的论述,把与生命相关的难题中的最大的难题摆在了应有的位置上;而我们看到,恩培多克勒朦胧地预示过进化论那些最普遍的原理。原子论哲学家讲的造人故事激起了饱含怀疑的反对声,与 19 世纪达尔文的遭遇一模一样,这并不奇怪。公元 4 世纪一位感到困惑的基督徒说,原子论者认为"人如蚯蚓,从土中钻出,既无创造者,也全无理由"[22] *。

德谟克利特没有把他的故事结束于丁尼生(Tennyson,1809—1892 年)那首关于卢克莱修的诗里说的"把我造成了人的那些盲目的起始"**,而是接着描述了人类的文化,提出了一种人类幸福论,其实是提出了一种完整的道德学说。他说,第一批人类在一个充满敌意的世界里单打独斗,然后在面对共同的敌人——野兽时开始了合作。他们很快开始改进他们发出的咕哝噪音,商定了他们发出的某些更易辨识的声音的意义,用于交流。经验渐渐教会了他们藏身山洞和储存食物,以更有效地生存。他们通过模仿其他动物学会了很多。德谟克利

---

    * 出自拉克坦提乌斯(Lucius Caecilius Firmianus Lactantius,约 250—约 325 年):《神圣原理》(*Institutiones divinae*),Ⅶ.79。拉克坦提乌斯是罗马帝国的基督教作家,生于北非,其《神圣原理》为拉丁文护教著作,用较为通俗的语言系统地阐述了基督教教义。
    ** 出自英国诗人丁尼生的无韵体长诗《卢克莱修》(*Lucretius*)第 245 行。此诗共 280 行,发表于 1868 年 5 月。

特说，在一些最重要的事情上，人是动物的学生。[23]例如，纺纱和修补最初是模仿了蜘蛛，歌唱是模仿了夜莺，造屋是模仿了燕子。但人的最宝贵的天赋是他们天生的智能，它使人们能从经验中了解这个世界的运作。因此，感觉提供的那些"伪"知识毕竟自有用处。

人学会了能为基本所需提供常规的供应时，便有条件转向从音乐开始的、较为悠闲的消遣了，还能全心去追求幸福。德谟克利特认为，幸福产生于适度和平静，源于没有令人烦扰的、无法满足的或短暂的欲望。头脑或心灵若被这些令人烦扰的激情动摇，其原子便会失去秩序和稳定。这种思想反映了古希腊医学的观念，即身体健康是人体元素的稳定平衡。这是因为，德谟克利特认为头脑像身体一样，也由物质原子构成，而精神健康和幸福包含的成分与身体健康相同。元素的平衡，以及没有冲突造成的困扰，都是精神健康不可或缺的。

同样，健康的社会也需要稳定、适度和秩序这些成分。文明（对德谟克利特来说，文明意为城市）是人类的一种不稳定的创造，很容易滑回到野蛮状态。如果文明所依赖的和谐与限制被颠覆，艺术、哲学和幸福便会很快消失。德谟克利特显然很重视这种危险，因为他主张处死一切威胁要破坏城市稳定的人。为使社会持续繁荣，必须把智慧和负责的行为认真地传给下一代人。德谟克利特的很多存留残篇都谈到了教育。他认为，教育是一种坚定的责任；他写道，最坏的事情就是放纵对年轻人的教育。[24]我们不知道他是否有孩子，有人认为他没有孩子；或即使有孩子，他后来也会因此而后悔：

> 我认为，想有孩子的男人最好是从朋友那里要一个。唯有如此，这个孩子才会是他想要的那种——此法可使人按照自己的意愿，在很多孩子中进行挑选；相反，他若有了自己的孩子，便会引来很多危险，因为无论他生了什么样的孩子，他都必须跟孩子一起生活。[25]

德谟克利特坚决主张向人们灌输美德，因此他一定尝试过独自生活。他宣讲的道德——正义、安于命运和谨慎——绝不是革命性的。这种道德反映了他那个时代的传统思想，被用于整合为对头脑的原子论解释。他那些宣教之所以新，主要依靠这样一个事实：他敦促追随者们做出符合美德之举，不是因为那些行为能取悦和抚慰众神，而是因为美德铺就了地球上和人世间通向个人幸福的道路。换言之，美德其实与个人利益相关。它绝不是伊壁鸠鲁和卢克莱修后来提出的、使早期基督教徒惊慌失措的非宗教的道德。

这种人为的道德，向更爱沉思的与德谟克利特同代的人提出了一些更麻烦的问题。怎样才不会使精明的私利堕落为不道德的自私？例如，有些人的地位能使他们随心所欲，逃脱处罚，因此能承担罔顾传统道德守则的后果。若此类不法之徒的行为尚未达到破坏其城市稳定的程度，若此类行为只为使他们个人的欲望得到满足，德谟克利特该凭什么去谴责他们呢？

对此类问题的讨论，在公元前 5 世纪后半期雅典的一场知识运动中活跃起来，其一些参与者被称为"智者"（sophists）。柏拉图后来极为敌视智者，说他们是一帮愤世嫉俗的骗子，说他们滥用了智力论证的技艺。他不是唯一这么做的人。他的话大致反映了一种宣传上的成功，那就是："诡辩术"（sophistry）及其同类词，历来都只被用来表示谬误推理、吹毛求疵、咬文嚼字的骗术。正是出于这种精神，迪斯雷利（Disraeli，1804—1881 年）才说他的政治对手格莱斯顿（Gladstone，1809—1898 年）是"诡辩的雄辩家，陶醉于其冗言之丰沛"[26] *。

无论真实的格莱斯顿是怎样，最早的一批智者都理应得到更好的

---

* 本杰明·迪斯雷利（Benjamin Disraeli）是英国政治家、小说家。威廉·格莱斯顿（William Ewart Gladstone）是英国政治家，于 1868—1894 年间四度出任英国首相。

评价。抛开其他不谈，他们为雅典的知识生活提供了燃料，把它转到了我们如今称作人道（humanities）的方向上。我们此前考察的一些哲学家探求合理的解释，改变了人们对自然的推测；更具哲学头脑的智者们则试图解释自然与人为习俗（或曰法律）之间的冲突。习俗与自然的这种对立有各种表现。智者们的一些有趣说法，不但涉及人的自私本能与正义的要求之间的对立，而且涉及"客观知识"这个概念带来的一些难题。例如，德谟克利特认为：人们知道的东西大多只是人们的传统观念上的东西。不妨回想一下德谟克利特的原子论名言："传统观念上所谓的甜，传统观念上所谓的苦，传统观念上所谓的热，传统观念上所谓的凉，传统观念上所谓的颜色，其实皆为原子与虚空。"最著名的智者们说不出这样的名言，因为他们关于这类知识的范畴得出了不同的结论。但他们也都充分认同德谟克利特全力解决的那个难题，即客观现实与个人知觉之间的对立。

　　德谟克利特几乎应当属于智者的世界，但又不完全如此。我们如今不应把他与智者分开。最早期的智者们从事教学时，德谟克利特还很年轻。划分他们的，正是不同的职业兴趣和知识兴趣。德谟克利特的思想虽然带来了很多引人探索的问题——其实他也讨论过其他人的一些思想——但他似乎从未沿着同一条思路去尝试解决那些问题。

9

打开潘多拉魔盒：智者

大使、家庭教师、公关顾问、演说家、舞台艺人、讲稿作者、哲学家、餐后发言者、心理治疗师都是公元前 5 世纪后半期雅典的所谓"智者"，在一些情况下就指所有这些人，起码在大多数情况下是指其中几种人。欲知某个人（更不用说整整某一阶层了）如何集这些角色于一身，便有必要从那些哲学争论后退一步，看看雅典人及其城邦。

到公元前 5 世纪中期，最初为松散的反波斯联盟的希腊城邦，逐渐演变成了一个以雅典为心脏的帝国，这多半是由于雅典海军的成功让雅典富了起来。联盟的其他成员要向雅典进贡，一些钱花在了至今仍能见到的事物上，包括帕特农神庙。这些赞颂之词大多是伯里克利激发出来的，他是雅典第一公民，我们介绍阿那克萨哥拉斯的有才智的伙伴时已提到过他。在一次纪念雅典战争英雄的演说里，伯里克利正确地预言道："我们留下的帝国，其标志与丰碑的确无比辉煌。如同现在我们这个时代对我们感到惊讶一样，未来的时代也会对我们感到惊讶。"[1] *

在同一次演说中，伯里克利还称赞了雅典生活的特点，而这个特

---

* 出自修昔底德（Thucydides，约公元前 460—前 400/前 396 年）：《伯罗奔尼撒战争史》（*The Peloponnesian War*），Ⅱ，41。修昔底德是古希腊著名历史学家。

点连同这个城邦的富有，就是对智者兴起的最佳解释：

> 我们的政体被称为民主制，因为权力不是掌握在少数人手
> 中，而是掌握在全民手中。解决个人间的争执时，在法律面前人
> 人平等；若问题涉及在公共责任的位置上将一人置于另一人之
> 前，起决定作用的不是特定阶级成员的身份，而是此人具备的实
> 际能力。[2]

一种特殊的能力比大多数能力更重要：在公民大会或陪审团面前
的讲话能力和开展有说服力的辩论的能力。伯里克利本人的力量，在
很大程度上体现在他使公民大会追随他的指引的能力。他用以下的话
继续称赞雅典：

> 我们雅典人，独立地做出我们关于政策的决定，或将它们付
> 诸正式的讨论；因为我们认为言与行并非互不相容；最坏的事情
> 就是，还未对结果进行正式的辩论便匆忙行动。[3]

雅典人热爱好的论证，即使不好的论证也能增添辩论的乐趣。他
们喜欢争论，偶尔为此自嘲。在当时阿里斯托芬的一部喜剧中有一个
情节是，一个学生带领头脑简单的农夫斯瑞西阿得斯参观他的学校，
给农夫看教学设备：

> 学生：我们这儿有世界地图。这儿就是雅典。
>
> 斯瑞西阿得斯：把它拿走。我不相信你。陪审团在哪儿？[4]

斯瑞西阿得斯碰巧喜欢这所学校，因为他想让儿子学好辩论，以
击败破产法庭里的债主。渴望得到辩论训练的，并不是只有流氓。不
是天生演说家的公民，怎样才能抓住民主制提供的那些机会呢？日常
的教育制度其实不会有多大帮助。雅典的男孩子学习读书、写字、音
乐、运动、体操，也许还要学一些数学和大量的史诗。他们 7 岁上
学，大多在 14 岁完成学校教育。而女孩子只学习完成少量的手工作

业。负担得起学费的人们当中，有些人有对某种形式的高等教育的需求，这一点也不奇怪。来自整个希腊世界的智者们，就是为了满足这种知识上自我提升的需求。

讲希腊语的人，凡有才能、受过教育的，自然都会被雅典吸引。这样的人若不是雅典公民，便不能在公民大会上辩论，不能以那种方式表现自我。但他可以帮助雅典公民准备公民大会上的辩论，教他们的孩子，在宴会上表演和做启发性的讲话，在雅典人的节日里表演和向人们提供忠告，以此过上好的生活，享受慷慨的款待。第一批来自外邦、靠教学挣钱的人之一是普罗塔哥拉（Protagoras，约公元前490 或前 480—前 420 或前 410 年），他是阿那克萨哥拉斯和恩培多克勒的同代人，后来成了伯里克利的朋友，在柏拉图的几篇"对话"中出现过他的名字或形象。他最初以其故乡阿布德拉的大使的身份来到雅典；其他著名的智者也是作为大使来到雅典的，包括来自西西里岛伦蒂尼（Leontini）的高尔吉亚（Gorgias，约公元前 483—前 375 年）和来自埃利斯（Elis）的希庇阿斯（Hippias，公元前 5 世纪人）。

在这些人的时代之前，"智者"一词表示各种智者和贤人。令人不解的是，即使在那个时代之后，公元前 4 世纪的一些作家仍在用它来称呼一直回溯到泰利斯的每一位哲学家。但在他们自己的时代，这个词却主要表示以教学挣钱的人，尤其是那些教授雄辩术、政治技能和怎样在道德与法律辩论中取胜的人（因此，我才在后文中继续把他们称作"智者"）。在柏拉图的一篇"对话"里，苏格拉底（他是叙述者）问普罗塔哥拉究竟想教给未来的学生什么。普罗塔哥拉答道：

> 正确地处理他的个人事务，如此他既能管理全家人，又能管理城邦事务，成为城邦的真正力量，既是一位发言者，也是一位行动者。

> 我说，我可以接着你的话说吗？我认为你在描述政治技能，

并承诺培养良好的公民。

他说，这正是我宣布要做的事。[5]

但是，柏拉图把普罗塔哥拉写得过分简单了。柏拉图提及那些智者时常常心怀敬意，但几乎一直不赞成他们的学说，尤其反对一种思想：花钱购买针对良好公民、老练政治家所具备的那些长处的指导是正当的，甚至是可能的。因此，智者们才宣布教授（如何获得）实际的成功，而柏拉图关注这个说法只是为了批判它。其实，这远远不是智者教授的全部课程。他们教授和讨论的学科中，还包括语法、语言学理论、修辞学、文学批评、音乐、法律、宗教的本质、伦理学和政治学、人类和社会的起源、数学和一些自然科学。他们提供了关于这些学科的完整的高等教育，以此开始取代传统的诗人、史诗吟诵者，以及古怪的、不收取报酬的、作为学问提供者的哲学家（例如阿那克萨哥拉斯）。

毫无疑问，他们当中一些人以少数学科为专长，另一些人提供的训练则更广泛。以普罗塔哥拉本人为例。他写过一篇论众神本质的论文，据说首次宣读此文是在悲剧作家欧里庇得斯的家中。他想必对法律和政府也极有兴趣，因为伯里克利请他给意大利南方的一个新城市起草法律。据说，他和伯里克利曾用一整天的时间来讨论一个法律问题，即在掷标枪比赛中什么人更容易意外死亡。他还详细阐释过一些诗歌的意义。他教授写作，也写关于写作的书，有时被说成第一位语法学家（事实证明，他的一些语言学定义对柏拉图很有帮助，柏拉图用它们解释了巴门尼德那些关于"无"的混乱说法）。至于柏拉图"对话"中那些比较狭义的哲学话题，据说普罗塔哥拉讨论过各种道德问题和知识的本质。普罗塔哥拉还写过一篇论真理的文章，其中包括那句含义模糊的著名格言：人是衡量万物的尺度。我们将在后文中考察这个思想。

这一切都使普罗塔哥拉如同一位令人印象深刻的博学者，而他的确就是这种人。他甚至写过一篇论摔跤运动的文章。但与比他年轻的智者希庇阿斯相比，他就算不上学识广博了。希庇阿斯完全可以教授一切知识，并且其才能并不限于教学。柏拉图说，希庇阿斯曾夸口说当他在奥林匹克运动会上现身时他要背诵自己写的几首诗[6]；他自己制作鞋子、斗篷、短上衣、腰带和指环，还做过刷子和油瓶，随身携带。在公开场合露面（他说这让他挣到了很多钱）时，他愿意发表事先准备的演说，也愿意回答所有到场者的问题。他不做衣服和小饰品时，就编纂数学史和哲学史。他还写过戏剧。柏拉图为此取笑他也就毫不奇怪了。希庇阿斯学问的深度远不及其广度，也许除了发现了几何学中一种相当重要的曲线，他对教授的很多学科中的任何一门似乎都未做出过有意义的贡献。历史并未认可柏拉图借希庇阿斯之口给出的后者的自我评价："我从未发现有人在任何事情上比我更高明。"[7]

一位不像他那么盲目自大的智者是安提丰（Antiphon，公元前426—前373年），其存留下来的言论有时表现出一种厌世的悲观主义："我的朋友，全部人生都使人抱怨，这真奇怪；人生中没有任何引人注意、伟大、高尚的东西，一切都是琐屑、无意义和短暂的，并掺杂着悲伤。"[8]他还写道："生命如同只能走一天的表，生命的长度如同一天；我们在这块表上看到的，其实就是我们把自己的信任传递给了下一代人。"[9]他留下的最有意义的著作都涉及伦理学，尤其涉及正义的本质，而这也许就是他特别教授的学科。他还提供了一些用于直接出售的东西。他对梦和解梦特别有兴趣，好像还设立了一种提供心理治疗服务的诊所。

一位更专业的智者是高尔吉亚，他是著名演说家，写了一些关于雄辩术的小册子。除了其他著作，高尔吉亚还留下了数篇演说，原准备作为说服性论证的范本以供学习和模仿，其中最长的一篇是为特洛伊城的海伦作的有力辩护。最让柏拉图嗔怪的，正是智者们的这个方面。柏拉图说他们最不重视辩论的实际，只关心教给主顾取胜的诀窍。你是否拥有正义，你的论据是否强于对手，都不重要：智者会欣然地教给你各种计策，帮你在一切口头较量中取胜。柏拉图最著名的弟子亚里士多德沿着其导师的思路，批评了他们："智者的技艺就是伪装智慧，不顾现实；智者乃是靠表面的却不真实的智慧挣钱的人。"[10]

所有辞典中关于智者的定义都表明：柏拉图及其支持者扔给智者的污泥粘在了智者身上。这是他们应得的吗？柏拉图等人朝他们扔了什么？其实并不像那些贬低智者的人所认为的那样：论证与说服不该发展为一门技能，或根本不该教授。毕竟，亚里士多德本人就写出了最有影响的修辞学论著，并把自己从高尔吉亚那里学到的东西欣然结合了进去（"高尔吉亚说你该用玩笑打败你对手的严肃，用你的严肃打败他们的玩笑，他说得对。"[11]）。柏拉图和亚里士多德也不会真的认为教给学生怎样看问题的正反两面是不道德的，而那项指责常被用来反对智者，仿佛那就是他们邪恶的核心。这是因为，正如亚里士多德本人在某处所说：

> 我们必须能利用说服术……必须能利用问题的反面，这不是为了我们能从两个方面实际去利用它（因为我们绝不能使人们相信错误的东西），而是为了让我们能看清事实，并知道另一个人若作出不公正的论辩，我们一方怎样能反驳他。[12]

同样，那些重要的智者也并不是柏拉图和亚里士多德认为的无原则、无价值之辈。提到他们的名字，我们会发现其实他们大多是受尊敬甚至受称赞之人。一个奇怪的事实是：那些"坏"智者无论是谁，似乎总是台下的无名骗子，极少受到柏拉图的人身侮辱。这多半是因为柏拉图攻击的真正动机过深，以至于无法把它们说清，或使他无法让它们公开面对任何重要的智者。

柏拉图批评智者出于很多动机，其中之一可能是某种势利观念。柏拉图这位贵族（与其他贵族成员不同）怀疑民主制的优点，大概还反对智者这个行业的一种平等主义预设：任何人只要有钱付给智者老师，都能具备智慧与美德，都适合在政府中发挥作用。苏格拉底的一位同伴说他曾把智者比作妓女，因为他们愿意把自己的服务出卖给任何付钱的顾客。[13] 但柏拉图也有某种使他更苦恼的事情。他的大多数（也许是全部）著作都写于公元前 399 年他心中的英雄苏格拉底受审和死去之后，而柏拉图似乎认为那些智者对这个悲剧负有间接责任。柏拉图认为，苏格拉底通常被指控的罪名（尤其是所谓败坏青年，因为他"教唆弱者反对强者，教导别人向他学习"[14]）是由一些智者的名声促成的。苏格拉底审判中的主要原告是个贵族，名叫阿尼图斯（Anytus），柏拉图说此人极度憎恶智者，但对智者是谁和是干什么的，却不是很清楚。在一篇背景是在审判以前很久的"对话"中，柏拉图描述了阿尼图斯与苏格拉底的一次友好的讨论。阿尼图斯刚说过一段很长的话，反对不知名的智者：

> 苏格拉底：智者里有伤害过你吗，不然你怎么对他们如此苛刻？
>
> 阿尼图斯：天呐，没有！我这辈子从没跟他们当中的任何一个有过瓜葛，也没听我的任何家人说跟他们打过交道。
>
> 苏格拉底：这么说，你跟他们毫无关系了？
>
> 阿尼图斯：我也不想跟他们任何人有关系。[15]

普通的雅典人没时间仔细区分名人苏格拉底和其他知识分子的做事方式。他们也许听说过苏格拉底是个刁钻的、聪明的家伙，整天坐着，跟想向他学习的年轻人讨论。因此，苏格拉底在常人眼中可能是又一个智者。正如柏拉图所见，雅典人将本应针对智者的谴责误加在了苏格拉底头上，就像伯里克利和普罗塔哥拉讨论过的投错地方的标枪一样。

许多雅典人把所有的知识分子都归作了一类，这当然是真的。所以，欧里庇得斯有时会被看作智者，便是因为其戏剧具有令人不安的现代性（他有时把奴隶写成了贵族，把英雄写成了没有那么多美德的

人）。有传言说，苏格拉底帮助欧里庇得斯写出了这些戏剧，其根据
也许是听说这两人的性格都有些古怪，但这个说法几乎毫无根据。苏
格拉底本人也出现在了一部戏剧中：在阿里斯托芬的《云》里，他被
写成了一个智者，傻得可笑，没有道德，亵渎神圣。公元前 423 年，
《云》首演于雅典。苏格拉底也是其他几部喜剧中的人物，也许同样
滑稽可笑，那些戏如今均已亡佚（其中一个现存的片段写道："我厌
恶那个穷愁潦倒、喋喋不休的苏格拉底"[16]*）。在柏拉图几年后对苏格
拉底审判案的叙述中，苏格拉底闷闷不乐地评论了人们对他本人的误
解："你们都亲眼看过阿里斯托芬那出戏，戏中的苏格拉底到处转悠，
自鸣得意，还说了好多废话。"[17]他说："在我短短的有生之年里，我必
须试一试，去掉你们头脑中那个年深日久的错误印象。"[18]

阿里斯托芬没有用早期科学家、智者、苏格拉底和缺德的骗子之
间的微妙差别让观众心烦，因为那会毁了他的笑话，而很多雅典人都
认为笑话里包含着严肃的观点。任何对自然进行科学调查的人都是在
破坏传统宗教，因此也破坏了传统道德。同样，任何探究传统道德的
人也都是在破坏传统宗教，也许还会讲出大量关于霹雳和原子的废
话。这些知识分子全都如此，无怪日后会遭报应。在《云》中，苏格
拉底的"逻辑工厂"被一个愤怒的公民烧得精光（此人名叫斯瑞西阿
得斯，是个债务缠身的农夫，前文提到过）。在现实生活里，苏格拉
底在《云》首演 24 年后被判处了死刑，而那些审判他的人完全可能
就是该剧观众中的一员。

那些人即便不像阿里斯托芬"逻辑工厂"里那帮智者"机械师"
那么坏，也一定是智者中的坏人。连最正直的老师都无法对其学生的
行动负责。追随苏格拉底的众多青年中，至少有一个后来成了杀人暴

---

* 出自欧珀利斯（Eupolis，公元前 446 —前 411 年）的编剧。欧珀利斯是古希腊喜剧
家，与阿里斯托芬同代。

君；苏格拉底的辩解毫不奏效："我从未支持过任何人的任何有悖正义的行动，包括那些被一些人恶意地称为我的学生的人。"[19] 智者这一行根本无法控制其同行或追随者，因此，你若珍视自己的名誉，它便是个危险的行业。对于这个问题，柏拉图有很清醒的认识：

> 初尝辩论滋味的年轻人将它错误地当作了一种游戏，总是将它用于争论……一旦他们自己驳斥了很多人，也被很多人驳斥，他们很快就对自己从前信以为真的东西产生了强烈的怀疑，其结果就是他们既不相信自己，也不相信整个哲学行业。[20]

为了挽救一般意义上的哲学，为了挽救特殊意义上的苏格拉底，柏拉图必须把苏格拉底和智者运动分开，其做法就是夸大这两者间的差别。苏格拉底有道德，而智者们却无道德或至少是有害的人。苏格拉底进行真正的知识调查，智者们却不是如此。柏拉图也许承认普罗塔哥拉、高尔吉亚是真诚的，但会说：连他们都在某些方面受到了误导，因此他们的教学也最终成了一件坏事。他成功地揭示了他们的一些说法的弱点，却忽视了他们的力量，并显然忽视了一个事实：那些重要的智者也像他一样在寻找真理，只是寻找的地方有所不同。

正如人们对智者职业地位的预期一样，许多智者的探究都比其他思想家更加务实。他们几乎没时间思考被他们视为真正理论的东西，只能思考那些不足为信的理论和毫无成果的猜测。谁说得清世界是否真是一汪水、一堆数字、一团爆发的火、一杯由各种元素混合成的鸡尾酒或一团原子风暴？毫无疑问，这些理论都不比其他理论更好，而在这些理论间做选择，则与在日常生活中做选择毫无二致。至于日常生活本身，许多哲学家不是都否认了它的存在吗？若逝去的每一天中的每一个事件都在反驳巴门尼德"一切不变"的思想，那谁还能相信它呢？原子论哲学也好不了多少，因为它也否认日常经验的世界，把它看作罩在"原子与虚空"这个基本现实上的变形的帷幕。

在智者们的眼中，学问的世界似乎出了错。理性、论据和语言本身似乎被劫持了，常识似乎被盗走了。有一段的确是出自高尔吉亚的言论（它其实是一个带着论证面具的难题），可以把它看作一个揭露所有这些荒谬现象的尝试。它声称要证明三件事情：第一，什么都不存在；第二，即使存在某种东西，也不可能知道它是什么；第三，即使能知道它是什么，也不可能把这个知识传达给其他任何人。

高尔吉亚完全可能对自己的这个难题感到困惑。即使他没有这么做，他也应该对此感到困惑。因为当时用于批评的词汇尚不够复杂，所以他可能无法确切解释那个难题到底错在哪里。但他当然不会仅仅利用这头逻辑怪兽的表面价值。他也许想用这个难题去为难一切愚蠢到否认日常世界的哲学，方法是证明这种观点走得太远了。或者他想证明：任何所谓"真理"，无论表面上多么确定，都能被像他那样的老练雄辩家瓦解。再或者，他也许只是在自娱自乐和娱乐听众，因为希腊人很欣赏语言带来的困惑。无论是哪一种情况，其结果都是一样的。这个困惑提醒人们：很多哲学家谈论和论证终极真理的方式都值得怀疑。这种谈论显然会像滚雪球一样最终造成雪崩，即成为彻底的谬论。

不必细说高尔吉亚这个困惑的种种扭曲，其虚夸的自我意识也毫无价值。在这个困惑的第三部分（谈论沟通[21]）中，高尔吉亚把"说话"和"我们身外的世界"鲜明地对立了起来。他意识到了两者之间有一道鸿沟，意识到了语言能塑造人的世界观。他在另一处写道："说话那种造就灵魂的力量，堪比药物对人体状态的影响"[22]，"言语说服这种方式，能对灵魂产生它想要的任何影响"[23]。正如高尔吉亚和其他智者所见，很多早期哲学家都用语言描绘了无用的、令人难以置信的世界图画。现在的任务是描绘出一些有用的世界图画。

这些智者想要一种包含了日常经验的哲学。这个愿望使他们陷入了与柏拉图哲学圈对立的困境。我们已看到，柏拉图的知识观充满了俄耳甫斯教学说和毕达哥拉斯主义的色彩。柏拉图认为（他的许多有智识的前辈也如此认为）：哲学的任务是超越日常经验，开辟净化的、理性的真理之路。智者却想反向而行，他们认为：哲学的任务是恢复人类经验的全部混乱与复杂，以之作为生活的最佳指导。这是因为，究竟谁的经验堪为指导呢？在不同的人们面前，这个世界呈现出了不同的、互相冲突的外表。知觉具有多样性这个事实恰恰是德谟克利特试图回答的难题。他放弃了对苦、甜、凉、热等性质的主观判断，只把它们看作"惯例"，用他的"原子与虚空"取代了它们。普罗塔哥拉使用了一种不同的、显然令人吃惊的思想，为智者回答了这个问题：他不但没有抛弃主观性，反而主动接受了它。我之所见，对我来说是真的；你之所见，对你来说也是真的。他认为，根本没有日常经验世界的普遍真理，但这并不意味着世上绝无真理。恰恰相反，只要存在真理，那它就是一种丰富的真理，因为每一人的所见对那个人来说都是真的。普罗塔哥拉的名言"人是衡量万物的尺度"[24]表达的正是这个意思。

这种观点被称作相对主义（relativism），因为它认为：对于每个相信真理的人来说（或像如今更常说的那样，对于每个相信真理的人群或共同体来说），真理都是相对的。这是尝试把知识带回到地面的一种方式。真理并不是隐匿难寻的，而是被看作分布于各个地方，如同天赐食物（manna*），人人有份。最先明确表述相对主义的人，大概是普罗塔哥拉；最先详细探讨论相对主义的人，则是那些智者及其对手们，其中最有名的是柏拉图。自那时起，就不时地出现各种形式的相对主义。现代相对主义的势头大多可以追溯到伊曼纽尔·康德（Immanuel Kant，1724—1804 年），但这也许不会让康德本人高兴

---

* manna：音译"吗哪"，《圣经》中提到的、以色列人在荒野得到的天赐食物，以色列人吃了 40 年。其形如芫荽子，又像珍珠，白色。见《旧约·出埃及记》第 16 章。

（他认为存在绝对的、普遍的真理，但他解释这些真理的方式，却无意间为相对主义敞开了大门）。康德认为：我们的世界图画的很多特征都是人脑强加的；人脑一切的关键方面全都相同，因此这些真理对于每个人来说也都相同。后世许多思想家保留了康德的"真理部分地取决于人脑"的观点，放弃了他"一切头脑全都相似"的假定，其结果就是有了相对主义的繁荣：所有的世界图画都反映了绘画者的观念，哪一幅都不比另一幅更真实。

相对主义本身就存在许多细微区别，有些理论的范围比另一些更广。一些人认为，道德价值是相对的，因此道德的是与非取决于问题所处的社会或时期。另一些人认为，相对主义不适用于道德价值，或并不仅仅适用于道德价值，而适用于科学理论，或许也适用于一切"真理"。总之，如今在人类学家、社会学家、文学批评家的著作中，而不是在职业哲学家的著作中，更常见到各式各样的相对主义思想。关于人类信仰和习俗的多样性的实际知识，似乎往往会促使人们同情相对主义；但哲学家更加警惕相对主义许多表面形式下的混乱与矛盾。以道德相对主义为例，一种看起来很直白的相对主义理论说：谴责其他文化的道德的做法是错误的，因为每一种文化无论相信什么，对那种文化而言它都是正确的。但是，这个看似仁厚、宽容的命题其实是自相矛盾的。说"谴责其他文化的道德的做法是错误的"，这是根据谁的标准？若是一种文化相信自己的道德高于其他文化，道德相对主义本身就会引出一个结论：这种文化谴责其他文化就是"正确的"。

各种形式的相对主义一旦被用于其自身，往往都会失灵，并会造成其他许多困难和障碍。相对主义的一些问题，被柏拉图《泰阿泰德篇》（*Theaetetus*）中的苏格拉底敏锐地指了出来；此篇文中讨论、阐述、最终否定了普罗塔哥拉的一些观点。在文章的前半部分，苏格拉底引用了普罗塔哥拉"人是衡量万物的尺度"的说法，把它的意义解释为：任何既有事物"对我而言都是它显现出来的样子，也都是对你显现出来的样子"[25]。为让这个说法显得更合理，苏格拉底将风作为一个有利于支持该说法的例子。

"有时刮起了同样的风，我们当中的一个人觉得冷，另一个人并不觉得冷，或有人觉得有一点儿冷，还有人觉得很冷。"[26]在这种情况下，说这个人对风的感觉（即风是冷的）不同于另一个人，便似乎很有道理。德谟克利特会说，因为风表现为既冷又不冷，所以其实风本身两者都不是。普罗塔哥拉从这种表面的冲突得出的结论是：风一定是既冷又不冷的。对每个人观察或感觉到的事物，每个人都是最终的权威（或曰尺度）。因此，他这个说法是正确的。

但是，普罗塔哥拉说事物其实就是它们显现在每个人眼前的样子，这已走得太远了，因为这意味着根本不存在虚假的知觉。这个命题不能令人信服，苏格拉底对此说道：

> 还有梦和精神失常的问题，尤其是疯子和所谓疯子的视听虚假知觉所犯的全部错误——在这些情况下，我们当然会产生虚假知觉，并且……任何人的所见也都远非真实，相反，这些看到的东西无一为真。
>
> 说得对，苏格拉底。
>
> 那么，一个人若认为……每人之所见对此人就是"真"，他该如何论证这一点呢？
>
> ……的确，当疯子想象自己是神时，或者当做梦者想象自己有翅膀，在睡梦中飞行时，我便不能否认疯子和做梦者都相信虚假的东西。[27]

苏格拉底嗅到了火药味，马上又前进了一步。即使普罗塔哥拉能举出疯子和做梦者的某种特例，抛开其他一切不那么鲜明的误解事例不提，他对"若相对主义是正确的，都他就正是用论证让自己失了业"这一反驳，又能说什么呢？正如苏格拉底在另一处所说：

> 普罗塔哥拉若是对的，即"事物就是它们呈现在我们眼前的
> 样子"的说法若是对的，为什么我们当中有些人聪明、有些人愚
> 蠢呢？——因为，若每个人之所见对此人就是真的，这个人便绝
> 不会比另一人更聪明。[28]

换言之，若根本不存在智慧，普罗塔哥拉又怎么能教授智慧呢？

苏格拉底想公平地对待普罗塔哥拉，因此他指出了普罗塔哥拉会怎样回应这个反对意见。这番回答涉及智者思想与实践的核心。苏格拉底设想普罗塔哥拉会回答说：聪明的智者教授的信仰，无论如何都不会比学生的既有信仰更真实——若他的相对主义理论是正确的，那么教授真实的信仰便是不可能做到的事情。他会教授一些更好的信仰，即更有用的信仰。智者就像医治人们头脑而不是肠胃的医生，并教导其他人也这么做。拥有某些思想，会比拥有其他思想更有用、更愉快，这就是智者想要得出的结论。

19世纪末，一些自称实用主义者（pragmatists）的美国哲学家试图发展一种思想：就信仰而言，重要的是它的普遍用处及其在生活中的作用。重要的实用主义者威廉·詹姆斯［William James，1842—1910年，亨利·詹姆斯（Henry James，1843—1916年）之兄］*对实用主义的表述，会令人很容易回想起苏格拉底借普罗塔哥拉之口说过的话。詹姆斯并未得出结论说"真理是相对的"，但他认为，看待真理的最有效方式就是看其广义的有用性：

> 真理是一切作为信念、能自证为善的事物的名称——现实世
> 界中，某些食物不但能愉悦我们的味蕾，而且有益于我们的牙
> 齿、胃和肌体；同样，某些思想不但能愉悦我们，而且有助于人

---

* 威廉·詹姆斯：美国哲学家。亨利·詹姆斯：美国小说家。

生的实际奋斗。若我们应过一种真正更好的人生，且有任何一种
思想，只要相信了它，便有助于我们过上那种生活，则相信那种
思想便真的对我们有益，除非对它的信念碰巧与对其他更大的、
生死攸关的利益的信念相冲突。[29]

　　这些对信念的实用主义阐述也许看似很有道理，至少从表面看是
如此。它们显然都关系到人们的实际事务——也就是人们的政治与道
德。苏格拉底继续说明普罗塔哥拉会如何解释这个命题并为自己
辩护：

> 　　聪明、诚实的演说者，能用公众认为合理的观念（例如"健
> 康""有益"等观念）取代被误认为正确的不合理观念。因为我
> 认为：无论什么做法，只要还被特定一国视为合理的、值得称赞
> 的，便是正确的。只有当这些做法（在某种特殊情况下）被人们
> 认为不合理时，聪明的人才会用另一些看似合理的做法取代它
> 们。同理，由于智者能以同样的方式指导学生，告诉学生应走什
> 么路，所以在学生完成教育时，付给智者可观的酬金便是明智的
> 应有之举。因此，说一些人比另一些人聪明，以及说谁都不能算
> 想得不对，全都正确——这些意见使我的学说避免了沉船，得到
> 了挽救。[30]

　　智者必须运用其雄辩的力量获得益处，或者获得被公众视为正确
或正义的"合理"（sound）观点。因此，在普罗塔哥拉学说的这个版
本中，相对主义适用于解释某些事情，而不适用于解释另一些事情：
它适用于解释正义及道德的正确性（"无论什么做法，只要还被特定
一国视为合理的、值得称赞的"），不适用于解释最终有益或有用的事
物（因为公众的观点有时"被人们认为不合理"）。这就像病人与其食
物：每个人对食物滋味的感觉都是正确的，但他的感觉却仍然可能是
"不合理的"，因为那些感觉若是不同，对他会更有益处。无论如何，

这就是苏格拉底想象的普罗塔哥拉的回答。

请注意相对主义的命题如何从论及个体的人，悄然变成了论及"特定一国"。如此一来，不但某人认为是正义的事情对此人来说是正确的，而且某一国（或社会共同体）认为是正义的事情对该国（或社会共同体）来说也是正确的。在道德和政治实践上不会犯错的不是个体的人，而是群体，只要那些实践能维护他们。这番改变引出了相对主义的另一些特有的难题：究竟多少人才能构成一个大到有资格保护相对主义的共同体？为了被视作统一的共同体，这些人在多少观点上达成了一致？若只有一个人或少数人不赞成其他人的观点，又该如何？他们若（像相对主义暗示的那样）说多数人的善恶观是错的，应当总把这种分歧完全归咎于哲学上的误解吗？或者他们本身就能算作一个小型共同体，有资格得到相对主义慷慨分配的智能收益中自己那份有保证的真理，是这样吗？

其实，许多人似乎都并未以严格的相对主义态度去辩论正义和道德价值，更不用说辩论被相对主义视为正确的其他主题了，否则就根本不会有真正的辩论。正如苏格拉底所证明的：对于相对主义来说，这个事实本身就是个难题。他指出：许多人（包括他自己）都不赞成"每个人或每个社会都是衡量万物的尺度"的观点。许多人都认为，确实存在一些被每个人都视为正确的真理。而根据相对主义本身，人们的这个认识必定是正确的，因为相对主义说：任何人都不会认为自己相信的东西是错的（也许除了关于何为有益的信念）。由此可见：相对主义至多也只是在相信它的人眼中是正确的。普罗塔哥拉会认为它是正确的，而苏格拉底却不会认为它是正确的，因此，普罗塔哥拉便不能说苏格拉底反对相对主义是错的。的确，若多数人的观点就是真理的标准，那么连普罗塔哥拉都会承认他的学说错了，因为很多人都对它持有异见。这样，在苏格拉底的帮助下，普罗塔哥拉使自己陷入了困境。

虽说如此，我们还是应当记住：这一切都是以假当真（make-believe）。真正的普罗塔哥拉在柏拉图写作《泰阿泰德篇》很久之前就去世了，而后人也无法确定他会怎样回应任何此类批评。此外，我们讨论的是历史上一场活生生的知识运动。这种事物不会仅仅因为某个似乎有逻辑头脑的人打算扼杀它就马上倒地死掉。面对苏格拉底的反驳，普罗塔哥拉很可能从高尔吉亚的那个困惑里得到了安慰，因为难道事实没有表明（当时任何有头脑的人都认为）：聪明的哲学家只要花些心思，便能反驳任何事情吗？不如忽略这些反驳，继续奋力前行。

普罗塔哥拉的"人是衡量万物的尺度"的思想，还有智者的全部实用主义和相对主义的观念，都在某种程度上回答了一些实际问题。古希腊人逐渐地认识到了道德信念和习俗的多样性——智者们通常都阅历广泛，因此特别熟悉这个状况。这种道德多样性带来了具有互相冲突的外在表现的问题，正如（人们注意到的）德谟克利特和普罗塔哥拉关于感觉和知觉的论述那样。就像某个人会觉得风冷得令人不适，而另一个人却觉得风使他精神焕发，一个希腊人会认为火葬值得赞颂，而异乡人却会认为此举在道德上令人憎恶。历史学家希罗多德指出了道德表现上的这种冲突，并评论说："任何人若想向所有的人提议，他们应在考虑过每个民族独立选择的习俗之后，从全部习俗中选择最好的，他便会使每个人都坚信自己的习俗是到彼时为止最好的。"[31]这番表述似乎是说：其实，每个民族都没有"最好的习俗"，就是最合理、最明智的假定。"萝卜青菜，各有所好"（each to his own）是一种更通情达理的哲学。

这引出了一个有趣的问题让智者去探索：道德和政治信念最初是怎样变得多种多样的？智者们通过引用自然与人类习俗的对立回答了这个问题。人类的习俗、实践和道德信念都不受自然指导（也不受众神指导，众神通常都被视为自然的一部分）；人们根据本地的环境，自由地发展那些最适合每一个社会共同体的事物。因此，智者们才认为，社会的起源就像据说是由德谟克利特讲的那个故事：社会共同体的成员把法律和道德制度视为有约束力的、互惠的社会契约；17 世纪和 18 世纪的哲学家对社会契约作过大量论述，其中最有名的是洛克和卢梭（Rousseau，1712—1778 年）。[32]正如一位重要的智者安提丰所言："人的法律是偶然的，自然的法律是必然的；人的法律出于协议，而非出于自然。"[33]

智者们认为，人们自愿接受的法律与不可破坏的自然法律大不相同。事实上，这两者截然不同。自然的要求有时会与人的法律相冲突。安提丰甚至暗示说："很多被法律视为正义之举的，皆与自然敌对。"[34]他论证说，一个人若听从自然的指导，便会去做一切有助于蓬勃发展、通常看来最为有利的事情。无论从个人还是自然的角度看，这都是最可取的做法，除非一个人能侥幸成功。但法律往往力求为了共同体的整体利益而限制个人利益。正如柏拉图一篇"对话"中的智者希庇阿斯所言：以这种或那种方式，"习俗这个人类的暴君做了很多对自然施暴之事"[35]。

安提丰论证说：即使一个人极具美德，不愿损人利己，依法行事，事实也会证明他违背了自己的利益，因为此人若受到了别人的伤害，却没有寻求不合法的报复和补偿，而是相信法律，那么做坏事者也许永远都不会被捕。即使他被捕了：

> 若诉诸审判，受害者的优势并不比加害者更多，因为他必须让陪审团相信他受了伤害，必须能通过答辩要求法官主持正义。而加害者既可认罪，亦可不认，因为他能为自己辩护，否认指控，并与原告一样有机会说服法官，因为胜利属于最好的讲演者。[36]

最后一句话其实就是智者们的座右铭。"胜利属于最好的讲演者"

的思想，并不一定像柏拉图和智者的其他敌人有时认为的那样，是一种愤世嫉俗的、不讲道德的鼓励——鼓励人们在辩论中采取欺骗手段。这句话也可以被看作简单地陈述了法庭工作的事实。胜利的确属于一切能说出最令人信服之言的人（或属于一切能雇用别人这么做的人），智者的技能显然是一种能获取利益、真理和正义的力量。若负责地运用那些技能，它们就会有助于弥补在任何法律制度中发现的不完善之处。智者认为，道德其实只与人们的习俗有关。无论人们对这个思想的看法如何，都无法否认一点：实际用于任何社会共同体的法律程序，在正确对待人性方面都很不完善。

智者既能利用其技能保护无辜者，控告有罪者，也能利用其技能去做相反的事。他还能通过改进和批判社会共同体的认识，使之得到提高。一些智者不道德地运用了其技能，这无疑是事实，但这些败类几乎不会垄断邪恶行为。*若说垄断，智者的专长其实是道德和政治辩论；他们并不满足于打赢官司并教别人如此，而是也思考道德的真正基础，因此值得赞扬。

这种思考自然往往是近于颠覆性的。他们提出的那些有关"自然与习俗对立"的问题，激发了一些令人不快或令人震惊的思想。正义的存在，是否仅仅为了保护弱者？强者有能力无视正义时，是否可以无视正义？这是柏拉图经常论述的问题。一些保守的雅典人若觉得智者打开了潘多拉魔盒（Pandora's Box）**，他们的感觉是对的。但必须打开潘多拉魔盒。你若连问题都不问，便无从回答它。例如，（我们将会看到）柏拉图后来设法改造了自然和习俗这两个概念，把道德

---

* 此句所说的"几乎不会垄断邪恶行为"，意为不良的智者几乎不会只干坏事、不做好事。

** 潘多拉魔盒：据古希腊神话，宙斯创造的第一个女人潘多拉好奇心重，擅自打开了众神送给她丈夫厄庇墨透斯（Epimetheus，普罗米修斯的兄弟）的一个礼盒，从盒中飞出了各种灾祸，唯有希望留在了盒底。后用它来比喻各种灾祸之源。

放在了他认为更坚实的基础上。智者们若未使柏拉图不安，他也许绝
不会费心去做这件事。何况连柏拉图都承认：最好的智者并未散布那
么多颠覆性的新思想，也没有把传统道德的固有矛盾带到表面上来。
赫西奥德（其著作与荷马的作品均为常见的重要教材）已说得很清
楚：只要传统道德还建立在服从假定的众神的希望之上，其实际就是
建立在了一种形式的个人利益之上。做了错事者会吃苦，因为宙斯一
定会惩罚他们；但若宙斯并未以这种方式贯彻道德，不义者因此而获
得了成功，那遵守道德便毫无意义。正如赫西奥德所言：

> 宙斯之目洞悉一切，无所不知，
>
> 他若愿意，便能对一城之内的正义
>
> 做出评判，遍览无遗。
>
> 我不愿在坏人中做正义者，亦不愿吾儿如此：
>
> 因在重罪者统治之地，做诚实之人徒然无益；
>
> 我相信智慧的宙斯会带我逃离那里。[37]

信任宙斯，是道德的一个不可靠的基础。智者们对占据主导地位
的正义概念进行彻底检查是正确的。

智者的教学方式，自然会鼓励某种具有怀疑性的思想开放，而这
使一些人不安，并招致了阿里斯托芬神经质的、充满敌意的嘲笑。这
是因为，智者们推行和教授辩论术，势必会找出一些理由去审视和批
判各种观点，包括道德的、政治的甚至宗教的观点。一旦抽出了这些
理性主义的匕首，一切传统信念在智者法庭上的拙劣表演，想必都会
出现令人不悦的收场。这造就了智者同人和第一批自然哲学家，而前
者往往轻视后者那些看似毫无意义的推测。这两种人都是持怀疑态度
的自然主义者：他们往往拒绝（对自然的）神话学解释，拒绝纯粹基
于习俗、传统或宗教的信念。物理学家睥睨从神的角度解释世界的尝
试，力图找出一些自然的原因，以解释世界何以会是这个样子。智者

也怀疑与宗教相关的问题，但毕竟很难理性地讨论宗教问题。正如普罗塔哥拉所说："关于众神，我无法知道他们是否存在，也无法知道他们是什么样子，因为妨碍我了解这些知识的原因很多：欲了解的对象模糊不清，以及人生之短暂。"[38]智者们很想找到一些理由来解释道德，以使头脑对其探究的任何对象做出总体的自然主义解释。

　　被智者视为能使智力活动活跃的思想，必定会使其他人烦恼，而若那些思想真正有力，为高尔吉亚等人提供了论证观点，便更会使他们心烦。发现高尔吉亚那种智力武器供应商在你门前转悠，你一定会感到不安。无怪人们会用《云》中的笑声回击智者；无怪阿里斯托芬会在其戏剧里把苏格拉底写成拥护智者的人，因为苏格拉底是雅典最著名的辩论家。阿里斯托芬显然是对苏格拉底进行了不公正的讽刺描写。但柏拉图为苏格拉底辩护时，同样对智者进行了讽刺描写。说完这些真实的智者之后，现在是看看真实的苏格拉底的时候了。

第二部

10

哲学殉道者：苏格拉底及其信徒

苏格拉底是哲学的圣徒和殉道者。其他任何一位哲学家都不曾像他那样沉迷于正直的生活。像众多殉道者一样，在可以改变自己的做法以保命时，苏格拉底没有选择保命。根据柏拉图（他是苏格拉底的同代人）所说，苏格拉底在审判中对法官们说："你们若以为一个具备最起码价值的人，应把他的时间用于权衡未来的生死，那你们就错了。他采取任何行动时只考虑一个问题——那就是他的行为是否正确。"[1] 但与众多圣徒不同，苏格拉底具备某种幽默感，有时表现为戏谑的机智，有时表现为犀利的嘲讽。与一切宗教中的一切圣徒不同，他的信仰不但表现为对启示（revelation）或渺茫的希望的依赖，而且表现为对争辩性理性的痴迷。任何不及这种信仰的东西，都不能动摇他。

他的朋友们所讲的故事，说明了他是怎样一个怪人。柏拉图的一篇"对话"说，一天，晚餐之后，一个曾与苏格拉底同在军队服役的年轻人讲述了苏格拉底如何开始与某个难题搏斗。

他伫立思考。即使没有找出答案，他仍然伫立思考，不肯放弃。时间流逝，已至中午，士兵们互相谈论着苏格拉底如何从黎明一直站在那里思考的事……时近黄昏，几个爱奥尼亚人晚餐后拿出了卧具……这么做的一部分原因是想看看他是否打算通宵站在那里。好吧，他一直站着，直到清晨。太阳升起时，对太阳祈祷后，他才离开。[2]

苏格拉底虽然如此使用他的时间，但据说也曾光荣服役。

另一位朋友讲道：苏格拉底去吃前面故事提到的晚餐时，半路上"突然失神地沉思起来，落在了众人后面"。苏格拉底躲在旁边的走廊里，继续思考。"你们知道，这的确是他的习惯；他出去之后就站定在一个地方，无论什么地方。"[3]他的其他日常习惯中一定不包括洗澡这一项，连他最好的朋友们都承认，极少见到他刚洗过澡和穿着鞋子的样子。他衣衫破旧，头发蓬乱，从未有过任何钱财，也不关心下一顿饭来自哪里。他对法庭承认："我从未有过日常的平静生活。我不关心很多人都关心的事情——挣钱、有个舒适的家、军官或文官的高位和其他一切常见于我们城邦的活动……"[4]但是，苏格拉底并不认为这些被传统视为成功人生标志的东西本身是坏的。他也不是普通意义上的禁欲主义者。他从不提倡禁欲（他的朋友们说，虽未见过他喝醉，但他还是能跟他们当中任何人一同喝酒，直至倒在桌下），也从不劝别人像他那样去过俭朴的生活。苏格拉底身强力壮，心思专注，只是太忙，所以不能过多关心衣装、吃食或金钱这种事情。

他的时间大多用在忙于和别人说话上，而不只用在独自抱怨上。他的讨论，似乎也像他一阵阵突发的独自出神一样认真。一位认识他的杰出将军曾说：

> 任何接近苏格拉底、开始跟他对话的人，都容易被拖入辩论。他无论提出什么话题，人们都会对他着迷，直到他终于发现自己不得不说说他目前和过去的生活。一旦陷入纠结，只要尚未彻底审视清楚自己，苏格拉底便不会放过自己。[5]

苏格拉底很穷，他的名字并未使他获得传统意义上的成功。他出身低微——父亲是石匠，母亲是接生婆。得以进入雅典的高层社会这个事实证明了他出众的交谈能力。亚西比德（Alcibiades，公元前450—前404年）*讲过苏格拉底夜间在军营放哨的故事，还把他的讲话比作河神玛息阿（Marsyas）的音乐，"只要把他的笛子放到唇边，便能令人神醉"[6]。亚西比德对苏格拉底说："你和玛息阿的区别是：你根本不用乐器，即可达到同样的效果——只用寥寥几句话，甚至不用诗歌。"他还说：

> 至于我自己，诸位先生，我不怕你们说我已经完全被他控制了，我发誓他的言词对我产生了非凡的影响……因为我一听他讲话就像受到某种神圣暴怒的打击，我的心跳到了嗓子眼儿，我的眼睛开始涌出泪水——啊，不光是我，还有其他很多人……
>
> 我们这里的这位现代玛息阿，常使我感到自己绝不能像以前那样生活……他使我承认：我把时间用于政治，就是忽视了一切能引起我注意的事。[7]

在晚餐上，年轻的亚西比德真的"被控制了"，因此无疑会迷上苏格拉底。无论是亚西比德对他的赞颂，还是苏格拉底的敌人们对他的咆哮，每个谈起苏格拉底的人都会对他着迷，这是个很有说服力的事实。

亚西比德也很想让苏格拉底爱上他。雅典的哲学家与年轻男子的关系（尤其是柏拉图那个圈子中男子间的关系）带有同性恋色彩，这相当常见。年长的男人为男孩子的青春魅力所吸引，会欣然地向后者传授一点学问，以引起后者的注意。但是，柏拉图和苏格拉底都批评过同性恋者的性交行为；由于苏格拉底不肯回报亚西比德的肉体上的付出，亚西比德最初感到受了伤害。当时，苏格拉底巧妙地解释说，

---

　* 亚西比德：古希腊将军、政治家，苏格拉底的生死之交。

他抵制了亚西比德的求爱，乃是出于道德理由，不是因为亚西比德对他没有吸引力。亚西比德以英俊闻名，苏格拉底则以丑陋闻名。亚西比德看到了苏格拉底内在的美："苏格拉底的哲学刺痛了我的心，或说刺痛了我的头脑，或随你们叫它什么；它像一条蝰蛇，缠住了它能抓住的任何一个年轻的、有才能的头脑。"[8]

苏格拉底取笑自己的丑陋，而就连这么轻松的话题，他也能说出近乎严肃的话。据说，苏格拉底的朋友克里托布卢（Critobulus）曾向他挑战，要与他进行一次"关于美的辩论"，在辩论中双方都要尽力使假陪审团相信自己比对方好看。苏格拉底开始了辩论：

> 苏格拉底：那么，我的第一步就是请你回答我的预审；劳你回答我几个问题……你是认为……唯有在男子身上才能找到美，还是认为在其他对象那儿也能找到美？
>
> 克里托布卢：其实，我的观点是，在马、牛或任何其他的无生命物那儿也都能找到美。我知道，一块盾牌、一柄剑或一支长矛，都是美的。
>
> 苏格拉底：这些东西彼此截然不同，何以都是美的？
>
> 克里托布卢：哦，它们若很好地发挥了我们想让它们发挥的各种功能，或其良好的结构自然地满足了我们的需要，它们便是美的。
>
> 苏格拉底：你可知道我们为何需要眼睛？
>
> 克里托布卢：显然是用它们来观看。
>
> 苏格拉底：若说眼睛除了观看便别无用处，我的眼睛就比你的好。
>
> 克里托布卢：何以如此？
>
> 苏格拉底：因为你的眼睛只能直视前方，而我的眼睛很凸出，所以还能朝两边看。

克里托布卢：你是说螃蟹的视觉系统优于其他一切动物了？

苏格拉底：绝对如此……

克里托布卢：算啦，不说这个了。但谁的鼻子更美，你的还是我的？

苏格拉底：我认为是我的，因为上天给我们鼻子是为了让我们闻。你鼻孔朝地，而我鼻孔阔大而朝上，所以我能闻到四面八方的气味。

克里托布卢：但你如何使人相信朝天鼻比直鼻更美呢？

苏格拉底：理由是朝天鼻不会成为两眼间的障碍，能使眼睛毫无遮拦地看到它们想看的任何东西；相反，高鼻子人的鼻梁虽高，鼻梁却是两眼间的一堵墙，隔开了两眼。

克里托布卢：至于嘴，我倒是同意你的观点，因为创造嘴就是为了咬食物，你能咬下的一口比我的大得多。你不觉得你的吻也因你的厚嘴唇而比我的更温柔吗？

苏格拉底：按你的观点，我的嘴好像丑于驴嘴……

克里托布卢：我不能跟你辩论下去了，还是让陪审团投票决定吧……[9]

输家当然是苏格拉底。他知道自己确实不算好看，人们只是在取笑他罢了。这场交锋〔对这番对话的记述，出自苏格拉底的另一个崇拜者色诺芬（Xenophon，约公元前440—前355年）*〕不属于那种能让亚西比德流泪的事情，除非是笑出来的泪。它远没有表现出苏格拉底最具智者特色的一面，它只是展现了还是初学者的苏格拉底。但有趣的是：我们看到，这个玩笑反映了柏拉图《对话录》中那些更有分量、更为著名的哲学交锋里的苏格拉底的很多特点。

首先，这番对话反映了苏格拉底典型的诘问方式。苏格拉底没有

---

* 色诺芬：古希腊历史学家，苏格拉底的弟子。

提出命题，而是让对方提出命题，再从中引出结论。苏格拉底总是如此，辩论始于要求（对方）明白地界定要讨论的无论什么论题（上述辩论的论题是美）。克里托布卢吞下了这个诱饵，提出了他的定义："（事物）若很好地发挥了我们想让它们发挥的各种功能，或其良好的结构自然地满足了我们的需要，它们便是美的。"于是，苏格拉底把他绕了进去。苏格拉底毫不费力地证明：若这就是美，他自己就是美的。拆解别人的叙述，这是苏格拉底一直在做的辩证法游戏。

这番辩论还证明了苏格拉底讽刺术的复杂性。他知道自己貌丑，也知道克里托布卢对美的定义并不完美，但他却装作这两件事都不是真的：他似乎欣然地利用这个定义证明了他自己确实好看。但他并不只想利用克里托布卢之言，用不正当的手段赢得这场关于美的辩论。他其实根本没打算取胜。苏格拉底佯装参与这场辩论，其实是在做别的事情。他通过玩笑式地采纳克里托布卢的定义，证明了克里托布卢并未说出美的真正本质。美不能仅用"合适"或"有用"去界定，因为这将意味着苏格拉底是貌美的，而人人都知道他貌丑。因此，苏格拉底讽刺式地假装说服克里托布卢相信他是美的，其实是提出了一个否定性结论：美不可能是克里托布卢所说的那样。

苏格拉底经常令人厌烦地否认自己对美、美德、正义或其他任何正在讨论的问题有最起码的了解。公开宣布自己的无知，正是苏格拉底的特点。像他玩笑式地宣布自己美一样，这些否认也半带讽刺，但其目的却更为严肃。他总说自己没有什么可以教给别人的，但他的活动却很像在以身施教——卖力到把他自己作为一名影响恶劣的教师，拖到法庭前。我现在要转去讲述苏格拉底审判案及其自辩，这恰恰说明了是什么使他如此不受某些保守的雅典人的欢迎，却使他大受许多后世哲学家的欢迎。

苏格拉底审判案发生在公元前 399 年，当时苏格拉底已年近七旬。他的罪名是不承认城邦官方认定的众神、引进了新众神并腐蚀了青年。这场审判的政治背景十分明确，但这并不是说那些指控是假的，并不是说这其实是一场政治审判。这件事中交织着政治、宗教和教育，但无论你怎样看待它，苏格拉底都被认为是在错误的时间做了错误的事情。

公元前 404 年，即这场审判发生的 5 年以前，雅典人和斯巴达人之间刚爆发了一场长达 27 年的战争，战争以雅典人的战败结束。雅典民主制被推翻，代之以一群人的统治，他们后来被称为"三十僭主"（Thirty Tyrants），都是斯巴达人拥立的。在赢取名声的过程中，这些僭主杀人如麻，因此其统治只维持了一年，但民主制直到公元前 401 年才完全恢复。民主派在公元前 399 年仍感不安，这可以理解。他们有充足的理由对苏格拉底存在于雅典城邦感到不安。

苏格拉底以前的两个同伴都做了僭主：一个叫克里底亚（Critias），是三十僭主之首，格外嗜血；另一个叫卡尔米德（Charmides），是三十僭主的副手之一（这两人碰巧都是柏拉图的亲戚）。事实证明，亚西比德也该对苏格拉底的受审负些责任。亚西比德是个英俊、傲慢的贵族，其罪名是渎神的狂欢作乐和发表渎神言论，而这也许是他"被（苏格拉底）控制"使然。亚西比德听到这些指控时，正在一支远征西西里的军队里服役。他没有回去面对这些指控，而是叛逃了，背信弃义地为斯巴达人作战。这些情况，无一对这些人从前的导师苏格拉底有利。

但在公元前 403 年，雅典宣布了一次政治大赦，因此已不可能对苏格拉底提出明确的政治指控，即使有人想如此，也办不到了。何况，雅典人关注苏格拉底的影响还有一些更深层的原因。在与斯巴达人的长期战争期间，雅典人越来越对后方感到不安。他们觉得一些知识分子正在瓦解雅典社会的传统价值观，削弱雅典社会：拦住闲散青年，向他们提出一些关于正义的问题，此举完全可能引起怀疑。当时有一幅十分滑稽的苏格拉底漫画像，画中的他像阿里斯托芬一部 24

年前上演的戏剧中的一个教师，装腔作势，却颇具颠覆性。这件事也对苏格拉底绝无益处。苏格拉底不相信传统众神（他似乎否认了这个罪名，但理由不能服人），无论这个说法有什么事实根据，他无疑都是对神怀有非正统的看法。他谈论他的"守护灵"（daimonion，或他的"神示"（guadian spirit），抑或他个人的"神圣征兆"（divine sign）的方式，使人们有理由注意到他真的像起诉书所说的那样"引进了新众神"。对摇摇欲坠的民主制而言，这个是可悲的信号。城邦本身就有权规定什么是宗教尊敬的恰当对象，城邦自有正式承认众神的官方程序，任何无视那些程序的人其实都是在质疑民主制城邦的合法性。苏格拉底面对审判他的 500 名雅典公民时，发现以上这些都是他的罪名。

柏拉图去了法庭。他几年后写的《苏格拉底的申辩》（*Apology of Socrates*），或称"辩词"（defence-speech），也许是他的第一部著作。我们有理由相信：在这部著作中，柏拉图比此后在其他地方都更努力地描写了真实的苏格拉底，尽管他不一定打算还原苏格拉底的原话。因此，我会以柏拉图的著作为根据（因为迄今我已从中得到了苏格拉底的很多信息），别无选择。柏拉图《申辩篇》（*Apology*）里的苏格拉底是仅存的苏格拉底，或是几乎一切哲学史中的苏格拉底。

从法律角度看，苏格拉底的辩词很糟糕。他先说他根本不具备说话的技能。这是常见雄辩的第一步，但在此案中，他说话的目的若仅仅是表明自己无罪，人们很难会同意他这个说法。他说的几乎每一句话都在反驳官方指控，不是说它们与本案无关，就是说它们不能服人。例如关于宗教的指控，他将自己局限于嘲弄原告。他激怒原告，使原告说苏格拉底是个十足的无神论者，根本不相信任何神，遂使原告陷入了自相矛盾的境地。苏格拉底指出，若事情真是如此，他怎么会犯下"引进新众神"之罪呢？对于说他腐蚀青年的指控，苏格拉底的回答既无说服力，又过于复杂：他说自己不可能故意做出任何此类事情，因为这会损害他自己的利益。他说：腐蚀某个人就是伤害了此人；你伤害了某个人，此人便会反过来伤害你。因此，他显然不会去冒这个险。但这番论证根本说服不了任何人。

苏格拉底知道，阿里斯托芬对他的诽谤已使那些法官对他抱有偏见，便开始纠正这些错误印象。他说，他不像职业的"智者"（阿里斯托芬把他混同于智者），不是为了钱才去教人。此话似乎很真实，因为他根本不收学费。但他的确会为了感谢别人请他吃晚餐而唱歌。他把款待视为一种换取他那些有益教诲（而显然不是其他工作）的心照不宣的交易。因此，他的谋生方式其实跟智者们没有区别——两者的这种生活方式如今也不会被看作其本身不值得信任。苏格拉底还试图反驳一个谣言：他教那些持错误观点的人怎样用欺骗去赢得辩论。他抗议说：远非如此，因为他根本不知道怎样教别人去做任何事情。

这就是《申辩篇》的主要论题，此篇更像为苏格拉底生活方式做的总体辩护，而不像对官方指控的反驳。这篇辩护的要点是苏格拉底的一段话，他说自己显然有益于雅典人，因为他使他们成了他那些哲学诘问的对象，但他们并不理解这一点，反而完全被此举激怒了，这就是他们最终要审判他、要置他于死地的原因。

苏格拉底说，他四处奔走，与人们争论，这就是在实现众神的希望。有一次，他的一位朋友到特尔斐神庙去见传达神谕者，问世上可有比苏格拉底更有智慧的人。传达神谕者回答说"没有"，而这使苏格拉底战战兢兢，陷入了迷惑（或曰他自己就是这么说的），因为他一向认为自己绝无智慧。"我经过一段时间的困惑之后，终于开始很不情愿地检验其真实性。"[10] 他的做法是盘问各种享有智者或专家声誉的人。但他总是失望，因为似乎没有一个所谓有智慧的人能经受住他的盘问。他总是能驳倒别人对各自论题的论证，通常是依靠指出他们的观点会造成的一些不受欢迎或出乎意料的结果。他也向诗人提问，但诗人们甚至连阐明自己的诗作、使苏格拉底满意都做不到。这样的交锋之后：

> 我走开时便会想：啊，我当然比这个人有智慧。我们两个都
> 没有值得炫耀的知识，但他以为自己懂得他其实不知道的事，我
> 却很了解自己的无知（这种情况太常见了）。无论如何，我都似
> 乎比他聪明那么一点，因为我不认为我懂得我不知道的事。[11]

这使他领悟了那个神谕必定包含的意义：

> 每当我成功地证明了别人在某个既定主题方面的智慧是假的
> 时，旁观者都会以为我本人是了解那个主题的一切的。但各位先
> 生，十有八九，事实是，真正的智慧是神的特性，而这位传达神
> 谕者以他的方式告诉我们：人的智慧几乎没有价值或毫无价值。
> 在我看来，他说的并非苏格拉底本人，而只是在用我的名字举
> 例。他似乎想对我们说：你们人类中最有智慧者应该是像苏格拉
> 底那样，知道自己在智慧方面真的不值一提。[12]

换言之，苏格拉底的更高智慧建立在这样一个事实基础上：唯有
他知道自己所知甚少。当然，苏格拉底的智慧绝非仅仅如此，并不像
柏拉图《对话录》中另外几处让苏格拉底承认的那样。苏格拉底说
"我从不做出结论，那些结论总是来自与我交谈的人"，但还是承认，
他的"一点点优势在于具备一种技能，那就是利用对方的智慧论事说
理，热情而公平地对待对方的智慧"[13]。他巧妙地将自己喻为知识的接
生婆，其诘问能使对方的思想重见天日。但苏格拉底认为：这种阐述
和争论的技能（他显然充分具备这些技能）不是真正的智慧。真正的
智慧是关于道德问题、关于如何生活的完美知识。苏格拉底说自己无
知，指的是他不了解道德的基础；他绝不主张普遍怀疑日常的事实。
他只重视道德思考。他无法怀着清醒的良知，放弃自己唤醒众人良知
的使命：

　　我若说那会违背神的意愿，若说那就是我不能"专心于自己的事情"的原因，你们肯定不会相信我是认真的。相反，我若告诉你们，一天都不能不讨论善、不讨论你们一直都在听我谈论和省察的我的和别人的问题，这其实是一个人能做的唯一的最好的事，未经省察的生活不值得过下去，你们会更不愿相信我。尽管如此，这毕竟就是事实。[14]

他虔诚地提到了神（他有时提到一位神，有时提到众神）的智慧，这很容易掩饰他对神的非传统态度。他说唯有神才有智慧，似乎是想以此作为比喻，就像一个人会耸起肩膀说"上帝晓得！"那样。不妨想想他是如何解释"神"的话语、如何试图套出对"他的（神的）"智慧的提示。特尔斐神谕是唯一能得到的神的真声，但苏格拉底不是仅承认神谕之言，而是着手"检验其真实性"。他在另一处说："我的天性一向是绝不接受朋友们的任何忠告，除非思考表明那些忠告是理性提供的最佳做法。"[15]他采用朋友忠告的方式，似乎跟他采用神的忠告的方式相同。听到"无人比苏格拉底更有智慧"这个神谕时，苏格拉底拒绝承认它的字面价值，直到他能发现其中的真正意义，才能让自己满意。

　　他说自己肩负着神的使命，这似乎是迂回之词，因为特尔斐神谕并未明确要求他向人们传播哲学。他确实在某个时刻说过：他争辩和提问的使命，是"遵照神置于神谕中的命令和梦承担起来的，也是遵照任何一位神将各种责任分配给人的方式承担起来的"[16]。但他接着说：即使这个神谕为真并"易被证实"，他的证实也只是指出他的使命在道德上是善的。他并未提出任何证据，证明是神要他这么做。他说"我要你们想想我那些冒险经历：我作为某种朝圣者，肩负着一劳永逸地证实神谕真实性的使命"[17]，此话也许道出了此事最深的核心。驱使他去盘问那些自认为有智慧者的，正是他的良知与智能。他能宣布自己的活动"有助于神的事业"，因为这些活动的确证实了那个特尔斐神谕，即无人比苏格拉底更有智慧。但是，谈论神明却大多是一种假象，旨在彰显苏格拉底追求的崇高道德目标并赢得听众的赞许。他向人们传播哲学的基本动机只是他认为这是应做之事。

苏格拉底说，影响他行动的是他所说的"守护灵"，即他心中自幼就有的一种护卫精神或声音。那似乎就是非正统的神或对他的指控中所说的"新众神"。对于守护灵的忠告，苏格拉底也像对待朋友的意见和特尔斐神谕一样，先思考，再认同。守护灵之声显然就是我们所说的谨慎意识之声。他说："它一出现，就总是劝我不要去做我想做的事，而且从不鼓励我去做那些事。"[18]

他说，这种护卫精神曾警告他不可卷入政治，因为如果他让自己成为公众人物，那么，不等他做出多少有益之事，他早就被杀死了。正因为如此，他才选择私下为人们提供帮助：

> 我将全部时间用来试着说服你们这些年轻人和老年人，莫将你们最大的关注点放在你们的身体或财产上，而要放在你们灵魂的至高福祉上；我也曾宣布：财富不能带来美德，而美德能带来财富和其他福分——个人的和城邦的福分。[19]

这种劝诫有时显得十分刺耳。他提醒说，雅典人应"感到羞耻，因为你们关心的是尽量获取金钱、名望和荣誉，却毫不关心或思考真理和悟性，毫不关心完善你们的灵魂"[20]。他在受审期间说过，他认为自己通过指出雅典人生活方式的错误，为雅典人提供了"可能最重要的服务"，这些话肯定使雅典人格外恼火。他说这些话时，陪审团已投票判他有罪，并要求他通过自辩争取得到适当的处罚，以驳回原告对他判处死刑的提议。像往常一样，他嘲讽了这个要求。他说，他为雅典人提供了这样的服务，所以真正应得的不是惩罚，而是奖赏。他提出由城邦为他提供终生的免费伙食，而这种殊荣，通常唯有奥林匹克运动会的优胜者等人才能享有。他说，他比这些人更应得到这种待遇，因为"这些人给你们的是成功的外表，而我给你们的是现实"[21]。他讲完这些话时，建议法庭对他处以罚金，因为柏拉图和其他朋友们劝他如此，并提出要替他缴纳罚金。但雅典人已失去了耐心。他们投票支持判处苏格拉底死刑，投支持票者的人数比认为他有罪者多得多。这意味着：其中一些以前认为他无罪的人被他的放肆无礼激怒了，因此改变了主意，或是决定无论如何都要除掉这个家伙。

有个故事说：苏格拉底离开法庭时，他的一位并不出名的忠实崇拜者阿波罗多洛斯（Apollodorus）叹道，他无法忍受苏格拉底被不公正地处死。苏格拉底想安慰他，说道：什么？难道你愿我被公正地处死吗？[22]

至于对死亡的看法，苏格拉底说，他已很老，毕竟离死不远了，而他毕竟度过了美好的、有益的一生。何况：

> 怕死只是无智慧者自以为有智慧的另一种表现形式……无人知道死究竟是不是人能遇到的最大福分，但人们却万分怕死，好像他们确实知道死是最坏的事一样。而这种无知，即自以为知所不知，一定最应受到惩罚……若说我哪个方面比我的邻居聪明，那就是我知道自己不具备任何关于死后的真知。[23]

他还说，若真有来生，他会抓住机会去见见"往日那些被不公正审判处死的英雄，把我的命运和他们的相比——那会十分有趣"[24]。

苏格拉底屡屡谈论无知，并始终认为自己的行为就像在为别人的思想接生。他确实怀着一些强大的信念。遗憾的是，他从未写出那些信念，因为这些信念之一就是：哲学是熟人之间的一种协作活动，它是一小群人进行的讨论，他们一同辩论，以使每个人都独立地发现真理。一番讲话或一篇论文，都不能确切地描述这种消遣精神。正因如此，柏拉图、色诺芬（以及他们的一些其著作已亡佚的同代人）才选择以对话的形式来陈述苏格拉底的教诲。对话始终是苏格拉底的职业技能（métier），也将是他的纪念碑。

苏格拉底的真实思想有四个主要见证者：柏拉图、色诺芬、阿里斯托芬和亚里士多德。这些人中没有一个是历史学家们所希望的那种人。柏拉图是到那时为止对这个话题谈论最多的人，但是，他把苏格拉底视为实际的导师，又苦于不能真的去崇拜苏格拉底，因此，他往往夸大他认为的苏格拉底的一些优秀品质。在大约 40 年的思考和施教过程中，柏拉图的思想自然也发生了很大变化，因此他便把苏格拉底当作了自己的代言人，以此为报。柏拉图认为苏格拉底聪明绝顶，所以每当柏拉图认为什么话很有智慧时，都会借苏格拉底之口把它说出来。柏拉图本人（或至少是他的一个亲密伙伴）曾说柏拉图《对话录》是"经过润色的、现代化了的苏格拉底著作"[25]。此言十分可疑，因为柏拉图《对话录》中的苏格拉底不为自己说话，却常为柏拉图代言，而且柏拉图还让苏格拉底说出了柏拉图文学生涯各阶段中大不相同的话。

另外三个见证者的情况如何？色诺芬未能提供苏格拉底的消息，其原因与柏拉图大不相同。他不像柏拉图，因为他作为苏格拉底行动指导的哲学家的成分太多，而作为普通人的成分太少。一位退役将军变成了乡绅（gentleman-farmer）*，这绝不算罪过，但此人也许不是世上最伟大思想家的最可靠的钥匙保管人。色诺芬令人难以置信地利用苏格拉底去转述他自己关于农耕和军事攻略的诀窍。他还把苏格拉底写成了一个讨人嫌的传统好人："他的个人行为都合法、有益：无论是在公民生活中还是在服兵役期间，他都在法律要求的各个方面十

---

* 指色诺芬。他在公元前 401 年率希腊雇佣军在波斯帝国腹地作战。他在小亚细亚结识的斯巴达国王阿格西劳斯二世（Agesilaus II，公元前 444—前 360 年）曾赐予他房屋和田产。

分严格地服从当局权威，乃至成了各方面严守纪律的榜样。"[26]* 一位研究古代哲学的重要学者说色诺芬是个"一本正经的古人"[27]**，这是可以理解的。为了公平地看待色诺芬，我们必须说：任何一个像他那么崇拜怪人苏格拉底的人，都不会像他那么一本正经。但色诺芬当然不是苏格拉底本人，因此常常不能理解苏格拉底的怪异性格，也不能理解苏格拉底的暗示。若说色诺芬过分努力地把苏格拉底写成了一个体面的、清醒的家伙，那么，剧作家阿里斯托芬就是过分努力地做了相反的事。他眼中的苏格拉底是闹剧中的傻瓜，痴迷于"叮人的小虫子从身体哪一头放屁"之类的问题。亚里士多德未能描述苏格拉底，其原因不言而喻：他生得太晚，于苏格拉底死后 15 年才出生。

但掌握了至关重要的线索的，却是亚里士多德。他虽然从未见过有关苏格拉底观点的第一手资料，但他在柏拉图学园（Plato's Academy）的大约 20 年里，有大量机会听到柏拉图本人表述自己的观点。因此，他便占据了理解这两个人思想的有利位置。亚里士多德的表述使人能在很大程度上从柏拉图《对话录》中筛掉柏拉图的话，见到所剩的苏格拉底之言。此外，亚里士多德对苏格拉底的敬畏也远不如柏拉图，所以能尽量更冷静地对待苏格拉底的学说。

苏格拉底学说的四种主要来源，其实很难对人们了解他有所帮助。这意味着他们讲述的一些共同特征更有可能是真实的。我们越了解每一种来源，越了解苏格拉底做了什么，就越容易忽略对他的那些偏见并了解到那个四处闲逛的、真实的苏格拉底。根据这些线索，现代的学者们已拼合出了这个因辩论而死的人的大部分哲学思想。[28]

---

* 色诺芬：《忆苏格拉底》（*Memoirs of Socrates*），此书原名《大事记》（*Memorabilia*），又被译为《苏格拉底回忆录》。

** 乔纳森·巴恩斯（Jonathan Barnes）：《前苏格拉底哲学家》（*The Presocratic Philosophers*），鲁特莱奇出版公司（Routledge）1982 年版，第 448 页。乔纳森·巴恩斯生于 1942 年，是英国学者、牛津大学古代哲学教授、英国人文社会科学院（British Academy）院士、美国艺术与科学研究院（American Academy of Arts and Sciences）海外名誉院士。

　　考察苏格拉底的观点，最容易的方法是结合柏拉图的观点。柏拉图《对话录》中的大致日期，加上有关他生平的一些信息，使人们有可能追溯柏拉图的智慧发展历程，它始自与苏格拉底为伴，却以把苏格拉底远远抛在了身后告终。最初，柏拉图大多仅限于复述他这位可敬导师的谈话。当柏拉图日益受到意大利的毕达哥拉斯主义者的影响时，毕达哥拉斯和其他神秘主义者的注释便渐渐融入了苏格拉底的观点。柏拉图终于做到了一点：他借苏格拉底之名，论述了所有主题。

　　关于真实的苏格拉底的一些重要讨论，都仅仅涉及应怎样生活。它们大多讨论了美德，而传统认为美德有五种：勇敢、节制、虔诚、智慧和正义。苏格拉底的使命是劝说人们通过尝试理解和培养这些品德，去关心自己的灵魂。这个任务已足以使苏格拉底很忙了，而柏拉图为了他这位导师却更有志向，他写了很多与道德无关的对话，并仍以苏格拉底为主要代言人。例如，柏拉图的《理想国》就开始于讨论正义，结束于柏拉图真正感兴趣的所有话题。

　　即使真实的苏格拉底强调了自己对一些观点毫无头绪，柏拉图还是经常更进一步，让苏格拉底表达出一些明确的观点。例如，苏格拉底认为死后之事尚待讨论，而在《斐多篇》（*Phaedo*）里，柏拉图让苏格拉底提出了一连串证明灵魂不朽的证据；这篇对话意在记述苏格拉底在狱中喝下毒芹酒之前说的临终之言。

　　柏拉图好像很少怀疑死后发生的事。他认为：灵魂会与肉体分离，灵魂在人出生以前就存在，在人死后必定继续存在。在毕达哥拉斯学说的影响下，他认为：灵魂在人们在世期间与肉体绑在了一起，这是一种被玷污的低等存在。灵魂要摆脱这种状态就必须被"净化"，"必须摆脱身体的束缚"[29]。按照柏拉图在这篇对话里的说法，好人有望享有的来生，就是灵魂与那些无实体的、更高级的存在形式（传统上称之为"神"）的重新结合（或至少是重新沟通）。哲学家尤其应把自己的一生看作为死的极乐解脱提前做准备。我们知道，苏格拉底一生潦倒、贫穷，过得很不舒适，这当然是脱俗的。但是，柏拉图的更加脱俗却完全是另一回事（他的生活其实大多很舒适，一直到他摆脱了他那个丰衣足食的身体）。

苏格拉底追求美德，因为他觉得这是他此生必须承担的道德责任。俗世生活把它的种种责任强加给了我们，也给我们带来了它的种种福分，而并不仅仅是为其他某件事情提前做准备。柏拉图的动机不那么直白，因为他至少用一只眼睛一直在凝视着某种更超前的事物。这两人的美德观的共同点是：追求美德不但是以某些方式做出行动，而且是一种智力活动。但他们对追求美德的看法有所不同。苏格拉底认为，理解美德是具备美德的必要前提。不知何为美德，便不能真正具备美德；而有可能了解美德的唯一方法就是研究各种美德的起因。正因如此，苏格拉底才到处行走，盘问众人，与人们辩论。柏拉图也肯定这种论证式的探索，却又把它解释为几近神秘的事情。苏格拉底认为探索定义是达到目的（即证明美德的存在）的手段；柏拉图却把探索定义看作目的本身。柏拉图认为，探究定义就是寻找所讨论的事物理想的、永恒的、不变的"形式"（form*）；对这种形式的沉思，其本身就是最高的美德。他认为，苏格拉底的盘问其实就是实现了其应有的目的。

柏拉图认为：哲学是爬升到这个形式世界的梯子，但并非每个人都能登上去。它的较高梯级留给了那些在辩证辩论方面特别有才能的人，即留给了精英人士，就像狂热宗教的新成员那样，或像毕达哥拉斯的追随者（他们了解这位导师的秘密）那样。对于知识和美德，苏格拉底抱着更多的平等主义态度。正如苏格拉底自辩时的那句名言——未经省察的生活不值得过下去，他的人生使命并不是去谴责除精选出的少数人之外的所有人。任何人都能省察自己的生活与思想，

---

* 此词也被译为"理念"或"理式"。

以使自己的存在有价值。苏格拉底乐于向任何人提问、与任何人辩论，无论是鞋匠还是国王；他认为这就是哲学的全部。柏拉图所说的"形式"和发现"形式"所必需的罕见技能，对苏格拉底来说几乎毫无用处。

柏拉图提出了这些神秘的"形式"，其中一个原因就是他十分迷恋数学，而这是毕达哥拉斯学派的特征，也是他和苏格拉底的另一个不同之处。据说，柏拉图学园大门上方写了一句话："忽视几何学者免进。"亚里士多德后来抱怨道：对于柏拉图的追随者来说，"数学已成了哲学的全部"[30]——这虽然是带着愤怒的夸张之言，却十分尖锐。柏拉图一直迷恋与数学计算有关的对象（例如数字和三角形），其原因是：它们都是理想的、永恒的、不变的、欣然独立于尘世的、可见的事物。柏拉图认为，一个人显然无法看见或触及 4 这个数字：因此它存在于另一个不同的领域。线、三角形和数学证明里的其他数字，也都不能被看作任何物质对象。尤其是线和三角形，因为它们只是完美的线和三角形的相似物。例如，完美的线绝无厚度，而可见的线（或物体的边）总是有厚度的。柏拉图推论说：鉴于数学令人印象深刻，其他种类的知识都应仿照数学，也成为理想的非实体对象。这些知识的对象就是"形式"。

在柏拉图的一篇"对话"里，他以几何学为例，论证说：关于形式的知识（他认为这种知识指所有最重要的知识）是人在出生以前获得的。纯理性的真理（例如数学真理）不是新的发现，而是对先前经验的刻苦回忆，而灵魂在先前的经验中脱离了肉体，能直接面对那些形式。柏拉图压根就没有明确地提到要学习这些真理；他要人们尽力回忆真理。当一个灵魂诞生于一个身体时，它先前拥有的知识会从记忆中溜掉，就像诗人华兹华斯（Wordsworth，1770—1850 年）在其诗作《不朽颂》（*Intimations of Immortality*）中写的那样："我们的出生只是一场梦和遗忘。"[31] * 华兹华斯虽未特别去思考几何学，但他喜欢几何学的一般理论。为了说明这种理论，柏拉图让他笔下的"苏格拉底"从一个未受过教育的奴隶男孩那里诱导出了某种明显的几何知识。此举有两个意图：一是确证柏拉图的一个思想，即某种知识是对先前经验的回忆；二是证明苏格拉底的学说的确像苏格拉底宣布的那样，其实就像接生术。

柏拉图笔下的"苏格拉底"给那个奴隶出的题目是算出指定面积的正方形的边长。他先画了一个正方形，边长 2 英尺**，因此其面积为 4 平方英尺，然后问奴隶：这个正方形的面积若是 8 平方英尺，其边长是多少？那奴隶起初无知地推理说：其边长想必是原正方形边长的两倍，即 4 英尺。"苏格拉底"马上画出图解，向奴隶证明这个答案错了，因为奴隶说的那个正方形的面积不会是 8 平方英尺，而是 16 平方英尺。奴隶惊讶地发现自己并不像原想的那么有知识。此刻，"苏格拉底"指出："我们提供了一些帮助，让他找出正确答案，因为他现在虽然不知道答案，但是很乐于找出答案了。"[32] 接着，"苏格拉底"又画了一些图解，要求奴隶找出正确答案，以此逐步引导奴隶靠自己找到了答案：面积为原三角形两倍的三角形，其边长必定等于原正方形对角线的长度，而这其实可以归纳为著名的毕达哥拉斯定理。这实在太妙了：因为"苏格拉底"并未真的把这个答案告诉给奴隶，但想必奴隶已经"知道"它了。

柏拉图本人承认：这个小故事其实并不能证明他的回忆论。但这个故事的确说明了一个显然是苏格拉底的、关于知识和如何传授知识的命题。"苏格拉底"要奴隶回答的问题固然具有引导性（那些图解也有帮助），但事实是：那奴隶的确是靠自己找到了答案。他不是简

---

* 出自华兹华斯：《不朽颂》。威廉·华兹华斯（William Wordsworth）是英国浪漫派诗人。此诗全名是 Ode: Intimations of Immortality from Recollections of Early Childhood。
** 1 英尺＝0.304 8 米。

单地靠听别人告诉他 1 码等于多少英尺或希腊首都是什么，而是依靠
自己的智力机能，逐步地理解了某种知识。因此，"苏格拉底"才能
像平常那样谦虚地宣布：他并未亲自传授任何知识，而是像接生婆那
样引导出了别人的知识。还有一点，"苏格拉底"指出，为了让那奴
隶正确地理解这个数学知识，他仅举一例还是不够：

> 目前，（那个奴隶的）这些观点都是他刚刚获得的。他对它
> 们的认识还很模糊。唯有在很多场合、以不同的方式对他提出同
> 样的问题，你们才会看到：他终于像其他任何人一样，准确掌握
> 了关于这个问题的知识……
>
> 这种知识不是来自教学，而是来自提问。他靠自己重获了这
> 种知识。[33]

"苏格拉底"的提问的确强调重复。换言之，那个奴隶需要的，
其实是真实的苏格拉底为大多不知感激的雅典人提供的那种训练。正
如苏格拉底在《申辩篇》中所言：若有人自称了解美德，"我便会盘
问他，检查他，测验他"[34]。因此，在那个虚构的帮助回忆的故事里，
柏拉图才极为出色地为我们描述了苏格拉底如何帮助别人表达他们的
观点：苏格拉底仿佛是提出并巩固了某种已经存在的知识。

这很有助于解释柏拉图钟爱的三角形和正方形的例子。不难相
信，老练的提问者能使学生领会数学真理，而不必把那些真理明确地
告诉给学生——任何有过好老师的人都有这种经验。但是，关于正义
和其他美德的问题（这些才是苏格拉底真正感兴趣的）又如何呢？伦
理学比数学复杂得多：首先是伦理学似乎提供不了任何证据，因此有
人认为学习美德与学习数学大不相同。

苏格拉底知道这一点。他没有幻想自己能令人信服地证明任何道
德学说。恰恰相反，他其实始终认为自己的探询是不确定的和尝试性
的。例如，他在为命题辩护之前会坦言："但我有时赞成相反的观点，

因为我对此事全无了解，而这显然是无知使然。"[35]他对与他对话的人说："我现在就赞成这个命题，无疑是错误的，但我们还是要跟着争论走，无论它把我们带到何处，也许你能纠正我的错误。"苏格拉底在说这番话之前曾表示"我有很多缺点，总是以某种方式把事情搞错"[36]，这种谦虚在一定程度上是正确的。但他也很清楚：他无法为美德提供任何数学证明。

那么，苏格拉底究竟做了什么？他有真正成功地传达了关于美德的任何知识吗？从某种意义上说，他做到了。他提出了关于美德的几个明确的、很不寻常的观点，它们共同构成了一种人生理论。至于他是否成功地说服听众相信这种理论，回答一般都是"没有"。但说服听众并非他的真正目的，因为他不能绝对肯定那种理论是正确的，何况人们必须以各自的方式去寻找事情的真理。苏格拉底的做法旨在检验各种美德观，既检验他自己的，也检验与他对话的人的。这种检验就是用辩证法的严峻考验去审查事物：它要探究对各种事物的定义或陈述，由此阐明它们；而经受住了这番诘问的无论是什么，都会暂时得到承认。这种方式产生的结果虽然从各方面来看都缺少真正的智慧，但它仍是最可行的方式。这种探究确实带来了某种知识，因此苏格拉底公开否认自己有知识，在一定程度上是在说反话。

柏拉图的《对话录》中，真实的苏格拉底的调查大多没有得出最终的结论。苏格拉底满怀雄心，开始寻找何为正义的答案；他会争论一阵子，然后通常不得不看似两手空空地回家去。但他其实并非两手空空。那些讨论通常都至少取得了一种成功，即在辩论中提出了某个重要观点。例如，在柏拉图一篇早期的"对话"中，苏格拉底问一个名叫游叙弗伦（Euthyphro）的人虔诚和神圣的性质是什么。苏格拉底虽未设法确切地论述何为虔诚，但的确设法提出了某种有趣的观点，说明了什么不是虔诚。

这二人在法院外见面时，游叙弗伦正准备控告自己的父亲，说他无意地（但也应受到惩罚）造成了一个奴隶的死亡，该奴隶本人杀死了另一个奴隶。苏格拉底见游叙弗伦竟想打这样一场官司，十分惊讶。游叙弗伦强调：虽然他的家人认为儿子指控父亲为杀人犯是不虔敬之举，但他知道自己在做什么。他的家人不知道何为神圣，而他却"具备关于神圣的确切知识"[37]，因此他毫不怀疑自己的这种行为。苏格拉底为游叙弗伦自信的智慧感到惊讶，便要求他说出自己的观点，告诉他何为神圣。游叙弗伦起初说众神所爱即为神圣，但苏格拉底却让他懂得：众神通常都表现为意见极不一致，因此人们认为众神一向不会热爱或赞成同样的事物。换言之，一位神是否赞成某个事物，不能作为判断该事物是否神圣的标准：一位神可能赞成这个事物，另一位神却可能不赞成；在这种情况下，谁都不知道该事物是否神圣。因此，苏格拉底和游叙弗伦便修改了先前提出的定义，说神圣就是所有的神一致赞成的事物。但苏格拉底此刻想到了一个问题："神圣的事物之所以神圣，是因为众神赞成它吗？还是说，因为它是神圣的事物，众神才赞成它呢？"[38]

这是个绝好的问题，好到了其实游叙弗伦最初未能理解它。它归结为这样一个问题：无论众神赞成的是什么，都被视为神圣的，这仅仅是因为众神赞成了它，还是因为它属于众神必会赞成的那类事物，即无论众神赞成与否，它们都是神圣的？遗憾的是，柏拉图没能提出绝对清晰地解释这个区别的说法。因此，（他笔下的）苏格拉底试图解释它时，其阐述便纠结于一些毫不相干的语法问题，毫无说服力。不过，苏格拉底似乎的确揭示了一种关于宗教与道德关系的两难困境。我们若提出类似问题，问何为道德的善而不是问何为神圣，便会发现我们面对的是一个富于启发的选择：或是不能仅仅援引众神的需要对善做出解释；或是认为"众神是善"的说法只是空洞的同义反复——在这种情况下，赞美众神完全成了权力崇拜。正如莱布尼茨在18世纪初（彼时众神早已缩减成了一位上帝）指出的：

> 相信上帝是通过任意裁定确定了善恶的人……剥夺了上帝界
> 定善的权力，因为倘若上帝做了与善大不相同之事也被视为善，
> 那么，究竟是什么理由使人不得不赞美上帝所做之事呢?[39]

柏拉图《对话录》中的"苏格拉底"虽未把这个观点生发得那么
远，但的确意识到了道德价值不会简单地来自对众神需要的考虑，因
为这会剥夺众神（或一位神）的全部道德权威。游叙弗伦显然同意这
个观点，尽管他后来不等苏格拉底留住他，便踟蹰片刻后，快步走进
了法院。因此，苏格拉底的确成功地取得了进展，尽管他最终并未解
决那个在讨论的问题。

苏格拉底想以此类辩论达到的目的中，仍有一些不能令人信服之
处。他的盘问（或任何一种智力追求）真能带来他宣称的实际益处
吗？他从未承认要确定关于美德的全部真理。尽管我们可以同意说他
毕竟设法推进了智力，但我们仍难看出他的盘问具有他认为应有的效
力。问题出在他的一个信念，即相信讨论美德真能使人变得更好。这
绝非漫不经心的题外之言：它正是苏格拉底借助的思想，他想用它证
明他使人们接受他那些令人厌恶的考验是正确的。他认为，这对人们
的自身利益有益，不但因为这种讨论本身就很有价值，而且主要因为
进行这些讨论是培养个人美德的唯一方式。这听起来似乎没有什么道
理。知道某项原则是正确的，这是一回事，而遵照这项原则行事，却
完全是另一回事。一个人因和苏格拉底交谈，知道了关于美德的一
切，却依然我行我素，继续作恶。难道不会如此吗？我们已见到：克
里底亚、卡尔米德（可能还有亚西比德）似乎正是这么做的。

亚里士多德以这个思路多次抨击苏格拉底："我们绝不可让我们
的调查仅限于了解它（美德）是什么，而是还应调查它是如何产生
的。"[40]他谴责苏格拉底没有区分实践问题和理论问题：

> 他认为一切美德都是某种知识，因此只要了解正义便马上能

按正义行事……所以他调查的是美德，而不是美德如何产生、由何而来。就理论知识而言，这种方法是正确的，因为除了认识和思索事物的本质，天文学和几何学便没有其他内容，而事物的本质正是这些科学的研究对象……但实践科学与此不同……因为我们并不想知道何为勇敢，而是希望自己能够勇敢，也并不想知道何为正义，而是希望自己能按正义行事，正如我们希望自己健康，而并不想知道何为健康……41

苏格拉底对此会有一番回答。他也许会这样答道："你们对我太不公平了。克里底亚、卡尔米德和其他几个令人讨厌的学生未成为具备美德之人，完全是因为他们对美德的了解不够。只要我和他们的讨论能继续下去，这些人便真的会变为正义者。因此，我说赞成我们不但想知道何为美德，而且想让我们自己具备美德时，我的观点是：我们若真的知道何为美德，美德自会影响我们。我一直说，我还不知道何为美德，因此，我还不能使自己具备美德，更不用说使别人具备美德了。正因如此，我们才必须不断地寻找美德。"

这个回答的要点相当有理。我们不能说，苏格拉底"我的方法能取得成果"的说法已被驳倒了：他的方法从未经过检验，因为他尚不知道何为美德。但即使如此，当他说"我们若尽力去获得美德的全部知识，那么这些知识本身就能产生符合美德的行为"时，人们为什么应当相信他呢？每当我们想到人们常常多么意志薄弱、多么自私、多么短视，这个说法便像一个令人难以置信的假说。人们往往明知某件事在道德上是错的，却还是要去做。那为什么我们会认为若他们知道得更多，就该有所不同呢？

亚里士多德认为，苏格拉底对人类心理的认识太简单化了："他去掉了灵魂的非理性部分，因此也就去掉了激情与性格。"42苏格拉底认为，人的行动和情感大多是有理性、有智能的；他忽视了人的种种冲动和顽固的非理性心理。他说："谁都不会做出违背他认为是最好的事物的行为——只有出于无知，人们才会如此行动。"[43] 正因如此，苏格拉底才夸大了考察美德的重要性。人们未能做到最好，其唯一原因就是无知，因此，要消除不道德行为，就确实应当学习更多的知识。

在这个问题上，柏拉图似乎又比苏格拉底更务实、更现实。他承认灵魂中有非理性部分，并认为它常与理性部分发生冲突。（在受毕达哥拉斯学派影响较多的时期，他把这种冲突描述为灵与肉的冲突。）因此，柏拉图认为：造就美德不但要传授知识，而且要鼓励某些行为。在他的《理想国》描述的那个乌托邦国家里，培育美德的手段包括严格训练和约束青年，密切关注他们的早期成长环境——甚至关注他们应该听的音乐和故事。

苏格拉底本人显然无需这种训练。他当然极度自律，也是以理性约束自我的大师。问题也许就在于此。也许正因他的自律和自制，他才对别人怀着极不现实的高度期望，认为只要他们真的知道了何为正义，马上就会变成正义之士。有人说，苏格拉底"性格的优点中包含着其哲学的缺点"[44]。这个说法相当准确，但苏格拉底的思想其实比看上去更具有一致性。此外，也必须说：他对人类心理进行的令人难以置信的理性化描述，毕竟不是他唯一的问题。即使某个有智慧的人像他一样自律，并且不知为什么其灵魂中没有非理性部分，我们也难以理解这何以就会使此人道德良好。某个人像苏格拉底那么有理性，像苏格拉底竭力要做到的那么有智慧，他难道就不会像弥尔顿笔下的撒旦（撒旦故意说出"恶，做我的上帝吧"[45]这句话，以接纳恶）那么坏吗？苏格拉底认为不会如此，（亚里士多德说）他认为"谁都不会明知某事为恶还故意去做"[46]。苏格拉底不但轻易地忽视了冲动和非理性，而且公开宣布：绝不存在故意的不道德行为。他好像从未见过堕落的人，更不用说堕落的天使了。

那么，苏格拉底是幼稚的吗？尼采写过"苏格拉底的生活方式虽是神圣的幼稚，但很可靠"的话[47]，但他想的却似乎是苏格拉底清醒的眼光，而不仅仅是他愚蠢的天真。苏格拉底惯用看似幼稚的命题表达他的思想；尼采对此苦思良久，得出结论说：那其实是一种"饱含恶作剧的智慧"[48]。尼采懂得：重要的是牢记苏格拉底进行那些讨论时所处的环境。能被归于苏格拉底的那些悖论式观点，大多基于他对某人说的话或他赞成的某个观点，大都有明确的目的和语境。他想用逗弄、哄骗和激怒的办法施教（虽说他根本不承认自己是在施教）。他戏谑地检验听众的各种思想，想以此揭示事物的真理；而智力的恶作剧在这些检验中绝不算少。公元 2 世纪的医生、哲学家盖伦（Claudius Galenus，129—199 年）* 写道："将严肃与少许轻松混合起来，这就是苏格拉底的缪斯女神。"[49]

不是只说一句"苏格拉底其实不是那个意思"，就能为他那些令人难以置信的观点开脱。这句话也许能拯救苏格拉底，让他表面上符合世俗常识，代价却是抛弃他说的几乎每一句话。尽管如此，人们还是常能通过牢记苏格拉底那项非凡的教育计划，对他进行更好的解读。我现在要拼合出苏格拉底那些看似幼稚的、令人难以置信的言论背后的人生理论。我们会见到一套思想，而事实证明：它们起码是极富成效的，不但启发了在场的一部分听众，而且大大激励了日后的道德哲学。

苏格拉底理论的起点和终点都是灵魂。苏格拉底在柏拉图的《申辩篇》中说，人生最重要的事就是维护人生的福祉。他在另一处说，灵魂会"因错误行为而被毁，因正确行为而受益"[50]。他说的不是别人的行为，而是一个人自己的行为。做出正确之举会使自己的灵魂受

---

* 出自盖伦的《论身体各部功能》（*On the Use of the Parts of the Body*），I，9。盖伦是古罗马著名医生、动物解剖学家、哲学家。

益，做出错误之举则是损害灵魂。灵魂的福祉最为重要，因此没有比伤害灵魂更重的伤害。无论别人对你做了什么，都不足以使你把你的正确行为赠予你的福祉一笔勾销。由此得出的结论是，坏人最终只会伤害他们自己："无论今生还是来生，什么都伤害不了一个好人。"[51]

因此，苏格拉底毫不惧怕那个正在审判他的法庭。他不肯做出不光彩之举，以使法庭宣布他无罪，因为"避免死亡不难，难在避免做出错事，因为做出错事要容易得多"[52]。很难防止邪恶跟上你，因为若有人对你做了错事，你往往会禁不住想报复他。但由于作恶永远都是错的——无论你为作恶找了什么借口，作恶都会伤害你的灵魂——苏格拉底才提出了不能以恶报恶的主张。换言之，必须容忍他人作恶，把另一边脸转过来给人打。

这项主张有悖于古希腊的道德传统，那项传统认为伤害敌人可以接受，但伤害朋友，尤其是伤害家人，则不可接受。苏格拉底以其严格的伦理学说消除了人们的差异，提出了一种普遍的道德。这种道德最引人注目之处在于：它诉诸个人利益，而不是诉诸某些利他的感情，而人们通常都把利他的感情看作道德行为的主要动机。为善就是呵护你自己最重要的部分，即你的灵魂。但是，争取个人利益不同于常见的自私，因为争取你自身利益的唯一方式就是做出正义之举并践行其他美德。贪婪地把自己的利益置于他人利益之上，不会有所收益；只有把道德的自我完善置于其他动机之上，才能获益。这种不寻常的伦理学说，也并不建立在希望上天奖励善行、畏惧上天惩罚恶行的基础上。人们几乎能立即获得美德带来的益处，因为"活得好意味着活得体面"[53]，而"正义（者）是幸福的，不义（者）是痛苦的"[54]。苏格拉底认为，幸福与美德相关，因此，做有道德者符合个人的自身利益。

这个观点特别难以让人接受，因为生活的一个不公平表现就是：恶人有时似乎获得了成功，而这使苏格拉底描绘的阳光灿烂的风景变暗了。但苏格拉底认为，成功地呵护灵魂能带来各种可能不会立即显现的好事。他指出，生活中的一些好事之间存在着意想不到的联系，而事实表明：幸福比人们最初想象的更加复杂。恶人看似能享受到各种快乐，但其实还有一些快乐是他们享受不到的，而这一点十分重要，足以使人怀疑"恶人真的有过起码的快乐"的说法。智慧的快乐被认为属于恶人享受不到的快乐；不践行美德，便不可能得到其他各种满足。举一个简单的例子：你若不践行自我节制的美德，便不能享有健康，并会使你为了眼前的少许快乐而失去未来的众多快乐。因此，不践行美德，便绝不会得到全面的快乐。

事实表明，良好生活的各个方面都巧妙地、惊人地连在了一起，都包含着各种美德本身。苏格拉底指出：那些美德要么全有，要么全无。他的论证通常都想证明：一种美德若未和另一种美德同时存在，就不能发挥应有的作用。例如，勇敢需要智慧。你若愚蠢，你的大胆就毫无益处，因为这种自诩的勇敢会退化为十足的鲁莽。其他一切美德也都以这种方式交织在一起。其中一种美德（即智慧）发挥着特殊的作用，因为没有一定的智慧，人们就完全看不到行动造成的结果，以至于分不清是非，而明辨是非是按照美德生活的基本先决条件。没有智慧，人们就得不到真正的快乐，因为每一种可能使人快乐的益处都可能被滥用，从而走向其反面。因此，人们需要智慧，既是为了收获好事带来的益处，也是为了能做有美德的人。

苏格拉底认为，美德与智慧的联系极为密切，以至于他似乎在某种意义上把这两者看作同一种事物。这两者当然似乎是互相渗透的。按照苏格拉底的说法，具备了其他任何一种美德的人也一定具备智慧——因为若没有智慧，一个人就不会尽力成为有美德者。而有智慧的人也必定具备一切美德——因为有智慧的人懂得：不践行其他一切美德便不能得到快乐。正如我们所见，苏格拉底认为道德的行为能使灵魂获益，作恶其实是对作恶者自己的精神损害。这个说法若是正确

的，一切真正有智慧的人都会理解这个事实。因此，任何理解了这个
事实的人——任何像一切智者一定会做的那样珍视自己的灵魂的
人——都会极力避免做错事。正因如此，苏格拉底才认为谁都不会故
意作恶，因为若有人做了错事，唯一看似可信的解释就是此人不懂得
其行为会伤害其灵魂。他的行为其实是出于无知。总之，这种考虑支
持了苏格拉底的一个思想：他那些讨论若帮助人们走向了智慧，他也
就因此帮助人们走向了美德。

在柏拉图的一篇"对话"中，苏格拉底总结他与即将融入公共生
活的年轻贵族卡利克勒斯（Callicles）的讨论时，概述了他的理论：

> 所以，卡利克勒斯，就像我们已证明的，头脑清醒者和节制
> 有度者是正义、勇敢和虔诚的，因此一定是完全的好人。好人无
> 论做什么都一定会做得很好，而能把事情做好的人一定会快乐和
> 幸福，做坏事的恶人一定会不幸。[55]

苏格拉底真想证明这一切吗？他的听众常被他表现得游刃有余的
逻辑跳跃吓退。他的观点似乎大有问题，尤其是他的幸福观。亚里士
多德反驳这个观点时常常十分直率："有些人说，上了刑架的人或倒
了大霉的人，只要是好人，便是幸福的。无论他们是不是这个意思，
这都是胡言。"[56]在讨论的某一刻，苏格拉底的一位听众以无疑是困惑
的语气评论说"你若是认真的，你说的若是真的，那我们凡人的生活
一定是被颠倒了"[57]，此话完全可以理解。

改造人们的道德观念，这正是苏格拉底要达到的目的。这显然绝
非易事。为了通过辩论达到这个目的，讨论必须和纯理论的讨论大不
相同，因为"我们讨论的问题绝非平常，我们讨论的是我们该怎样生
活"[58]。要使正在讨论的道德观具有说服力，一定程度的夸张和简化都
是必要的。例如，苏格拉底说无论什么都不能伤害一个好人，这并不
是要否认具备美德者也会遇上各种讨厌之事；他是在说服听众不可把

这种倒霉事看得比损害自己的灵魂更重。他说恶人一定会不幸,并不是说恶人不可能偶尔享受一个良宵;他是在劝说听众体会(最广义的)美德带来的满足,也许还要求听众怜悯不能体会那些满足的人。他说善能带来财富和其他各种福分,而这并不是说你只要规规矩矩就能很快发财;在这个语境中,他更关心的是否定"财富自会带来善"的观点,而不是说服听众相信与此截然相反的观点*——他是在举起一幅人类最佳生活的图画,图画中的人们能追求并充分享受一切好事,因为他们运用了实际智慧,践行了其他的美德。

这的确绝非一套平常的教条。其实,它们根本就不是教条。苏格拉底并未明确阐述过我所说的人生理论。这些思想都是他盘问别人时的依据,或显然经过了辩证法严峻考验的审查。其最终目的(它也许从未实现)是获取某种像熟练工匠那样的专门知识,但不是关于做鞋或进行金属加工的知识,而是关于良好生活基本技能的知识。

苏格拉底通过讨论所表达的思想,应常被视为在通向道德专门知识之路上迈出的明确而坚定的步伐。当他用嘲讽去劝诱、刺激听众,或抛出一个似乎会把其同路者推向一个有趣的方向(或至少使他们止步思索)的论证时,这条路有时会显得十分曲折,其结果就是尼采所说的"饱含恶作剧的智慧"。此外,由于它是苏格拉底想获得的一种专属于道德的智慧或知识,他的论证就带上了劝诫和理想主义的色彩,既诉诸逻辑和常识,又诉诸道德情操。正因如此,把它们看作抽象论证,或看作运用纯粹逻辑的尝试时,它们像是包含着很多(亚里士多德指出过的)不合理的漏洞。

苏格拉底不只是描绘了一幅鼓舞人心的理想人生图画。他的谈话风格把劝诫与逻辑完美地结合了起来,因此被看作对论证哲学所做的一种贡献而不是一种说教。他讨论的每一个问题都呈现于论证的语境

---

* 即"善自会带来财富"。

中：要提出理由，要检验推断，要完善定义，要推导结论，要抛弃假设。这是正确对待人该怎样生活问题的唯一足够认真的方式。苏格拉底认为，尽责的劝诫植根于合乎逻辑的论证。对他那些暂定结论（例如我在本章提到的）的直白概括，不能传达出理想主义与务实逻辑完美结合的力量，因为这种概括一定会把他的思想简化为一大堆命题，它们被浪涛抛到了浅滩上，奄奄一息。我们看到：他那些活跃在游泳般的讨论中的思想，如今只活在柏拉图那些早期"对话"的环境中。

苏格拉底不是一位容易追随的精神领袖（guru），这尤其是因为他坚决不做精神领袖。而几乎不必感到奇怪的是：在他死后，他的几位朋友仍然打算继续做这种有益的工作。这是因为，无论在苏格拉底生前还是死后，要说清这种有益工作是什么绝非简单之事。同样不必感到奇怪的是：这些自称为苏格拉底继承者的人最后都为大不相同的事业而斗争。苏格拉底最著名的继承者是柏拉图。其他人的身份各不相同，但其中有三人似乎都以某种方式产生了重要影响。

苏格拉底死时，其中两人在场，他们是雅典的安提西尼（Antisthenes，约公元前 445—约前 360 年）和雅典附近墨伽拉城（Megara）的欧几里得。他们后来成了一些学派的创立者或领袖，而数百年后，依然能看到那些学派的踪迹。苏格拉底的第三位捍卫者——利比亚昔兰尼城（Cyrene）的亚里斯提普斯（Aristippus，约公元前 435—约前 355 年）建立的学派* 未能存续下来，这是个极大的损失。亚里斯提普斯及其追随者构建的苏格拉底学说之所以有趣，主要是因为它表明了苏格拉底的追随者们是多么容易夸大和歪曲他们学到的东西。

追随亚里斯提普斯的昔兰尼人全心追求快乐，但他们是以哲学的方式追求。苏格拉底富于理性的自我控制深刻地影响了亚里斯提普斯。亚里斯提普斯把个人的自律变成了一心一意地追求满足。苏格拉

---

* 即昔兰尼哲学学派。

底认为没有理由享受生活中的好事——当然，除非这种享受不妨碍他追求美德；亚里斯提普斯却认为：除了追求满足，几乎没有理由去做别的事情。苏格拉底死后，亚里斯提普斯成了狄奥尼索斯一世（Dionysius I，约公元前 430—前 367 年）*宫廷中一个弄臣式的人物。狄奥尼索斯一世是西西里岛叙拉古城邦的暴君，死于一次为庆祝赢得某个戏剧比赛大奖而进行的纵饮，并以此闻名。

亚里斯提普斯追求享乐，无论是狂暴地追求还是与之相反，都像是真心实意的，并带有一些苏格拉底的色彩。像许多道德家一样，苏格拉底认为：一个人必须保持警惕，以免成为自己欲望的奴隶。亚里斯提普斯赞成这个观点。但他对这个观点的全新解释，却意在使他的种种欲望为他加班工作，以主宰这些欲望。这使他快乐——快乐究竟何错之有？难道苏格拉底不曾摇晃着对快乐的承诺，使它成为追求美德的诱因吗？因此，快乐算不上什么大错。

苏格拉底不知为什么持有一种高傲的快乐观，认为快乐是来自高尚生活的一种精神状态。对于这个观点，亚里斯提普斯不敢苟同。他认为：一个人应尽力追求的快乐就是自己身体的快乐。他把这种快乐看作衡量一般好坏的唯一可行标准。他似乎认为：具备关于一切事物的明确知识，却不了解自己的感觉，这是不可能的。当时有一些人赞成这个哲学思想。因此，令人愉快的感觉（从某种意义上说，它无疑是好事）即使不是别的，也似乎是一个不确定的世界中哲学家们集中思考的合理之事。

追求快乐是很重要的事情。哲学家的工作就是以能使其快乐感觉最大化的方式，规划他的欲望和他的环境，并向别人宣传这种生活方式（那些人自然应为这种宝贵的服务付钱）。妥善地完成这项困难的工作，需要有苏格拉底式的自律；或者说，亚里斯提普斯似乎就是这

---

*　狄奥尼索斯一世：古希腊叙拉古城邦（Syracuse）的暴君，公元前 405—前 367 年在位。

样想的。重要的是：切不可被其他一些追求分心，因为那些追求会使人离开生活中唯一切实而明确的探求，即对快乐的探求。例如，数学和科学对这种探求毫无帮助，因此应被忽略。这使人再次想到了苏格拉底的不足为训的例子：他难道不是坚持不懈地探求该怎样生活这个问题，并为此牺牲了探求其他一切问题的机会吗？

想必苏格拉底会乐于向亚里斯提普斯和其他昔兰尼人指出他们错在何处。例如，他想必会想弄清他捍卫的正义和其他美德的真实状况。他想必也会否定犬儒派（Cynics）的思想，尽管它们更为有趣。像犬儒派哲学家（Cyrenaics）一样，安提西尼和后来的犬儒派哲学家也劫持了他们得到的苏格拉底的一些思想，并把它们鼓吹到了离谱的地步。柏拉图曾说犬儒派哲学家第欧根尼（Diogenes，约公元前400—约前325年，安提西尼的追随者）是"发了疯的苏格拉底"[59]。但是，犬儒派哲学家仍然力求比亚里斯提普斯更多地保留苏格拉底的遗产，而他们的主要学说其实完全对立于昔兰尼学派沉溺的理论。

像亚里斯提普斯一样，安提西尼也认为：追求快乐也需要借助苏格拉底的思想力量。然而，他的结论与亚里斯提普斯的不同。安提西尼认为：与昔兰尼学派一向所信奉的不同，快乐并不来自满足欲望，而是来自失去欲望。苏格拉底对财富和舒适的漠然给安提西尼留下了深刻印象，安提西尼把这种漠然变成了一种明确接受贫穷的禁欲哲学。苏格拉底毕竟说过"什么都伤害不了一个好人"，而安提西尼的结论是：只要是好人，生活中其他任何东西就都根本无关紧要。这个说法当然超过了苏格拉底，因为苏格拉底从未否认拥有财富或财产（并把它们放在应有的位置上）强于缺少财富或财产。他表现出的对财富无动于衷的态度，大半是他吃力追求美德和健康灵魂的副产品，更不用说是他心不在焉的副产品了。

一旦苏格拉底的那些原则需要他如此行事，他就完全愿意不顾及那些平常的方式和价值；而安提西尼却像是为了追求反传统而追求反传统。若某件事情既无美德又不邪恶，一个人做不做它便几乎没有区别。可以想见，这是为古怪行为辩护的有力方法。摆脱了对财富的欲望，摆脱了传统的行为，智者便能到处游走，高声反对社会的种种愚蠢做法，并往往会使自己成为一个奇观。他会用一种认识安慰自己，即那些传统价值既不值一提，又与真正良好生活的天然价值大相径庭。遗憾的是，安提西尼从未阐明究竟什么是他所说的符合美德的生活的天然价值。他更善于高声宣讲什么不是美德。

黑海港城锡诺普（Sinope）的第欧根尼来到雅典后，接受了安提西尼的思想，但认为安提西尼的生活并不符合他自己的学说，而安提西尼大概没有对此感到不妥。第欧根尼极为出色地弥补了这个不足，尤其是以其古怪行为和反传统的活法做了弥补。有关早期哲学家的最著名的故事之一说第欧根尼住在一只陶桶里；另一个故事说他当众自慰，而这在犬儒哲学家当中开启了一种新风尚。那些关于他的古怪言行的故事无论是真是假，都反映了他给人们留下了一种尴尬印象。他扬扬得意于"犬"（kyon）这个绰号，而犬儒哲学家（或称"犬人"）也因此得名。人们称他为"犬"，是因为他追求反传统的、出于本能的、无耻的动物生活——"动物"就是对那些"自然"价值的真正解释。他出言尖刻，常常迅速地、猛烈地攻击不赞成其观点的人，而这大概也是他被称为"犬"的原因。他尤其对柏拉图心怀敌意，很喜欢对柏拉图搞恶作剧。他会突然出现在柏拉图的一次讲演中，挥动着一只拔了毛的鸡，以此轻蔑地质疑柏拉图提出的一个定义*——而这就像苏格拉底那种"饱含恶作剧的智慧"在底层生活中的回声。

第欧根尼令人不安地宣布放弃传统的生活，但这位"发了疯的苏格拉底"显然还没有到要去当隐士的地步。生活太忙，使他做不了隐

---

* 第欧根尼反对给事物下定义，据说他以此举嘲笑了柏拉图"人是无毛的两足动物"的定义。

士。他要去说服人们，要为人们树立榜样，要去完成一些宣讲，还要向人们提出一些忠告。他的活动似乎让他十分出名。他那只陶桶破了时，据说雅典的公民还合伙为他做了一只新的。他生活的诚实与简单，似乎也得到了有保留的尊重，但他的学说远不算激进，只吸引了为数不多的忠实追随者，也未产生任何直接的政治影响。他教导说，快乐在于只满足一些最基本的需要，约束自己，使自己无需更多，其他一切都应放弃，包括财富、舒适及日常家庭生活，因为这些无一能使人更有道德。同理，还应反对雅典城邦那些限制性的文明陷阱，从血亲通奸和吃人肉的禁忌，到婚姻制度、社会阶级屏障和传统宗教。理想的社会应是简朴、自立、有理性者的松散共同体，他们结成各方一致赞成的各种形式的关系，不受传统禁律的束缚。

第欧根尼的言辞大多意在使人感到震惊。他也许并不经常破坏他所谴责的全部禁忌，但他的确想震撼人心，使人们检查各自的生活。在很多年中，尤其在公元1世纪和2世纪，犬儒哲学一直吸引着各种浪迹天涯的嬉皮士，吸引着热爱自由、身背行囊的乞丐，这些人通常更热衷谴责和嘲讽社会，而不是哲学与行善。这类人和受犬儒哲学影响的讽刺文学，造就了"犬儒"（cynical）一词的现代意义*。但是，最早的犬儒哲学家们虽然放荡不羁，却诚心地认为自己是道德教师，并似乎认为自己提供了有益的服务。例如，底比斯（Thebes）的克拉底（Crates，约公元前365—约前285年）就放弃了他可观的财产，做了第欧根尼的学生。他似乎当过上门服务的医师和牧师，为人们提供一些从别处得不到的道德指导——当然从柏拉图、亚里士多德建立的那些著名的哲学研究学校也得不到。克拉底一个学生的姐姐希帕奇亚（Hipparchia）不顾一切地加入了克拉底的反传统生活，嫁给了他，但不得不以自杀来威胁她有钱的父母同意她这么做。她的父母最终同

* 即"反讽"。

意了，于是她便"与丈夫到处旅行，当众性交，露天吃饭"[60]。

本章要讨论的最后一位苏格拉底追随者是欧几里得。他极为热爱这位导师，以至于当雅典人禁止墨伽拉城公民进城时，据说他穿上了女人的衣服，用黑巾蒙上了全身。欧几里得不但像苏格拉底一样对道德之善的本质感兴趣，而且像苏格拉底一样对论证充满激情。苏格拉底似乎常常愿意沿着一条有希望的推理线路前行，无论它会把他引向何处；而欧几里得对逻辑论证（尤其是悖论式论证）的兴趣，则出于对逻辑论证本身的兴趣。欧几里得的一个对手曾说："争论不休的欧几里得，用对论辩发狂般的酷爱启发了墨伽拉学派*。"[61]**

无论是否发狂，墨伽拉学派的智力好奇心都使他们提出了关于逻辑和语言的几个最持久的难题。人们认为：欧几里得的学生欧布里得（Eubulides）提出了几个通常被称为"说谎者"（the liar）的悖论，包括那个最著名的悖论，即关于某人说"这个陈述是假的"这句话的悖论。问题在于这个陈述的内容，对其真实性的论证往往会陷入一种令人头昏眼花的循环。例如，该陈述若是假的，那说话者的话便是真的，因为他说了实话。相反，该陈述若是真的，那说话者的话便一定是假的，因为他说该陈述为假。所以，此话若是假的，结论就是它是真的；此话若是真的，结论就是它是假的。这个难题便于开玩笑，却不便于解决问题。它对提出的任何解释都具有一种非凡的反弹力。人们会同情考斯（Cos）的诗人菲勒塔斯（Philetas，约公元前340—约前285年）***，据说他十分害怕自己越来越瘦，以至于不得不在鞋里

---

* 墨伽拉学派（Megarians，即 Megarian school of philosophy）：欧几里得创立的古希腊哲学学派，又称小苏格拉底学派，继承了智者的论辩术，尤其热衷悖论（paradox）的论辩，也被称为"论辩学派"。

** 菲琉斯城的提蒙语。菲琉斯城（Philius）的提蒙（Timon，约公元前320—约前235年）是古希腊怀疑论哲学家、作家、讽刺诗人。

*** 考斯的菲勒塔斯（Philetas of Cos）：古希腊诗人、学者、评论家；其身体纤瘦，被人嘲笑。据说他因过分醉心于墨伽拉学派论辩术而短命（约55岁）。

加上铅块，以免自己被风吹跑。他的墓志铭是：

> 陌生人啊：我是考斯的菲勒塔斯，
>
> 是"说谎者"造成了我的死亡，
>
> 并造成了一个个不眠之夜。[62] *

这个难题本身也许难以被视为深刻，但一直存在一些欲探其究竟的尝试。这个"说谎者"，促使数理逻辑学家、研究语言正规结构的语言学家对真实的性质和语言的意义做了大量探究。不过，这个难题似乎并未造成更多的损害。最终，人们围绕这个涉及"自指"（self-reference）的悖论（即它是一个探究命题自身的悖论）所产生的兴趣导致一种副产品出现：哥德尔定理（Gödel's Theorem）[63] **。哥德尔定理是现代数学最重要的成果之一，证明了数学证明本身也有一定的局限。

事实表明，欧几里得的学生和后继者们把墨伽拉学派变成了被闹剧夸张了的"逻辑工厂"的现实版，就像阿里斯托芬在其关于苏格拉底的闹剧中描绘的那样。一些人怀疑他们的工作，说它像只是为了"争吵"和辩论而争辩，而它无疑正是如此；这个事实使人回想起了苏格拉底不断论证的一个观点：美德来自一些智力较差的雅典公民。欧几里得认为自己作为哲学家的任务既包括坚持道德的善，也包括思考抽象的逻辑问题；这恰恰表明了他赞同苏格拉底的"知识是通向美德之路"的观点。苏格拉底本人也许不曾讨论过逻辑，但欧几里得也许觉得讨论逻辑是一种不断探求智慧的方式，他尤其认为：理解了论证的过程，也许有助于继承苏格拉底省察人生的有益工作。

---

* 出自阿忒那奥斯（Athenaeus）的《餐桌哲学家》（*Deipnosophistai*），IX，410E。阿忒那奥斯是公元2世纪末、3世纪初的希腊修辞学家、语法学家。《餐桌哲学家》又译作《餐桌健谈者》，今存15卷（其第1、2卷和第3卷的一部分仅存摘要），主要内容为用餐，也有涉及音乐、歌曲、舞蹈、竞赛、奢侈等事务的评论，并引用了近800位作家的2 500部著作。

** 库尔特·哥德尔（Kurt Gödel，1906—1978年）：奥地利裔美国数学家、逻辑学家、哲学家。哥德尔定理全名为"哥德尔不完备定理"（Gödel's incompleteness theorems），证明总有一些命题在某一场合无法判断其真假（即并非不可知，而是不可证）。

　　这些可溯源至苏格拉底的哲学学派，全都赞同他的"智慧带来美德，美德带来快乐"的思想。对于"何为快乐"这个问题，他们的意见明显不同——昔兰尼学派认为快乐就是放纵之乐，犬儒学派则认为快乐在于禁欲的自律。但他们都赞成一点：某种哲学思考是发现快乐之路径，这种工作意味着有益的生活。这些哲学家的道德观都具有个人性（其极端表现在第欧根尼身上），而这种个人性都能从苏格拉底的生活中找到不寻常的例子作为参照。但犬儒哲学家至少有一点与苏格拉底不同：他们既接受社会责任的约束，也忠于城邦的价值观念。犬儒哲学家强调：符合美德的生活是对立于一个人碰巧出生在的那个城邦的生活的。从某种意义上说，苏格拉底也赞成这个观点；但从另一种意义上说，他又不赞成这个观点。想必他会认为：城邦的命令若不是正义的，人们就必须遵照其良知行事，而不应遵照城邦的命令行事。但他力图改进城邦生活，并未彻底放弃它。他劝雅典人正当地在一起生活，必要时改进他们的法律和行为，不要放弃全部文明事业，不要放弃对法律的尊重。

　　苏格拉底明确指出：若法律不公，虽然你不得不违背法律，但若你被捕，你仍然要服从惩罚。而这正是他受到指控时采取的做法。他被处决以前，几位朋友给了他越狱和逃出雅典的机会；在柏拉图早期"对话"之一《克里托篇》（*Crito*）里提到了这个情节，道出了苏格拉底拒绝逃走的理由。苏格拉底认为，服从城邦的法律权威和正当的法律程序是他的道德责任；另外，他热爱雅典，不肯生活在其他任何地方。柏拉图的《对话录》中让苏格拉底说出的一些话表明：苏格拉底对以政府为形式的民主制感到疑虑，这使他有时被说成了反对民主制。而心存疑虑的，其实是柏拉图本人，因为他对自己遇到的所有政府最终都心存疑虑。苏格拉底本人的行为带有深深尊重雅典社会制度的全部标记。他经常称赞雅典城邦及其制度，似乎除了服兵役之外从未离开过雅典。至于是否赞成雅典的那种民主制，苏格拉底用自己的脚投了票——或者说，他做了自己不肯做的事情*，表明了他的选择。他可以移居到很多非民主制政府的城邦。反对苏格拉底的人都想把他判为民主制之敌，而最让那些人感到难堪的也许是他的一项著名之举：他冒着被反民主暴君们处死的危险，拒绝参与逮捕一个无辜者的活动。

　　雅典人认为苏格拉底的民主思想太多。正是他性格和学说的某些方面，导致他那些模仿者的夸张的个人主义。他对宗教和道德的态度可被视为带有极端民主的色彩。任何事情都不应被看作理所当然，尤其在它是由把自己置于人民的道德判断之上的权威传递下来的时候，这种假定的权威无论是以宙斯的形式出现，还是以人类暴君的形式出现，都不应被看作理所当然。每个人都必须靠自己去判断何为善与正确，任何人都不能逃避省查自己和自己的生活的责任。从理想的角度说，公民通过这类讨论就可以打造一个拥有公正法律的正义社会；而依靠集体的自我省察，便可能建立这样的社会。在苏格拉底的民主梦中，个人的信念能形成集体的一致意见——也许不是关于每一件事情的一致意见，但至少是关于如何生活的纲领的一致意见。

　　苏格拉底绝非政治家。他认为只有通过与别人辩论（一对一地辩论，或跟一小群人辩论）才能发挥自己的作用："我知道如何向正与我辩论的人证明我的话是对的，但我不理会其他人。我知道如何赢得一个人的支持，但我甚至不会去参加众人的讨论。"[64]经过那么多年，得益于柏拉图的《对话录》记述的（或曰模仿的）苏格拉底的辩论，苏格拉底的支持者越来越多，远远超过了他在公元前5世纪雅典人中及他参加过的晚宴中的支持者的数量。无论如何，如今只有少数人不赞成苏格拉底对他的法官说的那句话："你们若处死我，便很难找到任何一个能代替我的人。"[65]

---

　　* 指逃出雅典。

11

理性共和国：柏拉图

在柏拉图的杰作《理想国》的中间部分，他试图通过详细说明"哲学"（philosophia）一词的词源学意义，把它定义为"爱智慧"。只是这个定义过于模糊，因此他最先作出的改进是说哲学家爱一切智慧，而不是只爱某一些智慧：他一定"绝不反对尝试任何研究，乐于完成其学习任务，且学而不厌"[1]。但这个定义仍不够精确，因为它将所有无鉴别力的人涵盖在内，而他们只是些"总想听到某种新鲜事"的人。例如，它会涵盖那些"到处参加酒神节（Dionysiac festivals）的人，绝不漏掉一个，无论是城镇的还是乡村的"。"难道我们要把这些人、与之相似的人、所有从事小技艺的人都叫作哲学家吗？"不，苏格拉底这个人物说道，他在这篇对话中的作用是柏拉图的代言人。热爱声与色的无鉴别力者虽与哲学家有某种相似之处，但真正的哲学家却是这样的人："真乃是他们所迷恋的奇观"。换言之，他们不但对真实、美丽的事物感兴趣，而且对"真"与"美"本身也感兴趣。为了解释这个思想，柏拉图援引了他的"形式理论"（theory of forms*），这个理论把我们带到了柏拉图主义的核心。

---

* 此处的 form（形式）又作 idea，通译为"理念"，朱光潜先生在其《西方美学史》中将它译为"理式"，以区别于人的意识。这个概念来自巴门尼德："理念在宇宙中犹如一些范例，其他存有（希腊语 einai）因与之相似而成为其摹本。"

　　热爱声与色的人，"喜欢美丽的曲调、颜色、形体和艺术用它们造就的一切，但他们的思想……却不能在美的本质中找到快乐"[2]。这样的人（其实是大多数人）"相信美的事物，却不相信美本身，即使有人想指导他认识美本身，他也理解不了"。柏拉图认为，无哲学头脑者就像生活在梦境中，因为他们混淆了转瞬即逝的幻象（即美的物体）和真实（即"美"本身）。真正的哲学家是从这个独特的梦中醒来的人。他们知道存在一个形式的理念领域，它存在于这个物质世界之外，独立于我们的主观判断，而我们见到的事物只是那个领域不完美的副本或相似物。真正的哲学家的工作是：用理性的探究去理解这些先验的真实（transcendent realities），集中考察那些特别有趣的真实。

　　无论何时人们见到"柏拉图主义"（Platonism）这个术语，它总是暗示出某种类似这幅先验真实的图画的东西。例如，如今数学家在试图描述数学对象（例如数字）或数学真理的性质时，常会借用柏拉图的思想和名字。因此，罗杰·彭罗斯（Roger Penrose）才写道：

> 　　我想，每当头脑觉察到一个数学概念，它都会联系到柏拉图那个由数学概念构成的世界。（回忆一下：按照柏拉图的观点，数学概念独立地存在于柏拉图的理念世界中，唯有借助智力才能理解那个世界……）当一个人"看见"了一个数学真理，他的意识就闯入了那个理念世界，并直接与它接触。[3]*

因此，他认为能在柏拉图所说的那个领域里找到数学真理，而数学就是一切科学知识的基础；彭罗斯也指出："唯有从柏拉图那个'唯有借助智力才能理解'的理念世界的角度，才能最终理解真实外部世界

---

　　* 出自罗杰·彭罗斯的《皇帝的新脑》（*The Emperor's New Mind*）。罗杰·彭罗斯，1931年生，是英国著名数学物理学家、科学哲学家。此书为其代表作，全名为 *The Emperor's New Mind：Concerning Computers，Minds，and the Laws of Physics*，内容涉及人脑的机制、电脑科学、数学、物理学、宇宙学、神经和精神科学以及哲学。

的运作"[4]。

许多当代数学家都认为这走得太远了。但他们当中许多人都承认：欲解释我们的数学知识，人们至少是很想借助于某种形式的柏拉图主义的。以现代人的头脑来看，把柏拉图主义用于数学，当然远比用它去做其他很多事情更有吸引力。相信数字"6"客观地存在于柏拉图那个"唯有借助智力才能理解"的理念世界，这是一回事；而相信客观地存在一种非实体的美，则完全是另一回事。柏拉图认为，不但存在数字"6"和等边三角形的形式，而且存在"美"的形式、"正义"的形式、桌子的形式、椅子的形式，也许还存在豚鼠的形式。若这种离奇的"形式理论"就是答案，那问题又是什么呢？

这种理论的发展满足了几个需要：它无疑是为了回答问题才提出的。它似乎在柏拉图的知识生涯中发生了种种变化，而一些人确实认为柏拉图最终放弃了它。柏拉图在后来的著作中讨论了对这种理论的各种复杂的反对意见，而我们并不清楚他是否认为他能回应那些反驳。不过，这种理论的主要思想却相当恒定。我们讨论早期思想家和柏拉图对数学的兴趣时，已大致知道了柏拉图提出这种理论的动机。柏拉图渴望找到一种最基本的真实，它是不变的，能为理性的思考所理解；这个愿望反映了他对巴门尼德思想的极大兴趣。那些思想给了他很多帮助，而其中之一，就是为他那些俄耳甫斯教和毕达哥拉斯学派的信念提供了一个让人乐于接受的智力框架；那些信念就是灵魂的净化，只有在对真实的理性沉思超越低等物质世界时，才能实现灵魂的净化。赫拉克利特——更准确地说是柏拉图的朋友克拉底鲁描述的赫拉克利特——启发柏拉图产生了一种思想：物质世界持续不断的变化提出了一个关于知识的难题，只有借助某种固定不变的东西才能解决这个难题。柏拉图认为：没有"形式"，现实世界便会一团混乱，毫无意义。苏格拉底和他对道德概念定义的探究，也在一定程度上支持了"存在一些关于道德的客观真理，哲学家应尽力发现这些真理"

的思想。柏拉图让（他笔下的）苏格拉底表达了一种信念："事物与个人无关"，而是一定具有"各自应有的、永恒的本质；它们与我们无关，也不受我们的影响，不会随着我们的幻想波动，而完全是独立的"[5]。换言之，这些"形式"建立了一些绝对的标准，证明了智者们的"相对主义"是错误的。

柏拉图在他的《会饮篇》（*Symposium*）中使用的语言，使人想到了巴门尼德。这大概是柏拉图最早的一篇涉及"形式"的对话，其背景是一场餐后讨论，包括苏格拉底在内的几位朋友轮番发言，讨论爱的本质。这场讨论最引人注目的部分，是苏格拉底的发言和他说自己从（女）祭司狄欧蒂玛（Diotima）那里听到的话——他说，他关于爱的知识都是狄欧蒂玛教给他的。狄欧蒂玛尽力解释说：对爱的追求应包括几个阶段，每个阶段都可被视为依次上升到欣赏"美"本身这个阶段的过程之一。

（苏格拉底复述她的话说：）爱总是始于爱上某个人的身体。爱者认识到了这个身体与其他美者身体的相似性，便"必然会使自己爱上每一个美丽的身体，遂将他对某个人的激情视为不那么重要或根本不重要的东西，以把它放在恰当的位置上"。下一阶段是：爱者认识到了"与灵魂之美相比，身体之美根本不算什么"，因此会渐渐爱上美的灵魂或美的性格，哪怕它们寄寓在丑陋的身体中。[6]这种贞洁的爱——它如今有时被称为"柏拉图式的爱"——"会在他心中激起对这种交往的渴望，并会造就高尚性。由此，他会被引向沉思美的规律和性质。"下一步，爱者一定会对科学产生兴趣，以逐步认识"各种知识之美"。他很快就会辨认出纯巴门尼德式的"美"本身：

> 现在，在苏格拉底眼前突然出现的那幅奇迹般的景象就是美的根本灵魂，长期以来他一直都在苦心追求它。它是一种永恒的美，既无来，也无去，既不繁盛，也不凋谢，因为这种美对每个

人都是一样的，过去和现在一样，此处和别处一样，这么和那么一样，对每个崇拜者和对其他每个人一样。

他对美的认识也并非来自一张脸、一双手或肉体构成的任何事物的形式。这种认识不依靠言辞，不依靠知识，也不依靠其他任何形式的存在物，例如动物、土地、天空或任何既有事物，而是依靠自身，独立地存在于永恒的"唯一性"（oneness）之中。其他各种美好的事物也都参与了这种性质，无论这种唯一性的局部如何增损盈亏，它都既不会更多，也不会更少，而总是同一个不可破坏的整体。[7]

狄欧蒂玛描述了爱者上升到"美"的过程，这个意象常见于西方文学：神秘主义哲学家、早期基督教作家[8]［例如奥利金（Origen，185—251 年）和圣·奥古斯汀（St Augustine，354—430 年）*］和数不清的爱情诗人，都借用过它。对"美"的形式的描述是，它是一个不变、永恒、无论何时何地都相同的整体。这种描述表明：柏拉图的"形式"十分近似于巴门尼德的"一"。柏拉图认为，还存在对应于每一个概念的不同形式，并非只存在对应于"美"的形式。这个不断变化的事物构成的物质世界，只是巴门尼德所说的一种幻象，柏拉图认为它已足够真实，即使它在某些方面是属于低等的。

物质世界带有更高"形式"的印记，其中每个事物都"参与"（partaking）了它体现的形式。例如，一个好人就是"参与"了"好"（good）和"人"（man）的形式。柏拉图认为：正是物体与形式之间的这种关系，才使物质世界免于混乱、能被人们理解。不妨回想一下赫拉克利特那句名言里的河：它若总是不断变化，我们怎能谈论一条河，怎能设法发现它呢？若物质世界中的一切都处于流动状态（像柏

＊ 奥利金：罗马帝国基督教神学家。圣·奥古斯汀：罗马帝国基督教思想家、哲学家，写有《忏悔录》（Confession）、《上帝之城》（The City of God）等近百部著作。

拉图认为的那样），我们又怎能知道某种东西为何物呢？赫拉克利特
所说的冰凉、湍急的河水大大地震动了柏拉图，使他直接跳到了他那
些"形式"的安全陆地上。他认为：人们只能得到关于不变的、稳定
得能被固定住的事物的真知，而只有某种像"形式"那样的东西才能
持续给人真知。

　　知觉和常识本身只能使人们产生容易出错的"观点"（opinion）；
要获得真切的知识，也必须借助那些形式。该怎么做？就是要用理性
机能去补充感觉告诉我们的东西。在实践中，此事并不像狄欧蒂玛可
能提到的神秘想象那么令人费解。人人都能在一定程度上做成此事，
至少能理解一部分形式。即使是大街上或河岸上的普通人，对河的了
解也都可能相当清楚。只要他能清晰、真实地说出河是什么（即概括
出一切河流必不可少的共同特点），他就因此对河的"形式"有了某
种理解。但是，大量其他的形式却更有趣，也更难理解：例如"正
义""善"和"美"的形式。真实地表述这些形式，要求理性机能加
班工作。只有运用辩证法——换言之，只有运用合作的逻辑论证去检
验各种概念，去检验得自观察的知识，才能获得关于这些形式的合理
知识。柏拉图曾这样描述辩证的过程："当人们以毫无恶意的对抗之
心开展问答，将名称、定义、视觉印象和其他感官印象互相摩擦，进
行善意的检验时，理解之光便会突然出现。"[9]柏拉图说，苏格拉底激
烈辩论各种定义时，其实就是在寻找他要界定的事物的"形式"。（我
们已在前面章节看到，柏拉图似乎认为：人们在出生前就知道那些
"形式"。但由于人们出生时忘记了一切，便不得不用苏格拉底的辩证
法重新挖掘出全部知识。）

　　要了解辩证法如何揭示"形式"，不妨看看苏格拉底的一项典型
的、对正义的检验——用柏拉图的话说，其中"正义"的含义比现代
的"法律"的概念更宽泛，其意为"做正确之事"。苏格拉底检验的
思想是：归还所欠之物乃正义的范例。这种思想似乎很明确。但苏格

拉底说：若某人借给你一件武器，后来他又发了疯，你该如何？你是否仍该把武器还给他？不应该，因为他可能突然发作，用它去伤人。因此，归还所欠之物有时正确、有时不正确。这种变化性是赫拉克利特所说的"流动"的一例。柏拉图认为，必须参考这种"流动"去谈论那些稳定的"形式"。他说，正义的本质不能如此时时在变，因此"归还所欠之物"不代表正义。苏格拉底必须一直观察，直到碰巧发现某种不但有时正确而且总是正确的东西。他若发现了这种东西，那它便是正义的稳定"形式"。

这段辩证法来自《理想国》，它可被视为一则关于正义的长篇讨论。我们看到，"形式理论"被如此运用时，这种理论便失去了很多神秘的含义。找出一种"形式"，这种努力似乎并不比探究一个概念更难。柏拉图着手认真地找出"形式"，的确不比他谈论何为"形式"更难。

我即将简述《理想国》中那些重要的观点和发现。柏拉图用这篇对话扩展了苏格拉底"正义者快乐，不义者痛苦"的思想。这篇对话旨在弥补真实的苏格拉底提出的论证中的一些漏洞，描绘一幅关于人类心理和乌托邦的图画——那个乌托邦是柏拉图最著名的创造（尽管任何一个现代人都不愿在其中生活）。这番简述之后，我要讨论柏拉图的《谛美斯篇》，其中有他阐述的宇宙论。在许多个世纪中，这篇对话其实都是自然科学的圣经。在《理想国》和《谛美斯篇》里，柏拉图回答了智者们提出的一个问题，即人及其看似任意的法律及习俗与固定不变、无关个人的世界之间的关系。但我们首先应大致了解一下柏拉图的人生，以拼凑出他本人的某种性格特点。

柏拉图出身于富贵名门。他父亲把其祖先追溯到了雅典的末代国王——你想他有多高贵，他就有多高贵（除非这位特殊的国王从未存在）。作为拥有这样一个家庭背景的一个很有才华的学生，柏拉图对政治生涯心怀希望是再自然不过的事情了。他很快就失望了，但不是因为他对自己失望，而是因为政治本身不符合他的期望。柏拉图在初次被苏格拉底那些高尚思想改变之后很久，写到了这种失望，说自己"厌恶地摒弃了那个时代的恶习"[10]。产生这种早期幻灭几年之后，他有过一次尝试在叙拉古帝国（Syracusan empire）实现其政治理想却注定要失败的机会。柏拉图后来说自己很幸运，因为他避开了他人生中的这个悲剧性情节。事实证明，他数年前倾注心血在雅典建立的学园，以这种或那种形式延续了大约 900 年之久。他若知道这个事实，大概会感到欣慰的。

柏拉图投身政治的第一个机会是在三十僭主执政期间，他们于雅典人在伯罗奔尼撒战争中战败后短期执政。柏拉图的两个熟人也在这个令人不快的政府中，邀请他一同参政。柏拉图当时满怀抱负，虽然只有 20 多岁，却看清了这些僭主的真实面目，拒绝了朋友之邀。他反对他们是由于他们的一项特殊罪行，即试图把苏格拉底——"那个时代最正义的人"[11]——卷入他们的罪恶行径。雅典恢复了民主制时，情况似乎暂有好转。柏拉图起初认为自己从政的时机已经到来。但当"一些掌权者"[12]发起对苏格拉底的审判并处死了他时，柏拉图感到无比惊骇。这是民主制可能出现的一个令人厌恶的教训。此后，柏拉图的政治观点再未恢复到以前。

他融入雅典公共生活的雄心被粉碎了。他等待那个正确的时刻和一个更好政府的时间已够长了。他说，他

> 终于清楚地看到，现存所有城邦的政府制度都是坏的，无一例外……因此，我不得不说……人类绝不会见到更好的时刻，直到那些正确地、真诚地追求哲学的人获得了政治权力，或直到那个控制政治的阶级得到了某种天意的指引，变成了真正的哲学家。[13]

苏格拉底这位卓越的"真正的哲学家"死于公元前 399 年，柏拉

图时年 28 岁。其后数年里，柏拉图进行过大量旅行，其中大多是访问其他哲学家和数学家。他先去了墨伽拉城，与欧几里得在一起；欧几里得是苏格拉底的追随者，像柏拉图一样赞成巴门尼德的学说（或是受到了该学说的启发）。我们已在本书前一章大致了解到：墨伽拉学派哲学家对"善"及何为"善"极感兴趣。与此相反的是：柏拉图在他后来的意大利和西西里之旅中看到其他很多人的主要兴趣是寻欢作乐：

> 我发现自己跟那些地方所谓"快乐"的生活格格不入，那是意大利人和叙拉古人热衷的饮宴生活，是日日醉酒两次、夜夜从不独眠，以及沉溺于与那种活法伴随的一切放纵的行径。在这种环境下，天下任何一个在自我放纵中长大的人都绝不会成熟到拥有智慧。[14]

柏拉图认为，这种人统治的城邦往往毫无效益，治理恶劣，极不稳定，这绝非偶然："这种城邦的政府更迭无尽无休——暴政、寡头政府、民主制相继而来。"他在意大利发现的更志趣相投的人是那些由聪明人和数学家组成的毕达哥拉斯学派群体，他从他们那儿获得了持久的友谊和哲学灵感；数学家、哲学家兼政治家——塔伦敦的阿契塔以为柏拉图提供了这两者而闻名。柏拉图的意大利之旅也许就是为了接触这些人。

事实证明，柏拉图在他首次叙拉古之行中收获的另一段珍贵友谊是一种喜忧参半的福分。迪翁（Dion），叙拉古帝国暴君狄奥尼索斯一世的亲戚，高尚地相信"最佳法律制度指导下的叙拉古人的自由"[15]。因此，柏拉图便"对他讲述了我的关于理想人类的理论"[16]，并发现迪翁热切地接受了他的思想。柏拉图打开了迪翁的眼界，使他"决心让自己的余生不同于意大利和西西里的大多数希腊人，更珍视美德而不是快乐或奢侈"。迪翁热情地接受了柏拉图的思想，这有助于解释为何柏拉图多年后在狄奥尼索斯二世统治期间的叙拉古之行结果却很糟。

在争吵不休、十分腐败的狄奥尼索斯一世的宫廷里，迪翁显得格格不入。狄奥尼索斯一世是热爱享乐的哲学家亚里斯提普斯（他最不可能是苏格拉底的门徒）的保护人。普鲁塔克在描述叙拉古宫廷的氛围时说，其中有一种"将快乐与过分看作至善的生活之道"[17]；而柏拉图不能忍受的正是这种事情。从某种意义上说，柏拉图初访叙拉古的结果很糟。有一种说法称，狄奥尼索斯一世曾把柏拉图卖为奴隶，后来是朋友们救了柏拉图。

这番旅行之后，柏拉图回到了雅典，建立了后来人们所说的"学园"。此事发生在公元前 387 年前后，当时他 40 岁。他买下了雅典城外大约 1 英里* 处的一处地产——位于英雄阿卡德慕斯（Academus）纪念林周围——在那里建立了自食其力的知识分子的学院教育机构。我们很难了解柏拉图学园日常生活的情况。按照法律，它必须登记为供奉某位神的宗教团体：柏拉图选择了缪斯女神，当时那些女神也掌管一切知识活动，并不只是专司艺术。学园一些较为欢快的活动，想必酷似柏拉图在意大利见到的那些毕达哥拉斯兄弟会的活动。学园每月都举办晚餐会，它也许就像如今较古老的大学偶尔举办的盛宴。学园大概还开设了为数不多的向公众开放的教育课程。亚里士多德等人提到过柏拉图关于"善"的一次讲演，大概就是在学园中进行的。那次讲演并不成功。无论其听众期盼听到什么，他们最后都感到困惑不解，并对不得不聆听大量深奥的数学深为反感。

但是，学园的教育本是为渴望接受高等教育、富有的精英人士服务的。教授和讨论的科目极多，至少比如今被视为实现学园主要目标之一（即培养有智慧的政治家）所需的科目更多。在柏拉图时代，来

---

　* 1 英里＝1.609 344 千米。

自学园的专家会受至少 4 个城邦之托，为它们撰写新法律和新宪法。学识广博者能把这项工作做到最好，这是柏拉图最强的信念之一。因此，学园便提供了关于一切学问的教育，从几何学、生物分类学、政治史，到关于"形式"的最抽象的哲学学说，后者无疑大多由柏拉图亲自教授。学园成了著名的数学（特别是天文学）研究中心。欧几里得以前的两位最重要的数学家，即赫拉克利德斯·彭提乌斯（Heraclides Pontius）和欧多克斯（Eudoxus，约公元前 400—约前 347 年）*，都与学园有联系。也正是在学园，亚里士多德（他大约 17 岁进入学园）显示了对生物学的兴趣，且成果颇丰。

柏拉图认为，追求学问需要具备某些天生的才能。他强调，任何以他的方式寻求智慧的人都应知道"他们有多少科目要学，他们会涉足多少困难工作，而采用那项有秩序的生活规划的计划是多么有必要"[18]。学园的一些学生很愿意严守这些纪律，而这仅仅是因为他们极度渴望用正确的方式治理一个城邦；当然，并非所有的学生都是如此。出自学园的各种学者，后来也不会都是令人鼓舞的或令人失望的政治家。柏拉图把哲学看作热爱最纯粹的智慧，想必这个观念本身就吸引了一些人。柏拉图本人认为：不仅为从政做准备具有魅力，知识生活本身也极具魅力。尽管如此，他还是怀疑学园的生活方式，并为之困扰："我忧虑地看到自己最终除了言辞一无所有——可以说，成了一个从不愿从事任何具体工作的人。"[19]

公元前 367 年，狄奥尼索斯二世继承了先父在叙拉古帝国的王位，一种具体的工作便出现在了柏拉图面前。迪翁说服大约 30 岁的新国王召柏拉图担任顾问和导师。狄奥尼索斯一世害怕旨在推翻他的统治的各种阴谋，又把儿子视为他的潜在威胁，因此让儿子独居王宫，不让他上学。现在，年轻的狄奥尼索斯二世似乎急于建功立业，

---

* 欧多克斯：柏拉图学园最著名的人物之一，精通数学、天文学和地理学。

赢得某种尊重。迪翁把这个情况看作使这个叙拉古暴君做些有价值之事的机会。柏拉图受到这番前景的吸引，也出于和迪翁的友情，便"放弃了我自己的追求（它们并不平凡），来到了一种暴政之下，而此种政府形式似乎有悖于我的学说和性格"[20]。

改造狄奥尼索斯二世必定是一场斗争，而柏拉图一直未能赢得这场斗争。狄奥尼索斯二世也许不像他父亲那么邪恶，但也绝非模范学生。一段记述说："这位年轻国王举办过一场长达 90 天的纵饮狂欢……并且……其间他的宫廷根本不许一切要人进入，不处理一切要事，而完全占据主导的是醉酒、嬉闹、音乐、舞蹈和滑稽表演。"[21]柏拉图和迪翁试图为这位国王温和地指出正确方向，但他们的影响却只是让情况更糟，因为它点燃了迪翁的政敌们的妒火，后者更喜欢恶劣的旧时代。柏拉图来到宫廷仅仅 4 个月后，迪翁便被放逐了，因为那些守旧派使国王相信迪翁一直在密谋反对他。此后，柏拉图又坚持了大约 18 个月，便溜回了雅典。

大约 4 年之后，柏拉图重返叙拉古，这很出人意料，但也许证明了他的乐观主义。这一次的情况有所不同，或许别人就是如此说服他的。这一次，狄奥尼索斯二世已成熟得足以实现柏拉图最热切的愿望，即通过学习哲学去改进他自己及其帝国。不知为什么，狄奥尼索斯二世相信了塔伦敦的阿契塔和他知道的柏拉图尊敬的另一些知识分子，让他们来证明他的善意。也许是这些人相信了国王的说法，也许是狄奥尼索斯二世相信了自己的说法。但从后见之明的角度说，这位国王似乎只是想用几个著名的博学者去装饰他的宫廷而已。

狄奥尼索斯二世召柏拉图进宫时，承诺允许迪翁回国并善待之。柏拉图担心自己若无视国王的召唤会进一步伤害迪翁及其朋友们，因此便去了叙拉古宫廷。但事实上，这一次一切甚至更糟。柏拉图再次发现狄奥尼索斯二世是个坏学生：愚蠢、懒惰或两者兼有。最使柏拉图恼火的是，狄奥尼索斯二世自以为已从三流的宫廷哲学家们那里学会了一切。这个暴君违背了有关迪翁的全部承诺——甚至没收了他的全部财产——柏拉图发现自己其实成了囚徒。他设法逃回了雅典的学园，而他也再未犯同样的错误。

不难猜想，柏拉图的《理想国》描写的那个乌托邦式城邦，想必就是他试图在叙拉古建立的城邦的蓝图。其实，《理想国》与柏拉图的具体计划之间的联系绝非如此紧密。诚然，柏拉图说《理想国》中的模范城邦将由"哲学家—国王"（philosopher-kings）治理，还认为狄奥尼索斯二世会通过学习某种哲学而变成较好的统治者。《理想国》的确写于柏拉图试图改造狄奥尼索斯二世之前，但绝不是任何现实城邦的蓝图。首先，"哲学家—国王"这个术语并不像人们有时认为的那样，只是对某个粗通哲学的国王的称谓，或是对某个碰巧当了国王的职业哲学家的称谓。柏拉图使用的这个术语的更准确含义是：一个特别有智慧、有能力、稳健的、具备美德的军人，他长期学习科学，在政治和治国方面拥有大量实际经验。柏拉图虽然有时过于乐观，但并未蠢到以为哪个现实的国王能做到这些，而狄奥尼索斯二世那种懦夫当然也做不到。

柏拉图的乌托邦的真正要义是由《理想国》中的人物苏格拉底宣布的，他说："它现在是否存在，它最终能否实现，这并无区别。"[22]这个理想城邦意在作为一个思考和论证的对象。通过思考《理想国》中对这个乌托邦的讨论，人们能了解关于正义、关于如何去爱的真理，尤其是了解真正的苏格拉底一向都在宣称的那个真理，即一个人自己的志趣应是正义的。人们会因此生活在这个思想的城邦里："天堂中也许有一种人的典范，他们希望思考关于天堂的事，并悟出应使自己成为其公民。"

这篇对话针对的主要观点，来自苏格拉底与一个任性胡言、不讲道德的人物特拉西马库斯（Thrasymachus）*的辩论。特拉西马库斯

---

* 《理想国》中的人物。

为个人利益做了有力的辩护，表达了安提丰那样的智者们讨论过的愤世思想（cynical ideas）。他指出，道德只是强者强加于弱者的一套规则。你若能打破法律而获得解脱，你便应这样做。首先，你应自己制定法律，迫使别人服从它们。你若愿意，尽可以把这种方式称作"不义"，但"你必须仔细想想，头脑简单的苏格拉底啊，如此一来，正义者相对于不义者便总是处于劣势"[23]。换言之，正义或道德不会得到报偿，而苏格拉底是个可怜的傻瓜，因为他以为它们能得到报偿。

苏格拉底刺激了特拉西马库斯去表述道德，但后者却并未成功地做出表述。特拉西马库斯在另一处说出了否定道德、令人不悦的话。为使辩论继续下去，苏格拉底的两位朋友——格劳孔（Glaucon）和阿狄曼图（Adimantus）再次阐述了非道德（amorality）。他们想看看苏格拉底是否能做出更充分的回答，以解决这个问题。格劳孔在扮演魔鬼代言人的这个过程中，讨论了神话中的一个牧羊人裘格斯（Gyges），此人发现了一个能赋予他隐身能力的指环。格劳孔说：有了这样一个指环，

> 那就谁都不会发现他具备一种坚定的品格，即永远恪守正义，强制自己不向他人的财富伸手，不去触碰它们，尽管他完全可以随意从市场里拿走想要之物，随意进入房屋，随意扯谎，随意杀人以切断与死者的瓜葛，而全都不会受到惩罚；在其他事情上，他也能让自己在人类中的行为如同天神……人们还会指出：这是一个强有力的证据，证明任何人的正义行为皆非出于自愿，而是完全出于强制（constraint）……因为无论谁拥有了这样的特权却不肯做任何错事……都会被看作最可怜的大傻瓜。[24]

为了反驳苏格拉底，阿狄曼图又补充说：苏格拉底尝试为正义辩护，不应仅靠证明正义能带来荣誉和他人的尊敬。那只能证明一个人志在享有正义之名，而不是真的想去做正义之事。若仅仅享有正义之名便

能使正义者获益，那么作恶也能获益，只要作恶者尽力在表面上反对作恶即可。因此，阿狄曼图便要求苏格拉底阐明"是什么（使正义与不义）天生就影响了正义者和不义者，使前者成为好人，使后者成为恶人"[25]。

这是种苛求，苏格拉底明智地决定以迂回的方式来回应它。他把目光从正义者或正义的灵魂转向了正义的城邦。他认为，先考察作为整体的城邦会更有成果，因为在这种较大的背景下更容易看出正义。他尝试描述一个理想的城邦，确定了何为正义的城邦，然后打算考察个人正义的问题。这两种考察的结果若一致，便会证明正义者和正义的城邦十分相似，他便可放心地认为他已找到了真正的正义。他相信，找到了真正的正义，便能弄清正义者何以是最快乐的人。如此一来，他便回答了特拉西马库斯等人的问题。

因此，我们首先必须说清理想的城邦是什么样子。苏格拉底说，它其实类似一种由卫士（guardian）主导的军人政治，那些卫士保卫城邦，防止内战，抵御狂暴的入侵者。这种安全是一切繁荣城邦的先决条件。这些卫士将是国防、法律和秩序方面的全职专家，因为最好的城邦都会理解专业化的价值。所有的公民，无论出身，都能去做按各自天性最愿做的工作；而女人也能像与她们资质相同的男人那样容易上升到顶层。这在当时是一种革命性的思想。在柏拉图生活的雅典，女人一直是未受教育的养育者和家庭主妇，其实就是其父亲或丈夫的财产。柏拉图远非现代意义上的开明的女权主义者：他赞成当时的一个普遍信念，即在一切值得去做的事情上，女人通常都逊于男子。但他在《理想国》里说：（尽管如此）还是应给女人与男子相同的机会；很多女人都会证明她们应该被允许提高自己的社会等级。

这个理想城邦的社会将分为三个等级：最底层是生产者（例如工匠、农民和商人），他们上面是卫士；再往上是统治者，他们将从最佳的卫士当中被选出。若事实证明那些生产者的孩子很有前途，他

（或她）便可以加入卫士的等级；与此相应，一切不符合要求的卫士子女都会被降至更低的等级。卫士和统治者掌握着管理多数人的权力，因此，至关重要的便是他们都应彻底无私，能使城邦受益。归根结底，正是由于未能确保统治者具备美德，才造成其他种类的社会的悲惨结局。因此，苏格拉底不厌其烦地详细阐述了城邦卫士必须具备的教育背景和环境。他们将过共有的生活，没有私人财产。连他们的配偶和子女其实也是共有的。他们被禁止接触金银，更不能占有金银。这一切都保证了他们不会利用自己的权力使自己发财，不会把个人利益置于整个社会共同体的利益之上。

他们应具备以正确方式培养的人品和体格，这很重要。不但要密切关注他们的日常饮食和身体锻炼，而且要密切关注他们所学的东西，甚至要关注他们可能听到的故事和歌曲。所以，必须格外仔细地关注音乐。苏格拉底警告说："应注意新型音乐的变化……如果音乐的样式扰乱了最根本的政治和社会习俗，它们便会令人不安。"[26]当代一些忧郁的保守主义者，例如艾伦·布卢姆（Allan Bloom，1930—1992 年）*，在其著作《美国精神的封闭》（*The Closing of the American Mind*）中，似乎想到了这点：出现于 20 世纪 50 年代的摇滚音乐完全证明了柏拉图的这个观点。[27]至于卫士等级的青年该读什么故事，最重要的是那些故事的主角都应是正确的榜样。苏格拉底甚至走得更远，以至于详细阐述了最能鼓舞人心的诗歌韵律形式。总之，设计这些环境的意图，就是只允许未来将成为卫士的孩子阅读最能帮助提高他们能力的材料，向他们反复灌输安定（balance）**与美德。

---

* 艾伦·布卢姆：美国学者、芝加哥大学博士，曾任教于耶鲁大学、康奈尔大学、特拉维夫大学、多伦多大学，著作有《莎士比亚的政治学》《巨人与侏儒》等，译著包括卢梭的《爱弥儿》（1979）和柏拉图的《理想国》（1990）。其教育哲学著作《美国精神的封闭》出版于 1987 年。

** 指情绪稳定。

所制作的产品会让这些稚嫩青年见到的工匠（从诗人到居室设计师）都必须遵守严格的规则。他们必须被禁止

> 表现邪恶、淫秽、非法和粗俗的内容，无论是对生灵及建筑物的模仿，还是以其技艺制造的其他任何产品，都禁止如此……我们的卫士们不应成长于邪恶的象征物环境当中，就像不应成长于长有毒草的牧场，以免他们随意吃草，吃进许多毒素……却全然不能发觉自己的灵魂中已积累了大量邪恶。但我们必须寻找一些工匠，他们天生具备有益之才，能沿着真正的美及优雅的道路前行，以使我们的青年（尽管从某种意义上说，他们都居于有益于健康之地）从一切与美及优雅有关的事物中获益；从那些事物中，美的作品产生的影响自会犹如来自有益健康之地的微风，吹入眼睛和耳朵，因此，从最早的童年开始，（美的作品）就潜移默化地引导他们学习美的事物、学习友谊、学习与美的理性相谐。[28]

在一切现实的教育制度中，这种对成长细节的严格而高姿态的关注，无疑都是毫无意义的过分之举（overkill）。但这番话也表明：柏拉图没有犯错，没有犯亚里士多德等人责备真正的苏格拉底所犯的错误，即忽视人品在决定道德行为方面的作用。《理想国》的卫士们会成为有美德、有理性和总体善良的人，因为他们童年生活中为他们设计的一切，都是为了塑造他们的人品，以达到那个目的。

想象一下由这些出自温室的圣徒们治理的城邦。它们会像理想城邦应有的那样充满美德——勇敢、智慧、节制和正义吗？苏格拉底认为它们会。它们不缺勇敢，因为它们有卫士兼警察，这些人被挑选出来并被训练成了卓越的军人。它们不缺节制（或曰自制），因为它们将被管理得秩序井然；正如苏格拉底所言，"众多乌合之众"的欲望都将被"对少数更佳者的智慧和渴望"克服和控制。[29]它们不缺智慧，

因为它们的那些统治者，那些人是从最优秀的卫士当中、从受过旨在培养其理性机能的高级教育的人当中被挑选出来。至于正义的美德，苏格拉底在辩论的那个阶段似乎认为：根本问题在于每个公民都应全力去过适合自己的生活，做适合自己的工作。这会造就和谐、公平、令人满意的同时也是正义的社会。

苏格拉底指出：因此，《理想国》这个想象的城邦便是一切美德的化身。正义城邦的各个组成部分和谐地运作，如同一个沉稳、快乐的人。这种思想使苏格拉底想到：城邦与灵魂的这种类比可以更进一步，可用它进一步支持这幅正义的图画。既然他能把想象的城邦分为三个等级（生产者或工匠、卫士和统治者），是否也能把人的心理看作具有三种成分呢？他设想灵魂有三部分：食欲部分、精神部分和理性部分。它们分别联系着几类欲望：食欲部分受因渴望食、性和钱而产生的低等欲望驱动；精神部分受因渴望荣誉（例如军功）而产生的欲望驱动；理性部分受因渴望知识而产生的欲望驱动。毫不奇怪，事实证明这三类欲望精确地联系着这三个等级：统治者受制于理性，卫士—警察受制于因渴望荣誉而产生的欲望，其余的人（可怜的傻瓜）受制于他们那些低等欲望。健全的人不会让其胃或性器官支配其头脑，同理，健全的城邦也将让灵魂受制于理性者的指导。如此，一切便都处在了应有位置上。

在有益于城邦还是有益于人的事情问题上，苏格拉底作了这些类比和另一些类比之后，这场讨论便转到了另一个问题：怎样真正地打造他描述的那种城邦？（为正义辩护的主要观点，且等我们进一步讨论了这个理想城邦及其统治者之后再说。）

格劳孔和阿狄曼图在苏格拉底那个想象的城邦中发现的一个不切实际之处，就是教育和男女机会平等。苏格拉底想使他们相信这完全合情合理，至少使他们赞成他的一个观点，即他为城邦制定的法律"并非不切实际或空想，因为该法律是我们依照自然提出来的。相反，事实证明当今盛行的另一种做法……却违背了自然"[30]。但关于妇女的这番讨论，却带来了另一个令人烦恼的关于两性的提议，它使人更加难以弄清苏格拉底那个城邦究竟如何才能变为现实。这个进一步的提议，如今仍会受到像对男女平等的赞同一样强烈的谴责。事实表明：（那个城邦的）卫士们当中，根本没有传统的一夫一妻婚姻和子女抚养，倒有一些控制生育的尝试，旨在只让最优秀的人们之间存在性关系，其他一切低等的后代都将被杀死。做这一切的目的，就是为未来造就最佳的卫士。

为了顺利进行这种有选择性的繁育，统治者们被允许对其余的卫士隐瞒这种方式，以使后者保持快乐。统治者会策划一些"涉及某种运气的仪式……旨在使每个结合点上的低等人在他（或她）分配到哪个繁育伙伴方面埋怨的是机会，而不是统治者"[31]。子女出生时，"好人的后代"将被送给"分居在城邦一区的某些保姆；但低等人的子女和其他一切天生有缺陷者，则会被妥善地秘密处理掉，以不使任何人知道他们的下场"[32]。

对这些谎言的需要，令苏格拉底感到不悦。他呼吁把这些谎言看作苦药：应当为了人们的最高利益而吞下这种口味恶劣的欺骗。他承认，他发现整件事情都是个"令人不悦的话题"[33]。欲理解柏拉图笔下的苏格拉底何以会赞成这个可怕的计划，便应指出两件事。第一，爱情生活和子女被城邦以这种方式劫持的卫士们，都被赋予了非凡的能力和责任。鉴于他们将对众人行使的权威——例如，城邦将绝无人们可以抱怨的独立法庭——采取一切能想到的步骤，以保证那些人都适合担任这个工作，便无疑是精明之举。这个繁育计划的目的，毕竟只是具备公德之心的人用"有益于城邦的父亲"生产"更有益于城邦的儿子"而已。[34]第二，从这些卫士中挑选出来的统治者被允许撒谎，以组织选择性繁育这项讨厌的事务，他们完全不同于我们能想象到的任何真正的统治者。他们几乎就是神。柏拉图认为：完全不能想象他们滥用其权力或被误导去做任何事情。至于慎重地杀灭畸形婴儿，这种做法本身在柏拉图那个时代根本不会让任何人吃惊。

苏格拉底的同伴们硬要他说明整个计划的可行性，他找借口逃避，提醒他们"我们的目的并非证明实现这些理想的可能性"的全部细节。[35]他问道："你们是否认为，优秀的画师画出了美男子的典范，并未省去能使此画完美所需的每一笔，而他若无法证明这种美男子其实可能真的存在，他便不那么优秀了？"[36]苏格拉底想证明：他那个乌托邦的一些最重要的细节在理论上是可取的；但他的真正用意却是描绘一幅启发思考的图画，使人们能从中挑选出他们认为有益的部分。他没有打算发动一场革命。尽管如此，为了满足其听众的好奇心，他还是想说，他所想的事情将是"会把一个城邦变成这种政府的最小的变革"[37]。他说：欲使这个理想城邦变成现实，要么哲学家必须成为国王，要么"那些现在被我们称为国王和统治者的人必须认真、充分地追求哲学"[38]。这种对当前的"最小的变革"显然会是剧烈的。但若允许他实现一个愿望，以尝试实现他的乌托邦，那个愿望最有可能是从事造就"哲学家—国王"的工作。

苏格拉底此前避免提及造就"哲学家—国王"的工作，是因为他有理由害怕自己会遭到嘲笑。他说，他完全知道最真实的哲学家大都要么不具备特殊的美德，要么百无一用。让这种人负责任何事务的念头将是个笑话。但他所说的"哲学家—国王"绝非这种人。造就"哲学家—国王"所必需的训练和遴选，会确保唯有最非凡者才能入选。在《理想国》稍后的段落中，他详细地阐述了自己的想法。经过了音乐、诗歌、初等数学和几何学的传统希腊教育，最优秀的学生若具备特殊美德、神智健全又很聪明，便会去接受两三年的军事训练。最成功的学生会继续接受至少 10 年的高级科学学习，当时的高级科学大多包括几何、算术、天文及和声。其中最优秀的学生会继续接受 5 年辩证法或哲学辩论的训练。这个阶段特别微妙，因为学生的辩证能力很容易退化成毫无意义的或被误导的诡辩能力。正因如此，柏拉图的严格教育计划才要求学生首先学习大量其他科目。学完了这些科目的学生，还要继续接受 15 年的政治和管理方面的实际训练。在学习阶段结束时，这些变老了的受训者年龄都在 50 岁左右，最终准备好去管理城邦的条件是他们能证明自己"在完成各种任务、掌握各种知识方面都做得最好"[39]，并"在经验上不逊于其他人，在美德上亦是如此"[40]。享有通过了这个培养"哲学家—国王"程序考验之殊荣者，将把大部分时间用于哲学应用，运用哲学治理城邦。

苏格拉底说：让这种人去治理，便会得到我一直谈论的那种城邦。他们能看清最有益于人们的事情，并去实现它。如我们所知，这些人更像一切传统意义上的专业哲学家，但苏格拉底重视的正是他们的哲学才能。哲学之才是人人都认为优秀统治者最不必具备的才能，但苏格拉底却认为它们必不可少。因此，他试图进一步说明何为哲学知识、它何以重要，以及它对领导力有何影响。这便引出了本章开头对哲学的定义*，引出了柏拉图那个"洞穴囚徒"（prisoners in the cave）的著名寓言。

柏拉图认为，最优秀的哲学家能透过世俗的实用性，看到事物不变的客观本质，即"形式"。这种真正的爱智者最终只能是"善"而博学，因为一切知识都来自"习惯于时时处处都存在宏大思想的头脑"[41]。例如，"怯懦、狭隘的精神……绝不可能在真正的哲学中占有位置"，因为哲学思维会超越这种狭隘性。[42]此外，哲学事业的性质本身也要求并鼓励美德，因此，真正的哲学便会以另一种更抽象的方式通向"善"。哲学家被训练成了"奋力追求各种形式的真理的人"[43]。他们若完成了这趟朝圣之旅，其回报就是能见到最高的真理，即最高的"形式"——"善"的形式或曰"善"本身。

---

* 即哲学是"爱智慧"。

连苏格拉底都说不清何为"善"的形式。但他能对它作出一些论述。当时的语言中，"善"的概念紧连着"合适的功能、目的或目标"的思想。一般而言，某个事物若发挥了其应有的作用，达到了其应有的目的，或达到了完美状态（即实现了其应有的目的），便会被称为"善"。柏拉图认为，这个"合适性"的总概念必定对应着一种"形式"，而那就是"善"的本质。因此，凡了解这种"形式"的人都完全了解真正有益的事物，即了解一切事物应当达到的理想状态。换言之，他总是知道最好的事物是什么样的。苏格拉底描述的"哲学家—国王"自然是这种人。他们所受的教育（尤其是辩证法教育）会使他们成为领悟"形式"的专家，因此他们一定熟悉这种最重要的形式 *。"他们一旦因此领悟了善本身，便会用它作为城邦正确秩序的范本"[44]。

格劳孔和阿狄曼图急于得到一些关于这种给人启发的"形式"的提示，这可以理解。他们敦促苏格拉底进一步阐述"形式"。遗憾的是，苏格拉底能为他们提供的最好阐述只是一种模糊的类比。他说"善"的形式犹如太阳，还特别指出：太阳之于视力，犹如"善"的形式之于理性能力。换言之，正如太阳照亮物体、使物体变为可见，"善"的形式也以某种方式使物体能被人们理解。

对柏拉图关于太阳和"善"本身的类比，人们会提出很多问题。但为了目前的讨论，这个形象的最重要的作用便应当是：它能使人们对最佳事物的认识如同观察某种真正存在的事物。"哲学家—国王"结束其辩证法教育（调查、论证、质疑和界定）时，能直接看到"善"的形式，如同不像他们那么出色的凡人能直接看到太阳那样。"善"的形式像太阳一样，独立地存在于我们和我们的观点之外。柏拉图传达的信息是："哲学家—国王"在对最有益于城邦的事物的认

---

* 指"善"的形式。

识中，绝无主观的或容易出错的东西，他们会直接看到正确的东西。当然，世上还没有这样的智者，也永远不会有。把"善"的形式看作太阳，这个观念旨在提供某种使我们向往的东西。

为了用这种假定的哲学家的知识对比普通人（苏格拉底认为自己是其中一员）的观点，苏格拉底使用了另一个类比：洞穴囚徒。他说，想象地穴（subterranean chamber）中有一排囚徒，他们被铁链牢牢拴住，只能直视面前的黑暗岩石。他们身后的远处有一堆火，是洞穴中唯一的光源。在他们身后较近之处，在那堆火前，一些人带着各种物体走来走去，在囚徒面前的洞壁上投下了闪烁不定的影子。这些囚徒终生都被铐在这个牢狱里——他们只能见到这些影子。他们不但从未见过真正的事物，而且根本不知道那些事物的存在。苏格拉底说，这种悲惨处境就是人的境况。这个故事中那些不可见的真正事物对应着"形式"，而"形式"的投影就是我们的所见，并被我们当作真实的东西。我们已很习惯于这种生活，乃至即使我们摆脱了这种被囚的处境，也不能马上理解到底发生了什么。苏格拉底说，假定洞穴中的一个囚徒被解开了锁链、拖到了洞外，明亮的光线会刺伤他的眼睛；他会想立即回到洞穴里，回到他已适应了的半明半暗的环境中；他会极度目眩，看不清周围的事物。"若是……有人指着他眼前经过的每一个对象，要他说出它是什么，你们难道不认为他会一脸茫然、认为自己以前的所见比此刻向他指出的事物更真实吗？"[45] 现实中的人就是如此：柏拉图笔下的苏格拉底让他们看见了"形式"，而他们只是困惑地眨着眼睛。

获释的囚徒必须逐步适应这个新环境。他先要认出太阳投下的阴影，再认出水的反光，然后开始认出现实世界中的坚实物体。他会在夜间凝望星星和月亮的可人微光。他的目力会增强到能使他举头望日——他现在已经能认识到事物总格局的意义："此刻他会推论说：这个总格局……提供了四季和一年的运程，主宰着可见领域中的万物。"⁴⁶到了此时，他会懂得自己从前在洞穴中见惯的东西只不过是影像。他会可怜洞穴中自己从前的同伴，对"洞穴中被他们看作智慧的东西"⁴⁷感到伤心。

他若回到洞穴里，并急于释放同伴，又会怎样呢？他起初会再度出现认知障碍。他不再习惯黑暗，因此不再能认出洞穴中那些朦胧的影子。他再次现身洞穴，会

> 招来嘲笑。难道囚徒们不会说：他自那趟洞外之旅返回时眼睛被毁掉了、离开洞穴的尝试毫无价值吗？若有可能捉住这个想释放他们的人并把他杀了，难道他们不会杀死他吗？⁴⁸

即使对于这些对真实世界一无所知的囚徒来说，杀死此人似乎也是令人难以置信的极端之举。但我们应记住：柏拉图认为，历史上的苏格拉底遇到的事情恰恰与此相似。苏格拉底试图给雅典的那些"洞穴囚徒"启蒙，而他们却因此杀死了他。这个返回洞穴的人想把同伴引向光明，却遭到了敌视和误解。这个形象是一个隐喻，比喻一接触知识就连忙退缩的人有时表现出的困惑的轻蔑态度：

> 你们是否想过……一个从神圣的沉思中返回人类这些琐屑苦难的人，竟被看作最可怜、最可笑的人，而他若仍因洞穴的幽暗而盲目，尚未完全适应周围的黑暗，便不得不在法庭或别的什么地方为那些影子的正义性辩护……并激烈地反驳从未见过正义本身者头脑中关于这些东西的概念，这不是很奇怪吗？
>
> 这绝不奇怪。

《理想国》中那个返回洞穴的前囚徒的命运，就是真正的苏格拉底的小型纪念碑。他关于正义的论述具有坚实的基础。

《理想国》接着论证说：受到启蒙的囚徒们一定总想回到人类的洞穴。绝不该让"未受教育、不知真理者"⁴⁹去统治任何人，同样，也绝不允许获得了"被宣布为最伟大的知识"的人逃避其责任，即把这

种知识传下去并付诸实践的责任。绝不允许"哲学家—国王"到达了这些令人羡慕的高峰之后（他们能在那里看见正确的、最好的事物）"逗留在那里……拒绝再次回到那些奴隶当中，分担其劳作"[50]。让尝到了知识的"哲学家—国王"返回黑暗，这也许显得残忍，但"法律并不关心这个城邦任何阶级的特殊幸福，而是力图在整个城邦造就这种条件"[51]。

> 所以，你们必须到下面去，轮番下去，住在其他人当中，让自己养成观察那里的模糊事物的习惯。这是因为：你们若习惯如此，对那些事物的分辨力便会无限优于那里的居民……因为你们见到了真正的美、正义和善。因此，城邦便会由我们和你们清醒地治理着。不同于如今许多城邦，那些城邦的居民犹如在梦中被一些无知者治理，那些人为执政而拼命奋斗，把执政看作大大的好事；而事实证明：那些被最不想执政的人治理的城邦，一定管理得最好，分歧最少。[52]

这种最好的城邦及其有智慧却并不情愿的统治者，与人们能想到的其他各种政体究竟有何不同？世界上有大量不同类型的政府。克里特型（Cretan）政府和斯巴达型（Spartan）政府由军人统治；寡头政府或寡头政治由富有的精英主持；民主制政府由众人统治；最后是专制政府，它是"第四类的城邦和最后的弊政"[53]。这些是政府的主要类型，但还有"世袭公国和购得的王权"[54]以及其他多种中间类型的政府。苏格拉底说，其实似乎有多少种人就有多少种政府。他认为，不同的城邦一定以某种方式对应着不同性格的统治者。现在，他已对受到哲学启迪的统治者和他理想中的城邦做了很多论述，于是准备回到他的主要任务上：分析各种政体，分析与那些政体相伴的心理，以发现正义，发现正义如何带来幸福。

苏格拉底列出了政府的四种主要类型，又加上了他所说的理想政府，构成了一个五层的等级。贵族政府——其意为由"哲学家—国王"统治——是最好的政府，而专制政府则是最坏的。民主制政府被看作了仅次于专制政府的坏政府，柏拉图认为：即使是由富有精英统治的军人独裁政府，也好于这种由群氓统治的政府。不过，在对柏拉图政治学的糟糕之处做出任何结论之前，我们往往都会把军人统治和寡头政府看作比贵族政府和民主制政府坏得多的政体，而这个事实提醒我们：事情并不像它们看上去那样。这些政治术语都不完全对应于其现代意义，尤其是民主制，虽说现代自由政府与柏拉图所说的"民主制"之间有足够的共同点，能使他的讨论引人入胜。至于"贵族政府"，用柏拉图的话说，其意思只是由最好的、最正义的人们统治的政府。它与一种人毫无关系：其祖先很富有或曾为某个国王效力，而如今这些出身优势很受重视。

这些"哲学家—国王"（即柏拉图所说的贵族）本人受制于理性，因此这种贵族政府城邦便是由各种最有智慧的原则统治着。这个可取的政治制度系列中的下一个是军人统治（称为金权政治，timocracy）：金权政治由一种高尚的激情（即对荣誉的渴望）支配，但这种激情不如理性那么高尚，因此，军人统治的城邦便逊于贵族制政府。再往下是寡头政府。寡头政府的富有精英受一种卑鄙的激情主宰，即对财富的渴望。但那些人的确具备某些美德：为了省钱，他们会做到一定程度的节俭和自控。这虽说不太重要，但至少比位于其下的民主分子稍好一些，因为后者其实毫无自控。民主分子受制于其对吃、喝、性和立即获得普遍满足的卑劣欲望。此辈管理的民主制城邦是毫无纪律的混乱之邦。至于处于这个等级中最低一层的暴君，他们甚至不受法律的约束。他们绝对为所欲为，尤其喜欢杀人，从而把民主制城邦的种种缺陷推进了一步。很显然，暴君统治的城邦将是人们所在的最劣之邦（我们将看到：即使你就住在其中，它也是最劣之邦）。

苏格拉底描述了前述四类政府是如何退化为其下一等的政府的。每一类政府都包含着使自身毁灭的种子。连理想的"贵族政府"最终都会解体。一些卫士迟早会打破交配的游戏规则（也许是无意的），而劣等卫士的数量会大大增加。优秀卫士若想向不那么好的卫士妥协，这种对游戏规则的破坏便会制造问题，而城邦也会因此滑离其和谐的理想。其中的"满怀斗志者"（high-spirited）[55]带着他们的"好胜之心和对荣誉的贪婪"，最终会把具有美德、一向退让的哲学家推到一边。由此产生的军人政体城邦（金权政治）迟早也会屈服于内乱，而内乱也许出现于其优秀公民挺身抗击异邦人的侵略之时。过分贪恋荣誉者也一定会变得过分贪恋财富，因此寡头政府的种子便会成长起来："从热爱胜利和……荣誉变为热爱金钱；他们称赞和羡慕富人，让富人执政，却蔑视穷人。"[56]不难理解，财富并不是执政能力的正确向导。"若是人们以这种方式选择航船的引航员……而不许穷人引航（哪怕穷人是更好的引航员）……那么他们的航行便会十分悲惨。"[57]穷人与富人终必互斗——阶级斗争，它一定会使这种寡头政府垮台。爱钱的人陷入拮据，会心生不满；嫉妒最终会使大量穷人起义造反并建立民主制政府。因此，对金钱的追求便从内部毁灭了寡头政府；同样，对自由的追求，最终也结束了出现于寡头政府之后的民主制政府。

民主制政府是贫苦大众的胜利。它使穷人摆脱了以前统治他们的精英，因此无疑会被欢呼为自由的胜利。但苏格拉底却指出根本就不存在民主制政府这种东西。在民主制社会中，放纵完全自由的欲望会不可避免地导致极度的奴役，而不是极度的自由。它最初似乎很吸引人：民主制城邦将会"充满自由解放和言论自由"，"人人都可以制订计划，以按照各自喜欢的方式生活"[58]。那就像"一件五颜六色的长袍，上面绣着各种不同的色调，既能装饰不同性格的人，因人而异，又能呈现最美的城邦"[59]。身披这件拼色长袍的，当然绝非"哲学家—

国王"：

> （民主制城邦对）民主的容忍……它对我们建立我们城邦时
> 做出的庄严公告的蔑视……践踏了所有这些理想，全不计较一个
> 人变为政治家以后的实际做法和生活方式，而只因为他说自己热
> 爱人民，就尊崇他！[60]

从某种意义上说，苏格拉底描述的民主制比我们所知的任何制度
都民主。它是至高的民主制。权力的分配并不依靠选举（如今，选举
被视为民主制的精华），而是通过抽签（即随机）。这似乎太极端了而
不值一提，却很接近柏拉图时代的雅典民主制。城邦的大部分事务和
许多审判都掌握在治安官手中，他们是随机选定的，任期一年。很多
更重要的政治决定都来自一些人的投票，他们只是碰巧参加了有关的
群众大会。诚然，城邦也有一些传统的卫士，其任务是保证雅典政府
的有效运作（例如，治安官上任必须通过一种简单的考试，人们也可
以通过投票罢免他）。但柏拉图认为：若在逻辑上把人民的作用推至
极端，则最能看出民主制度的天然弱点。

为了弄清民主思想，苏格拉底提议考察一种典型的民主制的特
点。这能揭示民主制的一些典型的优缺点。正如至高的民主制城邦容
忍一切，容忍每个人一样，民主分子也对一切一视同仁：

> 他把他的一切快乐都建立在平等的基础上……把他灵魂的警
> 卫室随意交给一时之乐，直至得到满足，仿佛那个警卫室一直在
> 靠抽签行事……若有人对他说：一些快乐来自高尚的、善良的欲
> 望，另一些快乐来自卑劣的欲望，我们应践行和尊重前一种欲
> 望，控制和克服后一种欲望，他的警卫室便不肯接受或不肯承认
> 这些真话。他对这样的告诫和断言摇头否认，说那些欲望都是相
> 似的，都应得到同等的尊重。[61]

民主分子也像民主制本身一样，"对一样的人与不一样的人一视

同仁，毫不区分"[62]。一切似乎都有价值，因此头脑开放（open-mind-edness）自然就变成了头脑空洞（empty-headedness）。崇拜自由、平等偶像的民主分子将成为快乐而糊涂的狂热者，迷上每一个短暂的幻想：

> 日复一日地耽迷于每天的欲望，有时狂饮贪杯，在淫靡悦耳的长笛声中放纵自己，有时只喝清水，节制饮食；时而锻炼身体，时而懒散怠惰，对一切都不关心，时而又全心研究哲学。他经常参与政治，跳起来说出他临时想到的任何事情并付诸实施。若是军人激起了他的好胜之心，他便会去挑战军人；若是富人激起了他的好胜之心，他便会去挑战富人。他的生活毫无秩序、毫无强制，但他把这种生活称作他的快乐、自由、幸福的人生，并坚持到底。[63]

因此，民主分子就成了其欲望的奴隶。结局会来得比他想得更快，因为对自由的爱会滚雪球般地增大。若一切自由都是好的，一切强制便都是坏的，公民会变得"极度敏感，以至哪怕对奴役的最轻微的暗示都会激怒他们，让他们受不了"[64]：

> 父亲习惯性地尽力模仿孩子，害怕自己的儿子……老师害怕并讨好学生，而学生也根本不听老师或学监的话……老年人让自己适应青年人，对青年人满嘴客套，和颜悦色，并模仿青年人，因为害怕自己被看作令人厌恶和专横独裁的人。[65]

苏格拉底开玩笑说，自治和自由的精神会传给不会说话的动物。连"马和驴"都会"坚持各自的最高自由和尊严，没给它们让路的人全都会被它们撞到一边"[66]，格劳孔插话说，他去乡下时，确实见过这种情况。

苏格拉底关于驴子的议论，也许根本不是说笑话。保护动物权利的活动，如今已主要在民主制国家盛行，尽管动物本身并未像苏格拉底那个小小的幻想那样会主动追求自身的权利。（当代一位动物解放论者*谈论当今的不义之举时写道："受剥削的群体本身不能提出有组织的抗议，反对其所遭受的待遇。"[67]）找出苏格拉底描述的自由社会病症的现代表现，是件十分有趣的事情：那些表现包括从"节食热"到对"政治正确的语言"的极度敏感——或像苏格拉底所言，被"对奴役的最轻微的暗示"激怒。至于柏拉图预示的这些现代生活的任何特征是否明显不受欢迎，则完全是另一回事。

人人都希望柏拉图的预断（prognosis）中的一个部分是错的，那就是：民主制会导致毁灭性的混乱。苏格拉底认为：从逻辑上说，最终必会出现这种情况，因为对一切形式的自由的渴望并不总是能在法律框架之内得到满足。（关于这个观点的一个小小的现代事例大概是：一些极端分子为了保证实验室沙鼠的自由，竟企图威胁人的生命。）他说，民主分子"最终甚至会毫不理会成文法和不成文法……因此也许哪儿都不存在控制他们的主人"[68]。正是不尊重法律以及民主制生活的其他几个特征，意外地导致了暴君上台。苏格拉底认为很可能出现这种情况。天生一意孤行的、腐败的社会成员将会发达起来，挤进名人之列，因为在一切都自由的民主制社会中，什么都不能控制他们。他们戴着人民忠仆的面具，极力敲诈富人，把富人的一部分财富据为己有。有钱人自然会抱怨这种剥夺，并试图对它采取行动，但会被谴责为企图颠覆城邦。某个有魅力的领导人会被宣布为护民官（protector）和平民保护者，反对那些阴谋颠覆城邦的富人。然后，此事会升温变热。此种护民官会"想出那种面向暴君的著名请愿，请求他为人民指定一名保卫者，以使民主制的朋友在城邦感到安全"[69]。他和他的私人军队很快就会杀灭那些自称城邦之敌的人。这个急速恶化到暴虐、凶残的统治的进程，很快便会停不下来。在暴政之下，"试图逃

---

* 即彼得·辛格（Peter Singer，1946年生），澳大利亚哲学家，其文发表于1975年。

避顺从之烟"的人们又跳入了奴役之火。[70]*

柏拉图在论述暴君特点上花的时间，比用于论述其他任何特点的都多。毕竟，暴君过着被特拉西马库斯在批判道德时描述为最值得拥有的生活。这种人会有什么样的幸福呢？苏格拉底指出，他的精神生活是真正的噩梦。仿佛是对弗洛伊德（Freud）的预示，柏拉图描述了一种夜间爆发的、被压抑的欲望。"我们的梦表明，每个人心中都存在一种危险的、狂野的、无法无天的欲望，它存在于我们这些似乎完全节制有度的人心中。"[71]这种欲望

> 在睡眠中被唤醒。此时，灵魂的其余部分（即理性的、温和的、居于主导的部分）在沉睡，而兽性的、野蛮的部分却因酒足饭饱而开始嬉戏，击退睡眠，竭力活动，以满足其自身本能……在这种情况下，已没有它不敢做的事情，因为它已摆脱了一切羞耻感和一切理性。它根本不怕试图对想象中的母亲或其他任何对象（人、神或野兽）撒谎。它随时都准备做出任何恶行。[72]

心理稳定者能克制大部分的此类欲望，暴君却日夜被它们主宰："或是其天性，或是其生活方式，或两者兼而有之，都会使他沉醉，心中充满了色欲和疯狂。"[73]他对金钱的渴望会使他去过罪恶的生活；他会被惧怕他权力的谄媚者包围。他与民众交往，通常只是为了从他们那里得到他想要的，因此友谊便是他永远不知道的一种快乐。他也不知道真正的安宁与自由，因为他一失足犯错，马上就会被他那些可怕的假朋友吞噬。像他统治的城邦一样，暴君的灵魂也一定"充满了奴役和不自由，其中最正派的部分会被奴役，其中一小部分（即最疯狂、最邪恶的部分）则成了暴君的主人"[74]。苏格拉底做了一些暗示性的类比，举出了一些大多似乎可信的例子，把暴君的灵魂说成必定是

---

* 此句原文为 "escape the smoke of submission plunge into the fire of enslavement"，套用了成语 "逃烟入火"（escape smoke plunge into fire），意为：躲过了小灾，却陷入了大难。

低劣、可怖、混乱的并往往是邪恶的：

> 他远未使他的欲望得到起码的满足，他还需要很多东西，因此，人们若懂得如何评判灵魂之不朽，他便是个名副其实的穷人。他的状态若真的像他统治的城邦，他便似乎一生都心中充满了恐惧、骚动和痛苦。[75]

暴君的根本问题是他"对自己灵魂的控制不善"[76]。他受制于自己最劣的部分，因此注定根本不会幸福。而最幸福的人与他截然相反：他受制于自己最优的部分，即理性。如此，我们便有了正义（或曰正确行为）的完整概念——这是"我们如何生活"这个问题的答案。就个人而言，正义最终就是灵魂各部分（即各种欲望）的协调。确保对荣誉、金钱、性等的欲望都处于恰当的位置，以理性指导它们，你便会成为正直而幸福的人（或至少是符合获得幸福的那些必要条件的人）。就作为整体的城邦而言，正义和幸福在于社会各部分的协调，同样由理性指导；所谓社会各部分，是指爱金钱者、爱荣誉者、爱知识者等，对应于灵魂的各个部分。现在，我们能看出特拉西马库斯见到那个理想国全景时讲的非道德论（amoralism）和"打破法律"（lawlessness）错在哪了。我们看到了他这种态度最终带来了什么，看到了他所说的那种生活或政府制度离最幸福的生活有多远。因此，苏格拉底最终取得了胜利；而在《理想国》的开头部分，他本想马上回答特拉西马库斯的观点，却未成功。

为了让自己的主要观点取胜，苏格拉底又提出了两个问题，以支持他一直在论证的所有观点。第一，爱金钱者、爱荣誉者（或其实是放纵自我、不顾道德的暴君）认为人生中其他一切欲望全都低于他那种欲望，我们对此该说什么？迷恋各种快乐的人始终会认为，他追求的那种快乐是最令人满意的。苏格拉底指出：唯一适于判断不同快乐的，是体验过所有快乐的人。苏格拉底说，此人就是"哲学家—国王"，因为他一定是走过了各种道路，才成了"哲学家—国王"。例如，他自幼便记得被那些低等欲望奴役的状态，他的生活经历也受到了理性机能的锻炼，他学到的辩证法使他最适于评估证据。因此，当"哲学家—国王"告诉我们他已发现了最佳的理性之乐时，我们便应相信其言。

第二个问题涉及苏格拉底的自辩。来自低劣事物的不纯洁快乐最终都不会得到满足，因为它们天生就极不稳定，所以它们都是虚幻的。它们是一些"混合着痛苦和真正快乐的幻象的快乐"[77]：

> 未体验过理性和美德、一向沉溺于宴饮等事的人……绝不会尝到任何稳定的或纯粹的快乐。相反，他们总是像牲畜一样低头观看。并且，由于他们的头低向了餐桌，他们就大吃大喝，脑满肠肥，乱伦通奸。为了在这些事情上胜过他人，他们用铁角和铁蹄顶撞和踢踹他人，自相残杀，因为他们的欲望无法满足。他们想要填补的那些部分，就像一条满是破洞的船。[78]

受理性主宰者有着更令人满意的吃食，因为其求知欲把他带到了更具回报的盛宴上。为返回那个比喻的洞穴，他找到了通向光明之路，看到了事物的真相，因此他知道什么对人"有益"——换言之，他知道人不同于野兽，而是具有更高尚的、更好的部分。这种想法给他带来了美德，而美德又带来了实实在在的快乐。

接着，柏拉图又让苏格拉底沉浸于幻想的数学之旅，他古怪地想以此证明："哲学家—国王"恰恰比暴君快乐 729 倍。我们还是越少谈论这个假定的笑话越好（即使这种计算是错的：按苏格拉底的思路，答案其实应是快乐 125 倍）。《理想国》结束于一个令人扫兴的结尾，即讨论人类灵魂的命运，以及对某些类型的诗歌抱有莫名其妙的敌意。不过，到了这个阶段，《理想国》这部著作已经完成了。

人们从《理想国》带走的，最通常是那个不同寻常的城邦及其那些令人难以置信的"哲学家—国王"，柏拉图把它们当作了自己观点的载体。20 世纪的一些评论者在写到希特勒法西斯主义的邪恶时曾指出：柏拉图的那个城邦是极权主义的可恶产物，其唯一价值就是它们是此类邪恶政权的最早表现。[79] *

对于柏拉图的评价，理应更好。首先，我们必须记住，他的主要目的绝非设计一个理想城邦：《理想国》旨在尽量利用城邦与灵魂的类比，去描绘正义与幸福关系的广阔画面。例如，他对暴君的分析主要是为了阐明不义者的心理，而那些"哲学家—国王"则被用作与不义者截然对立者的理想例子。他讲的故事贯穿着一个寓意：在理性的统治中能找到正义和最佳幸福。此书中其余的一切都多少是次要的。苏格拉底在此书接近结尾时明确地说：若人人都受理性主宰，"最好是让理性存在于每个人心中，并在人人自身之外无处不在"，事情便可达到最佳状态。[80]换言之，这个理想城邦的全部行政机构，还有它那些经过认真教育和管理的卫士，其实只是次好的选项；唯有人们不能正确地管理自己时，才应考虑这个选项。应强调一点：从某种意义上说，《理想国》描述的"乌托邦"因此根本就不是理想。他说，他真正主张的只是给谨慎的父母的一些指导原则：

> 我们不允许（儿童）自由，直到我们在儿童心中建立起宪法，就像在城邦中那样——办法就是把儿童身上最好的部分与我们身上最好的部分融为一体，直到我们为他们配备好他们心中的卫士和统治者，并以此代替了我们。唯有到了那个时候，我们才会让他们自由。[81]

根据他自己提出的原则，柏拉图理应非常乐于见到现代民主制的宪法安排（即让人民自由），其前提是这些安排能带来正义和幸福。

---

* 参见卡尔·波普尔的《开放社会及其敌人》（*The Open Society and Its Enemies*）。卡尔·波普尔是英籍奥地利哲学家，此书是他的社会哲学名著。

但柏拉图一直怀疑的，却正是这些安排造就正义和幸福的能力。

对他那个时代的民主制的态度，柏拉图与历史上的苏格拉底大为不同。苏格拉底似乎从不屑于仔细衡量各种政体，但我们已看到他是全心维护雅典民主制的；而柏拉图及其苏格拉底式代言人，却只在雅典民主制中看到了毫无目的的混乱和更恶劣的暴政的种子。在现代人看来，柏拉图忽视了宪法的自由的全部优点。即使他起初没有打算为任何特定的政治制度辩护，甚至即使他认为自己描述的城邦是次好的，有一点也是显而易见的：他并未充分估计到把过多的权力交到一个精英手中带来的危险。他似乎也未意识到一种思想：人们可能想靠自己去寻找幸福，并不想遵照其幸福的卫士们的指挥去寻找幸福。柏拉图虽是善良的老者，成年人却不愿被当作儿童对待。总之，柏拉图似乎没有考虑到价值的多样性和个人主义，而这两者在当代西方民主社会中备受推崇。

柏拉图并未简单地忽略这种多样性：他对民主制的态度旨在直接谈论它，其方法是把它描绘成随意的、不加选择的政治制度，只在表面上看来是令人满意的。听任人们追求自己随意选择的任何目标的结局就是：他们成为各种短暂潮流的奴隶。他指出：他们远非自己命运的主人，而是任由一切不良影响和诱惑性思想摆布。至于他提到的那些强有力的卫士，柏拉图会使其批评者认为：那些卫士所受的训练会使他们成为"（制造）公民自由的专职工匠"[82]，因此根本不必担心他们滥用权力。对于"现实中任何人都不值得信任，都没有聪明到足以担任这个角色"的责难，柏拉图会回答说，他完全知道这一点，他本人已指出：这种由智者统治的贵族政府注定会崩溃——或迟或早。他提醒我们，他只是在把理想理论化，以逃避一些务实者对他的指控，至少是暂时逃避。

但是，这些理想本身就值得怀疑。柏拉图说"团结是城邦最大的福分"[83]，这很难逃避一个裁定：他把好事说得过于虚无缥缈，把多样性供奉在了纪律的祭坛上＊。正如亚里士多德所言："有一种观点认为：城邦的统一……其影响将十分恶劣；它如同一个人想把合唱缩减为齐唱、把节奏缩减为单一节拍。"[84] 依靠"哲学家—国王"（无论他们多么有智慧）的节拍器计时，容易给城邦带来危险。亚里士多德指出，即使少数"哲学家—国王"比众人当中的任何一个都更优秀、更有智慧，也仍然会出现一种情况："若不从个人角度而从集体角度看，聚在一起的众人胜于少数优秀者，犹如多人出资襄助的盛宴胜于只由一人出钱的晚餐"[85]。公民意见若能被偶尔地听取，他们便可能避免在悬崖上行进（尽管是步行）。作为城邦设计者的"哲学家—国王"对城邦的看法不同于城邦居民，这个事实难道不是本身就有缺陷吗？亚里士多德指出："一些艺术产品不该仅由艺术家本人去判断，或不该说艺术家本人能对它做出最好的判断……房屋的使用者对房屋做出的判断，其实比建造者的更好"[86]。政治的艺术也许就是此类艺术之一。

柏拉图会再次回答说，他假想的"哲学家—国王"只是具备理想上的善和智慧，因此与这些反对意见无关。但是，理想的"善"和理想的智慧这两个概念，难道不是更易理解吗？这个麻烦的一部分也许能追溯到柏拉图提出的"善的形式"的概念，追溯到他描述的太阳和洞穴的形象（它们暗示"哲学家—国王"最终会看清"善"的形式，如白昼观物）。也许"善"根本不像太阳：即使一个人站对了地方，他也许仍旧看不见"善"。关于最有益于人的事物，若根本没有单一的、包罗一切的真理可供认识，又该如何？何况，即使存在那种单一的真理，我们能确信任何个人、任何阶级已有人发现了它吗？对这些问题的任何怀疑，必定都会使人对柏拉图造就那个城邦的愿望生疑，即使把它作为次好的选择。它把过多的权力交给了过少的人，而那些

＊ 即为了维护纪律而牺牲了多样性。

人也许无力领会柏拉图的意图。也许存在智慧，但不是完美的智慧；也许存在"善"，但绝非"善的形式"。

柏拉图的大量关于正义和幸福的大量见解和论证，在经历了这种必要的怀疑主义后幸存了下来，这对柏拉图和我们来说都是幸事。但他的《理想国》中那些街道仍然必定一直是黑暗的、荒凉的，因为从我们的视点看，他的"善的形式"永远都是漆黑的。

柏拉图想在《理想国》里论证的一个问题是：智者们所说的道德与个人利益的冲突其实是个假象。这种"冲突"基于对个人利益粗劣的、不完整的表述，因为事实表明：人的灵魂天生自私，所以，唯有它被理性和其他一些美德统治，才会达到它最幸福的存在状态。若从正确的角度看，过有道德的生活会逐渐成为一个人的优势。因此可以说，自然本身就站在了道德和理性一边，因为自然用不幸惩罚了不道德者和非理性者。现在我要讲讲《谛美斯篇》，它讲述了一个相关的故事，其规模更大。它表明了无生命的自然界也有幸为理性所控制，因为它是被一种有智能的存在（一位"巨匠"或神）创造出来的，带有其创造者理性设计的标记。柏拉图试图描述所有这些标记——从行星的运动到内脏的运动。

在基督教时代最初的 12 个世纪里，《谛美斯篇》成了西方大部分宇宙论的基础。其实，自公元 5 世纪起，这篇对话的部分拉丁语译文就是唯一常见的对自然的系统描述，直到公元 12 世纪亚里士多德等人的科学著作被译成拉丁文。《谛美斯篇》流行的部分原因是：它描述的神在必要时可被解释为创世之神（God of Genesis）。阅读《谛美斯篇》，只要不戴《圣经》的眼罩，我们便会知道："创世"需要大量想象性的解释，而基督教徒很乐于提供这种解释。柏拉图描述的神与《圣经》中的上帝的几个主要区别是：他的神并非宇宙间最重要的（"形式"才是最重要的，而"神"必定来自那些形式）；他的神并非唯一，而是有很多助手；他的神并非全能，而必须与各种自然力合作；他的神创造宇宙并非无中生有，而是使用了已有的材料；他的神对人类并无特殊兴趣——其实，这位神把造人的工作交给了一些级别低于他的神，以与那些神保持距离。

鉴于这一切，人们便想知道：中世纪的基督教徒为何会费心翻译柏拉图那些遗作。答案是，操纵对世界唯一的、详细的"科学"描述这个诱惑显然让人无法抗拒，何况《谛美斯篇》里还有其他许多让他们愉快的东西。关于那位"巨匠"（Master-Craftsman）及其工作，柏拉图写道："世界是最美的造物，他是最好的原因。"[87]《谛美斯篇》指出：宇宙的秩序和看似存在于宇宙背后的精心计划，都证明了宇宙具有某种更高、更理性的目的。《谛美斯篇》提供的解释几乎都回到了"目的"这个概念，因此，它比德谟克利特、伊壁鸠鲁、卢克莱修描述的盲目的、机械的宇宙更适合神学思想。以下这则典型的 18 世纪神学思辨片段，就严格地呼应了《谛美斯篇》的语言，说的是行星的运动和彗星的轨迹，其作者是牛顿：

> 纯机械原因造成了如此众多的有序运动，这是不可想象的……日、月、行星和彗星构成的这种最美的体系，只能来自一位有智慧的强大存在（Being）的指导与主宰。[88]

其实，这是因为被其信仰蒙蔽的牛顿一时忽视了他自己提出的运动定律，而那些定律精确地解释了"纯机械原因"何以造成了"如此众多的有序运动"。伊曼纽尔·康德比牛顿本人更理解这个思想。[89]康德主要以哲学家的身份闻名，同时也是他那个时代数学、物理学和天文学方面最博学的作者之一。康德指出了这种从天堂里变出基督教兔子[*]的尝试存在的三个漏洞。第一，看似和谐的自然大都遵循物质规律运作，因此，任何提供进一步"指导与主宰"的存在便永远处于一种危

---

[*] 原文为"to pull a Christian rabbit out of a celestial hat"，此处比喻"上帝创世"的基督教信条。

险中：越来越多的规律被人们理解后，这种存在会被人们视为多余。第二，首先用一位有智慧的存在去解释自然，会使科学家懒于去进行科学调查，因为科学家一想到自己发现的某种事物符合神的目的，便很可能不再提出疑问。第三，牛顿或柏拉图的任何论证都只能使人走到这样一步：能指出一位把已有材料组织起来的"巨匠"，却不能进而溯及一位最初的造物主（像《旧约·创世记》描述的那样）。对"物理神学"（physico-theology，康德语）类似的批判，在大约与康德同代的怀疑论哲学家大卫·休谟（David Hume，1711—1776 年）的著作中得到了出色的发展。[90]

　　这些怀疑主义的批评并未给柏拉图造成任何困扰，因为《谛美斯篇》原本并非针对任何现代意义上的宗教。柏拉图的目的是改进早期自然主义者的那些粗糙的解释，而不是为后来的基督教徒铺平道路。他认为，从泰利斯到德谟克利特等前辈，错在过分关注一个问题，即事物是由什么材料构成的。这些人寻找事物的原因时全心关注自然元素和原子，却忽略了一个大不相同、更加重要的原因。毕达哥拉斯学派在谈论自然中的数学模式时，暗示过这个难以捉摸的原因。阿那克萨哥拉斯在他对"nous"（即头脑、智能或理性）的匆匆议论中，也瞥见了这个原因。柏拉图为科学制定的新日程，已在他借苏格拉底之口说出的一段话中展示了出来，那段话引用了阿那克萨哥拉斯的理论（参见本书第 7 章开始部分）。关键在于：在利用"理性的计划"和"可被理解的模式"这些思想时，应以使事物的功能更加清晰为目的。以人为例，即可证明这一点：在解释一个人的行动时，多半都会涉及心理学和机械学；一个好的解释也必会提及此人行动的目的，即他想实现什么。无生命物也与此大致相似，而早期自然主义者并未意识到这一点。

　　我们看到，阿那克萨哥拉斯以憎恶迷信著称，尽管他几乎不曾把他的"智能"或"理性"概念运用于任何科学。面对一个畸形的动物的头，他不肯从中解读出任何超自然的信息，而只是把它解释为生理影响，就一带而过。柏拉图在探索自然事件中的"目的"（以及神的目的）的概念时，难道完全回到了"神学家"* 和神话制造者的迷信思路上了吗？其实并非如此。从某种重要意义上说，柏拉图想证明的那些目的，与神话制造者谈论的目的截然相反。神学家所作的伪解释遇到的麻烦是，他们解释的众神都反复无常。海神波塞冬造成了地震，是因为他想如此。所以，此类事件不可能预示或适应任何普遍模式，也不可能出现科学。但是，柏拉图在自然中发现的目的，却比波塞冬那些一时之念更具理性；寻找那些目的，其全部意义就是确立一种综合的模式，以建立真正的科学。柏拉图在解释日常事件的原因时并未乞灵于众神，因此并未贬低理性的解释方法。

他试图用神话语言解释他的新故事。至于他要我们如何理解他的解释，我们并不清楚。《谛美斯篇》的主要叙述者对那位"巨匠"的描述是：端着一只碗，用它混合某种"世界—灵魂"（world-soul），当时它们正自由自在地散布在他周围。这个菜单上既然有了一碗灵魂，有一点便很明显了：至少这些可口之物中的一部分不是为了被囫囵吞掉。柏拉图是想让人们真正地理解那位神（或曰"巨匠"）本身，还是只想暗示人类作品与自然作品的相似性？这个问题引起了大量争论。柏拉图的神有时似乎像"善的形式"一样抽象、一样与人无关，而根本不像一种个体存在——这两者的关系似乎起码是非常密切。这个关于解释的问题，连柏拉图的弟子们都解决不了，因此，现在并无多大希望能直接回答它。但我们还是可以在很大程度上解决这个问题，办法就是记住一点：古希腊人关于理性、心灵、目的、神性的观念与我们大不相同。

柏拉图的宇宙由理性统治，这当然是他想在《谛美斯篇》里传达

---

* theologi，亚里士多德语。

的主要信息。但他所说的理性是什么呢？回想一下他在《理想国》等著作中对人类理性的讨论，会有助于回答这个问题。在柏拉图看来，做个有理性者并非首先意味着做个冷静、精于计算和有知识的人。希腊的理性不是冷，而是热。它被恰当地界定为"（它）存在于人的心中，能使人为了某件事情活着"[91]。理性能使人认定恰当的目标，再把自己的生活集中在实现那些目标上。理性不是没有欲望或压抑欲望，而是一种控制欲望、使其以最佳方式共同运作的机能，在欲望前面悬吊某种"好事"的胡萝卜或目标为诱饵，以驱策它们前进。因此，在《理想国》里，最好的、最快乐的人便被说成了受理性统治的人，其意为他围绕着实现最终使他受益的目标安排生活，不让任何偏离正轨、冲动任性的欲望使他误入歧途。同样，社会若由那些本身最有组织的人组成，便也是在受理性的统治。那么，这种受控的、积极的理性概念，如何体现于无生命物质的环境呢？在"信息时代"，当代一些物理学家已发现：这个概念有助于把宇宙喻为一台无比巨大的计算机——它按照其"软件"（即自然规律）的指导处理信息（即各种事件）。在从 19 世纪开始的机器时代，自然的运作通常都被用机械的术语去描述：自然的统一性令人赞叹，其表现为各种自然运动的精确重复，表现为自然各个部分的完美协调。希腊人是工匠，不是机器制造者，不是信息收集者。对他们来说，运用智力的最常见表现是用易变的材料做出某件人工制品：

> 工匠们工作时，并非任意地逐一挑选和使用材料，而是考虑了每件产品应有的形式。例如，看看油漆匠、建筑者、造船者和其他一切工匠……再看看他们每个人是如何处置他以固定不变的顺序投入的每一种元素的，看看他们是如何迫使一种元素适应另一种元素并与之相协调，直到把所有的元素结合成为某种秩序良好、有条理的东西的。[92]

因此，使某种东西秩序良好、有条理（因为这体现了理性的运作），就是用一种方式把它整合起来，即让它的各个部分按照某种清晰的"形式"（或曰模式）和谐地共同运作。柏拉图所说的合理性（rationality），无论其踪迹见于一个人、一条船、一座城还是整个宇宙，无不表现为熟练地采用能达到目的的手段。无生命物可视为被和谐地组织起来，成为好用的工具，而归根结底，这就是柏拉图在谈论自然中的合理目的时想到的。这种工具很有效，其各个部分互相适应，似乎十分好用。这就是工匠对合理性和目的的认识。

在这样的图画中，神做了哪些工作？《圣经》里的上帝进场时带着他的一捆蓝图，即据以工作的各种"形式"（或曰模式），还带着一个目的，即建造并启动一个世界。但柏拉图的宇宙中没有这样一个位置。自然界的那些"形式"或蓝图已经存在。在苏格拉底与游叙弗伦关于道德价值的讨论中，我们已看到：那些"形式"就是一个良好世界最重要的蓝图，因此不可能是一位神的任意选择（参看本书第10章）。"神圣，是因为众神赞成它才神圣，还是因为神圣是神圣的，所以众神才赞成它？"通过对这个关键问题的讨论，柏拉图证明了他的神被捆住了双手——必须对这种事情做出独立的判断。各种"形式"也是如此，从"蠕虫的形式"到"善的形式"，无不如此。每一种事物（它们都是客观的、先于神的存在）都有繁荣并发挥其自然功能的、最适合自身的方式。因此，柏拉图的神的工作大多是仪式性的，即根据所提供的蓝图的指导，把材料与形式完美地结合起来。若你推断：不如此，世界就永远没有足够的时间按照这些计划发展，这便是一项至关重要的工作；而其他许多神进场时，若不允许他们携带各自的"形式"和个人理想，他们就会看不起这项工作。

所有的古希腊人，无论其哲学观点是什么，都有一个共同的"神性"概念，它与理解柏拉图的神有关，尤其与理解一个问题有关：《谛美斯篇》描述的神的行动，能在多大程度上被看作真正的、正统的《圣经》故事。古希腊人熟悉"神"（God，即一种完全脱离自然的存在）的概念，但他们对"神性"（divine，即自然中发现的一组性质）的概念却更熟悉。我们已知道：永恒、强大、超越了典型的人类的事物，通常都会被（古希腊人）界定为神性之属。"神性"一词在古希腊人当中的基本用途就是用来谈论这种事物。"具备了神性的个体存在"的概念即源自这种用法，而非源自其他解释。正如柏拉图的一位评论者所说：

> 基督教徒说"上帝就是爱"或"上帝就是善"，就是先强调了一种神秘事物（即上帝）的存在，或先把他视为理所当然，再对他做出定性判断。基督教徒向我们讲述了上帝。但古希腊人往往颠覆了这个顺序：他们说"爱就是神"或"美就是神"；他们认为根本不存在神秘的神性，而是向我们讲述"爱"与"美"，讲述任何人都不能否认的"真"。他们判断的对象（即他们谈论的事物）就是我们所知道的世界。[93]

柏拉图认为：否认神性存在的人（即无神论者）错误地以为宇宙中不存在比人类更伟大的秩序或目的。柏拉图所说的"巨匠"（或曰次等的神）完全可能是这种秩序、目的、美和有效功能最伟大的化身；但无论这位"巨匠"可能还是其他什么，他都是一种存在于宇宙中的事物，而绝不是一位遥远的创造者。正因这位神继承了他用以工作的物质材料，所以他一定会服从柏拉图所说的"形式"——秩序、美和善的形式本身。这些才是柏拉图的宗教中真正的圣物。确认了这个观点，我们便可以进一步讨论《谛美斯篇》中那些很有影响的神话，并会懂得一点：无论柏拉图是否假定存在这种"巨匠"，其哲学的全部原理都不会有太大不同。

《谛美斯篇》的本意是作为《理想国》的三部分系列思想之始，后者的写作时间大大早于前者。这三部曲意在润色关于《理想国》城邦的讨论，其方法就是讲述这种城邦会如何产生、如何对付其他城邦的故事。这个故事特别讲到了该城邦与一个所谓"亚特兰蒂斯"（Atlantis）的帝国之间的一场大规模战争，后者战败后沉入了大海。柏拉图关于"亚特兰蒂斯"的杜撰极为生动，以至于学者们和疯子们后来一直在寻找它。奇怪的是，许多寻找"亚特兰蒂斯"的人把它转换成了某种乌托邦，而柏拉图却把它描述为一个由暴君式奴役者统治的邪恶帝国。这个计划中的三部曲从未完成。我们在《谛美斯篇》的大部分段落中读到的都近于故事详述，讲的是这个世界最早的状况，讲述者是一个名叫"罗克里（在意大利）的谛美斯"［Timaeus of Locri（in Italy）］的人物，其原型可能是毕达哥拉斯学派数学家——塔伦通的阿契塔。

谛美斯在其讲话的序言里说，不可能存在他将讨论的关于物质的确定知识："我们只要列举出和其他事物一样多的可能性即可……因为我们只是凡人，我们应相信这个很可能为真的故事，不再进一步探究。"[94]作了这番提醒后，他马上开始了对宇宙明确而具体的叙述。神（或曰那位"巨匠"）创造了我们见到的这个令人愉悦的、秩序良好的世界，因为他很善良，也想让其他一切事物尽善尽美。谛美斯暗示说，以前也许存在过某个原初的世界，但它却是个十分低劣的样品。因此，神就是一位毕达哥拉斯主义者，他据以烹调出这个世界的食谱就是一本几何学教科书；而他抄写的这本书，则似乎包含着恩培多克勒和德谟克利特所作的大量注释。

最重要的是确保规则性（regularity），因为规则性就是"善"与合理性。柏拉图知道，几何学中只有五种规则固体，即五种由完全相同的平面构成的对称体。它们是正四面体（由 4 个正三角形构成的正三棱锥）、正立方体（由 6 个完全相同的正方形构成）、正八面体（由 8 个正三角形构成）、正二十面体（由 20 个正三角形构成）和近似足球的正十二面体（由 12 个正五边形构成）。这些对称的模型极为完美，以至于不能让它们留在储藏室里烂掉，因此，神铸造物质的一切形式时，便以这些几何体建筑物作为模型。前四种模型被用于构成恩培多克勒所说的四种自然元素，分别为火、土、气和水。例如，土由正立方体构成，因为正立方体被看作最稳定的规则固体，而神的工作需要一个稳定的基础。第五种模型则用于把宇宙想象成一个整体，因为这五种模型中，正十二面体最接近球体（"一种具有最大程度的完整性和均匀性的形体"[95]）。

地球这颗行星是个不动的球体，位于宇宙中央，太阳、月亮和其他行星以各种不同的速度和倾角围绕地球旋转。它们的运动形成了一个更大的天体，不但自转，而且构成了宇宙的边界和外层；装点在宇宙中的恒星，犹如穹顶上的钻石。柏拉图似乎已认识到（也许是从他在学园的同事欧多克斯那里学到的）：可以用几种匀速运动的复合影响，大致地解释人们观察到的行星运动的不规则性。匀速旋转是最佳、最完美的运动，因此被选为天体计划的基础。谛美斯说，这些庞大的规则运动的景象使人们产生了关于时间和数学的思想（"不断运动的永恒性的形象"[96]）。这甚至能解释神为何创造了它们。

在某种程度上，地球上一切事件都包含着四种自然元素的相互作用，地球上一切物质都是这四种元素的混合物。这大多是恩培多克勒的观点。柏拉图更深入了一步，从这位原子论者的著作中取出一页，用构成每一种元素和物质的微粒的形状去解释元素和物质。因此，人们触到火时感到疼痛，便是构成火的正四面体的尖角使然。但柏拉图的微粒却比德谟克利特的原子更规整、更具数学性，因为那些原子构成了大量不规则形体，而不是像柏拉图的微粒那样，构成了五种特定的形体。这两者的另一区别是：柏拉图的微粒是绝对不可分割的、基本的，它们依次组成了各种三角形，应该用这些毕达哥拉斯式形体的再结合去解释那些自然元素的转化。看来，还可以进一步把三角形本身分析为某种相应的毕达哥拉斯式数字。

这种奇特的数学幻想，反映了德谟克利特与柏拉图的物质观的最大区别，至少在物质结构的认识方面是如此。柏拉图物质体系最终的"建筑用砖"，根本不是真正的建筑用砖。它们不是固体，而是理想的数学形体。这表明了一个事实：柏拉图的神所做的工作，不是从乌有中创造出崭新的物质（任何工匠都做不到如此），而是以恰当的、合理的方式，把形式和结构强加给物质。他用没有固定形状（且无法解释）的原料工作，并以某种方式赋予它们数学的形体，以把它们变为复杂、有序的事物。谛美斯描述的那些三角形和规则固体不是神的砖头和砂浆，而是神为完成其建筑计划而使用的模型。

神的工作一直是一种艰辛的奋斗。即使他做出了他的那些元素，也无法按照自己的意愿把它们全都混合在一起。他并非无所不能。他不得不满足于固定不变的自然法则和事物的固有性质。例如，他能选择制造"气"，却不能选择用"气"去融化"土"。谛美斯谈到神时，把神描述成了在行动上具有人的理性，并说神不得不以自然力和铁的事实进行说服与协商。自然这种桀骜不驯的对抗性被称为"必然性"（ananke），德谟克利特以此词来表示无目的运作的物理原因的机械式的不可避免性。柏拉图笔下的谛美斯虽然知道存在这样的原因，但坚信这并非故事的全部："作为主宰力的心智说服了必然性，使更多的造物达及完美，以通过必然性使主体服从理性，创造出这个宇宙。"[97]幸好理性的说服工作取得了成功：必然性同意按照有益的方式工作——因为必然性有可操作的余地。

这位"巨匠"并非宇宙间唯一的神圣事物。各个天体也被看作神圣事物，因为它们是不朽的，自给自足。还有一些级别较低的神，都是这位"巨匠"制造的，谛美斯准备半认真地、多少带着几分疑虑地给他们取名为宙斯、克洛诺斯（Chronos）、赫拉（Hera）等。*他们

---

* 宙斯：古希腊神话中的主神。克洛诺斯：古希腊神话中的第二代神王。赫拉：古希腊神话中的天后。

的工作是用一些稀释过的"世界—灵魂"造出人类（而"巨匠"舀出"世界—灵魂"，是为了使各个天体运动起来，把宇宙浸在某种形式的智能里）。他们奉命完成这项工作，其方法是：把这种神圣的灵性，与他们准备按照"巨匠"的说明书制造的物体结合起来。"巨匠"告诉这些级别较低的神，他认为自己最好不要亲自完成这项工作：

> 他们（此指人类——译注）若是我所创造，若从我手中获得了生命，便会与众神相当。因此，为使他们成为凡人——你们必须根据你们的本性，让自己带上动物的外形，模仿我在创造你们时所显示的力量。一部分凡人配得上不朽之名，被称为神，他们愿意追随正义和众神者的指导原则——至于那些神，我将亲自去创造。我为这项工作开了头，便会把它交给你们。因此，你们必须将凡人与神混合起来，去造就生灵，给他们食物，使他们成长，在他们死时重新接纳他们。[98]

这些生灵可分为三个"族类"（tribes）：男人、女人和动物，全都经历着轮回转世的循环。第一代将完全是男人，其中那些精神低下者将退化为女人、鸟类、野兽或鱼类（最后一类最劣）。如此，人们便也看到了传统毕达哥拉斯主义那个数学性较弱的侧面。

转世之轮的每一次转动自有其理。有理由假定："第一代男人中的懦夫或过着不义生活的人，转世为第二代时具有了女人的性质。"[99]因此，轮回转世便被用于解释通常假定的一个事实：女人不如男人勇敢，也不如男人正直。这个思路也用于解释鸟类的存在，鸟类"是从无知又无头脑的男人中创造出来的，虽然那种男人理应思索天堂，他们却天真地以为：天上事物的最清晰证明是靠视觉获得的……他们身上长出了羽毛"。换言之，鸟类是"前人类"（ex-people），根本不知何为理性的理解方式，以为理解事物的方式只是从近处观察它们。因此，鸟类才被派去朝天雀跃，虽然其身体离永恒的事物更近，却离领

会永恒的事物更远。动物的存在是因为一些人离知识太远，以至于
"他们从不思考天堂的性质"，"他们这些习惯的后果是：他们长出了
前腿，俯首于地，其天性使他们亲近土地"。言及鱼类，谛美斯说：

> 它们由最彻底的无感觉、无知识的活物做成，其转变者（即
> 那些级别较低的神）已不再认为它们值得拥有纯净的呼吸，因为
> 它们的灵魂被各种罪过污染，已不纯洁；它们得到的不是微妙、
> 纯净的空气的营养，而是深深的、充满污泥的海洋……由此造就
> 了鱼类、牡蛎和其他水生动物，其居住地离人类最远，这是对它
> 们笨拙无知的惩罚。

这种道德家式的动物学观点见于这篇对话的最末，彼时谛美斯正
在大发议论（他们关于女人的一切议论，与他们在《理想国》中的更
严肃的讨论中的观点几乎全不一致）。在讲述这个幻想的故事之前，
是对人的生理和心理的更详细解释。在此，柏拉图想把当时医学院的
最新发现和一些普遍观点编入他那个万物的理性计划，以解释人体各
方面的有用目的。例如，谛美斯在论述骨头、骨髓、肌腱和肌肉时
说："在骨头的结合处（理性未对此处提出更多要求），他只放上了一
层薄薄的肌肉，以免影响我们身体的弯曲；而他不让骨头连在一起，
则是因为骨头若连在了一起，人便难于行动。"[100] 除了其他问题，谛美
斯还论述了人体各种器官及其在体内协调理性、激情和欲望的作用，
详细得令人倒胃。于是，肠道的作用便被说成让食物保持一段合理的
时长，以使我们不必时刻进食，"由此造成无法满足的饕餮之欲，使
全人类沦为哲学与文化之敌"[101]。

像德谟克利特一样，柏拉图笔下的谛美斯也试图用原子论解释人
的感觉。例如，冷的感觉被说成起因于较大的湿气微粒极力挤入人
体，与体内的湿气争夺空间，因此，这场战斗才会使我们发抖和打
战。如同柏拉图的前人所作的一切类似描述一样，这幅身心现象关系

图也表达了关于灵魂（或心智）的一种原始唯物主义概念：灵魂是某种游荡于体内的物质材料。灵魂可能是无形的，不知为何比其他一切都更精细，但它的确具有物质属性——例如，它能释放出各种"湿气"。道德缺陷和令人不快的感觉，也都被用物理学术语做出了解释（此法意在找出苏格拉底的"谁都不会故意犯错"的命题中的某种真理）：

> 任何人都不愿干坏事，却会因身体的失常和恶劣的教育去干坏事……痛苦亦是如此；灵魂也会因身体而变得邪恶。这是因为，体内的酸、咸的痰和其他苦涩的胆汁质在体内到处游荡，根本找不到出口，被拘禁在体内，其湿气与灵魂的运动混合起来，造成了各种疾患……它们造成了无数种坏脾气和忧郁，造成了鲁莽和怯懦，造成了健忘和愚蠢。[102]

这个因柏拉图而闻名、由各种半液体"脾气"构成的人体格局，是《谛美斯篇》绘入这幅世界常识图的要素之一；当时，这篇对话是科学知识的主要来源。《谛美斯篇》极具影响力，这个事实其实使它不可避免地成了柏拉图的名望难以摆脱的沉重负担，因为它将渐渐抹去古代和中世纪的世界图画。人们无论相信什么，都是因柏拉图而信，因此，每当人们犯了错，也都归咎于柏拉图。现代一位科学史家乔治·萨顿（George Sarton，1884—1956 年）*写道："《谛美斯篇》的影响无比巨大，但这种影响基本上是恶劣的"，并说它"迄今（指1952 年）都是淫秽与迷信之源"[103]。这位作者所说的"迷信"似乎主要是指占星术，他把占星术的流行归咎于柏拉图，这很奇怪。当然，《谛美斯篇》里有大量我们如今视为幻想垃圾的言论，这几乎毫不奇怪，因为这篇对话写于将近 2 400 年前。它的确是一篇真正的对话，大多以明显的神话术语写成，因此能使人们对它做出多种阐释。尽管

---

* 乔治·萨顿：比利时裔美国化学家、科学史家。

如此，在我们看来，它还是包含了大量的题外话，出没于篇中那些相当于死胡同处。这篇对话的很多缺点，都可以追溯到柏拉图确定的自然中的那些目的、秩序和功能。亚里士多德描绘的世界图画以某种方式改进了这幅图画，去掉了其神话色彩，日后成了前现代科学（premodern science）中一切错误的代表。

这位有目的的"巨匠"究竟造成了多大损害？必须为他（或曰为他表述的"自然"这个概念）说句公道话：他大大推动了对这个世界的混乱细节的考查。亚里士多德在生物界中寻找目的（尽管不是神的目的），成了他那个时代最成功的、以经验为据的考查者，这绝非偶然。他被达尔文视为生物学之父："林奈（Linnaeus）和居维叶（Cuvier）是我的两位神……但在亚里士多德面前，他们却只是小学生。"[104] * 亚里士多德若不相信能在墨鱼内脏中找到有目的的机制，我们就很难相信他会费心把双手深深插进那么脏的东西里。相反，再看看另一个人的态度，他认为自然的运作毫无目的，而只是受到了盲目原因的强制。卢克莱修经常抨击一些人（他们也像谛美斯那样，认为应以目的或目标去解释自然现象）：

> 我们诚心渴望你们能避免犯这方面的错误……：不可以认为造出明眸是为了让我们看见面前之物；不可以认为大腿与小腿的目的是连接双脚，是作为双脚的基础，只为了使我们能大步前行；亦不可以认为前臂是为了适合强壮的上臂，支配赋予我们的双手，使我们能做生活中应做之事。这种解释和人们做出的其他一切解释都混淆了因果，都源于滥用推理。[105]

这种现代思维方式的先声，虽然在哲学上可能合理，但应指出：卢克

---

　* 出自查尔斯·达尔文：《致威廉·奥格尔的信》（*Letter to William Ogle*，1882）。威廉·奥格尔（William Ogle，1824—1905 年）是英国医师，曾任英国皇家医学院学监和副院长。

莱修认为根本不必调查更多的眼睛、小腿、大腿和前臂（这同样绝非偶然）。你若像亚里士多德那样，认为自然中充满了柏拉图所说的目的，那么，你解析事物以找出证据，证明事物的固有功能中存在目的，便有了哲学动机。但你若像卢克莱修那样，最关心反驳迷信思想和神学思想，那么，为了抬起石块而离开正路便毫无意义，因为你只会在石块下发现大量无法解释的复杂现象。当时，人们根本无法对自然的复杂性做出真正的解释（例如达尔文那样的解释），因此，"巨匠"的假说便可能成为对科学考察的有益刺激，无论是从字面上理解它，还是把它理解为隐喻。

在某种程度上，后来的基督教时代也是如此；在基督教时代，经验性调查被过誉为揭示并因此颂扬了上帝的工作。例如在 17 世纪，威廉·哈维（William Harvey，1578—1657 年）就把他对血液循环的发现归功于他的"人体来自智能设计"的信念；大化学家罗伯特·波义耳回忆说，他曾问哈维是什么使他提出了这一革命性的思想：

> 他回答我说，他注意到人体许多部分的血管中的瓣膜既能使血液自由地流向心脏，又能阻断血液的逆向流动。他由此想象到：自然是如此富于远见，若无设计，是不可能如此地放置那么多的瓣膜；任何设计都没有（血液循环）看起来更可能像是设计使然。[106]

哈维的预感得到了证实，因此可以说，哈维利用了"巨匠"及其理性设计，即使"巨匠"其实并不存在。

连 20 世纪的一些物理学家也从《谛美斯篇》中找到了灵感，但不是从它关于"目的"或"设计"的议论中，而是从它的方法中，即把数学放在宇宙论的核心位置。因此，沃纳·海森堡才说，《谛美斯篇》中的几何形微粒在他阐述自己的量子论思想时发挥了关键作用。[107]看到了柏拉图对物质的数学描述与当今量子力学之间的相似性

的物理学家，并非只有他一位。卡尔·波普尔爵士也指出：柏拉图最
重要的物理学成就，就是他关于世界的几何理论。波普尔把这个理论
视为哥白尼、伽利略、开普勒、牛顿、麦克斯韦和爱因斯坦的工作的
共同基础。[108]这也许是稍稍过分地解读了这篇对话，但其他许多人对
这篇对话过分不足的解读却抵消了这种夸张。许多人根据对柏拉图传
统学说的认识（那种认识似乎并未以柏拉图著作文本为据），都说柏
拉图放弃了对不断变化的世界的科学知识的追求，因为他认为这种知
识低于关于那些永恒的、不可改变的"形式"的知识。柏拉图的确认
为"形式"比其他一切都重要——"形式"是他的智能宇宙的核
心——就像牛顿后来把上帝看作他那个宇宙中最重要的事物一样。谛
美斯说得很清楚："一个人有时会将对永恒事物的沉思放在一边，为
了娱乐转而去想一些现实之事……他会由此得到一种不会让他感到后
悔的快乐……得到一种有智慧的、适度的消遣。"[109]柏拉图若不赞成他
笔下这位主要人物的这个观点，就很难写出《谛美斯篇》。

通过讨论柏拉图最有影响的对话《理想国》和《谛美斯篇》，我
们发现了柏拉图的一些最深挚的信念。但我们也因此处于一种危险
中，即模糊了柏拉图学说的苏格拉底色彩，因为柏拉图比其他一切思
想家都更崇拜苏格拉底。像苏格拉底一样，柏拉图也相信唯有通过对
话才能逐步揭示真理。正因如此，柏拉图的著作才以对话为形式，至
少看似如此；其全部著作除了两篇之外（《谛美斯篇》即这两篇之一）
都是真正的探索性讨论。柏拉图让苏格拉底为其代言，既不是要放弃
己见，也不是要固执己见。

但他有时却会情不自禁。他想说的事情很多，尤其是讨论一些自
然主义哲学家，从泰利斯到德谟克利特，他们认为自然根本不存在理
性或目的；他也讨论一些相对主义、主观主义的智者。柏拉图认为，
前者的错误导致了后者的错误，因为从某种意义上说，他的各种反对
者都未用一种合理的模式去理解自然本身，以至于错把法律和道德与

客观的自然对立起来，认为这两者截然不同。柏拉图认为这两者本质相似，因为它们都体现了理性的运作。正如柏拉图的最后一部著作《法律篇》（*Laws*）里的一位发言者所说，法律和道德"都是自然的，或至少像自然一样真实，因它们皆为智能的产物"[110]。当然，不是人的智能，而是自然的智能。《谛美斯篇》旨在证明自然是智能的产物（或至少证明自然的行为很像智能的产物），因为自然体现了智能对目标或功能的适应。《理想国》旨在证明：人类的幸福依赖于发现并遵循由自然合理地指出的道路，自然已使它成了争取人类最高利益之路。柏拉图想以事例表明：只要人类愿效法苏格拉底，以正确的方式追求正确的答案，便能发现这条道路。

柏拉图去世后，柏拉图学园摇摆于柏拉图哲学个性的两极之间。有些时候，其领导者保卫并发展了他们认为的柏拉图的正面学说；还有些时候，他们继承了柏拉图思想中更具尝试性、更具质疑性、更带苏格拉底色彩的方面——尤其是在柏拉图学园的一些所谓"怀疑论"阶段（sceptical phases），其领导者是阿凯西劳斯（Arcesilaus，约公元前 315—约前 240 年）* 和后来的卡涅阿德斯（Carneades，约公元前 219—约前 129 年）。但在那之前很久，柏拉图的弟子亚里士多德就已开始了自己的哲学活动，其影响使柏拉图学说的其他一切分支都相形失色。

---

* 阿凯西劳斯：柏拉图学园第六任园长。

12

知者的大师：亚里士多德

亚里士多德若从未存在，那尝试把他虚构出来便毫无意义。谁都不会相信世上会有这样的人，而这也是说得通的。想想古代博学者（例如德谟克利特和某些智者派哲学家）那些亡佚的著作，人们便不禁会想到：即使这些人确实整理过自己的思想，写出了人们认为他们已写出的所有著作，其数量也不会像亚里士多德的著作那么多。但亚里士多德与他们不同：他现存著作的总字数接近 150 万。人们完全有理由认为这只是其全部著作的四分之一多一点；他为了发表而润色过的著作则全都亡佚了，包括数篇以柏拉图风格写成的对话。但是，他留存至今的著作已完全足以使他独占一席一地。对其著作感染力的一切可信描述，全都言之不足。

亚里士多德的现存著作都被他用来作为在学园授课的基础，那学园是他于公元前 335 年在雅典建立的，名叫"吕克昂"（Lyceum）。这些著作包括伦理学、政治理论、修辞学、诗学、宪法史、神学、动物学、气象学、天文学、物理学、化学、科学方法、解剖学、数学基础、语言、形式逻辑、推理技巧、归谬法和其他一些后世更易命名的学科的书籍。还有一些是作者身份有争议的著作，包括"经济学"（其内容其实是家政管理）和力学的书籍。亚里士多德的论著内容包括对如今被我们称作社会学、比较政治学、心理学和文学的学科进行的第一次有条理的讨论。他的政治学和诗学著作如今仍被人们研究，更不用说他的纯抽象的哲学著作了。但是，他有两项贡献却因其原创性和强大影响而位于其他贡献之上，那就是形式逻辑（它是亚里士多德的发明）和生物学（他是到那时为止最有影响力的生物考察者，直到后来的达尔文发展了这门学科）。

亚里士多德的父亲是名医生，生物学是亚里士多德最早爱上的学科。在他描述了大约 540 个生物物种的心理及行为的现存著作中，大约五分之一都基于他自己的解剖、观察和他人的报告。给亚里士多德的辛勤研究增添实质性的内容，这需要多长时间？这个问题让后世的动物学家们深感困惑，尽管他们有时会通过嘲骂他著作中难免出现的错误来掩饰其困惑。亚里士多德对反刍动物的消化系统、哺乳动物的生殖系统的一部分论述，直到 16 世纪才被人们改进；他关于心血管系统的某些方面的论述，在 18 世纪之前一直是正统理论；后人对他关于章鱼和墨鱼习性的描述的改进，甚至更晚。

像一切大科学家一样，亚里士多德有时也会被草率的概括引入歧途。例如，他得出结论说工蜂不可能是雌性，因为它们有尾刺，"而自然并未将作战武器赋予任何雌性"[1]。他还说男人的牙齿自然多于女人。一些人曾纳闷：他为何从未请亚里士多德夫人张开嘴巴，去验证他这个说法？但在当时，生着足量牙齿的成年男女只是少数。看来，亚里士多德是被他对公牛和母牛、雄鹿和雌鹿的观察误导了：那些动物中，雄性的确拥有多于雌性的、令人印象深刻的"武器装备"。总之，亚里士多德的成功远多于其失败。一本现代的胚胎学史书列出了亚里士多德 14 项最重要的胚胎学发现，并说其中有 11 项是正确的，3 项是错误的。[2]亚里士多德的一些生物学观点（关于一种星鲨和一种墨鱼）在数个世纪中一直被人误解，而事实却证明了他是正确的。

形式逻辑的科学是一种与动物学大不相同的调查。很多人都乐于观察动物，但他们若偶然碰到了形式逻辑，大都会感到气馁。逻辑虽与对亚里士多德热爱的自然的详细描述毫不沾边，但的确参与了他在生物学中使用的那种严格的分类学。他运用逻辑技能，整理和筛选出了不同类型的逻辑推理，取得了良好成果（而此前似乎谁都不曾想到要这么做）。正是亚里士多德的逻辑学研究，最终导致了数码计算机和计算机语言的发展，其间走过了数学史上的一段曲折之路，路上出现了几个有趣的路标和怪人，包括一位来自西班牙马略卡岛（Majorca）的精神错乱的神秘主义者，他设计了一种机器，用于在十字军失败后使不信教者皈依宗教；还有刘易斯·卡罗尔发明的一种令人极为心烦的棋盘游戏。19 世纪的科学家约翰·赫歇耳（John Herschel，1792—1871 年）*写道："推断最无收益，这似乎是这种最伟大的实际应用显示的结果，几乎无一例外。"[3] 他写这句话时，尚不知道这个运用形式逻辑的杰出事例的真正意义。人人皆知何为计算机；至于何为逻辑，我将在后文做出解释。

亚里士多德也许只是使我们印象深刻，但中世纪受过教育的人却靠他吃喝、靠他呼吸。400 年中，世俗的高等教育大多一直在汲取和注释亚里士多德的论著。但丁（Dante，1265—1321 年）在他的《神曲》（*Divine Comedy*）里提到"他们认识的那位大师"[4] 时，已不必提及亚里士多德的名字了。300 多年后，笛卡尔（Descartes，1596—1650 年）仍会悻悻地说："此人是何等幸运：他写的东西，无论是否经过了他的充分思索，如今都被很多人视为具有神谕般的权威性。"[5] 亚里士多德还在 20 世纪留下了他的印记，但不是因为他那些重要学说被留存下来了，而是因为他在我们的语言和思想中留下的那些概念的化石。例如，以下这些概念就来自他（大多经由对其原著的拉丁语翻译）：可能性、动力、能量、物质、质量、本质和范畴。

---

　　*　约翰·赫歇耳（Sir John Frederick William Herschel）：英国数学家、天文学家、化学家、生物学家、发明家和摄影师。

这些概念和其他一些概念，都是中世纪大学讲堂的回声，而那些讲堂本身则是亚里士多德的回声。在经院哲学那些昏暗的讲堂里，有个事实也许反映了亚里士多德的影响之广：数个世纪中，对老亚里士多德的主要批评大都仅限于他在黑板前喋喋不休时教室后面的低声私语。1641 年，笛卡尔送给一位朋友几本新书，在给后者的信里写道：

> 限于你我之间，不妨告诉你：这六卷《沉思录》（*Meditations*）包含了我的物理学的全部基础。但请勿告诉别人，因为那会使亚里士多德的支持者们更难赞成这些书。我希望读者先逐渐习惯我提出的原则，承认它们是正确的，后再注意到它们破坏了亚里士多德的原则。[6]

科学对亚里士多德的反击一旦出现，有时就是恶意的，并往往是夸张的。涉足科学的诗人约翰·德莱顿（John Dryden，1631—1700年）* 当选英国皇家学会（欧洲最早的旨在清除亚里士多德的经院哲学、推进新知识的组织之一）会员那年，写了以下的诗行[7]：

> 被动摇了的最长久暴政，
> 我们的先辈已将它背叛；
> 史塔吉拉小镇的天生自由的理性，
> 使他的火炬成了他们的宇宙之光**。

在 17 世纪，遭到伽利略、波义耳等人的重击，重重倒下、发出巨响的，正是亚里士多德的化学、物理学和宇宙学。亚里士多德的科学（除了他的生物学）都被斥为不但是捕风捉影，而且是迷失在了错

---

* 约翰·德莱顿：英国桂冠诗人、文学批评家、翻译家、剧作家，1662 年 11 月当选为英国皇家学会会员。

** 出自约翰·德莱顿：《致查尔顿博士》（*To Dr Charleton*，1662）。此段第三行中的"史塔吉拉"（Stagirite）是希腊北部小镇，为亚里士多德的出生地，在此指代亚里士多德。沃特·查尔顿（Walter Charleton，1619—1707 年）是英国自然哲学家、作家、英国皇家学会会员。

误之林。事实的确如此。但是，17世纪之所以有大量反对亚里士多德的人不公正地痛骂他，却是因为他们把他奴隶般的低劣追随者们的罪过都归咎于他。弗朗西斯·培根（Francis Bacon，1561—1626年）对亚里士多德的批评，尤其如此。培根是英国皇家学会的英雄，其著作发挥了号召科学革命的作用。他的一本出版于1620年的著作，显然是对亚里士多德关于科学方法的论著的补充。

培根还常被描述为科学革命的先知，尽管他往往不知道自己在说什么，并具备一种非凡能力，即在出现某种有趣现象时，以错误的方式观察它的能力。即使重大的科学发现砸到了他头上（就像牛顿那只著名的苹果），他显然也注意不到。他把熟人威廉·吉尔伯特（William Gilbert，1540—1603年）*提出的地磁理论斥为炼金术士的胡扯；他忽视伽利略和开普勒，因为他不理解他们的数学；他亦未认识到哥白尼的意义。尽管如此，作为宣传者，他还是在扭转潮流、反对亚里士多德和经院主义的旧世界观方面发挥了令人尊敬的作用。

培根对亚里士多德作出了两项重要的批判。第一，他宣布：亚里士多德的物理学患了恶性概念和跛脚理论的不治之症。培根这个说法是正确的（尽管他本人其实从未甩掉其中一些症状）。第二，他宣布：亚里士多德因为盲目地相信他自己编造的理论，一向忽略和轻视观察。这是培根（对亚里士多德）最有影响的批判，但完全是错误的，尽管它仍然常会得到一些人的赞同，这些人不肯费心阅读亚里士多德的著作，就去重复这个观点。

以下这段亚里士多德本人的话，写于他刚得出前述关于工蜂的错误结论之后：

> 根据理论和我们认为的有关事实，这似乎就是蜜蜂生殖的真相；但我们尚未充分掌握事实；它们若果真如此，便应相信观察

---

* 威廉·吉尔伯特：英国物理学家，提出了地磁理论。

而不是理论；唯有理论与观察到的事实确实相符，才应相信理论。[8]

他在另一处写道：总之，"我们必须调查我们说过的话，让它接受生活事实的检验；它若与事实相符，我们就必须接受它；它若与事实冲突，我们就必须认为它只是理论而已"[9]。这不仅是对目的的诚心表述，也正是亚里士多德在其全部现存的科学著作中试图做到的。事实上，亚里士多德也像英国皇家学会会员那样，受到了相同的开明的好奇心的驱动，但由于那些会员把自己看作了革命者，便不得不说服自己相信别的理论。需要更新的，与其说是亚里士多德的方法，不如说是他的结论，因为他已去世两千多年，无法亲自去更新它们。后来的思想家把他的推测变成了他们的教条，这不是他的错。

伽利略比培根更理解这一点。他承认，亚里士多德"不但承认了物理问题结论的形成方式中包括经验，甚至将经验放在第一位"[10]。想想太阳黑子的问题：太阳黑子的发现，是对亚里士多德描绘的世界图画的无情玷污（到伽利略时代，那幅图画已被推崇了一千多年）。亚里士多德指出："据我们继承的记录，全部以往时光中，最外层天体（outermost heaven）并未发生任何变化。"[11]换言之，星辰似乎都未发生多少变化。亚里士多德由此暂时得出结论说：地球大气层以外的唯一变化是整体的循环运动，因此，混乱的陆地世界完全不同于宁静的、未受玷污的天堂。事实表明，这个思想非常适合中世纪宗教的目的，因为如此区分天地似乎正是对《圣经》的附和。但是，伽利略通过他的望远镜看到了杂乱的黑子玷污了太阳表面，便认识到了天堂毕竟没那么完美，也并非那么不可改变。他还认识到："只要亚里士多德的知识中包括了我们目前的感觉证据"，亚里士多德便会改变自己对天地的认识。[12]因此，中世纪的哲学家—神父便不得不把他们的宗教幻想建立在其他某种事物上。当然，谁都无法证明：若亚里士多德见到了伽利略之所见，就一定会改变自己的思想。但也没有多少理由认为他不肯改变自己的认识。

不过，亚里士多德的科学知识探求法与培根成功宣传的探求法，这两者之间是存在着真正的区别的。它表现为这两人对技术（technology）的态度。亚里士多德根本不知道"技术"这个概念：在他看来，获得关于自然的知识，其本身就是人们想达到的目的，与发明省力的小装置毫无关系。相反，培根则是科技社会的先知。他也许不懂多少科学，但他知道自己要什么，并朦胧地看到了科学是取得想要之物的方式。必须控制大自然母亲，让她为人类的利益服务。在宣传这个崭新计划的过程中，培根敦促人们进行更多实验、更多有步骤的观察、更多科学合作。这些事情本身无一是新的，但培根对它们的大力宣传，却是对中世纪传统的有益匡正。

对于挑选和评估经验性调查资料的方法，培根进行了大量思考。遗憾的是，他本人并不十分谙于此道；但已有的事实表明：他提出的原则是合理的。他认为，提出这些原则就是提供了一种新技术，它能取代亚里士多德提倡的科研方法原则。与他的几代前人一样，培根也认为：亚里士多德宣布科学是件简单的事情，即纠正少数看似合理的普遍原理，再从中推导出尽可能多的结论，而不必费心去核对事实。在人们能看到的亚里士多德著作只有他的一部分逻辑学论著时，这个传言曾流行一时，而它是基于对那些著作的误解而产生的。被认为是亚里士多德所说的话，其实并非他真正说过的。

这也适用于亚里士多德写的其他主题，如今也常常如此。例如，很多学习戏剧的学生都相信亚里士多德的一个规定：良好的悲剧应服从所谓地点、时间、行动的"三一律"（three unities）（大致地说，就是悲剧应描写在与演出时长相等的时段内、发生在同一地点的一项主要活动）。其实，这些规则是 16 世纪* 一位意大利评论家[13]评论亚里士多德时的发明。想必亚里士多德本人是不会认下它们的。他也不会认下强加给他的那些离奇的宇宙学和物理学。一本写给外行的科学指南说，亚里士多德认为人类是整个宇宙存在的目的——万物都为了人而存在。[14]这个说法虽然纯属虚构，却在意料之中。连一位受人尊敬的科学史家都断言：亚里士多德用"垂直落体每一瞬都比前一瞬更欢欣，因为它感到自己离家更近"[15]的说法，去解释落体的加速度。亚里士多德认为世上有很多怪事，但此事却不在其中。他对加速度做出了一种得体的机械论解释（但并不正确）。关于他做出的错误表述的清单，可以不断地续写下去。

一个人若不断被误解，这通常要怪他自己。亚里士多德频遭误解，也许是因为他的著作内容混乱、自相矛盾、结构不良或这三者兼有。他的论著都很难完全避免这些瑕疵。但是，他做出古怪解释的长期传统却有一个合理的借口：他的著作并非为了发表，而它们的译文（往往是转译的，即根据阿拉伯语和其他语言转译）又多以混乱的形式传达内容。除非把他著作的局部放在整体语境（上下文）中，不然它们往往难以被人理解。这并不能作为如今人们有时仍会谈论亚里士多德古怪观点的借口。但这也是对他的惩罚，因为他的影响大得出名，以至于只有少数人才会费心去读真正由他写出的东西。

这位"知者的大师"（the master of those who know）——常常只被称为"那位哲学家"（the Philosopher）** ——于公元前 384 年出生于一方闭塞之地，即希腊北部的普通小镇史塔吉拉。他父亲是马其顿国王阿闵塔斯二世（Amyntas Ⅱ）宫廷的世袭御医。若不是父亲英年早逝，亚里士多德本来完全可能继承家族传统成为医生。父亲去世

---

* 原文中为"17 世纪"，有误，改为"16 世纪"。
** 特指亚里士多德。

后，亚里士多德17岁时去了雅典，进入了柏拉图学园，在那里度过了20年的光阴。他虽然最初似乎是柏拉图的热情追随者，但日后却大大超过了柏拉图。据称他说过："吾爱柏拉图，但更爱真理。"[16] 也许是因为柏拉图需要一位比亚里士多德更正统的继承者，所以柏拉图于公元前347年去世时，并未把他这位明星弟子指定为学园领导人——该项工作被交给了柏拉图的侄子斯珀西波斯（Speusippus，约公元前407—前339年）。于是，亚里士多德离开了雅典，12年未归。公元前343年，其家族与马其顿宫廷的关系使他得到了一份工作，即亚历山大大帝（Alexander the Great，公元前356—前323年）的家庭教师。彼时的亚历山大根本不算伟大，只有13岁。亚里士多德的生物学田野考察，大都完成于这个时期的旅行中。据说，亚历山大后来当了国王，还利用权力帮助自己昔日的老师搜集标本："命令全小亚细亚和希腊的万千民众寻找他（亚里士多德）听说产于任何地区的任何生物。"[17] 公元前335年，即亚历山大加冕后一年，亚里士多德返回雅典，建立了吕克昂学园，而他以前的那位学生则踏上了征途。此后的13年间，亚里士多德留在雅典从事教学、主持研究、撰写论著。

亚历山大于公元前323年去世时，雅典爆发了反马其顿起义；像其他城邦一样，在亚历山大统治时期，雅典也越来越受制于马其顿人。亚里士多德与马其顿王朝的关系过于密切，因此绝无安逸可享，其表现就是有人给他捏造了对城邦不忠的罪名；于是，他离开雅典，因此逃过了对他的审判。正如苏格拉底当年的遭遇一样，据说亚里士多德也不愿使雅典人"第二次犯下反哲学的罪"[18]。一年后，他在流亡中去世。

如今，易读的亚里士多德论著很少，但若与希腊早期的所有论著相比，他的论述方法却几乎是最新的，而这令人困惑。亚里士多德像现代的教授那样写作，这并非巧合，因为今天的学术研究法忠实地复制了他的方法，可以说是其方法的直系后裔。他通常都从界定其主题、精确说明准备回答哪些问题开始，然后考察一些初步的答案，分析它们，并评估反对意见。他作出一些区分，以澄清模糊和混乱之处，对仍待解决的问题作出裁决，论证自己提出的一些答案，说明（他认为的）那些答案的局限，把答案与他对其他主题的论述结合起来，再更新它们。虽然弄清亚里士多德著作中涌现的大量论证很难，但你至少始终大致知道他想做什么。

亚里士多德经历了一场又一场智力之战，对获取知识的可能性一直抱着乐观态度。他没时间理会那些自称"怀疑论者"的人（他们说一个人必须搁置自己的判断，因为真理是不可获得的）。他说"人人天生都有求知欲"[19]，并几乎毫不怀疑这种欲望终将会得到满足。他相信人们具有"求真的天然本能，并往往的确获得了真理"[20]。

尽管如此，亚里士多德还是很不满意其哲学前辈寻求真理的方式。他说：他们往往提出错误的问题，有时还混淆不同性质的问题。亚里士多德认为，应当对一个物体提出四个主要问题，并必须始终分清它们。第一，它是用什么材料做的？第二，其形式（结构）是什么？第三，它服务于什么目的？最后，是什么使它产生或什么使它变化？只有最后一个问题对应于现代意义上的"原因"（cause），但所有这四个问题通常被统称为"亚里士多德四因说"（Aristotle's four causes）——分别是材料因（material cause）、形式因（formal cause）、目的因（final cause）和动力因（efficient cause）。欲说明这四种原因，不妨以房屋为例。房屋的材料因，就是砖头、泥灰、木料和石头等东西。房屋的形式因，就是根据某种总体设计对这些成分的安排。房屋的目的因（或曰目的），就是为人们提供居所。房屋的动力因，就是房屋的建造者。这个四重框架不仅能用于解释人工产物，还能用于解释一切自然现象。

亚里士多德认为，最早的哲学家过于注意材料因，对其他几种原因关注不够。每当他们要解释某个事物，总是简单地提到他们最喜爱的物质——水、气、火其他或任何东西——似乎不知道下一步该做什么。因此，他们才未能走得太远。对心智（或曰灵魂）的早期描述似乎十分粗略，其原因就是：早期哲学家们围绕它提出的唯一问题是，它是用什么材料做的。

相反，毕达哥拉斯学派则不大关注材料因，甚至关注得太少。他们发现了一些关于形式问题的有趣答案——具体地说，他们发现了数学概念能够解释事物的结构（或构造），于是满怀热情地为了这些形式而忽略了种种材料因。正因如此，他们才近乎疯狂地提出了"万物皆数"的观点。毕达哥拉斯学派的数学思想虽然值得称赞，但他们似乎并未认识到一点：必须继续前进，回答事物是用什么材料做的，即找出材料因。欲看清事物的全景，就必须考虑所有这四种原因，不能因其中任何一种而停滞不前。

如亚里士多德所见，许多早期哲学家（尤其是德谟克利特）的思想中一个特别严重的瑕疵，就是他们未注意到最终原因（或曰目的）的重要性。其实，德谟克利特通过谈论虚空中横冲直撞的、各种形状的原子，回答了关于材料因、形式因和动力因的一切问题。物体是由什么组成的？原子。何为物体的形式？形式完全与原子有关。是什么使物体运动或变化？其他原子。但德谟克利特显然根本不想谈论"目的"。亚里士多德认为这是犯了大错。不谈物体的目的及功能，就不能解释物体的大部分性质。人们大概会困惑：亚里士多德这样一位敏锐的生物学家何以格外强烈地感到了这个缺失。答案是：不解答动植物各个局部的功能问题，又怎能对动植物做出解释呢？

柏拉图没有犯德谟克利特的忽视这些最终原因的错误。我们已看到，他极热切地强调了"目的"在自然中的作用，以至于提出了一位能把各种"目的"组织在一起的"巨匠"。但亚里士多德认为：柏拉图虽然看到了最终原因的重要性，却把种种形式因弄得无比混乱。柏拉图全部的"形式理论"，就是混淆各种真正形式的结果。如我们所见，柏拉图认为：一个事物的形式（例如一张桌子或一个美的物体的形式）是某种非物质实体，与具体的桌子或美的事物毫无关联。对材料的某种排列构成了床，这个事实可用另一个事实来解释，即那种排列是对"床的形式"（Form of Bed）的完美复制。美的物体也是如此：柏拉图让他的代言人"苏格拉底"说，美的物体"之所以美，是因为它分享了绝对的美，而无其他理由"[21]。对于此类话题，亚里士多德的观点远比柏拉图务实得多。亚里士多德写道：说存在这样的"形式"（或曰绝对性）"就是在做抽象、无益之谈"[22]。这种谈论其实解释不了任何事物。出于某些理由，他认为：不应把物体的形式看作与物体纠缠在一起的独立对象。形式更像是物体的一个方面或特征，而不是某种独立存在的东西。

亚里士多德利用这种形式概念，提出了一个关于身体与灵魂的关系的新理论。他并不认为灵魂像柏拉图采纳的俄耳甫斯式信仰认为的那样，是某种暂寓于体内的幽灵般的物质。相反，他认为：灵魂是对各种物质特征的某种安排，它能赋予身体生命，能知觉，能思考。换言之，具有灵魂就是具有一个有组织的、能以某些方式运作的身体。因此，从某种意义上说，亚里士多德是个唯物主义者，因为他否定了一个观点：除了物质之外，还有某种东西赋予了人生命，使人具有了人的特性。物质是构成灵魂的唯一材料。另一方面，他也一定不会认为仅用"灵魂是一团肉"这句话便可回答"何为灵魂"这个问题。说"灵魂是一团肉"，就是重犯了早期哲学家（例如泰利斯）的错误，因为他们从不区分形式与材料。"有灵魂"是个涉及形式的问题，与材料无关。因此，问"灵魂是由什么材料做成的"便是不得要领。亚里士多德指出："我们同样可以不理会一个不必要的问题，即灵魂与肉体是否同一——这就像我们问一块蜡和它的形式是否同一一样。"[23]

但是，亚里士多德对灵魂的一些论述仍然闪烁着老柏拉图思想的微光。柏拉图认为：人心中的神圣火花在人出生之前就已存在，在人死后仍然存在。这种火花（即灵魂）以某种方式连接着理性机能。而我们已知道：在某种意义上，理性既是支配整体宇宙的原则，又是支配柏拉图哲学中快乐的、具备美德者生活的原则。亚里士多德也认为，理性是我们身上最好的东西。他在其伦理学著作中指出：运用理性机能，为人们提供了通往最高级别的幸福之路。他若到此为止，便一切都好。但他又说：理性是灵魂中不朽的部分。何以如此呢？亚里士多德认为，由于灵魂是生命体的形式，所以推论便是：灵魂不会先于身体而存在，身体死后灵魂也不会继续存在。身体死后，灵魂必定不再存在——就像一块蜡融化后，蜡的形状也随之消失了。因此，灵魂的不朽（无论其结果如何）绝不会造成个体的不朽。至于亚里士多德何以会认为理性不朽，我们并不清楚。我们只能认为：这种思想是深嵌在他身体中的柏拉图主义碎片。

在亚里士多德的著作中，这是带有其老师柏拉图学说余音的观点之一。柏拉图把现实分为两个部分：一个是被寻常事物占据的低等领域；另一个是被理想的"形式"占据的高等领域。亚里士多德虽然反对柏拉图的这种划分，但其著作中仍有老柏拉图两个世界格局的痕迹。亚里士多德那个遥远的、可见的天界，有时会令人想到柏拉图那个不可见的"形式"领域。亚里士多德说"高等哲学的对象乃是对天界事物的更高尚兴趣"[24]时，你几乎不会猜到他说的是天文学。此话听上去更像是柏拉图在歌颂其哲学要研究的那些理想的"形式"。

现代谈论空间的科普书籍常常开始于这种华而不实的言辞。它们将我们卑微的现实环境与无垠的宇宙进行对比，通常都表达了对无垠宇宙的敬畏。但使亚里士多德印象深刻的，却不是天界之广袤，而是天界表现出的完美。他认为，天文学远不只是科学的又一个分支，因为天体（除了地球、彗星和陨星）运行有序、毫无瑕疵、永恒不变——因此是神圣的。这使天体大大不同于知识的较低分支（例如生物学和地球力学）研究的物体。静止的、无变化的事物位于宇宙完美性标尺的高端。亚里士多德常常根据这个标尺思考问题，总是热衷于发现各种层级（hierarchies）。单独面对一堆智慧砖块时，他那个爱做游戏的头脑总是把它们垒成一座金字塔，并通常都会在塔顶发现一座特别好的小金字塔。位于必死生物金字塔顶端的是人；位于精神机制金字塔顶端的是理性；位于物理现象金字塔顶端的是那些不可改变的天体。

因此，像巴门尼德和柏拉图一样，亚里士多德似乎也想到：不变与永恒本身就是高级的。但说到对平凡的、必死的事物的认识，亚里士多德却完全不赞成巴门尼德的观点，因此其观点其实也和柏拉图的不一致。巴门尼德认为：根本不存在平凡的、必死的事物，因此也不存在关于它们的知识；唯一存在的是那个不变的"一"（One）。柏拉图虽未走得如此之远，但也确实认为：关于不变的"形式"的知识优于其他各种知识。亚里士多德在原则上赞成柏拉图的一个观点：关于平凡事物的知识不知何故属于低等的知识。但他只是在原则上赞成。亚里士多德所说的"高等知识"指的是天文学知识，而不是关于那些抽象"形式"的知识。除了这个事实之外，他还承认：无论人们在理论上多么渴望获得关于不变的事物的知识，在实际中都很难得到它。因此，人们就必须设法获取平凡的知识，并且看到积极的一面：

> 由自然形成的物质中，一些是非生成的、不灭的、永恒的，另一些是生成的、会衰朽的。前者卓越、神圣，却不易被人理解，如今虽有了可能说明它们的证据，但尚缺少感觉的证据。同时，我们也掌握了关于会衰朽的植物和动物（我们就生活在它们当中）的丰富证据。我们只要肯吃足够的苦，便能收集到各种动植物的大量资料，用以确证和完善我们关于陆地事物的知识，而这是我们的优势。[25]

亚里士多德和他吕克昂学园的学生们尽他们最大可能利用了这项

优势，搜集、整理并尝试解释他们周围的大量信息，不只是生物学信息，而是关于一切存在的能够满足人们天生的"求知欲"的手段的信息。除了从事科学工作，他们还收集了158种政治体制的详细信息，汇编了体育年鉴（它在当时是一种记录历史的重要形式）、多种哲学史以及戏剧和音乐演出的记录。亚里士多德还收集了解剖图和地图，也许还收集了一些生物标本，作为其书房陈列物的一部分。

亚里士多德赞美他最喜欢的学科——动物学时说的话，表明了他与柏拉图的根本区别。柏拉图以悲观态度看待日常的世界。他认为：这个世界的一切都可悲地不符合那些理想"形式"的标准。哲学家的工作就是说服人们相信这个令人沮丧的事实，说服他们超越这个世界（至少是在他们的头脑中超越它），学会热爱"形式"。相反，亚里士多德是名乐观主义者。柏拉图想离开物质现实的那个幽暗洞穴，而亚里士多德却说：一旦你点亮那个洞穴里的灯光，它就不那么恶劣了——尤其是在你开始分辨出洞中的动物的时候。柏拉图最欣赏非现实化的、超脱现世的美；亚里士多德则最欣赏他周围所有的美。

即使最低等的生物都值得去研究，"因为每一种生物都会让我们看到某种自然的事物、看到某种美的事物"。最使亚里士多德惊奇的是："自然的运作绝无偶然性，而都最有利于实现各自的目的"[26]。他所说的"有利于实现各自的目的"的意思是：用来安排生物界中的一切事物的方式，似乎都是为了实现某个目的。可以用他所说的"最终原因"去解释这些方式。例如，眼睛各部分共同工作的方式，是为了造成视觉。因此，"看"似乎就是眼睛的最终原因或目的。亚里士多德说：眼睛各部分都在"为了"造成视觉而工作，这是理解它们的关键。狮子的利齿是为了咬死猎物、撕开其肉；植物的根向下生长（而不是向上生长）是为了获取水分；如此等等。亚里士多德承认：并不能对自然界的一切都作如此的描述。生物的一些特征并非都是"为了"任何目的。它们有的是偶然形成的，毫无理由。但亚里士多德认为：世上很多事物似乎都不是偶然的产物，而这个现象令人惊讶。

他预见到了一种反对这个说法的意见。生物学的奇迹也许真是偶然，而它们看似有目的的表现，则是错觉：

> 自然的运作为什么不应为了某个事物，也不应为了改善某个事物，而只像天上下雨那样呢？众神送雨，并非为了使庄稼生长：雨来自必然。湿气凝聚后一定会变冷，变成雨水，再次从天而降。庄稼在下雨时生长，这纯属巧合——自然中的一些部件为什么不该也来自巧合呢？例如，我们的牙齿（有利于撕开食物的锐利前齿，有利于磨碎食物的宽大白齿）为什么就该来自必然，而不是巧合使然呢？[27]

亚里士多德反对一种描述，认为它太不真实："因为牙齿和其他一切自然事物都无一例外地（或大多）以某种既定方式形成，但偶然的或自发的结果却全都不会如此真实。"[28]一些生灵碰巧有幸天生具备某些幸运的特征，这种情况也许会有，但这种情况一定不具有近于永恒的规律性。例如，设计良好的牙齿若是机会使然，那么，机会也理应造就大量设计不良的牙齿。但只要你环顾四周，你便会知道这种碰巧出现的多样性*十分鲜见。

亚里士多德的一个观点基本上是正确的：自然（给予生物）的恩惠如此常见，这绝非偶然。例如，利齿有利于狮子的捕猎和进食，这个事实的确能部分解释狮子为何有利齿，也是亚里士多德找到的主要解释。他肯定了有用性（usefulness）在生物学解释中的作用，尽管他不知道何以如此，因为他尚不知道达尔文的物竞天择论（natural selection）。例如，就狮子而言，亚里士多德并未认识到一点：长有利齿的狮子种群的繁盛，其代价是牺牲不那么幸运的狮子，牺牲后者的

---

*　指设计不良的牙齿。

结果是前者的后代更多。因此，他观察到的狮子便应是那些幸运的狮子的后代，因此也生有利齿。加上了这些达尔文主义的关键细节，你便会明白：利齿服务于一个有用的目的，这个事实有助于解释如今的狮子何以生有利齿。亚里士多德跌跌撞撞地走在了这条正确的思路上。

有了达尔文主义的细节，并不意味着我们可以没有亚里士多德的"最终原因"。恰恰相反：对物竞天择的机械论解释阐明了自然如何包含着"最终原因"，而不是自然如何抛弃了"最终原因"。这个事实被一个现象掩盖了：亚里士多德这些世俗的、大致简单的"最终原因"概念，被宗教的反启蒙主义者（obscurantist）*利用了。达尔文的物竞天择论的确证明：解释通常有益的自然运作，根本不必假定存在任何一种上帝，不必假定存在任何超自然的机械作用，不必假定生物界存在任何一种有意识的智能。但是，亚里士多德的"最终原因"最初都未涉及任何此类事物。后来的"亚里士多德主义"神学家乞灵于这些事物，并为此在柏拉图的著作中寻找支持，但那当然是另一回事。亚里士多德本人竭力说明：他说植物或动物的一些生理特征就是"为了"实现某种目标或目的，并不是说它们执行了某种有意识的意图或计划——这些生物本身并未如此，上帝或拟人化的自然也未如此。培根及其以后的其他许多人都说过，亚里士多德的"最终原因"只是一句幼稚的废话，必须清除它，才能引进成熟的科学。这句话适用于亚里士多德的某些追随者所说的伪亚里士多德的"最终原因"，但不适用于亚里士多德本人所说的"最终原因"。

欲弄清亚里士多德本人提出的"最终原因"的意义，了解一下他对"最终原因"范围的认识会有所帮助。他认为，只有三种"最终原

---

* 反启蒙主义者：反启蒙主义（obscurantism）一词源于 16 世纪，指限制探求知识、故意模糊知识的做法。18 世纪的启蒙思想家用"反启蒙主义者"来称谓知识启蒙之敌。

因"能解释为"目的"。第一种是生物的智能活动。例如，一只动物追击猎物是为了吃掉它，或一个人散步是为了锻炼身体。动物想的是肉，人想的是空气。这就是它（他）们捕猎或散步的原因。谁都不会质疑这种"目的"（或曰"最终原因"）。第二种"最终原因"也引起了争议：它们涉及人工制品（例如房屋）。我们之所以能用"最终原因"（或曰"目的"）去解释一座房屋何以会有某种屋顶，是因为建房者怀有某些目的，就像饥饿的动物和有健康意识的人一样。他脑中也有一个计划和一个目的。例如，他建造房屋也许是为了避雨，在这种情况下，我们可以说：屋顶就是"为了"保护屋中居住者，使其不被雨淋的方式。这也毫不奇怪。第三种"最终原因"见于亚里士多德的生物学著作。它解释了某些生物的特征，它们能让有关生物发挥有用的功能，例如复杂的眼睛、尖利的牙齿和植物的根系。亚里士多德强调说，此类生物学的"最终原因"与另外两种"最终原因"之间的巨大差别并不涉及任何精神活动，即并不涉及一个生物设想的任何目的。尽管如此，眼睛、牙齿和植物根部还是为了有机体（它们是那些有机体的一部分）而服务于某个目的，即使那个目的不属于任何有意识的计划；不理解它们的作用，便不能理解它们的运作方式。这是亚里士多德的理解，也解释了他的生物学解释何以谈及"最终目的"。他不知道眼睛"为什么"存在、为什么会发挥"为了（获得）视觉"的功能——他只知道眼睛就是如此运作。

我们不该被"最终（final）原因"这个词组误导，以为亚里士多德认为它们的意思就是"终极（ultimate）原因"。他认为应把它们理解为最美的原因，但一定不会认为一旦找到了某个现象的最终原因，其他一切就全都不重要了。应当继续调查其他的问题，例如探究"原因"一词的现代意义（使事物产生的先前的环境）。他不想取消这些"动力因"，不想用"最终原因"取代它们。亚里士多德的"最终原因"也不是终极的原因，即认为它们揭示了宇宙的某种整体计划。后来的许多思想家都认为：宇宙是上帝为了人的利益创造出来的；上帝安排万物的目的，是为了服务于他宠爱的造物。例如，某些动物和植物的存在是为了让人吃（本着这种精神，一位英国牧师在 1836 年提出：上帝在地球上储存的煤，是为了让人类最终能燃烧它们[29]）。但这些都和亚里士多德的思维方法无关。他的宇宙中的不同物种之间根本没有这种联系——此外，我们还将看到，亚里士多德的神毫不关心人类。在非常偶然的情况下，亚里士多德也随意写过一些话，为这种古怪思想辩护，但只是轻描淡写。有时，他把自然写成一种有智能的存在，它设计出了那些奇妙的生物机制。但那些话的语境却表明：他是在打比方，而当代生物学家也常常这么做。就其字面意义而言，（万物皆有目的）这种概念与他整体的著作格格不入。应当承认，亚里士多德也曾不经意地写道：植物"为了"动物而存在，动物"为了"人而存在。[30]但这句话的语境却再次表明，他是在暗示一点：动物吃植物，人类吃动物，其实都是一种生物在尽量利用另一种生物。

这一切的结果是：17 世纪的科学革命者否定了他们的中世纪前辈那个充满"目的"的宇宙，但其实并未推翻亚里士多德，而是回归了他的思想。笛卡尔说"我认为对最终原因进行的传统研究在物理学中将毫无用处"[31]时，并不是表示不赞成亚里士多德的思想，尽管他可能自以为如此。他说过，在生物学中，一个事物"为了"另一个事物而存在，这毫不神秘；这只是证明了他的一个信念：关于功能和组织的问题，比困扰古希腊第一批物理学家的关于物质的相对粗浅的问题更有趣。

一旦让真正的亚里士多德摆脱了中世纪（有时还要加上中世纪之后）的"亚里士多德主义"，我们便可看到：他关于自然的"有目的性"的概念中，很少有与现代科学思维方式不相容的地方。唯有一件事除外。那件事很大，但事实表明：那件事的古怪之处只涉及亚里士多德关于"有生命"和"无生命"的概念，并不涉及他关于"目的"

的概念。亚里士多德认为，至少某些天体的运动可以用"目的"来解释，而那个"目的"就是对上帝的渴望——正如但丁在《神曲》的结语中所言："是爱在推动着太阳和其他星星"[32]。这个说法当然似乎是可笑的，而但丁想表达的意思却不是这样的。爱怎么能推动星星呢？乍看上去，这句话抛弃了亚里士多德关于最终原因的所有合理之言，它似乎支持了描绘他的那幅传统图画——绘画者以超自然观解释自然，认为可以用一个简单物体（例如落石）的欲望或目的去解释它的行为。亚里士多德对天体运动的描述，的确是对于他的这种解读得以流行的主要原因。

但它仍然是个误解。关键的事实是：亚里士多德认为，恒星和行星更像动物而不像石头，它们与石头的不同之处在于它们有生命。它们若有生命，便能进行某种精神活动。这种观念虽然在我们看来很怪异，但对任何古希腊人来说都不那么怪异。基于这种客观背景，你对神性的认识中涉及星星便十分自然了——亚里士多德竟会认为星星能被欲望驱动也就没有那么奇怪了。因此，推动星星的爱就像驱使动物扑向猎物的食欲。星星的运动受它们对神的爱的影响，就像人们的行动受他们凡间情人的影响一样。无论谁会对这个故事做出什么批评，亚里士多德关于天体的说法都至少与他对"最终原因"的其他完全合理的阐述是一致的。

不过，人们很可能想知道起初亚里士多德是如何描述星星的爱情生活的。亚里士多德常说，他关于天文事物的结论都是尝试性的，这是他全部学说中最具暂时性的部分。尽管如此，在他物理学的其余部分里，他还是被这些关于神、爱和星星的卓越思想所吸引，尤其是被（他认为的）关于运动和变化的本质的有力观点所吸引。驱使星星运动的爱，就是一个他全然不知如何避开的结论。亚里士多德使自己陷入了困境。

这在某种程度上是因为，他想要处在那个特殊的困境里。存在一位神，他以某种方式启动了宇宙的活动，赋予了宇宙本质。亚里士多德认为，这个模糊的观念成为一种流传极广的信念，以至于被看作公认的事实，而优秀的科学家必须对此做出解释。从某种意义上说，"天界是有生命的"这个当时很普遍的信念同样不容置疑。大家都不大会误解这种事情。若是亚里士多德能想到的最好的物理学理论都指向那个方向（那些理论所说的神作为最高的存在却显得很小，这符合亚里士多德那些相对宽松的宗教观点），从各种角度看，这反倒更好。他的物理学中有几处被歪曲了，因为它们似乎被扯到了这个先定的神学结论上，但这种歪曲并不多见。总之，亚里士多德描绘的宇宙图画完美地连成了一个整体，而事实表明：这就是它十分流行的主要原因。我现在要大致地查看一下那幅图画——它造就了亚里士多德那首异常浪漫的天界终曲。

亚里士多德认为，物理学研究的是变化，其首要任务是：在巴门尼德的谬论（他认为根本不存在物质）和赫拉克利特的谬论（他似乎认为除原子之外只有很少的物质）之间，开辟一条中间道路。为了找到一种能避免这两种极端观点的描述，亚里士多德回到了一些基本问题上，追问究竟什么是"变化"。他说，变化必定总是涉及三个方面：变化的事物，它变化后的状态，以及它变化前的状态。以一碗正被加热的冷水为例：我们见到了一碗水，也了解水的冷热两种状态，变化就是水从前一种状态转变为后一种状态。并非所有的变化都与此例完全一样，事物的状态不一定涉及冷热等可被知觉的性质。除了性质之变，还有地点之变（即运动）和数量之变（即增减）。但是，你在每一类变化中都能见到上述三种基本成分：变化的事物，以及它"变化前"和"变化后"的状态。

这个观点，是亚里士多德改进赫拉克利特理论的基础。关于变化无处不在，赫拉克利特已说了很多，但关于变化的究竟是什么（例如那碗水），他却说得极少。这种省略就像刘易斯·卡罗尔笔下那只消

失的柴郡猫（cheshire cat）*一样古怪，这只猫的脸消失后，其微笑仍
会长久存留。没有笑的关联物，你就见不到笑。同样，若存在变化，
就一定存在正在变化的事物。从某种角度来说，变化过程中必定存在
这种事物，因此变化总是涉及某种稳定性（stability）。即使一碗水的
水温有所变化，它仍然是一碗水。由此得出的推论是：完全的流动
（即全无稳定性）不可能是赫拉克利特似乎认为的那个自然的基础，
因为那意味着无猫的微笑。

变化不但涉及稳定性的概念，而且涉及潜在性（potential）的概
念，因为事物之间的变化是有限制的。种子能变成植物，但不能变成
雕像；种子是潜在的植物，不是潜在的雕像。总之，一物从前一种状
态变为后一种状态，其实是从潜在状态变为现实状态。"潜在性"和
"现实性"这对概念如今已为人们所熟悉，都是亚里士多德发明的，
为他回答巴门尼德的问题提供了主要基础。出于种种原因，巴门尼德
认为"有"（being）不可能来自"无"（not-being），而这种不可能性
恰恰是"变化"（尽管这个概念很荒唐）一词可能暗示的意义。但亚
里士多德指出，如此谈论"有"和"无"过于粗糙、过于含糊。变化
包含着从潜在状态到现实状态的过渡，而唯有在这种清晰的、毫无疑
问的意义上，变化才是从"无"到"有"的过渡。水先有潜在的热，
然后才有现实的热。种子先是潜在的树，然后才是现实的树。这在逻
辑上毫不神秘。

亚里士多德澄清了"变化"的概念，使它得到了智力上的尊重，
然后更仔细地研究一些相关的精神因素。产生变化的，究竟是什么物
质材料？绝不是德谟克利特和卢克莱修所说的原子，因为物质无限可
分（或曰亚里士多德如此认为），所以根本不存在这种终极的微粒。

---

    * 柴郡猫：英国作家刘易斯·卡罗尔的童话《爱丽丝漫游仙境》中的虚构角色，是一
只咧着嘴笑的猫，能凭空出现或消失。它消失以后，其笑容还挂在半空中。

更不是柏拉图所说的几何形原子，因为它们是抽象的、非物质的东西，原本就绝不该留在物理学的范畴内。它们属于纯数学。因此，亚里士多德便回到了某种类似米利都学派观点的关于冷热、干湿的"两极论"；这些似乎就是陆地和空间一切能见到的变化所涉及的基本性质，至少它们是某种能让你认真思考的东西。

这些性质可能形成的四种搭配，产生了恩培多克勒的四大元素：火（干燥和热）、水（潮湿和冷）、土（冷和干燥）和气（潮湿和热）。每个事物（包括生物）都是这四种元素的混合体；每个事物的行为都符合其占支配地位的元素的特性。与恩培多克勒的那些元素不同，亚里士多德的元素全都具有潜在变化性，即这四种基本性质一旦洗牌重组，便会互变，变成其中任何一种性质——例如，潮湿之物变为干燥之物，热物变凉，等等。正因如此，炼金术才兴盛于中世纪，因为亚里士多德的论述根本没有排除一种可能性：在适当的条件下，低等金属能变成金子。但是，亚里士多德对靠物理学致富没有兴趣，只想解释自然万物的运作。太阳的热是种种元素产生各种变形的主要动力。这是变化链中能最先被观察到的环节，它引起了其他一切变化，造成了四种基本元素的相互作用。

在这个物理系统中，测量（measurement）几乎不起作用，而这正是测量成了死胡同的原因。亚里士多德摆弄着他那些元素，这有时是一种技艺表演，令人印象深刻；但经过一段时间后，这种表演却注定使人厌烦，因为它根本无法再前进哪怕一小步。他论述的主要是一些绝对概念——冷/热，上/下，轻/重，如此等等——但并未论述性质的可测量程度，而只要他还固守这些两级对立的绝对概念，他提出的物质性质的概念在科学上就不可能是精确的。亚里士多德的物理学著作达到的高度，就是对时间、空间、运动、无限这些概念的讨论，其中包括对芝诺的悖论的一些解答。相对于至少部分具有数学性质的研究，这些更抽象的领域是更可接受的。例如，他关于动力学的论述提出了第一批定量法则，旨在把各种支配物体运动速度的因素联系起来。亚里士多德的结论之所以错得出名，大多是由于他太执着于常识观察的资料，没有引进足够的理想化（idealization）资料，而牛顿发现那种资料十分有用（例如关于绝对真空中无摩擦运动的资料）。

亚里士多德未能凭着想象的飞跃，发展出牛顿力学或伽利略力学那样的理论，这大多是因为他有"忠于事实"的强烈愿望，而不是因为其 17 世纪的批判者们所说的忽视了事实。例如，他并不理解：要提出完整的运动理论，只有在常识的一些方面（它们可能会造成误解）主动地打些折扣，才能以公式表示出完全精确的规律。这种思想虽然在现代人听来会有些奇怪，但亚里士多德对开发复杂的物理学实验毫无兴趣，这点更多来自他想"紧紧抓住现象"的冲动，而绝非因为他懒于发展他的理论或满足于那些理论。他认为，"自然哲学家"的工作是发现事物的自然发展。以这个观点来看，以现代经验主义的方式给自然设置陷阱，去干预自然，便会造成错误，只会混淆事实。这种做法只会改变世界的图画，而不能揭示世界的真相。生物学解剖虽说是另一回事，但人为的实验只会歪曲事物自然的行为方式。

亚里士多德对运动的研究，就是这种被动研究法的一个绝佳的例子，也表明了他对自然之物高于一切的兴趣。亚里士多德环顾四周，似乎看到了两类运动：自然的运动和强制的运动。每一种元素都有其自然的运动形式，而"运动"的定义是：元素被释放、得以自行其是时的发展方向。土和水自然会朝着宇宙的中心运动，该中心位于我们的地心。气和火则往往朝着与之相反的方向运动。正因如此，支撑苹果的树枝一旦折断，苹果（土是其主导要素）才会下落，火苗则自然地上升。这个观点也解释了重与轻：重物都是土和水占据主导的事物，因此具有向下运动的倾向；轻物具有与之相反的倾向，因为其结构不同。重物向着地心运动，这也解释了地球何以不是扁平的而是球体。亚里士多德已知道地球是圆的——他根据几项观测（例如，地球在月球上投下了弧形阴影）得出了这个推论；但自然运动的理论也为"地球何以是球体"增添了一个很好的解释。由于来自四面八方的沉重物质在一处汇集了起来（因为此处是宇宙的中心），这种物质就以各个方向都与它距离相等的形式凝聚在这个中心周围，由此形成了球体。水不像土那样，不那么具有向下运动的倾向。气也完全不会像火那样向上运动。因此，水往往聚集于土的表面（海洋），气往往朝着低层大气运动，火则朝着高层大气运动。从这个意义上说，万物都有其自然的位置。

这并不是说万物总是留在其自然位置上，也不是说万物始终都在那里，因为这个世界忙碌而复杂，各种事物都可能影响某个特定物体的自然运动。一个重物可能被另一个重物支撑，防止了前者向地心运动。某种气体会被加热，因此上升，暂时卷起一些树叶，因此其运动截然对立于其自然的倾向（即被强制朝相反方向运动）。能干预自然运动的事物之一是生物（例如一个人）。某人可能捡起一个苹果，抛向空中，因此把一种强制运动强加给了苹果。同样，某人也可能扑灭自然上升的火苗。生物本身当然像其他一切物体一样，也有同样的自然运动和强制运动，但大多都具备使自身运动的能力。这种能力其实是动物具有生命的明确特征。对亚里士多德来说，生命的标志就是营养、繁殖、感觉、运动能力、欲望、想象和理性。一个生灵具有的这些标志越多，其在自然阶梯上的位置就越高。唯有人类才具备所有这些标志，因此人类才被视为地球上生命的最高形式。而在使自身运动方面，一切动物都高于植物。这些运动可用"最终原因"来解释：它们都是"为了"某个事物的运动。动物的运动是为了满足其需要或欲望，并得到了感觉、想象和理性（若有的话）的帮助，因为这三者能告诉它们该到何处去。总之，一切运动的事物都被某种事物驱动：高级的生命形式被其自身欲望和嗜好驱动，其他一切事物的运动则被其自身以外的事物驱动。

有人马上会想到，这个解释为亚里士多德寻找神提供了捷径。若一切无生命体都会被某种外部运动驱动，那岂不是必定存在启动一切运动的"第一原因"（First Cause）吗？亚里士多德不这样认为。首先，他指出：宇宙一直存在，所以绝不存在"第一之物"（First Anything）。中世纪的基督教、犹太教、伊斯兰教哲学家不太赞成亚里士多德思想中的这个方面。亚里士多德认为：存在一位神（或类似的事物），但这位神并没有用"第一推力"（First Push）或踢了一下，使世界运动起来。中世纪的一些哲学家——其中最著名的是圣托马斯·阿奎那（St Thomas Aquinas，1225—1274 年），其观点后来成了天主教的正统观念——试图把亚里士多德的观点加进来，以证明上帝的存在，证明上帝是启动万物运动的"第一原因"。但亚里士多德自己的寻神之路却并不这么直接。要找到最简单的路，就必须看到他的世界图画的另一半：那个部分描述的是天体，尤其是天体运动的种类。

前文已提到，亚里士多德惊异于一个事实：谁都没见过天体发生任何明显的变化，天体只是一些不停旋转的、明亮、遥远的物体。一个人当然能独立地认识到（或想到）天体的特点就是始终如一地循环运动。这个惊人的事实本身就要求人们做出某种解释，因为统一的旋转似乎不是地球上任何事物的自然运动。地球上的元素和由它们构成的万物往往会做直线运动，除非某物挡住了它们的路、阻止了它们或把反向运动强加给了它们。因此，亚里士多德认为一定还有第五种物质（substance，或后来所说的 quintessence，即精华）在做循环运动。这能解释一个事实，即天体大大不同于地上的物体，因为构成两者的材料不同。他有时把构成天体的材料称作"以太"，它借用了一个表示一种易燃物质的古语，传统上认为那种物质构成了恒星和行星。

当问到"是什么造成了这些天体的运动"时，神便进入了这幅图画。关于第五种物质（其自然的运动是旋转）的假说，虽能解释天体何以会做循环运动而不是直线运动，但不能解释天体何以是运动的而不是静止的。亚里士多德认为：即使天体永远都在运动，人们仍然想知道它们为何会运动。亚里士多德指出，使天体永远运动的不可能是任何普通的物理推力。首先，这种东西的力量不可能大到足以维持永恒的运动。何况，亚里士多德认为还存在一个更深奥的问题：无论是什么造成了天体运动，其本身都必须是不动的，因为若非如此，我们就不得不找出造成该事物运动的事物，并根本无法溯及源头。地上的运动最终能溯及天体的影响（例如太阳之热引起了万物的运动），但这个链条必须在某处终止。由此得出的推论是：无论是什么造成了天体的运动，其本身都是不动的——它是"不动的推动者"（unmoved mover）。下一步就是解释它将如何运作。

我忽然想到了一种解释方式。我想起了一个说法：动物的运动出于其各自的目的。若一头狮子看见了一匹斑马，想吃掉它，便会朝它运动，即使斑马不动，也能算作狮子运动的原因（确实，狮子可能厉害到会使斑马在原地一动不动）。这样，欲望的对象便会成为一种"不动的推动者"，而这也展示了解释天体问题的一种可能的方式。天体若有欲望（或某种类似欲望的东西），这些欲望的对象便可能是天体运动之因。它将是亚里士多德所说的"最终原因"，而不是动力因——它将是运动的目的，而不是启动运动的推力——它本身不动。这种方式恰好能解释为什么某物既能启动天体的永恒运动，又不会引来"是什么推动了推动者"的无尽追问。这种方式也便于找出一种可敬的传统思想的真理内核，那种思想就是：从某种角度来说，天体是有生命的。一些思想使亚里士多德得出了一个结论：天体的任何"不动的推动者"若要真正地运作，都必须是简单的、不变的。他还提供了一些真正的证据来证明"不动的推动者"必须是永恒的，必须没有物理尺寸和形状。由于天体是完美的，被发现的天体欲望便会很像一种智能的爱，完全不同于狮子对作为其午餐的斑马的食欲。总之，这位可爱的"不动的推动者"开始显得酷似一位神了。

有些时候，亚里士多德的头脑中充满了以上所有细节。在某一时期，他似乎认为渴望这种"不动的推动者"的，正是那些恒星和行星。后来，他得出结论说：怀有这种渴望的不是恒星和行星，而是"最外层天体"，即那个庞大的半透明球体，当时希腊所有的天文学家都认为它包含着最遥远的星星。这个球体在旋转，因为它被对"不动的推动者"产生的欲望驱动，带着周围的星星一起运动。这个带着繁星运动的球体，把它的机械力传给了其中那些较小的同轴球体，它们带着其他所有天体一起运动（每颗行星自身都是球体，还有一些中型的球体）。全部球体都像时钟一样运作，并设法自己上好发条，因为它们都有生命，都被对"形式"产生的欲望驱动。因此，才有了"推动太阳和其他星星的爱"的说法。亚里士多德接着提出了一些不太重要的观点，指出：欲解释所有能被观察到的天体运动，可能必须有十几种"不动的推动者"。但他远远不能确定这个观点是对的。他能完全确定的是：最外层天体的运动需要一个更高的"不动的推动者"，而使天体产生欲望的这个模糊对象，包含着对一位更高神明的传统信仰中的真理要素。

关于这位神，还能说些什么呢？亚里士多德没有时间去想象：众神像超速生长的人一样，对较低等的事物怀有欲望和兴趣。众神一定不会像宗教信仰（如犹太教、伊斯兰教、基督教）中所说的那样，在这个世界进行任何活动。亚里士多德用冷静的、有逻辑的头脑，去除了所有这些对神性的人类中心说（anthropocentric）解释：

> 我们认为，众神高于其他一切受赐福的、快乐的存在。但我们该让众神做出何种行动呢？正义之举吗？众神若签了合同之后退还定金，难道不是显得很不讲理吗？要么就应是面对危险时的英勇之举（因为如此方显高尚）吧？要么就应是自由之举了吧？该让哪些神做出这些行为呢？众神若真的有钱或任何类似钱的东

西，便会显得很奇怪……我们若让众神做出所有这些行为，便会
发现做出这些行为的环境十分平凡，根本配不上众神。尽管如
此，人人都还是认为众神是活着的，因此众神能做出行动；我们
不可认为众神像恩底弥翁（Endymion）*那样一直沉睡。你若不让
一个活物做出行动，更不让一个活物生产出什么，他能做的便只
有沉思了。[33]

众神通过激发最外层天体的爱，推动了它的运动，这项活动始终
包含着智能的沉思。沉思是理性最纯粹的运动，是世上最好的事情。
神只能思考他自己，因为你若是神，除了你自己，其他一切都不值得
你去思考。

对现代人来说，这一整座理化—神学的（physico-theological）大
厦完全是项荒谬绝伦的新发明。但亚里士多德却无疑会回报这番恭
维。他即使能相信我们的物理学和天文学，也永远不会理解《圣经》
或《可兰经》里的神。他认为，有一种思想是根本不值得认真思索片
刻的，即：有一个存在，他在某天早晨从乌有中变出了宇宙，然后又
忙着奖惩宇宙中少得可怜的居民。对亚里士多德来说，传统众神的神
话只是幼稚的幻想。把神的数量减至一个，再更新他的道德规范，这
算不上重大的改进。

人们不必笃信一位与此神相似的神，也可看出亚里士多德关于
"不动的推动者"的论证中存在许多大漏洞。委婉地说，他把驱策动
物或人的行动的欲望比作天体的欲望，这个类比显然有些牵强。更有
损于其论证的一点，是完全不能由此认为天体的欲望确实存在。也许
一头狮子会以为附近灌木丛中有一匹斑马，便扑了过去，却发现该处
根本没有斑马。在这种情况下，那匹想象中的斑马仍然算是狮子行动

---

* 恩底弥翁：古希腊神话中俊美的青年牧人。月亮女神塞勒涅（Selene）爱上了他，便
请求主神宙斯使他永处沉睡状态，以葆其青春。

的最终原因：狮子的行动，是"为了"那匹它以为存在的斑马。斑马是狮子行动的目标或目的，但它并不存在。也许那些天体也上了类似的当，它们的运动也许是由于它们爱上了"不动的推动者"，而事实证明那只是想象。亚里士多德关于"神的存在"的论证之所以失败了，是因为他无法排除这种可能性＊。

还有一些理由使亚里士多德相信"不动的推动者"，并使他不大介意这种批评。例如，不妨考虑下面的想法：时间不可能有始终，因为那会意味着时间之前有时间、时间之后有时间，而这两种思想都令人费解。因此，时间必须永恒不断。由此得出的推论是：变化也永恒不断，因为时间只是一种衡量变化的方式，所以，谈论一段根本不存在变化的时间便毫无意义。亚里士多德指出，这个观点若是正确的，那就必定存在某种能确保变化永不停止的东西。他提出一些理由，以解释一种思想：只有某种非物质的、永恒的、完美的事物才能确保变化永不停止；这种实体不可能把其无尽的时间浪费在任何不如纯粹的智能沉思那么重要的事情上。因此，亚里士多德便沿着另一条路找到了神。他的论证链的每一个细节都很值得质疑，但他的论证链却大多十分巧妙，利用了其著作的其他部分中阐发的思想，把它们恰当地结合在了一起。其结果就是一幅以一些复杂工具描绘的、综合性的世界图画，引起了后世十几代人的关注。

亚里士多德关于运动、时间、变化和"不动的推动者"的抽象讨论，大多见于他的物理学、宇宙学和生物学论著。这些思考是科学整体的固有部分，自然地产生于他理解世界的尝试中。但是，这些议论也见于一部如今有时被看作远离科学领域的著作中。亚里士多德关于这些学科的一些观点，在后来被编辑者命名为《形而上学》（*Meta-physics*）的一组论著中得到了阐述。当时，"形而上学"一词仅指这

＊　即神的存在可能是想象。

些书籍来自那些被归为"物理学"的书籍之后（meta）；它只是图书管理员的术语。但这个词后来有了自己的生命。到了中世纪，"形而上学"一词表示一种与"自然哲学"（即科学）大不相同的考察的一个特殊分支；"形而上学"的意思变成了"超越物理学"。后世一些哲学家怀疑这种超越的可能性，尤其是 18 世纪的大卫·休谟和 20 世纪的逻辑实证主义者。他们认为，"形而上学"是一个多少被滥用的术语。形而上学家炮制晦涩、复杂的难题，其著作只是关于智力的胡扯，毫无成果，因为它忽视经验证据和科学知识。如今，"形而上学"有时也用来表示"神秘学"（occult）。

欲理解亚里士多德在《形而上学》中想要阐发的思想，最好忽视这个术语后来的那些含义。汇集在《形而上学》标题下的 14 本论著涉及的话题很多。它们包括一部针对柏拉图对数学所作的伪神秘主义阐释的长篇批判，亚里士多德在其中指出：应把数字、点、三角形等等看作头脑中的抽象概念，而不是以某种方式独立存在的神秘之物。那些论著还包括一部词典，亚里士多德在其中探究了他在考察中使用的 30 个核心术语的含义，例如"物质""个性""质量""对立""整体""不可能"和"虚假"。他在《形而上学》的其他部分，详细讲解了他的"四因说"，并把它与早期思想家们的思想联系起来；他阐述了形式和材料之间的区别；他论述了分类和定义的原则，讨论了"统一"和"多样"的概念；他试图解决天文学中的一些数学问题；他谈论了他的神；此外，他还做了一些批判，包括批判怀疑论和相对主义，并讨论了"任何命题都不能同时既是真又是假"等基本逻辑原理。

以上话题也许看似彼此之间相关不大，但亚里士多德认为其中一个主题把大多数话题连在了一起。在《形而上学》中的几处，他谈论了他所说的"第一哲学"。大致地说，"第一哲学"似乎旨在研究一些最普遍的原理、原因和概念。它研究一切调查领域（从算术到动物学）都研究的一些普遍问题，以发现一些"普遍适用"的真理。[34] 对"四因"的考察，对形式、物质、潜在性等概念的考察，都是非常普遍的考察，普遍到足以被视为"第一哲学"。基本逻辑原理显然也足以如此。亚里士多德认为天文学和神学也是"第一哲学"，但理由并不这么清楚。它与一个事实有关：这些学科都研究最高级或最完美的事物，而那些事物最终导致了地上发生的事情。他关于"第一哲学"的主要思想似乎是：它研究最需要智慧造诣的知识，即真爱知识者最渴望得到的知识。他认为：因此，"第一哲学"研究的是关于最重要的（即最普遍的）事物（即神和其他一些不变的、永恒的事物）的真理和概念。

最普遍的概念就是"存在"（being 或 existence），它是万物绝对具有的。人们最初会以为"存在"其实是个普遍的概念，全无任何特殊性可言；但亚里士多德却设法对它做出了很多解释。他先澄清了一个说法的许多意义，即人们说某物"是"什么（'is' so-and-so）或只说"是"（is），再尽力弄清是否有一种基本的存在，其他一切存在都依赖于它。他指出有这样一种存在，比如日常物体（例如树木、岩石、植物和动物）的存在。亚里士多德认为，其他一切类型的存在都依附于这种存在。例如，当我们说某物是大的、红的或美的，"大""红""美"唯有作为某个具体对象的特征时，才能说它们"存在"。这些特征不能单独地飘在空中。这个观点截然对立于柏拉图的"形式理论"，该理论认为："红"的形式和"美"的形式比任何具体的红色事物或美的事物都更真实。柏拉图的宇宙中，"形式"的存在是首要的存在，物质世界是混乱的流（flux），只是这些真实*的不完美反映。亚里士多德认为，这是本末倒置。这种糊涂的说法妨碍了人们对"某物存在"的正确理解，而这是这些问题中最普遍的问题之一。因

---

* 指"形式"。

此，为了追求真知，就必须讨论这个问题。

　　亚里士多德对柏拉图关于数学本质的阐述的批判，就是这种对存在类型的普遍考察的一部分。他对相对主义和怀疑论的讨论也是如此，这两者都可被看作对一个问题激进的、颇具失败主义色彩的回答，该问题就是：世界上存在何种事物？但是，把亚里士多德在《形而上学》里说的每一句话尽力拼接为一个定义清晰的学科，却几乎毫无意义。亚里士多德认为，作为科学的"第一哲学"之所以不同于其他科学，大多是因其普遍性。因此，"第一哲学"的各个部分和科学调查的特定分支（例如物理学）中更具普遍性与理论性的部分，这两者必定存在大量的重叠。正因如此，（例如）在亚里士多德的《物理学》和《形而上学》里才都突然出现了"不动的推动者"。

　　后来的哲学家使用的"形而上学"一词，常与亚里士多德使用的"第一哲学"的意义大不相同，因此便应强调一点：亚里士多德并不认为"第一哲学"包含着理性洞察力的任何特殊技术。后来的形而上学家有时认为，这个学科以某种方式超越了科学考察的常规方法，所以它能依靠纯粹的理性证明世界的一些基本真理，而缓慢前行的科学却不能独立地做到这点。因此，形而上学家便像一类超级科学家（super-scientist）。但这不是亚里士多德的思想。他认为：唯有在"自然只是一个特殊种类的存在"的意义上，研究"第一哲学"的人才"高于自然哲学家"[35]；换言之，这是因为"第一哲学"研究一切种类的存在（包括数学的存在和神学的存在），而并不仅仅研究自然事物的存在。"第一哲学"也是一种传统的科学，只不过是一种非常普遍、多样、特别有益的科学。

　　逻辑学是一个与"第一哲学"（或曰形而上学）频频重叠的考察领域，可被定义为推理和证明的科学。考察最普遍、最抽象的问题时，亚里士多德完全有理由采用推理和证明的方法。若说"第一哲学"是最具普遍性的科学，那么在某种意义上，逻辑学便是最有影响的科学。逻辑学不仅是可被用于一切考察的工具，而且其本身就引人入胜。亚里士多德说，追求智慧的人"也必须考察推理的原则"[36]。他是第一个系统地考察了推理原则的人，因此也是逻辑科学的发明者。

亚里士多德把推理界定为一段论述，其中"陈述了某事，再根据此事之必然，陈述此事之外的另一事"[37]。欲领会这个思想的真谛，不妨看看以下这个不大可能为真的想法：

> 一切蛇鲨（snarks）都是可怕的怪物
>
> 一切可怕的怪物（boojums）都是华而不实（frabjous）
>
> 因此
>
> 一切蛇鲨都是华而不实*

以上几句话中，除了"一切""都是""因此"之外，都是胡扯；但任何人都知道它包含着正确的意思。根据逻辑，结论来自前提。若"蛇鲨"是"可怕的怪物"，若"可怕的怪物"是"华而不实"，其必然的结论就是："蛇鲨"也是"华而不实"。其实，根本就不存在"蛇鲨"和"华而不实"，否则，结论便会与"什么出现于什么之后"这个问题毫不相干。这个推理过程中的这些胡扯提供了一个重要的事实：推理论证是否有效——是否得出了结论——并不取决于其前提是否确实为真。亚里士多德是第一个提出"推理论证是否有效"这个问题并做出正确回答的人。

他看到：此类论证的有效性依赖于一种形式（或结构），而只要略去论证的细节，便能揭示那种形式。略去"蛇鲨"等词，所剩的就是被称为"逻辑式"（logic form）的梗概：

> 一切 A 都是 B

---

* 此段中的"蛇鲨""可怕的怪物""华而不实"三个词，均为英国作家刘易斯·卡罗尔在其作品中杜撰的。

　　一切 B 都是 C

　　因此

　　一切 A 都是 C

A、B、C 代表什么无关紧要：无论你用什么术语替换这种形式中的字母，其结果都是一种有效推理。换言之，你选择用来代替 A、B、C，并构成前两个陈述的术语若是真的，第三个陈述便自然也是真的。关于"蛇鲨"和"可怕的怪物"的论证符合这种形式，因此是真的。

　　当然，也有大量无效的论证形式。亚里士多德说："显然，一些推理是真的；另一些推理看似为真，其实不是。这种情况见于论证，亦见于其他地方，尽管真假论证之间存在某种相似性。"[38] 以下就是一个虚假论证：

　　没有一条蛇是猪

　　没有一头猪会飞

　　因此

　　没有一条蛇会飞

所有这些陈述都是真的：蛇和猪都不会飞，没有一条蛇会飞。但这个论证却是无效的，亚里士多德提出的"逻辑式"概念能证明这一点并作出解释。这个论证式如下：

　　没有一个 A 是 B

　　没有一个 B 是 C

　　因此

　　没有一个 A 是 C

这是种无效的形式，因为不可能找到使前提为真但结论为假的 A、B、C。但也有能做到类似论证的：用 A 代表鸟，用 B 代表猪，用 C 代表会飞的事物。如此，我们便得到了以下的论证式：

　　　　没有一只鸟是猪

　　　　没有一头猪会飞

　　　　因此

　　　　没有一只鸟会飞

这个论证显然是无效的，因为它把两个真的陈述放在一起，却产生了一个假的陈述。鸟绝不是猪，猪绝不会飞，但鸟显然会飞。所以，正如"**一切 A 都是 B，一切 B 都是 C，因此一切 A 都是 C**"是个无效的论证式一样，"**没有一个 A 是 B，没有一个 B 是 C，因此没有一个 A 是 C**"也必定是个假的、无效的论证式。以上关于鸟的反例证明了这一点。

　　如今，人们已很熟悉这种对一般符号（例如 A、B、C）的使用，它尤其多见于数学中，甚至见于歌词中：

　　　　看命运如何分派其礼，

　　　　因为 A 快乐，B 不快乐。

　　　　但我敢说：与 A 相比，

　　　　B 应得的荣耀更多。[39]*

利用表示数字却不代表任何具体数字的符号，能构成表示算术普遍真理的公式，例如"$x+y=y+x$"；同样，亚里士多德也能利用表示术语却不代表任何具体术语的符号，构成表示逻辑普遍真理的公式——他使用的 A、B、C 似乎发明了"变数"（variable，顾名思义，此词指可变因素）这个词，至少在这种用法上是如此。数学家们显然不准备用它代表数字，尽管他们的确用字母标出了几何图形中的线，而这

---

　　*　出自吉尔伯特与沙利文：《日本天皇》（*The Mikado*）。吉尔伯特（William S. Gilbert，1836—1911 年）是英国维多利亚时代剧作家；沙利文（Arthur Sullivan，1842—1900 年）是英国作曲家。从 1871 年到 1896 年，他们共同创作了 14 部喜剧。两幕喜剧《日本天皇》作于 1885 年。

大概就是亚里士多德这种杰出思想的萌芽。

亚里士多德提出的普遍逻辑真理涉及以下四种陈述型：一切 A 都是 B；一切 A 都不是 B；有些 A 是 B；有些 A 不是 B。他认为，每一种肯定判断（assertion）都可以归结为由两个术语（主语 A 和谓语判断 B）构成的陈述，都必定或为肯定判断，或为否定判断，或为特殊判断，或为一般判断，由此产生了这四种可能性。他提出的这些陈述型的第一类普遍真理，涉及表示主语的术语 A 与表示谓语的术语 B 的互换。他指出，"一切 A 都不是 B"和"有些 A 是 B"可以有效地互换，但"一切 A 都是 B"和"有些 A 不是 B"却不能互换。例如，若"一切 A 都不是 B"，其推论便是"一切 B 都不是 A"（例如：一切政治家都不值得信任，故一切值得信任的人都不是政治家）。同理，若"有些 A 是 B"，其推理便是"有些 B 是 A"（例如：有些律师粗心，故有些粗心者是律师）。但不能由"一切 A 都是 B"推论出"一切 B 都是 A"（例如：一切猫都是动物，但动物却不都是猫）；此外，也不能由"有些 A 不是 B"推论出"有些 B 不是 A"（例如：有些动物不是猫，却不能说有些猫不是动物）。

亚里士多德似乎认为：一切有趣的推理形式都能表示为前述蛇鲨、猪和鸟的那类论证。换言之，可以把它们列为三个陈述（包括两个前提和一个结论），其中每一个陈述都属于上述四种类型（即：一切 A 都是 B；一切 A 都不是 B；有些 A 是 B；有些 A 不是 B）之一。这种论证后来被称作"三段论"（syllogisms）；根据亚里士多德针对三段论的主要分类法，三段论有 192 种可能的排列式，其中 14 种是真实有效的。根据这个分类系统，亚里士多德提出了三段论的几种一般规则。其中两种最简单的规则是：每一个有效的三段论都包含至少一个肯定性前提（affirmative premise，即"一切 A 都是 B"或"有些 A 是 B"）。

亚里士多德指出：有四种三段论是"完美的"或"完整的"，因为人人都能立刻看出其有效性。他用了各种方法，把另外 10 种三段论中的每一种都与这 4 种三段论中的一种联系起来。他证明：由于那4 种形式完美的三段论是有效的，所以另外 10 种三段论也是有效的。

通过从 4 种完美的三段论形式中引出全部有效的三段论形式（也通过证明这 4 种形式分别对应某一条普遍规则的实例，兹不赘述），亚里士多德建立了一个令人印象深刻的逻辑体系，连他自己都引以为荣（而这本不是他的作风）。直到 19 世纪末，几乎每个对逻辑学感兴趣的人似乎都认为不可能对逻辑学做出重大改进了。可做之事只有正确地学会逻辑学。中世纪的学生学会了一些怪异的记忆术诗歌，以帮助他们记下上帝的三段论启示：

> Barbara celarent darii ferio baralipton
>
> Celantes dabitis fapesmo frisesomorum；
>
> Cesare camperstres festino baroco；darapti
>
> Felapton disamis datisi bocardo ferison[40] *.

这段咒语般的四行诗（其中包括一些三段论的名称）包含着一些译成了密码的信息，告诉学生哪些三段论是有效的，并说明了怎样把其中每一种与那四种完美的三段论联系起来。

很长一段时期之后，人们才发现：除了亚里士多德提出的那些三段论，逻辑学里还有其他内容。1787 年，康德写道，亚里士多德逻辑学"从各个方面看都是一个封闭、完整的学说体系"[41]。19 世纪一本由一位大主教写的流行一时的逻辑学教科书说，亚里士多德的三段论是"一切正确的推理最终都会产生的形式"[42]。1843 年，约翰·斯图亚特·穆勒（John Stuart Mill，1806—1873 年）仍然写道：亚里士多

---

　* 出自谢里伍德的威廉（William of Shyreswood，1190—1249 年）的《逻辑学导论》（*Introductiones in Logicam*）。谢里伍德的威廉是英国逻辑学家，任教于巴黎大学。他的《逻辑学导论》是 13 世纪欧洲四种主要逻辑学教科书之一。

德那些完美的三段论式是"一切正确推论的万能类型"[43]。但到那时，英国数学家、哲学家奥古斯都·德·摩根（Augustus de Morgan，1806—1876 年）其实已明确宣布：亚里士多德的逻辑学远非万能，因为它连"马头是动物的头"都证明不了。[44]换言之，它证明不了"马是动物，因此马头是动物的头"那种推论是真实有效的，因为此类推论不能表述成亚里士多德的三段论式。

总之，事实表明：亚里士多德的三段论体系大多适用于跟他喜爱的陈述（"一切 A 都是 B""有些 A 是 B"等）有关的推论，却不适用于其他许多有用的推理形式。例如，它不适用于论证"若动力失灵，时钟就会停摆"那样的复合句，因此不能做出以下这类推论：

> 若动力失灵，时钟就会停摆
>
> 时钟并未停摆
>
> 因此
>
> 动力并未失灵。

针对此类推理的研究被叫作"命题逻辑学"（propositional logic），因为它必须用变数表示"动力失灵了"那种完整的命题，但亚里士多德的逻辑学体系却只用 A 和 B 表示"鸟"和"飞"那种主语和谓语。在命题逻辑中，用字母 P 表示"动力失灵了"，用字母 Q 表示"时钟已经（或即将）停摆"；这种推理的逻辑式可以表示为"若 P，则 Q；因此，非 P"。

亚里士多德时代之后不久，被称为斯多噶学派（Stoics）的哲学家们研究了这种推理，发展出了一个逻辑体系，它在一定程度上能解决上述问题。[45]但是，由于斯多噶学派通常都被视为亚里士多德的对手，而亚里士多德被视为极具智慧，所以人们普遍认为：斯多噶学派的逻辑学一定是错误的，从而使这种逻辑学多半被忽视了。事实上，这两个逻辑学体系并非互相竞争，而是互为补充。正如后来的逻辑学家终于认识到的那样，亚里士多德的逻辑学需要斯多噶学派的命题逻辑学的补充，反之亦然。

亚里士多德的逻辑学也需要扩展，以处理涉及所谓"相对性"术语（'relative' terms）的陈述，那种术语表示两个或两个以上对象之间的关系（例如"……高于……""……等于……""……是……之父"），因为亚里士多德的三段论无法表达它们。（德·摩根那个关于马头的例子即属于这种推理，因为它涉及了关系，即"……是……的头"。）公元 2 世纪的希腊哲学家、医生盖伦认识到：需要一种能表示各种关系的逻辑学。他迟疑地提出了这种体系的一些起点。[46]但是，他的很多逻辑学著作也像斯多噶学派的逻辑学著作一样，被遗忘了，遗失了，这也许是因为无人知道怎样使它们符合亚里士多德的逻辑学。再说，这种补充还意味着必须学会更多记忆术诗歌。直到 19 世纪末都很少有人认识到：逻辑学家应更多关注斯多噶学派和盖伦，而对亚里士多德少一点关注。

17 世纪博学的哲学家莱布尼茨预见到现代逻辑学的一些特点。他的逻辑学著作直到他去世后很久才出版，他的暗示也是过了一段时间才被人们接受。莱布尼茨是第一批充分理解亚里士多德使用变数的意义的哲学家之一。在亚里士多德提出的 A 和 B 的三段论里，莱布尼茨看到了"某种普遍的数学，人们对其重要性知之甚少"[47]。他知道亚里士多德的三段论不能表示所有种类的推理，但相信一个扩展了的逻辑体系若建立在亚里士多德的洞察力基础上，尤其是它若能找到一种驾驭数学技巧的方式，便能做到这一点。从 19 岁起，莱布尼茨就梦想有一种普遍的语言，它能以数学方式表示推理法则：

> 校正我们的推理的唯一方式，就是使它们像数学家运用的推理那样能被理解，遂使我们一眼即可看出我们的错误；而若人们当中出现了争论，我们也能简单地说：我们不妨不做别的事情，

先计算一下，看看到底谁对。单词若能按照我认为可能的那种方式构成（但那些构建普遍语言的人尚未发现那种方式），我们就能仅靠单词本身得到想要的结果。但与此同时，我们面前也有了一种不那么简洁的方式，它包括像数学家那样利用字母，那些字母适于校正我们的思想，为我们的思想增添数字的根据。[48]

莱布尼茨怀着狂热的乐观主义，认为利用这样的计算就能解决一切智能争论。这显然走得太远了，因为争论大多并不涉及逻辑观，而是涉及对事实的看法，而莱布尼茨设想的数学方法毕竟不能证明全部的逻辑真理。不过，他想创造"一种语言，其符号或字母能像算术符号和几何符号那样表示一般的量"[49]的强烈愿望，却带有预见性。

莱布尼茨关于计算语言的思想，部分地受到了拉蒙·卢尔（Ramon Lull，1232—1315 年）*那项出名的怪异计划的启发。卢尔是名好色的廷臣，经历了一次格外不幸的艳遇之后，做了修士。卢尔认为：只要能使伊斯兰教信徒（大概也包括一切多疑的托马斯**）理解基督教上帝的美德的各种组合，他们便能领悟基督教的真理。他设计了多种机械装置和图表，以展示代表上帝属性（例如"善""不朽""伟大"）的象征符号的组合。[50]他认为，只要在这些小装置上花点儿心思，目的就能达到。这一堆愚蠢发明的逻辑指针源自一种思想：对符号的巧妙操纵，能在推理过程中发挥作用。这种思想使莱布尼茨想到：可以把逻辑学简化为纯粹的机械过程，用于得出无可辩驳的结论，就像数学家们有时做的那样。

托马斯·霍布斯（Thomas Hobbes，1588—1679 年）已表达过一

---

　* 拉蒙·卢尔：中世纪西班牙马略卡王国（Kingdom of Majorca）作家、神学家、圣方济会修士、诗人、数学家、逻辑学家。

　** 多疑的托马斯（doubting Thomases）：托马斯（又译多马）是《新约》中耶稣的门徒，声称除非看到并触摸到耶稣的身体，否则不相信他已复活。此词后来比喻怀疑一切证据、笃信眼见为实的人。

种思想，即推理确实能成为一种计算形式：

> 我所说的推理（ratiocination）意为计算（computation）。注意：计算或是收集多个事物相加之和，或是了解从一个事物中减去另一事物之所余。一切推理均可理解为头脑的两种操作，即加和减。[51]

霍布斯既无数学之才，又无进一步推广这种思想的打算。莱布尼茨虽然两者兼具，但依然走得不是很远。他把数学公式比作日常的陈述句，玩弄概念的算术，提出了一些定理，能从中推导出一个完整的逻辑体系，其风格就像欧几里得几何学的证明。但像他的其他许多计划一样，他并未执着于这个计划太久。接过这个任务的，是乔治·布尔（George Boole，1815—1864 年）[52] 和奥古斯都·德·摩根这两位更具献身精神的英国数学家。布尔草创了类代数（algebra of classes，可用于表示亚里士多德三段论）和命题逻辑代数（algebra of propositional logic）。德·摩根创立了初级的关系代数（rudimentary algebra of relations）。因此，终于可以证明"马头是动物的头"了。

19 世纪后期，美国哲学家皮尔斯（C. S. Peirce，1839—1914 年）[53]、德国数学家弗雷格（Gottlob Frege，1848—1925 年）[54] 分别大致完成了基本逻辑学的收尾工作。弗雷格去世后享尽了荣誉，但他提出的那些记号并不可用，而最近的学术也证明：在逻辑学的发展中，弗雷格著作所发挥的作用也小于很多史书所言。[55] 1910—1913 年，伯特兰·罗素及其从前的老师怀特海出版了他们的《数学原理》（*Principia Mathematica*），此书综合并发展了后来以数理逻辑学（mathematical logic）之名著称的学术成果。从此，逻辑学研究和计算研究便交织在了一起[56]，而这正好符合莱布尼茨的设想。20 世纪 20 年代，一些机械的程序（即一些关于机器能完成的工作的规则）被发明出来，以检验《数学原理》中的定理是否符合其中的公理。这是计算机语言发展道路上的关键一步，也是逻辑演算（logical calculi）的后代。1938年，事实有效地表明：电气控制线路开关的设置，可被视为对应着命题逻辑学的公式，"开"和"关"则分别被解释为"真"和"伪"（正如布尔在其命题逻辑代数中把"真"和"伪"等同于"1"和"0"那样）。当今，数理逻辑和形式体系的多样研究中的一部分由纯数学家进行，另一部分则由计算机科学家进行。而在这个题目的各个领域，哲学家随时都会突然出现。

这些思想都始于亚里士多德的那些 A 和 B，但其中很多思想显然都出现在如今的综合逻辑演算和计算机语言问世以前。亚里士多德本人的逻辑学范围过窄，也许应主要归因于最先使他创立逻辑学的东西。逻辑学在现代的发展大多由这样一些人推动：他们或对澄清数学证明有兴趣，或对把全部逻辑推理转变为某种数学推理有兴趣，或对这两者都有兴趣。亚里士多德的目的与他们不同。他的逻辑推理法既未如此受到任何特定数学方法的影响，也未受到"研究所有不同推理形式"这种欲望的驱动，而是出于对苏格拉底使用的论证法的特殊兴趣。亚里士多德的三段论似乎恰好适用于苏格拉底的那些质询；问题在于那些三段论不大适用于其他的质询。

在柏拉图的《对话录》中，苏格拉底的调查似乎总是结束于谈论某一类事物是否具有某种特性。关于正义的事例都证明了"一报还一报"（returning what was owed）吗？众神所爱的事物都是神圣的吗？在辩论中，苏格拉底常常要求对方做出一个定义，以表明（例如）一切与正义有关的事例的共同点。他的对手若企图仅凭一些关于正义的事例就议论真理，苏格拉底便会反驳说，他感兴趣的是正义**是**什么，因此必须了解**一切**正义之举的真正性质。若是幸运，他便会得到双方一致同意的、形式为"一切正义之举都如何如何"的命题，由此推导出逻辑的结论，并认真考虑一些明显的例外情况，构想出新的概括性命题。亚里士多德似乎惊讶于一个事实：这种讨论总是涉及所有的

A、一些 A、没有一个 A 以及它们是不是 B 的陈述。也许正因如此，他在出色地分析了这些陈述之后，却总是不肯费心在其逻辑学著作中进一步考察它们。

对三段论及其 A 和 B 的考察，只是亚里士多德逻辑学著作的一部分。它是最具独创性的部分，但其逻辑学著作中还有一些很有影响的或好或坏的东西，被中世纪的宗教狂热主义者仔细研究，其部分原因也许是历史的偶然：亚里士多德的第一批著作被译成了拉丁文。一篇题为《论题篇》（*Topics*）的论文大多是一些关于技巧的手稿，意在赢得辩论，而辩论在亚里士多德的时代很受欢迎，是能吸引众多观众的比赛。此文附录了各种辩论谬误，并说明了怎样防止它们出现，以免辩论失败。亚里士多德指出，《论题篇》提供的训练法有助于服务于一些严肃的目的（例如科学研究），因为那种方法使人更易看出良好推理与不良推理之别。它包括了十分复杂的分析，但亚里士多德还提供了一些毫无启发性的技巧，教人们如何使对手上当：（诸如）故作啰啰唆唆，加快语速，尽量惹怒对手。对现代人来说，这些做法都和逻辑学没有多大关系。亚里士多德的另外两篇论文讨论了逻辑学研究的一些准备：一篇讨论各种命题、命题的相互关系、关于真实和意义的一些问题；另一篇讨论各种组成命题的术语。

一篇更为重要的论文考察了"科学三段论"（scientific syllogisms）。它多少被看作了文艺复兴时期以前科学研究法的"圣经"，而人们在读到它提出的戒条时都十分惊讶。亚里士多德关于"首要原则"（一切科学证明都应从它们开始）的讨论，似乎都以几何学为模型，都模仿了几何学的做法，即从一组基本定义、基本假定和不容置疑的公理推导出各种定理。他大概认为各种科学最终都能被压缩为一种纯数学的形式，因为他说过：真正的科学知识包含着"必然性"的真理（不可能不为真的真理），这些真理都涉及永恒、不变的事物。乍一看，这个观点是不可理解的：它怎么能和他的生物学考察相一致呢？例如，星鲨毫无永恒可言，但亚里士多德却似乎对找出星鲨的永恒性很感兴趣。这是科学吗？这就像亚里士多德背弃了他自己对柏拉图的批判，并回到了柏拉图的一个观点上：关于不可变的、尘世之外的事物的知识，乃是世上唯一的真知。

亚里士多德并未提供足够详细的事例，以使人绝对相信他理解了自己关于科学证明首要原则的见解。但他描述的却似乎是一个理想，科学的每个分支都应以它为目标。当时最发达的科学是几何学，因此亚里士多德似乎认为：科学考察的其他各个分支最终都有幸达到了几何学的高度。那些分支将包括一组排列成推理链的真理，以这种方式使人知道每一个如此推导出来的结论不可能不真，就像在几何学中那样。关于星鲨和永恒，亚里士多德的思想似乎是：一门先进的科学首先应关心每一类对象的普遍真理，再从这个意义上研究那些永恒的真理，就像几何学那样。例如，作为个体的奶牛死亡时虽已不再是反刍动物，但（亚里士多德认为）"奶牛是反刍动物"依然是关于这个物种的基本真理。名为黛西（Daisy）的奶牛会死，但牛科反刍动物（class of bovine ruminants）仍会继续它们的反刍活动。因此，动物学家便可放心地认为：动物学的那些"定理"会永远为真，如同几何学定理那样。

亚里士多德把科学描述为三段论的几何学式生发，这是一种可以让人抱有希望的预期：他声称一切资料均已收集完毕，接着热切地讨论起一个有趣的问题，即怎样将那些资料组合成公理、定义、定理等。亚里士多德似乎知道，这意味着他的描述尚不能用于任何真正的科学（当然，几何学本身除外），因为已完成的研究尚嫌不足。这大概就是他从未尝试完成一项徒劳无功的任务（即把他自己的科学著作译成三段论格式）的原因，除了偶尔为了解释某个观点而以三段论的形式呈现。至于收集第一手科学资料，亚里士多德认为除了"去寻找"（go and find out）之外没有更多办法。这与有经验的研究者的洞察力和艰苦工作有关，而与逻辑学家抽象的独创能力无关。因此，其实亚里士多德根本没有描述实际的科研方法。他的描述更像为已知一切的人提供的簿记（book-keeping）。在以后的几个世纪中，亚里士多德所有关于这些问题的思想被一些人滥用了，他们关注他的逻辑学论著，却贬损（或不知道）他的科学论著。这些中世纪学者想省去实际调查，集中研究三段论。这种对定义和推理的毫无意义的搅弄，就是弗朗西斯·培根等人加给所谓"亚里士多德科研法"恶名的由来。

因此，亚里士多德的逻辑学便无意间造成了后来的麻烦。他的三段论一般理论的寿命，最终超过了其有用性的寿命，阻碍了推理逻辑的发展，因为他说出了关于逻辑学的第一句话这个事实，给其崇拜者留下了深刻的印象，以至于他们以为他想必也已说出了逻辑学的最后一句话。他关于科学证明的理论（或称"科学三段论"）使人们低估了经验性研究的作用，因为其他的崇拜者们把亚里士多德对理想科学的性质的抽象调查，当成了过早地放弃实地调查的借口。

亚里士多德写道："寻求各类事物中就主体性质而言的精确性，乃是受过教育者的标志。"[57] 例如，精确性可以成为数学努力追求的一种看似合理的目标，因为在其他地方，寻求不只是粗略概括的东西往往是幼稚的。亚里士多德有时会忘记自己提出的良好建议，而一旦涉及道德和政治的主题，他就能充分意识到其中不存在任何精确的公理：

> 对行为问题的叙述必定都是概述，而不是任何精确的描述……有关行为的问题，有关什么对我们有益的问题，全都没有固定性，如同有关健康的问题那样。这种叙述是一般性的，而对特殊情况的叙述则更缺少精确性；因为……在每一种情况下，行为者自己都会考虑什么样的行为是适应场合的，就像医学或航海

中遇到的情况一样。[58]

　　生活太过复杂，以至于不能用一份列有"应该"和"不该"的清单作为指导。你若打算写出一套关于怎样生活的完整规则，它们便必定是复杂的，且会受制于种种条件，以至于毫无实际用途。确实存在一些不容更改的规则（例如不可杀人、不可偷盗），但它们只能解决一些简单的恼人的问题，而根据定义，它们几乎都是正确的。（唯有杀戮被错误地算作谋杀时，"不可杀人"的含义才大致等于"不可作恶"[*]。）在一个混乱的世界中分辨是非善恶，需要当事者的人品、经验和公正的判断。这些都能引导当事者克服困难，帮助他认清生活的目标。

　　这种务实、灵活的方法，与柏拉图谈论道德喜用的方法大为不同。伦理学若像亚里士多德可能认为的那样，并不只是构想出一些普遍规则，那它便不会像柏拉图理解的那样是一门那么需要智能的学科了。柏拉图认为，可以从抽象的角度认识"善"（the good）的性质，其方法就是思考"善"的各种实例的共同点。经过几乎一生的令人精疲力竭的研究和单调乏味的准备，柏拉图的那些"哲学家—国王"瞥见了"善的形式"（the form of the good），于是便能一口气地回答一切关于什么是"善"、什么不是"善"的问题。然后，他们会为其他人拟制法律，就是那样。再没有道德难题。我们看到，柏拉图并不期望真的出现这种情况，但这个故事的寓意却已十分清楚：抓住了"善的形式"（或像他常说的那样，抓住了"善本身"），其余一切便都是无关紧要的细节了。

　　亚里士多德认为这太干净利落了。他有理由对一个问题感到困

---

　　[*] 原文：Only killings that are wrongful count as murder，so 'do not commit murder' is not much more informative than 'do not do wrong'. 其中的引文出自《旧约·出埃及记》第 20 章第 13 节，通译为"不可杀人"。

惑：这种"善的形式"与其他任何事物有什么关系？例如，柏拉图描绘的这幅图画认为"善"只有一种：一个好人，一座好房，一只好的小鸡，都因其与"善的形式"的联系而被认为属于同一类"善"。亚里士多德反驳说：这不可能是正确的，因为说事物好（或坏）包含着许多不同的意义，那些意义因被议论的对象而大不相同。"善本身"的概念若能适用于这么多不同的事物，那它究竟有什么用呢？人们毕竟会对一种情况心生几分怀疑：似乎谁都不曾使用过"善"的这个普遍标准或尺度。你若想做个好医生，你就必须学医；你若想做个好木匠，你就必须掌握木料和工具的知识。"善的形式"与此无关。假如某件事情真的属于生活的艺术，你若想知道如何在那种艺术领域表现出色，你必须调查的便是人性的细节和人类生活的独特环境。

这就是亚里士多德的伦理学著作所要做的事情。像在他的全部考察中一样，他的方法也是说明被普遍观察到的事实，由此提出并完善关于它们的公认观点。因此，事实证明他并不是像苏格拉底和柏拉图那样的道德革命家，便毫不奇怪了。我们知道，指导苏格拉底的主要不是传统的道德观念（mores），而是强大的良知，它告诉苏格拉底：最重要的是不伤害别人。保持并增强灵魂的纯洁性这个需要，意味着他得采取一些不合常规的生存方式，其中包括逆来顺受的圣徒式的生存方式。对柏拉图来说，良知的种种要求也像"善本身"的那些要求一样，披上了更具智能色彩的外衣。他的那些理想虽然大多一直是抽象的，虽然令人感到舒适，但仍然是一些高得不同寻常的标准，至少在理论上是如此。他在《理想国》中主张的一些改革（例如男女平等、强制领导者过贫困生活的政治制度），都充满了令人震惊的革新精神。

亚里士多德发现：受过教育的开明人士所赞美的传统价值并无太多可争论之处。这并未使他的道德哲学令人生厌，因为赞同传统道德观念是一回事，而能对它们做作出解释、说明它们的意义，则完全是另一回事。他的确做了这个尝试，以至于试图解释奴隶制并证明其合理性；而其他希腊思想家却只是把奴隶制看作一种不可避免的生活现实，大多不予置评。亚里士多德宣讲了别人实际在做却并不明说之事*，其观点在道德上也许是保守的，但在智能上却是大胆的。总之，若把苏格拉底和柏拉图的道德哲学比作试图改写一个俱乐部的某些规则，那就可以说：亚里士多德更关心阐明该俱乐部的现有制度，考虑如何尽量使其成员遵照该制度行事。这并不是说他不假思索地接受了全部传统价值：他知道"旧的习俗极其简单和野蛮……古代法律的遗存十分荒谬"。旧的规则"不应总是一成不变"。但另一方面，做出改变又必须非常谨慎，因为"把旧法律变成新法律的意愿会削弱法律的力量"[59]。

　　亚里士多德关于伦理和生活的艺术的第一个问题是："何为人的'善'？"这并不仅仅意味着"什么使人道德高尚？"或"人们的利益彼此冲突时，人们该怎么做？"他感兴趣的问题的范围更广，而不仅仅是我们所说的（符合）道德的行为。他在探询人的"善"时提出："什么是人生的目标？是什么使人生完整？"他说，多少显得有些老生常谈的对这两个问题的回答是"eudaimonia"，此词通常被译作"幸福"（happiness）。这个译法，使这个回答听起来不能让现代人信服：除了感到幸福，难道人生真的没有其他追求了吗？但其实，"eudaimonia"仅指十分宽泛的英语意义上的"幸福"，因为它既有"成功的、令人羡慕的生活及十足的好运"的含义，亦指心灵的满足状态。当时，一本位于畅销书单榜首的励志书，完全可能有这样一个书名：《人人幸福指南：怎样获得成功、令人羡慕并总像得到众神赐福》（*Eudaimonia for Everyone：How to be Successful，Admired and Generally as if Blessed by the Gods*）。因此，亚里士多德认为人们应

---

　　* 指奴隶制。

当赞成"人生的目标是幸福",便不是毫无道理的。但他又说,人生的真正任务仍是找到这句话的确切含义。

亚里士多德认为:大众往往认为人生的目标是快乐(pleasure)。但那是一种低等的生存,只适于野兽。"修养更高、天性进取"[60]的人,似乎都愿把荣誉和声望这类源自人们在公共事业中取得的成功的东西看作人生目标。出于另一种不同理由,这又是一种十分肤浅的生活方式。这种荣誉只反映了其他人偶然的看法:一个人的完美幸福,真的会取决于其他人反复无常的看法吗?何况,人们想要的也不是来自随便什么人的赞誉,而是来自判断力良好者的赞誉;不只是对任何旧事的赞誉,还有对其美德的赞誉。因此,认为大众的赞誉本身比受到赞誉的美德更有价值,这似乎就是本末倒置。人们受赞誉是因为他们值得钦佩,并非因为他们受赞誉才值得钦佩。所以,荣誉和赞美本身便不可能是人生的目标。

这使人认为人生的目标也许是具备一切美德(virtues,或称"各种卓越之处",即"varieties of excellence",它在希腊语里的意思相当于"一切美德"),无论人们是否公开承认这一点。但这个观点也不完全正确。首先,它太消极了。亚里士多德认为美德是禀赋或能力。从理论上说,一个人可以具备一组美德而不必实际去做任何事情。其次,即使一个人遵照美德行事,表现出了各方面的卓越,却仍然可能不够(幸福),因为他可能突遭不幸(生病、破产、失去朋友或家人),"谁都不会说这种不幸者是幸福的"。人生中的这些狂风会吹落幸福之花。亚里士多德也很快地反驳了"财富能成为美好生活的关键"的思想。金钱唯有能发挥其作用(即作为达到目的的手段),才值得拥有。

为了进一步论述,亚里士多德提出:认真考察"人是什么"也许很有益处。他认为,这种考察能告诉我们人的"功能"(function)是什么,进而能告诉我们何为良好地发挥了人的功能:

正像长笛手、雕刻家或任何艺术家那样，或（一般而言）正像一切具有功能或活动的事物那样，"善"都被视为寓于功能之中，因此，人若具有功能，便似乎亦应如此。那么，是不是木匠和制革工人具有某些功能或活动，而人却天生不具备任何功能呢？或问：由于眼、手、足和（一般而言）人体每一种器官显然都具备某种功能，会有人认为人还具备所有这些功能之外的功能吗？[61]

正如我们已在亚里士多德的生物学中所见，要求一个生物（或其器官）具备某种功能，其实就是要求它去做其典型的、自然的事情。因此，眼睛的功能便是看，而眼睛之"善"便是能看清楚。人们会自然地去做各种事情。人会吃东西、呼吸、观看、睡眠、行动、思考等。但其他动物大多也会做这些事情，因此这些事情不能算作人的特有功能的一部分。亚里士多德说：去掉了人和其他动物的这些共有活动，人所剩的便是理性或智能。人的以不同方式包含了智能的活动，正是人区别于其他动物的标志，因此智能就是人的功能，也是发现"幸福"的关键。

人的典型的、自然的活动包括制订计划、心怀动机、推测结果、努力解决问题、采取有意图的行动、思考并研究事物。这些活动都涉及智能。因此，人的"善"便完全涉及这每一种活动或是"符合卓越的恰当形式"[62]。换言之，善良、幸福之人的活动和行为，能展示出与每一种智能活动领域及理性思想相应的美德。他必须不但是一两次如此行事，而且是在复杂的生活环境中如此行事，"因为一燕不成夏，一天亦不成夏，所以，一天或一小段时间亦不能使一个人幸福和快乐"[63]。我们已看到厄运会吹落幸福之花，所以，一个人欲被视为享有最佳的生存状态，也需要好运的合理补充，需要"足够的外部之'善'"[64]，其中一些（例如健康）是福乐的必要前提，另一些（例如财富）则是做出高尚之举的有用工具。

尽管如此，符合美德的活动仍是主要的，因此一个人必须更认真地思考它。亚里士多德把人的卓越的主要形式分成了两种：性格的美德（即道德的美德）和智能的美德。这两种美德都与理性相连。智能的美德（例如擅长做计划和智能洞察力）就是理性本身的体现；道德的美德（例如勇敢和慷慨）则被说成"听命于"理性或受理性指导。智能的美德涉及冷静地制订计划、推测结果和权衡环境；道德的美德则使人惯以某些方式行动。它们使一个人想做某些事情。因此，通过这两类美德的共同作用，一个人便产生了正确的行动。

亚里士多德指出，道德的美德既非天生，亦非不自然。最好把它们看作后天获得、因反复使用而得到巩固的秉性。例如，具备慷慨的性格，就是无论何时出现恰当机会都慷慨行事，而你越是抓住这些机会，你的慷慨秉性就会越巩固。恶德（vices）同理。悭吝者是经常选择按照悭吝的方式行事的人，他越是如此，他就越会变成顽固的悭吝人。亚里士多德认为：由于恶德皆为往日选择之果，每个人便都应在道德上对其恶德负责。他承认：一种习惯一旦根深蒂固，你便无法摆脱。但他还是坚决认为：放任自己养成了某种习惯的人，最终都要对此负责。

美德和恶德若都是后天获得的秉性，都要以某种方式表现，那它们之间的本质区别又是什么呢？亚里士多德指出，这种区别在于一个事实，即在生活的每一个领域，一个人会以两种截然对立的方式犯错误：大体来说，一种是做得或感觉做得过少；另一种是做得或感觉做得过多。恶德"在激情和行为的恰当性方面（做得或感觉做得）或者过少、或者过多"[65]，因此，每一种美德都是在位于美德两边的恶德之间取中的一种能力。且以那些要求自信和无畏行动的环境为例。位于勇敢的美德一边的恶德是鲁莽，另一边的恶德是怯懦。位于谦逊的美德一边的恶德是无耻，另一边的恶德是羞怯。一切性格中的美德都是如此。总之：

> 道德的卓越涉及激情和行为，有过度、不足和适中之分。例如：畏惧、自信、爱、愤怒、怜悯以及一般的快乐和痛苦，都会使人感到过多或过少皆为不佳；但在正确的时间感到它们，对象正确，方式也正确，就是折中的和最佳的，而这正是卓越的典型特征。同样，我们也把行为分为过分的、不足的和适中的……过分是失败的一种形式，不足也是失败的一种形式，适中则受人赞扬，因此是一种成功的形式。[66]

在这番话里，亚里士多德不仅是在唱对中庸（moderation）的令人提不起兴趣的赞歌。此话的意思并不是要找出如何"折中"（intermediate），因为某些场合要求极端的行为和情感。例如，若某种行为十分轻率，又自私得令人无法容忍，那一个人就该对它非常愤怒，不该逆来顺受。过分的中庸毕竟会使人吃苦。不妨说，找到折中之路，就是找到就眼前环境而言既不过多又不过少的情感和行动。这恰恰是因为：唯有参照具体环境才能确定是否应"折中"。因此，亚里士多德认为，伦理学不该只是了解普遍的规则和原则。必须当场运用具有实践智慧的智能美德，才能找到恰当的"折中"方式。

亚里士多德指出，这种观察美德和恶德的方式可用于解释很多事情，包括勇敢、节制、金钱、名誉、友情、愤怒、骄傲、忠诚和羞耻。他甚至把它运用于讲笑话：他说，具备机智（wit）的美德，就像是在打诨和粗鄙之间的窄路上行走。他这种方法遇到的一个麻烦，就在于他对正义的讨论。他把正义分为分配正义（即对物品和荣誉的分配）、矫正正义（即纠正错误）和互惠正义（即公平交换）。他想把所有这些事物结为一体，但正像他多少知道的那样，这种尝试的结果相当混乱。不过，在他关于正义的讨论中，他对一些法律概念和经济概念的分析还是很有影响的，这一点如今看来仍很明显。近期一位评论家指出，在这样的语境里，"亚里士多德的著作充满了老生常谈，就像莎士比亚的《哈姆莱特》充满了引用之言那样"[67]。

现在总结一下到此为止的故事：良好的生活要求最少的物质享受和一般的好运，但关键是要出于正确的动机、做好一切代表人性特点的事情。这样的生活能带来被智者评为最佳的快乐。一种特殊的活动甚至比其他活动更有价值，因此人们会诚心地采取那种最佳的生活方式。当事实逐渐表明了这一点，便给这个故事增加了新的难题。事实表明，这种活动就是"theoria"，即智能的沉思，或曰：为了真理本身而追求和享受真理。这很便于哲学家和科学家实行。这有点像听到一位面包师说最佳生活就是烤面包。鉴于亚里士多德研究"怎样生活"问题采用的（所谓）务实的方法，他是否认为智能的沉思便于实行，便是个很有趣的问题。亚里士多德对这个问题的看法似乎受到了柏拉图的影响，甚至受到了毕达哥拉斯和俄耳甫斯教的影响。

亚里士多德认为，"遵循智能的生活是最好的、最快乐的生活，因为智能比其他任何事物都更应是人的特征"[68]。他曾指出：区别人和其他动物的标志，正是智能或理性。现在，他提出了几点理由以证明一点：致力于无关利害地追求真理，就是"我们能做的最好的事情"[69]。首先，这种能力是我们与众神共有的。考察他那个时代的"不动的推动者"的行为时，我们已看到：唯一适合神的活动就是沉思（见本章前文*）。其次，还有一些理由能使沉思成为探求生活最终目标的最可能入选的活动。沉思能提供快乐，这种快乐不像其他快乐那样有长有消，而是多少能持续不断地被人享受；这种快乐"具有惊人的纯粹性和持久性"。沉思的生活也最自给自足，被看作最佳生活的标志。沉思无须依靠任何事物或任何人。它似乎是唯一一个

---

* 前文："众神通过激发最外层天体的爱，推动了它的运动，这项活动始终包含着智能的沉思。沉思是理性最纯粹的运动，是世上最好的事情。"

因它本身而被爱的活动，因为（如亚里士多德所言）人们做其他一切事情时，都期望获得除活动本身的快乐之外的某种东西。最后，沉思是一种悠闲的活动，而亚里士多德认为悠闲是最佳生活的又一个确切标志。

　　亚里士多德所说的"智能的沉思"，其确切含义尚存在争论空间。就人而言，我们并不清楚它是否会包括亚里士多德本人擅长的那种科学探索活动，也不清楚它是否一定仅限于没有活动的沉思（像人们认为的那位神的活动那样，因为他不必到外面认真观察任何事物）。无论是哪种情况，有一点都十分清楚：它很像甚至完全等同于对知识的无关利害的追求（毕达哥拉斯学派把这种追求赞为通向拯救的真正道路）。在毕达哥拉斯学派、柏拉图和亚里士多德的著作里，智能的沉思的能力是必死的人类（mortal nature）心中的神性火花，（为人们）提供了一个了解永恒的窗口——尽管亚里士多德似乎认为：人只能通过这个窗口观望，而不能爬出这个窗口，因为不存在个人的不朽。

　　因此，亚里士多德对"智能的沉思"的赞美，并不是希腊伦理学中的一项全新的发展。但他和其他哲学家关于智能的沉思的观点却一定是引起了关注，因为它们并不只是有点古怪而已。希腊人道德化的背景是希腊文学，尤其是索福克勒斯（Sophocles，公元前496—前406年）的悲剧，而其中最重要的是荷马的史诗，想必每个人都知道那些故事。这些作品中那些为人熟悉的英雄，提供了希腊人关于人之"善"的思想的通用观点和起点。人们从这些作品中懂得了一点：实际智慧和其他美德虽是模范生活的成分，但它们并不能确保幸福，因为事情总是会出错（就像希腊悲剧中那样）。正是有了对"智能的沉思"的赞美，哲学家们才从《伊利亚特》和《奥德赛》走到了最远之处。《奥德赛》中有大量的实际智慧（亚里士多德认为它是良好生活所必需的，但"智能的沉思"并不完全等于他所说的实际智慧）。亚里士多德没有因为想要分解库克罗普斯（Cyclops）*那只不同寻常的独眼或是想要构筑关于那只眼睛运作部分的三段论而戳出它。荷马作品中的英雄若肯一直花时间沉思和追求知识，作品内容将大不相同。但他们更愿花时间去生闷气，就像阿喀琉斯那样。人们也难以知道"智能的沉思"怎样适应亚里士多德描述的那种符合美德的生活，更不用说适应荷马描述的那种生活了。若说"智能的沉思"这种高尚的消遣是人们最想要的，那么，现世的福分、好运和世俗的美德（例如勇敢、机智和亚里士多德所说的其他一切美德）又该被置于何地呢？正如我们所见，既然亚里士多德的众神都不肯为"正义"之类世俗的、无关紧要的事情费心，那么，人为什么就该为此费心呢？

　　这当中存在一个冲突，但亚里士多德认为：在他的人生理论中，这个冲突并不算大缺点，不像人类处境本身中根深蒂固的冲突那样。这是因为，正如俄耳甫斯主义者、毕达哥拉斯学派和柏拉图所言，人的本性是复合性的。一方面，人是必死的动物，生活在其他必死的动物当中。因此，人若想把生活过好，就必须践行人的美德。人自然需要生活必需品，需要好运以享受这些必需品。另一方面，人也具备某种东西，它不但区分了人与动物，而且使人具有了要过神的生活必备的东西。鉴于这个事实，"我们就绝不可听从一些人的忠告，他们告诉我们：作为人，便应思考人的事情；作为必死的动物，便应思考必死的事情。我们必须尽我们所能，使我们自己不朽，竭尽全力，去过符合我们心中最佳理想的生活"[70]。符合美德的生活是兼顾两个方面的活动，一方面是人性的要求，另一方面是神性的要求。

　　亚里士多德知道，进行纯粹的沉思或调查"对人来说可能要求过高；因为人如此生活**并非由于人是人，而是由于人心中有某种神圣

---

　　*　古希腊神话中的独眼巨人。
　　**　指做纯粹的沉思。

之物"。人们大多不得不满足于"次等的"幸福，即去过符合日常美德的"有益于我们人类地位"的生活。[71]不过，把沉思的生活作为幸福的最高形式，这种思想还是让我们看清了我们关于完美的观点。毫无疑问，我们往往缺少这种理想，甚至并未遵照那些世俗的"次等"美德生活。但若我们至少知道自己正在努力这样去做，"难道我们不会像看见了目标的弓箭手那样，更有可能击中我们该击中的目标吗？"[72]

这些话也许很像一个令人沮丧的学术结论。有了射击的靶子，这无疑很有用处，但一个人期望的却比这更多。亚里士多德毕竟被看作一位务实者，他明确地说："我们的调查不是为了知道何为卓越，而是为了变好"[73]。但经过严密的检验，事实却表明：即使说亚里士多德有解决这个问题的方法，那它也过于务实了，因为他对"我怎样才能变好"这个问题的回答似乎是："你若未成长于能使你变好的环境，城邦就会迫使你变好。"亚里士多德认为，伦理学类似于政治学的序言，而传达了各种善的却是政治学。伦理学研究在最优秀者的性格和行动中发现的各种形式的卓越，由此揭示有价值生活的目标。政治学研究鼓励这些卓越的法律和制度，使之繁荣发展。因此，政治学便是以商业规模造就幸福与良善的"主要艺术"[74]。亚里士多德对纯粹理性论证的作用不抱任何幻想。正如他在其伦理学著作中试图证明的那样，美德涉及性格，而性格多为习惯："因此，我们是否从很年轻时起就养成了这种或那种习惯，就绝非小有关系，而是大有关系，甚至是关系重大。"[75]所以，立法者的责任就是"通过培养公民的习惯，使公民变好"。少数被挑选出来的公民能领会"高尚和真正的快乐的概念"——也许是依靠阅读亚里士多德的伦理学论著——并会尽力遵照它行动。但总体来说，"正是依靠法律，我们才会变好"[76]。

我不准备考察亚里士多德的政治学论著，他在其中考察了有可能实现这些目标的具体法律及社会形式。（在有关宪法的问题上，他花了大量时间在批判共产制度上，最后带着几分勉强，为有限的民主制做了辩护。）相反，本章的最后部分将对亚里士多德诗学的一些观点做简评。事实证明，诗歌也在使我们变好方面发挥了作用，至少是间接的作用。

若问历史和诗歌哪个与科学相像，当今的人们大多都会回答："历史"。毕竟，历史被看作事实，而诗歌不被看作事实。但亚里士多德却会说诗歌更像科学，而正因如此，诗歌的道德意义才大于历史。只要我们想到亚里士多德的科学观和伦理观，便不难对这个悖论做出解释。

我们知道，亚里士多德认为：科学高度发达的标志就是它研究各类事物的普遍真理或基本真理——例如，一切母牛都是反刍动物。他在表述这个观点时最喜用的方式之一，是说科学研究的是"总是出现或……大多都会出现"[77]的事件；对偶然事件、偶然细节和转瞬即逝的奇异现象，科学几乎毫无兴趣（这是亚里士多德科学的缺点之一，但那是另一回事）。亚里士多德认为：当时的历史学与科学极端对立，因为历史学充满了偶然事件，并未受到普遍真理探究的指导。因此，他认为历史学不属于他理解的科学。历史学研究的是正在发生或已经发生的具体事件。但最优秀的诗歌，例如荷马的作品或索福克勒斯的悲剧，则透过无关的环境，集中展示了生活和人性的普遍真理。优秀的诗歌（包括优秀的戏剧）使我们关注各种人的根本特征，其方法是：把它们当中的英雄和坏人的行为，限制性地认为在他们身上"总是出现或……大多都会出现"的事情。所以，"诗歌就更带有哲学性，比历史更值得认真关注，因为诗歌表达普遍真理，历史研究具体事实。我所说的普遍真理，指的是某一类人在既定情况下或然地或必然地去做的事情"[78]。

诗歌关注性格，这种思想并不十分适于描述我们所说的"诗歌"，却最适于描述被亚里士多德视为最佳的诗，例如《伊利亚特》或《俄狄浦斯王》（*Oedipus Tyrannus*）。伦理学也关注性格和行动，但由于诗歌模仿这些事情，所以它就几乎不包含道德意义。最优秀的诗歌根据幻想描写出各种人和各种行动，巧妙地使我们对他（它）们产生某种态度，并把我们放在某种心理保健器上，强化了我们的美德禀赋。美德终究在于"正确地欢乐、爱和恨"，在于对一种美德的渴望，即关心"获得和培养……形成正确判断的能力，以及性情良好地、欣然地说话和行动的能力"。诗歌有助于培养这些能力，因为"对纯粹的陈述感到快乐或痛苦，几乎等于对真实的事物产生这些感情"[79]。

但亚里士多德并不认为：一般意义上的诗歌首先是一种自我提高的工具，具体意义上的诗歌是作为布道者讲坛的剧场，此外别无用途。诗歌的目的，其实也是一切美术（fine arts）的目的，就是以各种模仿为手段生产快乐，哪怕它确实不可避免地包含了道德意义。人天生就会模仿事物，并从模仿的产品中获得快乐。亚里士多德不赞成柏拉图《理想国》中对这些快乐严厉的、有时很古怪的反对意见。柏拉图认为，很多诗歌都使人多愁善感、意志衰弱；它们鼓励一切错误的东西；总之，诗歌应被禁止。在《理想国》的末尾，柏拉图让"苏格拉底"这个人物从哲学上反对整个艺术模仿的事业，理由是它分散了人们对生活中真正重要的事物（即那些理想的"形式"）的注意力。由于被人们误认为真实的物体只是洞壁上跳动的影子，艺术中的表现（representations）就离真实更远。图画和诗歌都是实物的模仿物，实物又是"形式"的模仿物，因此，诗歌、戏剧、音乐和视觉艺术都是模仿物，都是影子的影子。艺术则是洞穴中的洞穴。

柏拉图似乎并未确定艺术这个洞穴中的洞穴究竟多么有害。有时，他只说诗歌应受到审查，政治上正确的诗歌应该被允许发表（这也许能被看作经过他深思熟虑的观点）。有时，他却说必须完全禁止诗歌，除了"对众神的赞美诗和对好人的赞美"[80]。当柏拉图怀有这种情绪时，他甚至认为连荷马的作品都必须禁止。亚里士多德赞成一点：应保护儿童，不使他们接触某类诗歌；而柏拉图即使在脾气比较温和时，也都想像对待儿童那样对待每个人，这是他的典型做法。

柏拉图对诗人的主要忠告是：或迷失方向，或选择更安全的主题。在这个问题上，亚里士多德出于更积极、更务实的目的，解释了好诗的作用。

凭借广泛的诗歌和戏剧知识，亚里士多德试图分析它们的优点，解释它们如何产生了使人愉悦、令人振奋的影响，这引出了他那个引起众多讨论的关于悲剧的定义，那是他未完成的论著《诗学》（*Poetics*）讨论的最重要的主题：

> 悲剧是对某种重要行动的模仿，该行动又因重要而完整；将令人愉悦的语言，用于作品各个部分；其模仿是戏剧式的，不是叙述式的。悲剧表现的事件能激起怜悯和恐惧，由此实现悲剧对此类情感的净化（catharsis）[81]。

（长期以来，关于亚里士多德所说的"净化"一直存在争论。我将在后文讨论这个问题，现在指出一点即可：当时在许多希腊文语境中，此词的主要意义都是"purgation"和"purification"，即"清除"和"涤罪"。）

悲剧的人物和情节该是什么样子？最主要的英雄总体上应是好人，因为若非如此，观众便不会同情他的不幸遭遇。他应相当有名，因为从很高的位置上跌落更值得同情。同样，由于唯有某个"和我们自己一样的"人的困境才会激起同情，剧中英雄就必须具备观众认为他们无疑应具备的美德，但仅此而已。悲剧中的英雄不应太完美，其另一理由是：他若太完美，其不幸结局便只会被当作他不该遭受的不公，使观众反感。他必须有某种缺点或犯下一时的错误（例如向鲁莽的冲动屈服）。这个错误必须导致他的毁灭，否则，压垮他的不幸就会成为毫无意义的厄运，而不是适合于严肃戏剧的主题。悲剧诗人显然是在走钢丝。此外，悲剧人物的塑造必须栩栩如生，其性格必须始终如一，即使不一致性是其天性的一部分；在后一种情况下，必须把他们的行为表现为"一贯地不一致"（consistently inconsistent）[82]。

言及优秀悲剧的情节，激起怜悯和恐惧之情的不应只是某种可怕的舞台效果（例如流血），而应是故事本身。在结构合理的剧（well-made play）中，真正能获得成功的是一系列事件的展开。悲剧影响我们感情的两个重要的情节设计方法是"反转"（reversals）和"发现"（discoveries）。当一个行动或事件造成了和预料或预期相反的结果时，便会出现"反转"，例如：《俄狄浦斯王》里的信使带来了俄狄浦斯以为的好消息，但事实证明其中包含着极可怕的意义。《俄狄浦斯王》里的信使事件，说明了与悲剧情节相关的"反转"的作用，因为它揭露了俄狄浦斯的亲生父亲，而这正是这部悲剧的关键灾难。亚里士多德说，最好是"反转"和"发现"以如此方式同时来。但关键在于，每个事件都令人信服地从前一个事件发展而来，因此，观众就不会不把发生的一切事情都理解为可怕的折磨，由此产生怜悯和恐惧。

亚里士多德所说的悲剧显然不是纯道德剧——道德剧中的坏人总是遭到报应以使观众满意。剧作者的戏若写得好，观众离开剧场时便不会因正义得到伸张而高兴，而是会陷入较为平静的、也许是反省式的思考。何以如此呢？亚里士多德虽对诗歌作了大量讨论，但最有趣的，却也许是他对悲剧造就的净化（catharsis）状态并未说出的话。在这种人为激发的怜悯和恐惧中，我们怎么会感到某种快乐呢？在现实生活里，这两种感情分明令人不快。柏拉图提出了这个问题，但始终不曾作答。亚里士多德的"净化"理论本应包括这个问题的答案，但他许诺的充分论述却要么遗失了、要么从未写出。不过，人们仍可对它做些有根据的猜测。

按照最简单的理论，悲剧提供的"清除"（purgation）是个伪医学概念。它利用令人满意的疏导，涤除了令人不快的怜悯和恐惧。但亚里士多德认为这个粗糙的概念毫无意义，因为他不认为观众想摆脱怜悯和恐惧。他认为，在某些情况下产生这两种情感是对的；最善良的人会在适当的时刻产生适度的怜悯和恐惧之情。这些情感需要的是引导，不是排除。因此，也许能用"涤罪"（purification）这个概念对"净化"做出更好的解释，它是"净化"一词的另一种基本意义。悲剧意在使人在一个被精心构建的环境中感到怜悯和恐惧，因此，我们也许应把这种体验看作一种改进我们情感反应的经验，其方式就是以一种娱乐的形式，把我们的怜悯和恐惧转向应当怜悯和恐惧的事物。近来，一位亚里士多德评论者指出，观看《俄狄浦斯王》时产生的怜悯和恐惧

> 会使胆怯者知道，他自己那些恐惧被夸大了，他自己那些不幸并没有那么可怕。不过，同一部戏剧往往也会使强大而自信者对别人产生傲慢之情，做出傲慢之举。观众会想到：即使最强大的统治者也有一天需要同情和来自比他弱的人们的帮助。[83]

无论观众的性格和环境如何，其情感反应都会因此经历某种教育性的"涤罪"；观众会在这个过程中感到某种快乐，因为按照亚里士多德的理论，人们看到"模仿"时会自然地感到愉悦，尤其当观众从中懂得了一些道理时。亚里士多德所说的悲剧不是简单的道德剧，但这并不是说它不是道德剧。

文学对道德和情感的影响，以及这两种影响之间的关系，一直都堪称秘密，因为应当说：人们只能猜测亚里士多德关于它们的思想。他若写过一本关于金鱼的书，后来遗失了，我们会很有把握地认为我们错过的不是太多；但对他有关诗歌影响的论著，我们却几乎不能如此有把握。

亚里士多德的诗歌论著中的另一个遗失部分，是对喜剧的论述，而几乎可以肯定他曾写出这个部分。有人曾尝试根据早期的二手资料重构他那些论述。还有一个关于这个主题的迷人幻想，见于安伯托·

艾柯（Umberto Eco，1932—2016 年）*的恐怖小说《玫瑰之名》
（*The Name of the Rose*）中。在这本小说里，中世纪的一位本笃会修
士发现了亚里士多德遗失的论喜剧的著作。他发现该书对基督教世界
的威胁极大，便用悲惨的一生竭力不让任何人知道其内容。（这是因
为，这位修士是名图书管理员，所以不能强迫自己毁掉此书，一直到
迎来他自己戏剧性人生的毁灭性结局。）

　　此书部分遗失、部分被烧毁之前，其中一些内容被解读了出来。
此书有趣地颠倒了真正的亚里士多德关于悲剧的论述，以证明喜剧如
何"通过激起荒谬的快乐……达到荡涤那种激情的目的"[84]。它接着分
析了悲剧的这个镜像（mirror-image）**如何以下述方式令人发笑：

　　　　把最好的比作最坏的，把最坏的比作最好的；靠欺骗，靠不
　　可能发生之事，靠违反自然规律，靠与故事无关的情节和故事的
　　前后不一，靠贬低剧中人，靠利用滑稽、粗俗的哑剧，靠全剧的
　　不和谐，靠表现最无价值之事，使人惊讶。

　　这位修士对喜剧的这番反对意见，与柏拉图的《理想国》中表达
的意见类似：看喜剧时发笑，使我们成了愤世、肤浅、卑鄙之徒。但
这位修士走得更远。他认为：对喜剧的严肃分析（例如这本虚拟存在
的小册子***里的分析）会成为一种坏榜样，对社会造成十分恶劣的
影响：

　　　　若有一天，某个人……拿起了笑这个巧妙的武器……若有一
　　天，嘲讽术被人们接受，因而显得高尚而自由……若有一天，某
　　个人说"我嘲笑道成肉身（incarnation）"并被人们听见，我们便

---

*　安伯托·艾柯：意大利小说家、哲学家、历史学家、符号学家和文学评论家。其长
篇小说《玫瑰之名》出版于 1980 年，被译成了 35 种文字。书中的老修士杀人是为了不使他
人读到一本禁书，因为它可能摧垮整个基督教世界，该书就是亚里士多德的《诗学》下卷。
**　指喜剧。
***　这本虚拟存在的小册子：指该小说虚构的"亚里士多德遗失的论喜剧的著作"。

根本没有与这种渎神之言作战的武器……此书本应证明"单纯者之言乃智慧之载体"的思想很有道理。[85]

这位修士为什么认为一本书能有如此巨大的影响呢？

因为它是那位哲学家*写的。那个人写的每一本书，都摧毁了基督教在许多个世纪中积累起来的学问的一部分。早期基督教作家们说过：必须完全了解《圣经》（the Word）的力量……可是后来，《圣经》的神圣奥秘却被变成了人用各种范畴和三段论构成的拙劣模仿。《创世记》说明了宇宙结构的必要知识，但这已足以使那位哲学家写的《物理学》（*physics*）把宇宙预想为充满平凡的物质了……从前，我们常常先仰望天空，再俯下身子，蹙眉瞥视物质的泥潭；现在，我们却常常看着地面……那位哲学家已颠覆了世界的形象，如今连圣徒和先知都在咒骂他。[86]

在中世纪晚期心地狭隘、思想保守的基督教徒看来，以上言论很可能就是对亚里士多德对西方思想产生的一些影响的总结。亚里士多德的主要著作在 12 世纪被重新发现之后，在基督教找出同化它们的办法之前，都遭到了怀疑或查禁。亚里士多德拥护逻辑和理性，而这可能推翻盲目的信仰。他拥护对世俗事物的认真研究，而这转移了人们对天堂的注意力。小说中的那位修士接着说："可是，他没能推翻上帝的形象，这本书……若成了人们随意解释的对象，我们就越过了最后的界线。"换言之，知识分子若像关注亚里士多德的其他著作那样关注这本著作，这个世界在基督教的上帝眼中就会变得太无法无天、太无忧无虑了。这当然是个疯狂的幻想。但是，唯有出自可敬的亚里士多德的一本著作，才会包含这种可能产生如此巨大的影响的思想。

---

* 特指亚里士多德。

第三部

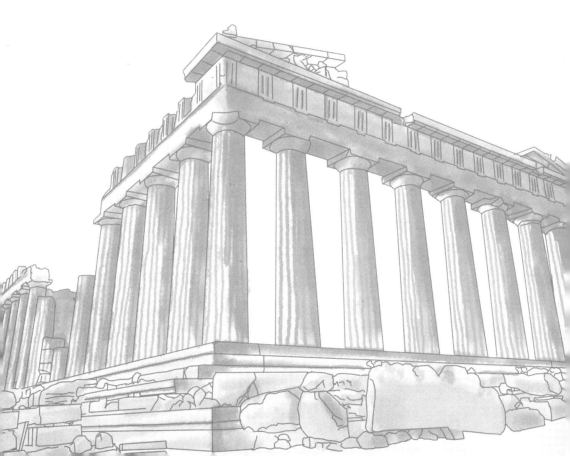

13

通向宁静的三条道路：伊壁鸠鲁学派、
斯多噶学派和怀疑主义学派

　　亚里士多德死于其昔日的弟子亚历山大大帝死后一年。根据公认的传统说法，公元前 323 年的亚历山大之死，标志着古代历史的一个新时期——"希腊化时期"（Hellenistic Age）的开始，将近三百年后它的终结很容易被人记住，因为彼时出现了克利奥佩特拉（Cleopatra）那种生动的死，出现了埃及对罗马帝国的归附，出现了新的希腊帝国向罗马帝国的让步。在十年的混乱当中，亚历山大的功绩把希腊文化带到了一些新的辽阔版图，南到埃及，东至印度。他去世后并未明确留下任何统治帝国的继承者，而他的帝国总算很快地统一为一体，而这个扩大了的、讲希腊语的新世界，则成了由亚历山大一些昔日的将军统治的王国组成的拼图〔克利奥佩特拉是由托勒密·索特（Ptolemy Soter）建立的王朝的末代君主，而托勒密是亚历山大在埃及的将军〕。当时，希腊文化稀薄地分布在一片广袤的区域，因此在一碗由异国的思想和宗教做成的汤里，被不可避免地稀释了。亚历山大以前统治的疆土变成了希腊化的世界，而不是希腊人的世界——换言之，它是希腊式的，不是纯希腊的。雅典不再是知识版图的中心，而埃及的亚历山大里亚（Alexandria）、叙利亚的安提俄克（Antioch）、小亚细亚的帕加马（Pergamon）和后来东爱琴海的罗德岛

(Rhodes)，则成了可与之媲美的学术中心。雅典保持毫无争议的哲学之都的地位，一直到基督教时代。但哲学本身却正在改变——它必须使更广泛、更具世界性的观众满意。希腊化时期给哲学、也给历史带来了一个新的时代。

正是在那个时代，西方哲学渐渐被看作了最重要的生活指导和慰藉之源：

> 对人类苦难提供不了任何疗法的哲学家，其言词都是空洞的，因为正如不能医治身体疾病的医学专家毫无用处一样，不能消除心灵痛苦的哲学亦毫无用处。[1]*

这番话出自伊壁鸠鲁，他是这个新希腊化时期最著名的哲学家，他这个观点代表了一切哲学家的观点。这一时期有三个重要的新思想学派：伊壁鸠鲁学派（Epicureans）、斯多噶学派和怀疑主义学派（Sceptics）。大致地说，若伊壁鸠鲁主义者说出某个观点，斯多噶主义者便会说出与之相反的观点，怀疑主义者则对这两种观点都不置可否。但这三者仍会一致同意一个观点：哲学是一种治疗术，而不仅仅是未免过分聪明的人的一种悠闲的消遣。

伊壁鸠鲁主义和斯多噶主义在一定程度上成了显学，这是柏拉图和亚里士多德那些较为枯燥的学说从未有过的。柏拉图和亚里士多德的学校（学园）以这种或那种形式一直存在于整个希腊化时期，从事研究和精英教育。它们对"人该怎样生活"当然有话要说，但其观点也许大多不易理解，更不能被普通人用于市井。与之相反，新希腊化时期的很多哲学家却都是热情的通俗作家。一些评论者确实认为他们的学说都太容易理解了。相反，罗马演说家、政治家西塞罗则赞成柏拉图建立的更具学术性的学派；他后来写道：伊壁鸠鲁主义"如此易

---

* 波菲利（Porphyry，约公元233—305年）《致玛赛拉的信》（*To Marcella*）引用的伊壁鸠鲁语。波菲利是腓尼基新柏拉图主义的哲学家和数学家。

被理解，如此迎合未受过教育者的趣味"，这个事实只能证明它是何等暧昧含混、何等无足轻重。[2]很多雅典人显然都不这么看。这些新哲学家享有以可被理解之词谈论生活之誉，他们能在雅典，尤其是在雅典人的葬礼上，吸引大量的群众。

这些新思想学派应当感谢的是苏格拉底，而不是柏拉图或亚里士多德。正是苏格拉底强调了哲学与实际的关联性。他指出，哲学观点的作用是改变你优先考虑的事（priorities），从而改变你的生活。希腊化时期的哲学家力图兑现苏格拉底的这个承诺，特别是他们声称哲学能造就苏格拉底本人明显具备的那种头脑的安宁与平静。但在他们手中，苏格拉底的那些理想却被改造了，旨在适应更为内省的观点。苏格拉底也许以在逆境中保持宁静著称，但从未说过这种宁静本身就是生活的目的。但事实上，伊壁鸠鲁主义者、斯多噶主义者和怀疑主义者都常常把它说成生活的目的。他们都赞扬一种叫作"ataraxia"的东西（其意为"无烦"或"无扰"），把它看作头脑的理想状态。苏格拉底曾说好人不会受到伤害，因为唯一重要的伤害，就是你作的恶对你自己的灵魂造成的伤害。新希腊化时期的哲学家更主观地歪曲了这个观点，认为有智慧者不会让自己有烦恼，因为智慧的关键就是知道不必担心什么。

我们已看到，苏格拉底虽然看似在传达信息，但也给"究竟是什么信息"这个问题留下了争论的空间（见本书第 10 章）。他的两位同伴亚里斯提普斯和安提西尼的哲学思想，显然与其导师苏格拉底的言论和生活大相径庭。热爱快乐的亚里斯提普斯是伊壁鸠鲁主义的先驱；禁欲的安提西尼是斯多噶主义的先驱。因此，希腊化时期的这两派哲学家都认为自己的学说在某种意义上就是苏格拉底的学说。怀疑主义者也自称是苏格拉底的继承者。苏格拉底总说自己一无所知，但他想表达的并不是此话的字面意思；怀疑主义者也说自己一无所知，但他们的确就是一无所知。苏格拉底总是质疑他遇到的任何伦理观念；怀疑主义者也是如此，但并不妨碍他们对伦理的不懈探究。

　　新希腊化时期，这些学派的研究范围比苏格拉底更广，但其优先考虑之事的严格意义，还是表明了苏格拉底的兴趣范围较窄。真正吸引苏格拉底的不是科学问题；对于逻辑、知识、头脑及柏拉图和亚里士多德学园讨论的其他许多哲学问题，苏格拉底似乎也没有说出太多。他认为，"怎样生活"似乎是唯一值得提出的问题。斯多噶主义者、伊壁鸠鲁主义者和怀疑主义者确实讨论过各种与知识有关的问题，但他们还是始终认为：此举的唯一目的就是获得快乐的生活。因此，他们也像苏格拉底那样，认为一切学问都从属于伦理学。伊壁鸠鲁主义者和斯多噶主义者详细阐述了许多事情的理论；怀疑主义者则欣然着手质疑落入其好辩之口的一切学说。不过，这些新学派总是公开表明其考察背后的那些隐秘的治疗动机。

　　伊壁鸠鲁主义者声称其考察旨在粉碎危险的虚假信念。他们说，通向幸福的主要障碍之一就是非理性的恐惧，而医治这种恐惧的最佳良方，就是进行物理学和逻辑学的合理锻炼。例如，通过说明头脑不是别的、只是原子的集合，生命结束时原子便会散开，他们指出：人们能克服对死亡的恐惧，而一旦如此，生活会更加快乐。斯多噶主义者声称其考察旨在帮助人们去过"符合自然"[3]*的生活。这种生活是幸福的关键，因此，不理解自然的表现，便不可能追求这种生活。例如，斯多噶主义者认为，幸福生活的一个前提，就是要懂得一切都取决于命运，因为知道了这个事实就会产生接受和顺从（命运）的正确态度，因此必须深入研究各种科学，以证明命运的存在。至于怀疑主义者，他们认为其考察旨在使人们搁置对每一个问题的判断，以停止对判断的焦虑，其办法是证明人们会以前述两种方式论证每一个问

---

　　* 斯托巴厄斯（Stobaeus）：《文选》（*Anthologium*）。斯托巴厄斯是公元 5 世纪罗马的古希腊文集编纂家，其《文选》共分两卷，汇编了希腊早期百余位作者的作品片段，尤其是诗人、历史学家、演说家、哲学家和医生的著作。

题。但这绝非易事，因此怀疑主义者便像另外两种人一样，也深深地陷入了知识问题。结果，这三种哲学家最终都讨论了物理学，讨论了看似被苏格拉底回避了的其他许多事情；不过，他们此举的动机却总是被归于对幸福和宁静的探求。

这个事实影响了他们对待科学问题的方式。斯多噶主义者和伊壁鸠鲁主义者自然地被一些关于人及其在自然中的地位的话题吸引。因此，他们喜出望外地思索宇宙的一般性质，或论述命运及自然的原因时，便几乎不肯跟着亚里士多德那本论母牛消化的小册子走。在他们看来，动物学这个话题对哲学的贡献很少。他们的考察的隐秘动机，有时会明显得令人尴尬。伊壁鸠鲁主义者往往很快就会接受对一个现象的任何陈旧解释，只要它能说得通并因此不再令人畏惧。斯多噶主义者往往对算命怀着病态的兴趣，因为算命似乎与他们相信命运的存在一致。总之，这些新学派全都不具备亚里士多德那种无关利害的求知欲，也不具备他那种驱动自身收集精确信息的博学者激情。亚里士多德在吕克昂学园的一些追随者继承了他真诚的、无偏见的研究传统，但他们在雅典哲学家当中却属例外，况且相对而言，他们的人数也不多。在希腊化时期，在科学史上赢得了一席之地的并不是雅典的那些哲学学派。真正的行动发生在另外一些地方。

这些在亚历山大的疆土上创造出来的新王国，比昔日雅典或斯巴达那样的城邦更广大、更富有。它们能以王室资金保障艺术和科学，此举规模很大。国王们彼此竞争以获得吸引许多学术领域佼佼者的特权。例如，埃及的托勒密家族（其统治从亚历山大死后一直持续到公元前 30 年埃及归附罗马）就为亚历山大里亚的研究院网罗了很多知识分子，就像他们为其著名的图书馆收集珍贵手稿一样。他们向这些人发放拨款和薪水，为其提供切实的帮助（例如为医生们提供来自国家监狱的人体，供其解剖）。此举很快得到了回报。欧几里得和阿基米德是公元前 3 世纪的科学巨人——其实也是整个古代希腊世界的科学巨人——他们都在亚历山大里亚工作。

数学、天文学、医学以及工程学（从巨型投石器到初级蒸汽引擎）方面的成就——其实不妨说是希腊化时期的一切科学成就——全都出现在雅典以外的地方，全都不是如今被称为哲学家的人们做出的。伊壁鸠鲁主义者和斯多噶主义者谈论自然时，其阐述理论的方式更像如今令人反复思考的科普著作，或如今的科学哲学，而不像最前沿的研究方式。希腊化时期的很多哲学家都以粗线条描绘自然，而不太关心细节。其结果就是人们常说的：正是在西方历史的这个时间点，哲学与科学才暂时分开，结束了三个世纪以前的泰利斯、阿那克西曼德那些人提出的总框架。

但是，这种"科学与哲学的突然分离"的思想，对于这两者关系来说却是一幅过于简单的图画。若真有它们开始分道扬镳的那个神奇瞬间，你便能料到人们一直都希望对发生那一瞬的时间达成一致意见。但我们发现："科学何时离开了哲学"这个问题有很多自相矛盾的答案时期。有人说它发生于希腊化时期，有人说它发生于公元前 6 世纪的毕达哥拉斯时期，有人说它发生于公元前 5 世纪初的巴门尼德时期，有人说它发生于其后大约 50 年的苏格拉底时期，还有一些人认为它发生于 17 世纪初的伽利略时期。一位作者提出，那次分裂直到 18 世纪的康德那儿才完成。另一位作者则说，它其实直到 19 世纪才完成。

可以有把握地说：根本就不存在那个神奇瞬间；但这些答案都指向了知识生活中的某个重要阶段。先说说毕达哥拉斯。无论他是什么人，他都自命为一位神秘的先知，能向其新门徒揭示生与死的意义，而此话听上去并不十分科学。因此，当时（公元前 6 世纪）便出现了一种想要超过科学家的哲学家典范。巴门尼德及其弟子芝诺则是另一类与之不同、最终影响更大的哲学家典范。他们思考并批判了一些概念（例如"运动"和"变化"），都是最早一批哲学家—科学家使用过但从未真正检验过的。因此，埃利亚学派便强调了哲学思考的另一个侧面，它能令人信服地被视为与很多平常的科学著作有所不同，该侧面就是对基本概念的抽象思考。说到苏格拉底，人们普遍认为他"把哲学从天堂带到了地上"，并使哲学女神定居在了人的城邦中。换言之，苏格拉底谈论的是伦理学和政治学，不是宇宙学。但正如我们在本书第7章所见，苏格拉底造成的这个转变对哲学的影响被夸大了，因为其他一些人很快就把哲学再次扔回了天堂。

17世纪出现了一些变化，那就是探寻真理者开始投身他们的日常工作。自然科学变得更数学化，更依赖实验和系统观察。希腊化时期初见端倪的专门化（specialization）增强了。但这些变化在17世纪都未被看作加剧了科学与哲学之间的冲突，更不用说是加剧了两者的分裂了。当时无人理解此事意味着什么。这是因为，我们所说的"科学"（即对自然的系统观察）虽然正在发生革命性的变化，但仍被视为哲学的分支。科学被称为"自然哲学"（而"科学"通常仅指"知识"或"技能"）。不妨认为：数学和实验在17世纪的发展，虽然造成了亚里士多德哲学与一些新哲学之间的冲突，但并未造成哲学本身与科学本身的冲突。

在18世纪康德的思想中亦未发现这种冲突，但一些肤浅地解读其著作的人并不这样认为。康德的确把得自实验的信息（即得自观察和试验的信息）与抽象思考（他称之为"纯粹理性"）的结果对立了起来。但是，他并不认为科学只关心实验得出的信息，哲学只关心抽象思考的结果。例如，康德认为牛顿的著作就是科学与哲学的完美结合。直到后来，知识的积累才推动了一定程度的专门化（它近似于我们如今的专门化）。1840年，英国哲学家、历史学家威廉·惠威尔（William Whewell，1794—1866年）发明了"科学家"一词，对两类人作出了明确区分：一类人为考察自然提供原料；另一类人则试图后退一步，对所有的考察提出看法。即使如此，这两种作用仍然可以结合起来。其实，人们迄今仍不可能把科学和哲学绝对分开，再分别定义两者。科学与哲学的某些部分之间的界线，一直模糊不清。

对这一切的结论是：希腊化时期也许是专门化历史上的一个里程碑，却不是一个转折点。虽然当时使哲学成为头条新闻的那种（哲学）疗法并不科学，虽然一些科学本身也成了头条新闻，但认为科学与哲学当时已像变形虫那样彻底、永久地分裂了的观点却仍是错误的。很多哲学都变得更个人化、更偏重内省；一些科学变得更像专职工作。但这些事情都不是全新的，也无论如何都不是永恒的。此前有过专家，那此后也会再度出现博学者。

新希腊化时期的这些学派虽然并不都是革命性的，但它们的思想方法和学说，却的确给后来的思想造成了深刻的影响。它们提供了能被理解的、通俗的生活哲学，它们自行组成了一些学派，试图通过彼此争论击败对手，这些做法都大大地影响了后世文明看待哲学的方式。罗马帝国时代的名作家（例如西塞罗或普鲁塔克）在撰写讨论哲学的文章时，最常提到的是与之匹敌的希腊化时期雅典人的智力游乐场。希腊化时期的一些哲学著作〔其作者包括卢克莱修、塞内加（Seneca，约公元前4—公元65年）和马可·奥勒留（Marcus Aurelius，121—180年）〕在罗马帝国得到了普及，成了欧洲文学中被广泛阅读的哲学读物。

斯多噶派伦理学一时间几乎成了罗马帝国上层阶级的官方哲学；斯多噶主义获得了基督教徒的积极回应。更重要的是，说现代的科学和哲学始于对希腊化时期另外两个学派——伊壁鸠鲁学派和怀疑主义学派的再发现，这几乎不算言过其实。17世纪奋起挑战亚里士多德学说的一些"新"哲学，其实具有非常悠久的希腊渊源。17世纪初，被重新发现的伊壁鸠鲁原子论（即他提出的由相互作用的微粒构成的、无限的、机械的宇宙的思想），以及他探求知识的"经验主义"方法（它强调观察和经验的重要性），都改变了物理学。这些都是那场试图推翻由亚里士多德描绘的世界图画的革命的关键组成部分。怀疑主义

（scepticism）日益增长的影响也是如此。现代哲学若有正式的生日，那便应是 1562 年的一天，因为那天出版了一部重要的用拉丁文写的怀疑主义著作，从而使怀疑主义在经历了中世纪烦琐哲学的长期沉睡后开始复活。大约 65 年以后，笛卡尔开始运用"系统怀疑法"（systematic doubt），那是他从古代怀疑主义那儿学来的；而自古以来怀疑主义者的不懈追问也造就了哲学。那个故事大多要在本书的下一章讲述。但是，我们先要简述希腊化时期三个学派的思想，它们都在亚里士多德去世后突然出现在了雅典。

　　伊壁鸠鲁像比他早两个世纪的毕达哥拉斯一样，也出生于小亚细亚西南海岸的爱奥尼亚海岛萨摩斯。他也像毕达哥拉斯一样，建立了一个招来了敌意流言的公社（commune）。该公社一位反叛的前成员讲述了伊壁鸠鲁的故事：他写了伊壁鸠鲁"恶名昭彰的午夜哲学思考"[4]，还说伊壁鸠鲁因吃得太多而每日呕吐两次。他写道，伊壁鸠鲁对哲学懂得不多，对生活懂得更少；他的身体很差，多年不能从椅子上站立起来；尽管如此，他仍与公社中四名女子关系亲密，她们以各自的绰号闻名：海德伊娅（Hedeia，意为"甜馅儿饼"）、埃洛提昂（Erotion，意为"小亲亲"）、尼基迪昂（Nikidion，意为"胜利小女神"）和玛玛丽昂（Mammarion，意为"小奶头"）。

　　伊壁鸠鲁身上一直背负这些污名——后来，其思想的最著名宣传者卢克莱修也是如此。罗马人大都称伊壁鸠鲁为"那头猪"（the Pig）。圣·哲罗姆（St Jerome，340—420 年）分明是毫无根据地说：卢克莱修是被春药驱策，在少数几个清醒的瞬间写出了他那篇著名的伊壁鸠鲁主义长诗，然后自杀。* 12 世纪的主教索尔兹伯里的约翰（John of Salisbury）说："这个世界充满了伊壁鸠鲁主义者，其原因

---

　　* 指卢克莱修宣扬伊壁鸠鲁哲学的长诗《物性论》（De Rerum Natura），共 6 卷，7 000 余行。

很简单：人为数众多，而非肉欲之奴者为数寥寥。"⁵最终，伊壁鸠鲁这个名字完全变成了饕餮的同义词，正如机智的英国牧师西德尼·史密斯（Reverend Sydney Smith，1771—1845 年）所言：

> 伊壁鸠鲁常说：我无比安宁泰然，
>
> 命运伤不了我，因为今天我已吃过饭。⁶

但是，伊壁鸠鲁及其追随者们的真实故事，却似乎与此大不相同。那个公社是他迁居雅典后建立的，地点恰在柏拉图学园围墙外的一座房子和花园里，旨在全力推行简单的生活。它强调了朴素饮食的重要意义，谴责一切形式的过度放纵。至于性事，谁能确切知道伊壁鸠鲁在他的园子里与那位"甜馅儿饼"干了什么呢？但他公开的学说却大多反对纵欲："性绝非冒险；只要并未造成伤害，一个人便应满足于它"⁷。我们将会看到：卢克莱修之言也与此大同小异。具有讽刺意味的是，也许正是卢克莱修对性爱进行的激烈的公开谴责，才使人们认为一定是春药使他完全丧失了理智。

不过，人们还是不难弄清那个谣言工厂是怎么开张的，不难弄清后来的道德家和基督教徒为何轻信谣传。伊壁鸠鲁的确说过：要过幸福生活，首先必须吃饱。此话很容易被人们脱离语境地引用，而事实无疑就是这样的。从神学的角度看，伊壁鸠鲁的宗教并不正确——他的"众神"与原子毫无瓜葛。他鄙视一切日常的宗教信念。这本身注定会招致麻烦。最重要的是，他的生活哲学显然集中在"快乐"上，而这似乎不大符合美德。

正如一本旧的欧洲道德史书所言，"罗马的恶德藏身在了伊壁鸠鲁名下"⁸，这也许是事实。但是，当我们看到伊壁鸠鲁本人对"快乐"的论述时，一幅图画便会渐渐浮现出来，它会使那些只知道那些传言的人吃惊：

> 我们说快乐乃是目的（即人生目标），既不是指沉迷酒色之

> 乐，也不是指享受之乐，因此不像一些人出于无知、不赞成和不理解而以为我们所做的那样。我们所说的快乐是指身无痛苦、心无烦扰。这是因为：造就生活快乐的既不是不断的宴饮、舞会、男色、女色，也不是享用华丽餐桌上的鱼或其他昂贵菜肴，而是清醒的理性思考……理性思考能驱除那些最扰乱心灵的观点。[9]

伊壁鸠鲁为"快乐"所作的辩护，比热爱奢华的亚里斯提普斯对狄奥尼索斯一世宴会进行的懒洋洋的哲学思考更为复杂。与亚里斯提普斯不同，伊壁鸠鲁并不关心如何抓住转瞬即逝的片刻快感，而关心如何在生活全过程中保持满足与不满足之间的平衡。他也深知投资今日快乐之险，因为这种放纵意味着长远快乐的净损失。

不仅如此，他还大多从负面角度看待"快乐"：他把最纯粹的快乐视为全无痛苦。这是因为，痛苦不只是有人踩了你的脚，快乐也不只是来自"甜馅儿饼"的吻。伊壁鸠鲁认为：若考察究竟何为快乐和痛苦，我们便会发现自己时常摇摆于这两者之间。我们有时会满意于某种东西，换言之，我们发现它能使人快乐；我们有时会不满于某种东西，换言之，我们还想要别的东西，或是想要更多同样的东西——想要某种东西就是感到了欠缺，而这可以算是一种痛苦。因此，痛苦潜伏于各个角落（一个人竭力追求强烈的、令人愉悦的感觉时，尤其如此）。这不但因为此类事情会令人倒胃、会令爱人心烦，而且因为一个人放纵自己最贪婪的欲望时，无法满足的欲望总是使人痛苦。所以，纯正的快乐必定是十分平静的。这种快乐生活中的一切令人失望的潜在根源都被剔除了——它是一种"身无痛苦、心无烦扰"的生活。伊壁鸠鲁认为这将是至高的快乐。

伊壁鸠鲁真正关心的是摆脱苦恼，因此，他为"快乐"所作的辩护便不完全是对传统美德的威胁（而一些可自圆其说的哲学通常被如此认为）。按照伊壁鸠鲁的说法，你若全力防范痛苦、焦虑和恐惧，便会发现你会因此而过上符合美德的生活。这是因为，你只要想想所有令人不快的生活方式，便会懂得："没有谨慎、诚实、正义，便没有快乐的生活；没有快乐的生活，便没有谨慎、诚实、正义，因为美德都自然地联系着快乐的生活，而快乐的生活也离不开美德。"[10]

例如，你若真心全力争取伊壁鸠鲁所说的那种复杂的快乐，便不会让自己做出任何不义之举，因为正如柏拉图在《理想国》里试图证明暴君的生活一定不快乐时所说："正义的生活最无烦扰，不义的生活则充满了最大的烦扰。"[11]同样，聪明的伊壁鸠鲁主义者也会培养友谊之术，伊壁鸠鲁曾在其著作中反复盛赞它。他指出：友谊是"神的"的赐福，能提供稳定、持久的欢乐，而欢乐能抵消生活中不可避免的忧愁。[12]总之，和睦的伊壁鸠鲁公社的标志，似乎就是自然而然的慷慨与仁善——其座右铭之一就是"施恩比受恩更使人快乐"[13]。

伊壁鸠鲁把美德描述为一种能获得划算红利的精明方式，这使伊壁鸠鲁主义显得像一种以自我为中心的哲学。从某种意义上说，它就是如此，因为它始于诉诸个人追求快乐、避免痛苦的欲望。但这种对个人观点的重视只是反映了一个事实：伊壁鸠鲁想揭示个人幸福的秘密。不能由此推论说社会（这是他最关心的）将会垮掉。伊壁鸠鲁完全可能会回应这个说法，指出若按照他的方法改造每一个人，即让他知道怎样找到持久的满足，社会自会运转良好。他说："无烦扰者不会给自己和他人造成任何紧张"，因此，快乐者便能成为好公民。[14]此外，伊壁鸠鲁主义者在转而谈论社会和法律问题时，其哲学中明显的自我中心主义便消失了。他们从全社会的快乐和安康的角度讨论了这些问题。

伊壁鸠鲁的社会哲学，其实就是杰里米·边沁（Jeremy Bentham，1748—1832年）、约翰·斯图亚特·穆勒的"功利主义"（utilitarianism）哲学的原型。边沁那部关乎道德和立法的论著始于伊壁鸠鲁的一个观点："自然将人类置于**痛苦**与**快乐**这两位君主的统治之下。"[15]功利原则的最著名表述，就是边沁所说的"最大多数人的最大幸福"[16]。功利原则要求人们造就最大的快乐和最小的痛苦。人们认为，这项原则意在指导精明的功利主义者考量行为和策略的结果，以决定做什么，伊壁鸠鲁称之为"对利弊的仔细计算和测量"[17]。伊壁鸠鲁主义者与功利主义者的主要区别在于重点和动机的不同。第一，伊壁鸠鲁主义者始终关心克服恐惧和焦虑，而功利主义者往往关心能获得安康的更积极的措施。第二，功利主义者尤其想指导立法者和政治家；伊壁鸠鲁主义者则提醒追随者避免对公共生活的一切直接参与："我们必须把自己从例行公务和政治当中解放出来。"[18]伊壁鸠鲁主义完全能制定出管理这个世界的好制度；但伊壁鸠鲁及其朋友却愿意从事压力更小的职业。

伊壁鸠鲁愿与危险的信念作战，而不愿与敌对的政治家作战。他毕竟以哲学为业，而"哲学是一种通过论证和讨论实现幸福生活的活动"[19]。在通往幸福之路上迈出的第一步，就是要保证一些基本的舒适（例如不挨饿）。虽然人们会认为"论证和讨论"对舒适之类的事情没有多少帮助，但事实证明它们的确有所帮助，例如它们能使我们相信：我们真正需要的其实很少。伊壁鸠鲁认为，我们生活中的许多问题都不是我们的实际环境造成的，而是我们对它们的错误认识造成的："正如人们所说，不能满足的不是胃口，而是一个错误观点，即认为（必须）将胃无限地填满的观点。"[20]我们不但竭力去获取自己其实并不需要甚至并不想要的东西，而且害怕并不存在的事物，为不会发生的事情担忧。迷信使我们心灰意冷，因为我们不知道世界究竟如何运作；出于几乎相同的理由，我们一想到"命运"就感到压抑；我们对死亡的认识一片混乱，因为我们根本不知道生命是什么。这些焦虑和混乱造成的痛苦，最能毁掉我们可能享受到的快乐。哲学，尤其是以科学知识为形式的哲学，就是对这种"对天象、死亡和痛苦的恐惧"[21]的回应。

　　揭露对死亡的恐惧，是伊壁鸠鲁及其追随者们的特长。他们指出，死者不幸的、无肉体的灵魂的故事想必都是为了吓唬人，因为心灵（或灵魂）是物理性事物，肉体死后，心灵便不复存在。卢克莱修指出："心灵和精神一定是物质的组成部分"，因此其命运也一定与身体的其余部分相同，因为"我们看到它们驱动四肢，把身体从沉睡中唤醒，改变面部表情，指导和改变整个人的活动。那些活动都明显涉及触摸，而触摸又涉及物质。因此，我们怎能否认其物质性呢？"[22] 这里，我们主要应当理解一点：德谟克利特描绘的生命图画是正确的，它把生命描绘为机械地互相作用的众多原子不稳定的聚集。按照这幅图画，原子被以某种方式排列时，其结果就是一个能思考、能感觉、能到处活动的生物。这种排列一旦解体，我们便会死亡，不会剩下任何思想和感觉。因此，死亡状态便不是我们能体验到的状态，无论那种体验是否令人愉快。死亡的过程有时可能令人不快，但死亡的状态却不会如此，"因为我们存在时，死亡尚未出现；死亡出现时，我们已不存在了"[23]。

　　卢克莱修指出：就死者本人而言，死后与未出生毫无区别。对于这个题目，伊壁鸠鲁主义者还有大量令人安心的观点："死亡算不了什么——这个正确的理解使生命的必死性变得令人愉快了，但这并不是因为它为生命增加了无限的时间，而是因为它使人们摆脱了不死的欲望。"因此，"智者既不反对活着，也不惧怕死亡，因为他并不认为活着令人厌烦，也不认为活着是罪恶。他选择的是令人愉快的食物，而不是简单地选择更多的食物；同样，他要享受的是快乐的时光，而不是最长久的时光"[24]。清晰的思考表明：享受完整的生活，我们并不需要无限长的时间。惧怕死亡、渴望永生，其实只会浪费我们已有的时间。同样，由迷信的恐惧造成的战栗和耸肩也是浪费时间——医治迷信，仍要诉诸德谟克利特原子论这剂药。他对世界的描述向我们证明：大气层高处的那些标志和奇观才是原子科学的研究对象，而不是烧鸡和向天哀号。统治宇宙的不是众神，而是原子，而原子对祈祷和献祭毫无兴趣。其实，众神对他们自己的事情也毫无兴趣，因为他们都在享受一种幸福的宁静。他们最不想做的事情，就是聆听那些焦虑的凡人的乞求，或深陷关于管理的烦扰——如安排一场大雷雨。

伊壁鸠鲁虽然谈论众神，但我们并不清楚他在何种意义上相信众神。当然，他不相信众神干预日常生活的故事，不相信柏拉图在《谛美斯篇》中讲的那种创世故事。原子论的一种引以为傲的自负是：无须诉诸众神，也能说明自然界运作之因。卢克莱修曾以他那些真诚的、有时很古怪的理论（即万物皆从磁石中榨取而来），十分吃力地证实了这种自负。为了解释看似有益于生物的设计，伊壁鸠鲁主义者采用了粗略版的达尔文自然选择论，那是他们从恩培多克勒的著作中学来的（参见本书第 6 章）。伊壁鸠鲁主义的众神甚至不必让天体像在亚里士多德的宇宙中那样永恒地运动。不过，伊壁鸠鲁仍然赞成亚里士多德的一个观点：对众神的信仰太普遍，以至于这种信仰不可能是错的。但事实证明，这个观点也并不完全正确。

看来，伊壁鸠鲁的众神似乎只是原子的幽灵般的聚集。它们不是像我们一样的固体，而更像伊壁鸠鲁和卢克莱修试图解释知觉和想象时提到的原子流。按照他们的理论，我们看见一棵树时，其实就是那棵树发散的薄薄的树形原子光环进入了我们的视线。每一个物体都不断地发散原子薄层（thin films of atoms），就像燃烧的木桩冒出轻烟，而这就是我们觉察事物的方式。有时，这些原子薄层会在风中混合起来——"它们十分纤柔，在风中相遇时容易混合在一起"[25]——它们形成了混合的团块，当我们产生幻觉，或当我们幻想看见了半人马怪（centaur）或独角兽（unicorn）之类的动物时，这些团块便进入了我们的头脑。想象和做梦也涉及头脑中细微的原子团块：产生幻想或做噩梦，就是头脑接收了许多在空气中自由飘动的原子团块，有时还会把它们进一步混合起来。同样，众神也是由混合在一起的梦的薄薄材料构成的。我们关于众神的观念类似于一种理想化，基于从外界流入我们头脑的人的形象，加上我们内心虚构的完美观念。我们思考众神与我们观察人（假定我们是古希腊人）有几分相似，因为那就是众神呈现在我们眼中的样子；我们认为众神享受着安宁的、毫无搅扰的生活，因为按照伊壁鸠鲁的理论，那种生活符合我们关于完美生活的理想。但是，这个说法似乎模糊了一个关键问题：这些神是不是真的存在，他们是不是只是想象的碎片呢？

出人意料的是，这个问题的答案是肯定的。伊壁鸠鲁认为"印象皆为真"。换言之，感觉告诉我们的，无不具有一定的现实基础。我们的感觉并不都是欺骗。因此，感觉若告诉我们众神存在——按照伊壁鸠鲁的理论，众神的确存在于我们的梦和幻想中——众神便一定存在。但是，我们必须当心由众神使我们产生的这些印象得出的结论，因为感觉传达给我们的信息易被误解。虽然印象皆为真，"但另一方面，观点却并非皆真，因为观点是我们基于我们的印象做出的判断，而我们对事物的判断有对有错，或错在给我们的印象增添或附加了某种东西，或错在从我们的印象中减去了某种东西"[26]。例如，我们梦见独角兽时不可直接得出结论说：真有这种动物在到处闲逛，其额如马，眉间生角。"观点"或"判断"应该摆脱证据的束缚，因为感觉告诉我们的，其实只是一束独角兽形状的原子流进入了我们的头脑。同样，感觉虽为我们提供了关于众神的梦和幻想（或曰伊壁鸠鲁如此认为），但这并不必然意味着真的存在某种实体，到处阔步漫游，向人间抛掷雷电。说众神是真实的，是因为我们的感官印象是真实的：它们都是进入我们头脑的原子聚集。它们是真实的原子形象，却不是真实的固体。正因如此，我们才把众神和独角兽既描述为真实的存在，又描述为想象的生灵。

不过，众神若像独角兽一样真实，伊壁鸠鲁为何没有说出这一点并承认自己是无神论者呢？若某个疯子打算修建一座供奉独角兽的神庙，伊壁鸠鲁想必不会去参拜。既然如此，他为何还要向众神祷告呢？其部分原因是：公开否认众神，其实并非在公元前 3 世纪的雅典维持平静生活之秘诀。何况，众神又是伊壁鸠鲁表达其伦理理想的有用载体。说众神过着宁静无扰的生活，这是表达他最深刻的生活信念的一种便捷方式。

伊壁鸠鲁也许私下怀疑众神，却没有时间研究怀疑主义的一般理论，而当时许多哲学家都在研究那种理论。因此，他才有了"感觉告诉我们的，总以某种方式为真"的思想：这是他对怀疑主义的部分回答。他谈论的问题能追溯到德谟克利特。德谟克利特说：感觉描绘出了一幅错误的世界图画，因为虽然感觉告诉我们事物是甜的、苦的、热的、凉的、有色的，等等，但其实什么都不存在，只有"原子与真空"。德谟克利特认为，滋味和颜色这类性质其实来自人的头脑，因为它们只是不同配置的原子对我们产生的影响。德谟克利特本人没有得出结论说："因此，我们关于世界的一切知识都没有坚实基础"，但其他人的确得出了这个结论。伊壁鸠鲁认为到了该终止这类荒谬说法的时候了。

他的主要观点是：你若怀疑感觉告诉你的一切，你便像在河中失去了船桨一样，"你若反对一切感觉，你便失去了一个标准，它甚至可以用于判断被你认为错误的感觉"[27]。例如，假定你望见远处一座塔看起来像是圆形的，但你走近些看，它却像是方形的，于是你得出结论说：它看起来像圆形的是视觉的错觉。你能说这些感觉使你对塔形产生误解了吗？其实并非如此，因为虽然正是感觉起初告诉你塔是圆形的，但后来你离塔更近些时，也正是感觉告诉你塔是方形的。若说感觉有时撒谎，那么感觉有时也说真话。你分辨不出感觉说的真话，也就分辨不出感觉说的谎话。为了推翻感觉，你不得不找出某种比感觉更可靠的东西，但那会是什么呢？伊壁鸠鲁的结论是：感觉不可能被推翻，因此一个人终归必须以某种方式，把自己的知识建立在感觉上。

　　他认为，要做到如此，就要弄清感觉如何运作和感觉的限度。感觉的工作只是登记输入的原子模式；没有理由怀疑感觉不能完美地完成这个工作。若把感觉看作影响感觉器官的原子细流的信息源，每一种感觉都同样真实；但若把感觉看作放射出这些细微原子的固体（若存在的话）的信息源，感觉就并不同样真实了。如我们所见，这是因为在传输中或在头脑中，原子的模式会出现混乱。卢克莱修讨论塔的例子时说：实际情况是，那座塔放射出的原子细流，在穿过远距离空间、到达我们眼睛的过程中产生了变形。在传输中，原子的棱角被磨圆了，因此我们接收到的是圆塔的形象；但当我们从较近处看那座塔时，那些原子穿过空间、到达我们眼睛的距离较短，也未被磨圆。伊壁鸠鲁说，感官印象比其他印象更清晰，因此能作为判断的基础。例如，我们关于众神的梦和模糊的视像，以及我们对很远处的物体的瞥视，并不足以作为判断外部世界的坚实基础。但另外一些印象却可以作为这种判断的基础。怎样判断一种印象是否清晰、明确到了可靠的程度呢？伊壁鸠鲁虽未明确回答这个问题，但的确提出了一两条以经验为基础的原则。其中之一是：你离对象越近，你就越有可能获得关于它的可靠印象。

　　因此，仔细研究这些感觉证据，我们便能避免误解它们，从而避免对世界产生错误的观点。伊壁鸠鲁本人就产生过这种错误观点，并且错得相当离谱。他说，太阳的直径只有大约一英尺，而这显然因为他看到的太阳就是如此，因为他没有怀疑太阳是否离得过远，以至于无法对它做出判断。不过，错的不是他的那些原则，而是对那些原则的运用。虽然伊壁鸠鲁关于太阳的结论错得荒唐可笑，但这并不意味着感觉对一切事物的结论全都荒唐可笑。他的总体观点是：犯错的是人，不是感觉。正如卢克莱修所言："不要将这个罪名归于眼睛，因为错在头脑。"[28]

　　这句话强调了一条把伊壁鸠鲁的所有哲学联系起来的思路。犯错的总是头脑，必须对头脑进行某种治疗。我们的痛苦大多来自我们对自己境况的错误认识，并非来自事物本身的运作方式；同理，我们的知觉错误也应归咎于我们自己的错误解释，不应归咎于感觉天真地告诉给我们的东西。在这两种情况下，我们错误的来源都不是自然本身，因为她在根本上是仁慈的。她甚至愿意指导我们如何生活，其方法就是把我们置于"快乐"和"痛苦"这两位君主的统治之下，像边沁后来所说的那样。自然给我们植入了追求快乐、避免痛苦的本能，而只有遵循这些自然为我们慷慨提供的路标，我们人类才终将生生不息。正因我们往往不知怎样遵循这些路标（因为我们被各种错误信念蒙蔽），我们才需要伊壁鸠鲁哲学的治疗，以帮助我们摆脱对痛苦、焦虑和不幸的恐惧。

伊壁鸠鲁的疗法往往涉及无关个人的原子科学（这门科学包括对死亡、梦和痛苦的令人安心的解释），但是，这种疗法有时也涉及私人咨询。"性"的问题便是一例。卢克莱修试图诊断和医治性激情，把它看作一种令人非常苦恼的疾病。性激情是坏东西，因为它造成了与伊壁鸠鲁提出的"ataraxia"的理想截然对立的状态：它是"肆虐的风暴，哪怕在它得到满足的一刻，仍然翻滚着妄想和不确定的浪涛"[29]。他写道：你若执着于你的激情，"便一定会使自己患上心脏病，使自己痛苦。这种激情会滋养你正在化脓的伤口，加速其溃烂，增强痛苦的感觉。随着这种疯狂的日益增强，悲痛也日益加深"[30]。

卢克莱修认为，性激情必定造成悲痛，因为它用不现实的欲望和错误的信念扭曲了自然的冲动。它激起的欲望无法满足，因为那些欲望建立在错觉和理想化之上。例如，情侣们想不惜一切代价与其激情的对象结合在一起（他们似乎相信自己能做到），而这当然是不可能的：

> 身体贪婪地紧抱着身体，湿润的嘴唇紧贴着嘴唇，深深的呼吸穿过紧闭的齿间。但这一切都是枉然。一个人从另一人那里得

不到任何东西，也不能进入另一个人，被完全吸收，成为体中之体；有时候，这似乎就是情侣们渴望且拼命去做的事情。最终，色欲的洪水耗尽了，便会出现暴热中的间歇，但为时不长。[31]

此外，爱人者（lover）还往往无视被爱者（beloved）真实的身心素质，高估其优点，粉饰其缺点。（卢克莱修总是把爱人者看作男性，把被爱者看作女性。）这一切的结果不但包括个人的混乱、绝望、焦虑和由嫉妒引起的猜疑，而且包括失去健康、忽视责任，以及浪费时间、金钱和名誉。

针对这种可怕疾病的理想疗法，就是预防。一个人必须时刻警惕，留意早期迹象，以免受到诱惑。一个人若已落入这种激情的陷阱，对他的最佳忠告就是：坚决地注意情人的一切缺点。你若认为她是个"小精灵"，她其实很可能是"身材矮小"；你若认为她"娇柔"，她其实很可能是"咳嗽得半死"；你若常常说出"她脸上闪烁着宝石般的光芒"之类的话，她其实就很可能是"脾气暴躁，性情火爆，经常骂人"[32]。你必须将这一切牢记于心。即使她是好人的标本，配得上所有的称赞，但记住一点还是会对你有好处：世上还有许多和她一样好的女人；在她出现之前，没有她你也完全会活得很好。最后，你不可忘记一点："她身体的性质与相貌最不出众的女子毫无二致。她也不得不使用气味难闻的熏剂＊。她的侍女们时常躲着她，在她背后窃笑。"[33]

这些做法应当是有效的。有了这种冷静的提醒，激情便不大可能存在。另一则有益的忠告是"将爱的种子（seed）转给其他对象"[34]。卢克莱修的这个比喻并不抽象：在他看来，这个问题一部分是生理上的，即"种子"在性器官中的过分蓄积。必须处理掉那些"种子"，

＊ 熏剂：原文是 fumigant。根据语境，此似指卢克莱修时代用于治疗皮癣和疥疮的硫黄熏剂。荷马史诗《伊利亚特》第 16 卷中曾提到阿喀琉斯用硫黄清洗一只精美的酒杯。此句是说，即使是情人眼中的完美女子也会生疥癣。

而情妇（courtesan）便可能是一种方便的容器。但是，并非任何东西都能激起性冲动并因此被用于宣泄这种不健康的蓄积。唯有人体的形象，例如"迷人的脸庞和令人愉悦的肤色"[35]，才能刺激性器官，而我们狂热的注意力指向的，正是这些形象。梦遗其实就是原子云块构成的这种美丽形象进入了我们的身体，而我们像对所有的梦一样，把梦中那些形象当成了对真人的真实知觉，因为能使我们去除这种错觉的精神机制已被睡眠关闭。事实证明：说到底，性欲就是对难以捉摸的幻影的追求，这种情况并不仅仅出现在梦中。人的形象进入头脑后，无论在睡梦中还是在清醒生活中，都会激起性欲。这个事实解释了欲望何以根本无法得到满足，因此令人烦恼：

> 我们的身体能吸收食物和饮料；由于食物和饮料能填满其指定的位置，对食物和饮料的欲望便容易得到满足。但是，俏丽的脸庞或令人愉悦的肤色，却除了无实体的形象，别无任何能让身体享受的东西，而无实体的形象太容易使多情的希望随风飘散了。[36]

你无法真的把你的爱人吃进肚子，因此你的激情便注定会死亡。

人们完全可能由此得出结论说：需要治疗的是卢克莱修，而不是那位情郎。毕竟，一些爱情故事的确会有幸福的结局；有的时候，那些故事的开头甚至过程也十分美好。对此，卢克莱修会回答说，他绝非谴责一切形式的温柔恋情，而只是谴责激情或他所说的"色情"（Venus）。他想诊治的，唯有那些令人痛苦的极端的爱情形式。不过，他提倡的人际关系上的谨慎态度似乎还是犯了错误，因为他赞扬了平静、稳定和冷静的判断，认为它们重于其他一切。他从未提到：对平静生活的某种牺牲，有时也是值得的。"冒险地生活"不是他的座右铭，其实也不是任何伊壁鸠鲁主义者的座右铭。柏拉图有时把爱情那种陶醉的忘我状态称为爱情的快乐之——爱情会成为一种十分可人的疯狂。相反，伊壁鸠鲁和卢克莱修却认为：任何注定以眼泪为结局的事情，甚至不值得有开始。

伊壁鸠鲁和卢克莱修用德谟克利特的原子论向那些焦虑、困惑的患者们解释了世界，但前提是对这种理论做少许改动。伊壁鸠鲁理论中最有趣的新奇说法是"突然变向"（swerve），即原子有时出现的、出乎预料的轻微斜跳。这个新词旨在解决德谟克利特世界图画中的两个难题，其中一个纯属物理学问题，另一个直接指向人类生活。第一个难题涉及原子之间的碰撞。伊壁鸠鲁说：出于各种原因，德谟克利特的原子以相同的速度穿过真空下落，并总是循着各自的轨道垂直下落。既然如此，它们怎会互相碰撞、结合为平常的物体呢？正如卢克莱修所言，没有偶尔的"突然变向"的斜跳，"便绝不会出现碰撞，绝不会产生原子对原子的任何撞击，因此大自然也就不会创造出任何东西"[37]。伊壁鸠鲁得出结论说：自然中一定存在着某种随机性（randomness），存在着不可预料的跳行（hop），它会使一个原子进入另一个原子的轨道。西塞罗把种思想称为"幼稚的幻想"[38]*，但它却很像现代量子力学所说的不确定性和随机性。第二个难题更为有趣（它也被用"突然变向"来解释）。伊壁鸠鲁显然是第一个指出这个难题的人，而它已成了哲学的核心难题之一。

这个难题就是自由意志（free-will）和决定论（determinism）。若发生的每一件事情都是原子运动的盲目、机械的结果，一个人怎么能是自由的呢？一个人怎么能为自己做的事承担道德责任呢？一个人的行动其实将根本不是"他的"行动，而只是其体内的原子运动造成的不可避免的结果。伊壁鸠鲁认为这种思想格外令人烦恼。伊壁鸠鲁主义者认为算命是一堆废话，而现在，原子论本身却似乎在暗示：未来可以像扑克牌那样规划。伊壁鸠鲁把他描绘的世界科学图画作为医

---

* 西塞罗：《论善恶之目的》（*De finibus*），I，6。此篇全名为 *De finibus bonorum et malorum*，写于公元前 45 年夏天，共分 5 卷，为西塞罗篇幅最长的哲学论著。

治一种信念的药方，那种信念就是：人的生命就掌握在众神的手中，或就掌握在命运的手中。而现在，事实却证明原子本身也像命运一样差劲。伊壁鸠鲁认为：德谟克利特的原子其实甚至比命运更差劲：

> 宁可听信关于众神的神话，也不可做自然哲学家所说的"命运"之奴：前者至少暗示了人们有望以敬拜的方式乞求众神，而后者却包括无情的必然性。[39]

卢克莱修也从命运的角度讨论了这个难题：

> 若一切运动总是互相联系，若新事物总是以确定的次序从旧事物中产生——若原子从不"突然变向"，以生成打破命运束缚、打破因果的永恒顺序的新运动——整个地球上的生物都具备的自由意志从何而来？我再说一遍：从命运中攫取的意志力从何而来？我们凭借意志力，踏上了由各自的快乐为向导的道路，一路上听从我们自己心灵的吩咐，随时随地都会"突然变向"。[40]

若像伊壁鸠鲁和卢克莱修认为的那样，原子有时会出乎预料地"突然变向"，那么，"命运的束缚"便可以被打破，而"因果的永恒顺序"也根本不那么永恒，也可以被打破。因此，伊壁鸠鲁才在他的物理学里给"突然变向"留有余地，认为他能以此避开德谟克利特理论中毫无人情味的决定论。20 世纪的一些物理学家在谈到量子力学的"解放可能性"（liberating possibilities）时，也说过与之十分相似的话。1928 年，随着不确定性（indeterminacy）的发现，亚瑟·艾丁顿爵士（Sir Arthur Eddington，1882—1944 年）*写道："科学从此撤回了它对自由意志的反对意见。"[41]

　　随机性是意志自由的关键，这种思想虽然似乎永远都很有吸引力，却充满了令人困惑之处，因为我们并不清楚伊壁鸠鲁和卢克莱修

---

　　* 亚瑟·艾丁顿：英国天体物理学家。

究竟想说什么。他们是想说，出于意志的行动就是大脑中微粒任意的
"突然变向"吗？若是如此，他们似乎就是说：一个人的行动若不可
预料，便可算作自由的。但这个说法不会是正确的，因为随机性必定
会与自主性（autonomy）和个体责任的概念相矛盾。正如现代英国哲
学家艾耶尔（A. J. Ayer，1910—1989 年）指出的：

> 一个人以这种方式而不以那种方式行动，这纯属偶然。他可
> 能是自由的，但几乎无法对所做之事负责。的确，当一个人的行
> 动在我们看来完全不可预料，或像我们所说，当我们根本不知道
> 他要做什么时，我们便不会将他看作道德代理人（moral agent）。
> 相反，我们会将他视为精神病人。[42]

若伊壁鸠鲁认为出于意志的行动是体内原子任意的"突然变向"，
而这个事实就能使人们控制自己的行动，他当然会大为困惑。但这也
许并不是他想表达的意思。他可能只想说：原子运动中任意跳行的存
在，证明了自然为各种可能性留有余地，因此每一件事情都不是绝对
确定的。原子若能自由地朝着任何方向"突然变向"，我们或许也有
对自己的身体做出源于意志的行动的自由，因此，我们做的每一件事
情，都并非只是由原子的因果关系造成的机械的、不可避免的结果。
倘若这就是伊壁鸠鲁的想法，那他就不一定会把随机性混同于自由。
但我们若不能确定他是否感到了困惑，那就必须承认：他对自由意志
问题的回答并不充分，因为对这些出于意志的行动到底是什么，他并
未做出任何明确的界定。那些行动始终很神秘，我们并不清楚它们如
何适应了世界的原子图画。伊壁鸠鲁只是成功地提出了自由意志的难
题，而期望他解决这个难题，也许就有点期望过高了。

他也许对这个问题还说过其他的话，但包含那些话的著作现已亡
佚。像希腊化时期哲学家们的主要著作一样，伊壁鸠鲁的主要著作也
都亡佚了，后代人对它们的重视程度很可能超过了其早期保管人。完

整无损地存留下来的著作，都是他撰写的各种普及读物——"往往需要全面领会，细节十分罕见"[43]——以及他的一些言论集。这使我们很难根据柏拉图和亚里士多德的著作，去衡量伊壁鸠鲁哲学的复杂性。但有一点很清楚：他的全部思维方式都与这两人有天壤之别。他不相信技术术语、复杂的证据、抽象的概念和繁复的定义，这不仅表现在他的通俗著作里，而是表现在他的全部著作中。他认为，这些东西往往会诱使头脑离开被感觉揭示、被原子科学解释的真正的自然界。

伊壁鸠鲁不是柏拉图和亚里士多德的同行，甚至不屑于反驳他们——他们在结束艰辛研究之后把哲学的智慧作为遥远的、无法触及的胡萝卜高悬起来；相反，理解伊壁鸠鲁哲学的真理，却不必事先接受任何哲学教育。的确，柏拉图或亚里士多德式的哲学教育往往会成为直接的障碍。冗长的理论表述容易使人误入歧途："我们必须领会了隐藏在词句下的事物，才能把它们作为参照点，据以判断与观点、调查和困惑有关之事。"[44]哲学家必须坚定地脚踏实地，以免被词句的浪潮裹挟、被精巧的辩证论证的漩涡吞没。正如一位现代评论家所言，伊壁鸠鲁旨在"使思想总是与现实保持最近、最直接的关系"[45]。这意味着注重事实，用伊壁鸠鲁的话说，就是"我们的所有观念都来自知觉，或通过切实接触，或通过类比，或通过找出相似点，或通过综合，并借助理性的少量帮助"[46]。头脑及其思想都是物质的东西，都是原子的集合，像其他一切一样；它们首先会受到通过感官的原子流的影响。因此，任何可能被我们的思想看作知识来源的真实性（validity）一定都来自这样的环境。关于世界的经验都是"隐藏在词句下的事物"，因此，我们的一切讨论和理论表述都必须经过经验的检验。

这就是"经验主义"（empiricism）的主题，它在 17 世纪以各种形式满腔热情地复活了。但是，伊壁鸠鲁学派之所以被人们记住，却并非主要因为其任何知识理论或物理学，或曰这并非他们的希望。他们的主要遗产是生活哲学。在伊壁鸠鲁和他花园中的那些同住者去世两百年后，卢克莱修热情地描述了这种哲学的性质和益处：

> 风掀起大海的浪涛时，你在陆地上看见另一人在拼命挣扎，会感到愉快，这不是因为别人的痛苦使你愉快，而是因为你见到不幸与你自己无关时感到了愉快。见到遍地的战争，而你自己根本不在危险之中时，你也会感到愉快。但最令人快乐的，却是成为那些宁静之地的主人，智者的教导为那些地方建起了高高的坚固工事。你能从那里俯视其他人，看到他们寻找生活之路时漫无目的，到处游荡，误入歧途——他们凭着各自的能力竞争，都想使自己的社会地位高于对手，日夜拼尽全力，以登上财富的高峰，成为一切之主。不幸的人类头脑！盲目的心灵！在多么巨大的黑暗、多么巨大的危险中，他们度过了这短短的一生！你难道没有看见：自然状态下的呐喊只是为了祛除身体之痛，为了在祛除了焦虑和恐惧之后，让头脑享受到欢乐的感觉吗？

> 因此，我们认为身体所需的东西甚少，那些东西已足以祛除痛苦，且能提供很多快乐。即使门廊两边没有青年的黄金雕像右手高举炽烈的火炬为晚宴照明，即使房屋并非银光闪闪、金光灿灿，即使雕花鎏金的天花板下并未回荡着鲁特琴声，人们还是会一起躺在溪边柔软的草坪上，小溪两旁是高大树木的树枝，用欢乐使他们的身体得到放松、整个人焕然一新，其花费不多，尤其是在天气美好、恰逢一年当中鲜花遍布碧绿草坪之时——连自然本身都不追求更多令人愉快的东西。[47]

伊壁鸠鲁主义是一种狂热的个人宗教，即使在其教主本人去世后也依然如此。每个月的 20 日，伊壁鸠鲁的追随者都在他于公元前 271 年去世后留给继承者的屋子和花园里，举行纪念他的庆典。他们根据记忆背诵他的一些著作，就像这位伟人生前一样。他们传播福音，尽力模仿他的生活方式。没有人比卢克莱修更尊重他。卢克莱修在这位大师去世两百年后写道："你，在黑暗中第一个举起了灿烂的明灯，揭示了生活中隐藏的福分。啊，你是我的引路人，是希腊人的光荣。现在，我自己已迈出坚定脚步，踏上了你清晰的足迹。"[48]

斯多噶学派没有伊壁鸠鲁学派那种个人表演。斯多噶主义的 500 年发展史中有三个重要阶段，其中没有一个阶段是由任何一位思想家主宰的。第一批斯多噶主义者之名得自雅典市场里的游廊（stoa），其主持者是其正式的创立者——基蒂翁的芝诺（Zeno of Citium，约公元前 333—约前 262 年）；但是，研究逻辑学和物理学的天才哲学家克律西波斯（Chrysippus，约公元前 280—约前 207 年）对斯多噶主义的影响也像芝诺一样大。一句老话这样说：没有克律西波斯，就没有斯多噶主义。据说克律西波斯写过 705 本书，却无一存留（但其他人的著作引用了他的不少语录片段）。最著名的斯多噶主义著作出自塞内加、埃皮克提图（Epictetus，约 50—约 120 年）和马可·奥勒留这三位罗马作家，其著作主要提供道德指导和安慰，它们是现代意义上顺从命运的"斯多噶主义"的样本。马可·奥勒留是公元 2 世纪一位仁慈的皇帝，在位时遭逢诸多艰难，便认为人生大多是令人厌恶的。埃皮克提图曾经为奴，侧重研究自由的性质，研究生活中不受奴役的事物（例如个人的思想）。塞内加是帝国官员、演说家和剧作家，因受到与克劳狄乌斯皇帝的妹妹通奸的指控（也许是不实之词）而被流放到科西嘉岛（Corsica）。他后被召回，做了年轻的尼禄（Nero）的导师，最终被尼禄下令赐死。他很像是一位斯多噶主义者。在芝诺和克律西波斯的"早期斯多噶学派"与这些晚得多的罗马帝国斯多噶学派之间，出现了帕那提乌斯（Panaetius，约公元前 180—约前 105 年）和波西多纽斯（Posidonius，约公元前 135—约前 51 年）的"中期斯多噶学派"，这两位富于创新的思想家于公元前 2 世纪把斯多噶主义引进了罗马人的世界。

因此，到了罗马帝国时代，任何想追随斯多噶主义足迹的人都有路可循。不过，那些道路大多通向一处：各种形式的斯多噶主义全都赞成某些思想核心。其中一个重要的核心来自芝诺勾兑的鸡尾酒，其成分显然都是他浏览雅典的各种哲学学派时拾到的。他的第一批也是最重要的导师就是犬儒哲学家——他从他们那里获得了一种思想，即：除了美德，任何东西都不重要。因此，犬儒哲学家拒绝了传统社会的那些诱惑和价值，或至少是把它们贬低成了无关紧要的消遣。芝诺赞成犬儒哲学家对人生的勇敢、坚决的态度，这使他的哲学很像罗马帝国上层阶级爱喝的好酒。（这些正直的帝国官员不像第欧根尼喜欢他那只著名的木桶那样，喜欢犬儒哲学家们粗暴的反传统言行。他们也不赞成第一批斯多噶主义者的政治著作中那些更具革命性的、受犬儒主义启发的思想。这些描述乌托邦的著作通常都像柏拉图的著作那样，被称为《理想国》，它们描述了一个世界，其中不准建造公共建筑，却允许血亲通奸、食人和穿不分男女性别的服装。）

芝诺学柏拉图主义者，也学犬儒主义者。他似乎喜欢柏拉图在《谛美斯篇》中讲的创世故事背后的思想，即：世界是被一种仁慈的智能力量设计、制造出来的。这种思想使生活的苦难比较容易忍受：一切最终都会变得最好，哪怕从表面上看往往并非如此。像赫拉克利特一样，斯多噶主义者也认为：幸福配方中的一个关键成分就是学会与不可避免的事物共处。正如后来那位罗马的斯多噶主义者所言："莫指望一切事情都按照你希望的样子发生，而要希望一切都按照它应有的样子发生，如此你的生活才会安宁。"[49]

这种对安宁的渴望使人想起了安宁的伊壁鸠鲁主义者，就像同样是后来那位罗马的斯多噶主义者一向认为的那样，生活的真正难题全都出现在头脑里：

> 使人们不安的不是事情本身，而是人们对这些事情的判断。例如，死根本不可怕，或者说苏格拉底也会如此认为；但是，把

死判断为可怕，这才可怕。因此，当我们遇到障碍、心神不安、感到悲痛时，应责怪我们自己（即我们自己的判断），不应责怪其他任何人。[50]

但是，斯多噶主义者对待错误信念的方式，却大大不同于伊壁鸠鲁的疗法，不但在性质上不同，而且在风格上不同（至少早期斯多噶主义如此）。与伊壁鸠鲁主义不同，早期斯多噶主义与学园有关：芝诺曾在柏拉图学园学习，学会了它的一些方法。斯多噶主义者造成了哲学术语的大爆发，正如批评他们的人喜欢指出的那样；而伊壁鸠鲁却说：一个人应当总是使用人们熟悉的词句描述事物，以免迷失在错综复杂的专门术语中。早期斯多噶主义者大多对逻辑学的技术问题极感兴趣，伊壁鸠鲁主义者则避开了所有那些问题（但他们也确实尝试论述过语言的一些抽象问题）。克律西波斯的300多本书都讨论了逻辑学的不同方面。鉴于逻辑学在推导知识方面的作用，斯多噶主义者很重视它：逻辑学能告诉你怎样根据你已知的东西做出正确的推断，也有助于使你做出精确的判断。克律西波斯显然也因为逻辑学本身而喜欢它，撰写了大量关于难题和悖论的书籍，其中一个著名的悖论是：一个人说"我现在说的是假话"。

除了风格与方法，斯多噶主义和伊壁鸠鲁主义之间的巨大差别，还表现在它们几乎截然对立的自然观上。斯多噶主义者同意伊壁鸠鲁主义者的一个观点：很多人都不知道自己生活在什么样的宇宙里，因此，他们对生活的态度最终一定会混乱。尽管如此，斯多噶主义者还是认为伊壁鸠鲁主义者也像其他任何人一样无知——或者说是更无知。伊壁鸠鲁主义者只在一个问题上是正确的：一切都是物质的。与柏拉图和亚里士多德相反，伊壁鸠鲁主义者和斯多噶主义者都是坚定的唯物主义者，并不认为像柏拉图说的那样存在两个世界：一个世界里是平常的物体，另一个世界里是理想的"形式"和灵魂。斯多噶主义者认为，柏拉图理想的形式其实只是头脑中的概念，而头脑是物质的东西，因此那些形式本身就是物质的东西。至于灵魂，柏拉图认为灵魂是由某种非物质材料构成的，这是错误的；亚里士多德认为灵魂不是由任何材料构成的，这也是错误的。斯多噶主义者和伊壁鸠鲁主义者认为：构成灵魂的材料与构成其他一切的材料相同。不过，在关于自然的其他问题上，希腊化时期的这两个学派也都争论不休，互不相让。

伊壁鸠鲁主义者说，世界是一些盲目的力量毫无计划的产物；斯多噶主义者说，连世界最微末的细节都是合理地组织而成的。伊壁鸠鲁主义者说，宇宙的运作没有任何目的，众神永远都在休假；斯多噶主义者反驳说，一位仁慈的上帝或一种天意完全统驭着宇宙的运作。伊壁鸠鲁主义者说，自然的过程并非都是事先决定的——例如原子任意的"突然变向"；斯多噶主义者说，万物都遵照无情的因果链条上的命运发展，不仅如此，在宇宙的创造与毁灭的循环中，万物一直以完全相同的方式发展。伊壁鸠鲁主义者认为，每个人的行动都是完全自由的；斯多噶主义者不认同这一点，而这是他们对命运的信念使然（不过，他们仍然认为人们应对自己做的事情承担道德责任）。伊壁鸠鲁主义者说，现实是原子在真空中偶然相撞后形成的我们见到的一切；斯多噶主义者说，物质中充满了火热的"元气"（pneuma），它赋予物质生命，把物质组织起来，使物质形成各种形状和形式，而原子与这个过程毫无关系。

像其伦理学一样，斯多噶主义者的物理学和宇宙学也采纳了许多早期资源。他们采纳了古老的"四元素"（土、气、火、水）说，而没有采纳那些新的、过于复杂的原子团块之说。他们讲述的关于天文现象、气候和其他一定会激起古希腊人好奇心的常见话题的故事，全都涉及各种不同的主题，而两个世纪以前的第一批自然主义者也很熟悉那些主题。对于赫拉克利特那幅不同寻常的世界图画，斯多噶主义者似乎也很有兴趣。赫拉克利特认为，火在四种元素中占有特殊位置。而斯多噶主义者也钟爱他们所说的火热的"元气"，他们认为"元气"、神和自然规则的组织在本质上相同，而这使人想起了赫拉克利特提出的一个模糊概念，即一种火一样的智能（或灵魂）赋予了这个世界生命。赫拉克利特似乎认为，宇宙曾一次次地被创造和毁灭，每一次都毁于宇宙大火，又从其灰烬中复生。无论他是否真的认为如此——这种思想可能是人们在回顾他的生平时强加于他的——斯多噶主义者都一定认为如此。同样，由于斯多噶主义者相信万物都是神以可能是最好的方式安排的，由此得出的推论就是：世界历史的每一次循环都必定完全相同，而这是因为最佳的做事方式只有一种，所以那种方式就是神在每一次循环中都想遵循的。何必胡乱修补这个完美的处方呢？

斯多噶学派物理学主要的新颖之处，在于它用"彻底混合"（complete mixture）和"互相渗透"（interpenetration）的概念解释了"元气"是如何被吹进被它激活的物质的内在形式的。欲理解这一点，不妨想想两种物质结合的区别：一种是固体的微粒彼此黏合，就像共同建造了房屋的砖；另一种是各种物质像水和酒那样混为一体。伊壁鸠鲁主义者和其他原子论者认为：平常的事物（例如树木、房屋和人）都是以第一种方式组合起来的。构成它（他）们的原子互相黏合，却并没有混合。相反，斯多噶主义者则认为：物质世界是一个经过彻底搅和的混合体，其中的物质完全混合在一起。他们指出，不同的物质能互相渗透，贯通为一，以形成同质的（homogeneous）整体。正是以这种方式，炽热的、气体般的"元气"渗入了其他一切物质并与之混合。因此，世界就是各种形式的物质的浓密的连续统一体（continuum），而无所不在的"元气"在其中泛起涟漪，犹如水波掠过池塘。

"元气"究竟是怎样构成并引导世界的？对于这个问题，人们得到的回答仅仅略胜于含混的托词。斯多噶主义者不想陷入细节的泥淖。不过，他们的一些思想却使科学史家好奇，因为他们的方法似乎预示了日后的发展。科学史家们指出，遍布于整个物质世界、富于能量的"元气"涟漪，很像作为 19 世纪之后的物理学特征的"力场"（fields of force）。积极的"元气"与被动的物质的混合，使一些人想起了爱因斯坦理论中的能量与物质的等效（equivalence of energy and matter）。爱因斯坦之后的一些物理学家以斯多噶主义者认同的方式描述了世界，这似乎很自然：

> 在生命的一切物质形式和表现下面，能量单位按照爱因斯坦提出的规律跳动。不过，这种已存在的统一材料并不只是将其自身扭曲成种类多得令人难以置信的物体；它还能产生更复杂的有生命模式——从原生质气泡到最复杂的人类大脑。[51]

像亚里士多德的物理学一样，斯多噶主义者的物理学也最擅长论述空间、时间和无限的概念，但我们不必关心那些准数学的事情。更能引起我们兴趣的，是斯多噶主义者的总体自然观影响其生活哲学的方式，因为那种哲学是他们留给世界的重要遗产。

斯多噶主义的最著名标志，是它那种顺从接受的态度，而若宇宙真的以斯多噶主义者所说的方式运作，这种态度便可以理解。若命运统治着世界，若发生的事情大多出自我们之手，那么，承认现实，仅仅希望"一切都按照它应有的样子发生"（这是埃皮克提图的说法），便是明智的。对于你无法改变的事情胡思乱想，这毫无意义。过分执着于你最终必会失去的事物，同样毫无意义。你必须做的，是把一切抵押物都交给命运。一切使你不幸的占有物，你都应在命运有机会夺走它们之前，心甘情愿地交出去。你交出了它们，与其说是因为你不再关心它们，倒不如说是因为你学会了用一种新的方式关心它们：

> 谈及任何东西，绝不要说"我已失去了它"，而要说"我把它还回去了"。你的孩子死了？他（她）是被你还回去了。你的妻子死了？她是被你还回去了。"我的农庄被抢走了。"很好，它

也被你还回去了。"可它是被一个流氓抢走的。"但是，那位给予者以谁为工具取回你的东西，这重要吗？只要神（He）还把那件东西交给你，你就要照看它，但不应将它看作你自己的东西，而应像旅人看待客栈那样。[52]

对付命运的办法是轻装旅行。把你可能失去的一切都看作几乎已失去的东西，你便会保护自己，免受命运可能对你造成的最坏打击。埃皮克提图区分了两种事物：一种是我们能控制的，即我们的思想和欲望；另一种是我们不能控制的，即我们的身体、家庭、财产、名誉和生活中的际遇。他认为，你若压制或转移你的情感，把精力集中在你能控制的事情上，忽视其他一切，那就"谁都不能强迫你，谁都不能阻碍你——你也不会受到任何伤害"[53]。

马可·奥勒留说："退回到你自己。"[54]身为皇帝，他把大部分时间用于防御侵略者，似乎把哲学看作了类似增强自信的练习。塞内加也提倡策略性地退回到更安全的制高点："快乐者并非被群氓视为快乐的人，即大量金钱流入其金库的人，而是其财产全在其灵魂中的人。"[55]此话使人想起了苏格拉底的一个观点：人生唯一重要的事情是灵魂的安康。灵魂的安康意味着道德的安康：美德是唯一能使灵魂繁茂的东西，恶德是唯一能伤害灵魂的东西。一些犬儒派嬉皮士认为这意味着完全拒绝传统的生活，其方式就是嘲笑、打击那些不能超越传统生活的人。斯多噶主义者赞成犬儒派对待肤浅事物的态度，塞内加写道："我不认为财富是好东西，因为财富若是好东西，它们便会使人变好。因为不能将坏人手中的财富称为好东西，所以我拒绝用这个词来形容财富。"[56]但斯多噶主义者对待道德的方式，却比犬儒哲学家更认真、更清醒，比苏格拉底更具公益精神。嘲笑那些不能理解纯粹灵魂的重要性的人，这还不够——你应像第欧根尼那样衣着褴褛，在木桶里向那些人大吼，而这是为了让他们知道你的地位比他们高得

多。像苏格拉底那样，每次悄悄地对一两个人讲道理，希望他们能依
靠最温和的帮助领悟真理，这也还不够。斯多噶主义者说：你应进入
公共生活，去传播美德，与恶德斗争。这项庄严事业的口号是责任、
纪律和自我克制。

马可·奥勒留说的一个人应当退回到的自我，是一个"有理性、
能治理的自我"。它就像渗入并组织这个世界的普遍智能，其实就是
那种遍及一切的智能的一部分。灵魂是自然中理性帝国的前哨。像运
行良好的宇宙受"元气"主宰一样，有智慧、有美德者也受其理性灵
魂的主宰。他若听从灵魂的主宰，若未被种种毫无控制的、误导的激
情拖离正轨，他的灵魂便会引导他服从斯多噶学派伦理学的第一条命
令：要过顺应自然的生活。他的灵魂会指导他承认自己在万物的普遍
格局中的作用，并把这种作用发挥到极致。以轻装旅行的方式对付命
运的人，把自己的关切限制在了关乎灵魂和美德的事情上，履行了他
在万物的伟大规划中的责任，因此适合作为人类的榜样和英雄。

像伊壁鸠鲁主义者一样，斯多噶主义者也以正确的态度看待死
亡，因此对死亡设置了防线。但是，伊壁鸠鲁主义者认为对死亡的正
确态度就是忽视它——"死亡对我们来说不算什么"，斯多噶主义者
却发现死亡是对人的命运的有用的通知，对世俗之事具有终极的意
义。马可·奥勒留把人生的短暂看作积极的安慰："切莫烦恼，因万
物皆服从于普遍的自然，用不了多久，你便谁都不是，亦不在任何地
方了，连哈德良（Hadrian，公元 76—138 年）和奥古斯都（Augus-
tus，公元前 27—公元 14 年）* 也是如此。"[57] 同样，懂得一点也很有好
处：若环境允许一个人去过符合斯多噶主义美德的生活，死亡一直是
一个可用的选项。许多斯多噶主义者从其犬儒派前辈那里继承了对自
杀概念的强烈兴趣。犬儒派哲学家认为：一个人若不能过合理的生

---

* 哈德良：罗马帝国皇帝。奥古斯都：罗马帝国第一位皇帝。

活，最后便应求助于自杀，如此美德才永远不会妥协。他们的少数同代人似乎把这种思想推到了极端。一个相关哲学学派的支流认为：只有一种办法能防止生活中不可避免的不愉快之事，那就是立刻自杀。一位名叫哈格西亚斯（Hegesias）的哲学家因为大力宣讲这个观点，为自己赢得了"死亡演说家"的绰号。当他因自杀成为流行而被指责时，其讲话便被查禁了。没有一位斯多噶主义者走得像他那么远；而塞内加却耽迷死亡，似乎认为自杀是对人的解放的终极肯定。他问：何为通向自由的路？他的答案是：你体内的任何一根血管。

塞内加很快就为自杀找到了借口——至少是在他的著作中——那些借口几乎完全不符合主流斯多噶主义的责任感。其实，塞内加从未实践过这个观点，直到它迫使他如此，但他的确似乎大力宣传过这样一个观点：一个人很容易放弃高尚的斗争。伊壁鸠鲁的态度更易为斯多噶主义者所理解。伊壁鸠鲁认为，一个人不应真的关心自己身体发生的事情，因此，痛苦的大多数形式都不足以成为自杀的理由。一些环境使人想要自杀，但总的来说，唯有为了服从神的命令，方可迈出如此庄重的一步。不过，有时连伊壁鸠鲁都会忘了这种勇敢态度，似乎把死亡看作了摆脱以往一切不幸的、可以接受的方式。他曾把决心自杀简单地比喻为选择走出充满了烟的房间。一个古老的故事说，第一位斯多噶主义者芝诺似乎毫不在乎死亡。那个故事说：有一天，芝诺被绊倒，伤了大脚趾，于是他立即自杀了。

这个故事也许旨在讽刺斯多噶主义者的观点。斯多噶主义者对自杀感兴趣的主要理由是：自杀是一种哲学的有力象征，那种哲学旨在超越传统社会自私、放纵的行为方式。芝诺这位富于智慧的斯多噶主义者宣布：与美德和恶德之别相比，生死之别的意义更重大。自愿的自杀表明一个人怀有高级的理想，无论付出什么代价都不会放弃那些理想；它还表明一个人总是愿意服从神（或曰"普遍的自然"）的意志，无论其命令是什么。那个关于芝诺的故事若还有几分真实，那就应当是：他把自己在蹒跚年老时遇到的那个小小不幸，看作了他余生的标志。

在后期斯多噶主义文献中，关于自杀的贵族的故事是常见的内容。斯多噶主义英雄精神的一个经典例子是小加图（Cato the Younger，公元前 95—前 46 年）的生与死，尤其是普鲁塔克在其《希腊罗马名人传》（*Lives*）中描述的小加图。小加图是恺撒的主要对手，以绝对正直著称。小加图宁可自杀，也不肯顺从一个显然即将获胜的不义暴君。根据普鲁塔克对事件的叙述，小加图在最后一晚吃晚餐时，为各种斯多噶主义主题作了雄辩，然后离开他的房间，阅读柏拉图的《斐多篇》——书中的苏格拉底指出，真正的哲学家将全部生活视为死的准备——然后自杀。小加图成了斯多噶主义的圣徒。斯多噶主义于公元 3 世纪失去影响、成了正式的哲学学派之后很久，小加图被树立成了拥有坚定的良好性格、责任、宽容和忍耐的榜样。他的自我控制证明：对激情的斯多噶主义式掌控和对美德的全心追求，其实并不可能做到。斯多噶主义建立了一些高标准，但小加图却证明了他们达不到那些标准。

不过，斯多噶主义者的道德说教还是产生了一个悖论。若一切都由命运掌控，那么，向别人提出忠告，为别人树立榜样，甚至力图使你自己变得更好，又有什么意义呢？你改变不了任何事情或任何人。若一切事情都取决于物质的因果链条，若像斯多噶主义者所说，头脑本身就是物质，那么，为什么连我们的思想和感情都不受制于这种铁一般的必然性呢？斯多噶主义者说我们能控制一些事情、不能控制另一些事情，这个说法肯定是前后矛盾的。他们关于命运的认识若是正确的，我们就根本不能控制任何事情。

斯多噶主义者的一些敌人抓住了这个问题，企图用它扼杀斯多噶主义。例如，这些批评者说：按照斯多噶主义者自己的学说，人的错误行为不应造成愤怒，也不应责备犯错者。错误的行为应当归因于

某种专横的必然性，它源自命运。命运乃是一切事情的女主
人和仲裁者。命运使一切将会发生之事必会发生。因此，人们的
恶行若非出自本意，而是出自命运的引导，那制定法律以惩罚罪
犯便不公正。[58]*

当然，斯多噶主义者并不赞成这个论断。他们也像伊壁鸠鲁主义
者那样想热切地证明：人们理应对自己的生命负责。人们若不负责
任，为人们提供哲学的忠告和治疗便毫无意义。伊壁鸠鲁主义者索性
否定了命运，其方法是：用他们所说的原子随机的"突然变向"打破
物质的因果链。他们说，"将会发生之事必会发生"的说法完全错了。
斯多噶主义者认为这个说法是对的，因此试图找出另一种方法，以解
决这个关于命运的明显难题。他们的一部分回答浓缩在了关于芝诺的
另一个小故事里："那故事说芝诺在鞭打一个偷东西的奴隶。奴隶说：
'是命运叫我去偷的。'芝诺答道：'也是命运叫你挨鞭子的。'"[59]换言
之，命运的存在不一定会改变一切事情。你仍然可以像以前那样宣讲
道德，进行惩罚、责备和表扬。你只需勉强承认一切发生之事（包括
你做的一切事情）都是命运使然即可。小加图注定会成为英雄，恺撒
注定是个罪犯，芝诺、克律西波斯、埃皮克提图和其他斯多噶主义者
注定会絮絮叨叨地谈论美德、责任、理性等话题。

这则挨鞭子的奴隶的轶事，只是约略地讽刺了斯多噶主义者对命
运问题的态度。克律西波斯承认：欲在此类问题上有所进展，就必须
更仔细地考察究竟何为命运。他认为，命运就是这样一种思想：一切
事情皆为前因之果；换言之，一切事情都是更早的事件或环境造成
的。他指出，倘若这就是命运的含义，那就能转移对斯多噶主义的一
些批评。例如，柏拉图学园的继承者们常用所谓"懒惰论证"（the la-

---

　　* 出自格留斯（Aulus Gellius）：《阿提卡之夜》（*Attic Nights*），Ⅶ，2。格留斯是活跃
于公元2世纪的古罗马作家、法学家、拉丁语语法权威。

zy argument）之说嘲笑斯多噶主义者，意在证明：若存在"命运"这种东西，做任何事情便都毫无意义。其论证是这样进行的：假定你病了，那就或是命运注定你能康复，或是命运注定你不能康复。若命运注定你能康复，去请医生便是多余之举；若命运注定你不能康复，请了医生也于事无补。所以，在这两种情况下，请医生都毫无意义。这就像"宿命论者"（fatalist）的那个思想，即士兵的谨慎小心毫无意义，因为要么有一粒写着他名字的子弹，要么没有*。

克律西波斯发现了这个论证中的错误。他认为：你若病了，你便或会由于某种原因康复，或会由于某种原因不能康复。这的确不假。但他指出，医生的诊治也许就是你康复的部分原因，因此不能由此推论说：无论你做什么，结果都一样。宿命论者"懒惰论证"的诀窍是忽略一个事实：人们的行动也像世界上其他一切事件一样，能影响并有助于创造未来。你决定是否请医生时，并不知道你会康复还是会死亡，只知道你的行动会以某种方式使结果或好或坏。在某种意义上，命运也许决定了你的行动，但这不意味着那些行动与结果毫无关系。

因此便可以这样回应"懒惰论证"：请医生是有意义之举，因为这更有可能使你康复；惩罚人是有意义之举，因为这完全可能使被惩罚者将来不去犯错；为人们提供哲学的忠告和疗法是有意义之举，因为这完全可能使人们更快乐。但这并非故事的全部，因为即使我们的行动能改变结果，我们仍难看清我们如何真能对我们的行动负责。我的思想和行动若都有前因，我又怎么能控制它们呢？克律西波斯依然认为必须更仔细地考察这个问题。其实，他和其他斯多噶主义者都认为：从一种意义上说，我们是自由的、能负责的；从另一种意义上说，我们是不自由的、不能负责的。我们想或做任何事情之前，那件将要或想做的事情已被更早的原因安排好了，从这个意义上说，我们

---

* 指士兵或中弹，或未中弹。

是不自由的。但那些原因又与我们自己的性格有关，从这个意义上说，我们的思想和行动又的确出自我们自己。

克律西波斯用一个简单的例子说明了他的意思。取一圆柱，把它推下斜坡，它为什么不停滚动？其部分原因是：圆柱的运动就是你推动它所造成的事实，即它必定滚动。但另一部分原因则在于一个事实，即它是个圆柱，不是（例如）立方体。它若是立方体，你的轻推便可能不足以使它运动，因为其形状使它更难滚动。因此，它运动的一部分原因便在于它的性质：它滚动是因为它是圆柱，并不只是由于你的推动这个前因。正是从这个意义上说，我们的思想和行动的某些原因就在于我们的性格。可以用我们自己的性格解释我们的思想和行动，这就像可以用圆柱本身的形状解释其行为一样。因此，不能完全用外部的行动解释我们的生活。

如此，克律西波斯设法从他的敌人那里夺回了某种东西。但人们还是想知道：他是否十分成功地把沉重的道德责任从命运的深渊中拯救了出来。恺撒也许因其性格而成了暴君，但根据斯多噶主义理论，性格本身就是命运的产物。既然如此，怎么能说恺撒该为他的性格、该为他自己的行动承担道德责任呢？斯多噶主义者想把关于命运的信念和关于个人责任的信念结合起来，这个尝试最终并不完全令人满意。这两个观念之间似乎依然存在冲突。但我们必须为斯多噶主义者辩护说：怀有这种明显的不一致感的，并不只有他们。埃斯库罗斯（Aeschylus，约公元前 525—前 456 年）的悲剧《阿伽门农》（*Agamemnon*）里，副歌部分提到统驭自然的力量——宙斯——是"一切事情的实行者和源头"[60]，充满反问意味地表现了阿伽门农之死："没有他发号施令，是否更可怕？"但是，副歌部分在提到宙斯（斯多噶主义者常用宙斯指代命运）之后不久，还是认为克吕泰涅斯特拉（Clytemnestra）* 也应对

---

* 阿伽门农之妻。

她的行为负责："看看这些血吧，谁会宽恕你的罪行？"* 不过，若主宰
事件发展的是宙斯（或曰命运），怎么能责备克吕泰涅斯特拉呢？另
外，你若考察此事的事实，又怎么能不责备她呢？正如副歌部分所
说："啊，可怜的秘密！"

斯多噶主义者发现自己有可能接受"命运"的观念，其中一个理
由是他们也相信"天意"（Providence）。命运和天意的确是一回事：
那个统驭世界的智能非常仁慈，总是为人类着想。它为人类安排的一
切，都是为了取得最有利于人类的结果。这个智能也许并不总是像其
表面那样，但斯多噶主义者认为：对自然的更深刻理解将揭示一点，
即一切事情都有良好的理由。塞内加说，逆境是被派来考验我们的，
因此，逆境就是伪装的赐福，因为它能使我们养成忍耐和斯多噶主义
提到的其他美德：

> 神为什么用疾病、悲哀或其他的不幸使最好的人痛苦？出于
> 同样的理由：军队中最勇敢的人也会被派去执行最危险的任
> 务——同样，受到召唤去经历使懦夫和胆小鬼哭泣的痛苦的人也
> 都会说："神已将我们视为达到他的一个目的的宝贵工具，那个
> 目的就是看看人性能忍耐到何等程度。"因此，众神对待好人的
> 原则便如同教师对待学生；他们要求他们寄予最切实希望的人
> 们，做出最多的努力。[61]

因此，生活中的重大不幸并非真正的不幸，而是改善自我的机
会。克律西波斯认为，即使老鼠和臭虫这种小小的使人厌烦的生物，
也能作为说明这个道理的例子：老鼠能促进我们养成整洁的习惯，臭
虫能防止我们睡觉过多。他确实认为：天意把老鼠和臭虫放在它们所
在之处，恰恰是为了向我们提供这种奇特的恩惠。按照斯多噶主义者

---

* 指剧中克吕泰涅斯特拉谋杀了阿伽门农。

的说法，自然中各种事物都是根据人脑想到的利益特意安排的。克律西波斯说，猪被养肥，是为了保证我们的健康食物的正常供应。这完全是一种后见之明，它把人类放在了宇宙的中心，而人们错误地以为亚里士多德很早就提出了这个观点。但是，看到仁慈的天意在自然的复杂机制中运作的迹象的，正是斯多噶主义者，而不是真正的亚里士多德主义者。对于世界中的秩序和目的的明显证据，斯多噶主义者的确深信不疑，以至于用它们去证明神的存在。

幸好，斯多噶主义者认为现世毕竟不算太坏，因为按照斯多噶主义的观点，根本不存在能纠正任何人在现世中所犯错误的来世。天意已主宰了现世，并将满足我们的一切需要，因此，天堂中的任何日后算账都毫无必要。天意不但总是记挂着人的利益，而且对好人特别慷慨，即使好人还活着。

这是早期基督教与斯多噶主义神学的重要区别之一。基督教徒忍受不了一种思想，即能在现世令人满意地使正义得到伸张。他们像其他许多人一样，也认为好人有时会受苦，坏人有时会走运。但斯多噶主义者却坚持认为：神或天意会保护有美德者，不使他们遭到真正重大的不幸。

> 他使各种邪恶——罪孽和罪恶，为满足贪婪、盲目的欲望的邪恶建议和计划，以及对他人财物的贪婪企图——远离他们。他保护和拯救的，是好人本身：谁会要求神也保护好人的行李？不，好人本身无需神的这种关照；他蔑视外部的力量。[62]

你唯一能遇到的真正的坏事就是你作了恶，而根据定义，好人不会作恶。正如苏格拉底所言，好人不会受到伤害。好人只能被抢走一些无关紧要的东西，而因为他具备美德，无论如何他都不会在乎那些东西。这种推理方式让斯多噶主义者认为：具备美德者一定会有快乐的生活。但基督教徒并不认为现世的奖惩是应得的。他们喜欢较古老

的思想，例如希腊神秘宗教中的思想，这种思想认为：人们会在来世
得到额外的奖惩，以维持公正。

　　但是，斯多噶主义者和基督教徒的相似之处，却与这两者之间的
差别一样惊人。除了对道德债务的死后结算之外，基督教徒想用来为
一个世界辩护的思想，都被斯多噶主义者利用过了，而据说那个世界
由一位全能的上帝主宰，其中存在痛苦和苦难。其实，斯多噶主义者
的许多道德信条，似乎都与基督教徒的道德信条极为相似，以至于一
则中世纪神话故事说塞内加的确变成了基督教徒。

　　在对待以《圣经》为依据的宗教时，斯多噶主义的宇宙观比其他
任何希腊哲学都更宽容。的确，斯多噶主义者并不认为宇宙是神从乌
有当中创造出来的——要求古希腊人如此认知宇宙，未免过分，因为
古希腊人认为宇宙是永恒的、众神是宇宙的一部分。斯多噶主义者的
唯物主义思路给一切不朽的灵魂留有余地。但它确实认为：宇宙是由
一位仁慈的神（Providence）造就并统驭的，他格外关心人类，具备
正直的道德感。在斯多噶主义者的伦理学著作中，我们一定会发现基
督教道德的许多被视为独特的部分。他们教导说：财富、地位和权
力——其实是一切使人们彼此分离的东西——最终都毫无意义。神向
所有相似的人微笑；能使一个人优于别人的，唯有更高的美德，而大
致来说，人人都能具备那种美德。因此，斯多噶主义者相信人类普遍
的兄弟情谊。塞内加写道："自然女神用同样的材料创造了我们，赋
予了我们同样的命运，如此将我们联系起来。"他接着写道："她在我
们心中植入了互爱"，而互爱是道德的基础。[63]埃皮克提图说：你不该
认为自己的利益与别人的利益不同。[64]

　　斯多噶主义哲学不但把无私奉献与他人的幸福结合了起来，而且
详细地讨论了现世的空虚，讨论了引路良知的内心之声。埃皮克提图
很重视纯洁之心的重要性。一位美女走过他身边时，他提醒自己：甚
至不该去想"她的丈夫真幸运！"[65]这种思想也为早期一些基督教思想

家所赞成，就像其他一些斯多噶主义主题一样，其中包括克制混乱激情的重要性，因为那些激情会使人偏离简单的生活。

正如我们已看到的，伊壁鸠鲁主义者也大力提倡简单、平静的生活。的确，其实每一位希腊思想家都自称喜欢这种生活。（人们想知道：当时还有谁在过这种生活？）但是，尽管自然似乎就此问题向斯多噶主义者和伊壁鸠鲁主义者传递了相同的信息，有一点仍很清楚：被斯多噶主义者视为向导的"自然"，与伊壁鸠鲁主义者的"自然"，两者的个性大不相同。斯多噶主义者的"自然"（或曰"神"或"天意"）是一种最认真的智能，从事掌管宇宙运作的重要工作。伊壁鸠鲁主义者的"自然"则富于同情心，并不反对小小的享受——当然，其前提是享受与过度放纵无关，因为放纵会使人追求更精致、更持久的快乐。

据说伊壁鸠鲁主义和斯多噶主义分别属于两种不同的性格：

> 世上总是有一种坚定、正直、自制、勇敢的人，他们在纯粹的责任感的驱策下，能做出自我牺牲的高尚之举，能在一定程度上容忍别人的缺点，能在日常社交中表现出一定程度的严厉和无同情心，但若风暴降落在他们的路上，这种性情却能升级为英雄气概；他们更乐于去过隐退的生活，而不去追求他们认为的真正事业。世上也总是有一种性情温和、和蔼可亲的人，他们文雅、善良，既是温顺、诚挚的朋友，也是宽宏的敌人；他们内心是自私的，但只要有可能，他们便会将自己的喜悦与别人的喜悦融在一起；他们憎恶一切宗教狂热、神秘主义、乌托邦和迷信；他们几乎不算性格坚强，也几乎不具备自我牺牲的能力，却令人钦佩地适于给予和乐于享受，能轻易地将生活之路变得舒适、和谐。第一种人是天生的斯多噶主义者，第二种人是天生的伊壁鸠鲁主义者。[66]

这些绘于英国维多利亚时代的简洁画像，把找出朋友当中的"伊壁鸠鲁主义者"和"斯多噶主义者"变成了有趣的游戏。这些画像抓住了这两类哲学家的精神实质。但它们有些过于简洁，以至于有关生活在两千年前的真正思想家们的个性，它们并未告诉我们太多。例如，这些画像本应告诉我们：那些重要的斯多噶主义者其实都是自我牺牲的慈善家。塞内加在尼禄的保护下积累了大量财富，所以当然不像慈善家。正是他忽然想到：正是借给不列颠人的大量贷款（他似乎是迫使不列颠人接受了那些钱），成了布狄卡女王（Queen Boadicea，？—公元 60 或 61 年）* 在公元 60 年发动反罗马人起义的原因之一。塞内加为斯多噶主义的一个官方观点做了有力的辩护，那个观点是：严格地说，财富不是好东西，因为唯有美德本身才具有真正的价值。但他又迫不及待地指出：一个人只要理解了这个哲学观点，便没有理由对像克罗伊斯（Croesus，？—公元前 546 年）** 那么富有的人感到不适。他骄傲地宣布："请让我置身豪华的家具和诱人的奢华当中吧；我会认为没有比这更舒服的了。"他接着说，尽管如此，他仍然不会对此做出任何草率的结论；但这绝不是说一个人应当放弃这些事情。他为何应当放弃呢？何况放弃也根本算不上什么大事。因此，塞内加若只是碰巧"展示了灵魂的躯壳*** 外还有长袍和鞋子，而没有露出赤裸的双肩和脚上的伤口"（他真的这么做了），那他何乐而不为？[67]

就斯多噶主义者仁慈、无私的一面而言，马可·奥勒留是比塞内加更好的例子。就"伊壁鸠鲁式"个性的某些方面而言，奥勒留其实也是比某些伊壁鸠鲁主义者更好的例子。他仁慈、善良和宽宏的事例（尤其是作为皇帝）似乎数不胜数；而伊壁鸠鲁本人倒并不与这幅伊

---

　* 布狄卡女王：英格兰东英吉利亚地区古代凯尔特人的爱西尼部落的王后和女王，领导了不列颠诸部落反抗罗马帝国占领军统治的起义。
　** 克罗伊斯：古代吕底亚王国（Lydia，位于小亚细亚西部）的末代国王，以财富众多而闻名。
　*** 比喻身体。

壁鸠鲁主义者的漫画完全相像。在其追随者和朋友当中，马可·奥勒留这位年迈的精神领袖也许十分随和，格外和蔼，但一旦面对哲学家对手，他却似乎十分易怒。只要涉及哲学问题，这位善良的伊壁鸠鲁主义者的开朗气质便会离他而去，因为他的确把其他每一位思想家都看作了对手；对那些他曾从对方那儿学到最多的人（例如德谟克利特），他尤其无礼。

若是斯多噶主义者和伊壁鸠鲁主义者都发现自己很难实践各自的官方哲学，那么，怀疑主义者一定会发现自己完全不可能始终相信他们。一个人怎么会成为彻底的怀疑主义者，宣布一切都欺骗了他呢？一个人怎么能搁置对一切问题的判断，毫无信念地活着呢？究竟为什么有人想要这么做？

怀疑主义学派始于埃利斯的庇罗（Pyrrho，约公元前 360—约前 270 年）。庇罗比伊壁鸠鲁年长 20 岁左右，但与后者大约死于同一年（约公元前 270 年）。人们对他所知甚少，对他这个自称一无所知的人来说，这很合情理。直到他去世 500 年后，即在希腊化时期结束很久之后，现存的怀疑学派的主要文本才被写出。它们是塞克斯都·恩皮里柯的著作，其一生跨越了公元 2 世纪和 3 世纪。但即使日期如此之晚，怀疑主义的特点基本上仍是希腊式的。换言之，它是一种生活哲学，旨在造就一种安宁的状态（即不受任何搅扰），其方法是告诉人们不应担忧什么。即使在其最晚、最复杂的形式中，怀疑主义仍然宣称其灵感来自庇罗那个早已逝去的人物。

庇罗本人没写任何著作，但仍给其雅典的同代人留下了深刻印象。他那些疯狂的逸事通常都证明了他的巨大影响。那些故事讲的大多是他的所谓极端的超然（detachment）。"他总是处于同一种精神状态，因此，哪怕有人在他说话时离开，他也会自言自语地把话说完。"[68]一位朋友跌入了水沟，庇罗从他身边走过，却根本没有伸手相助。那位朋友本人就是真正的怀疑主义者，立即赞扬了庇罗的冷静

(imperturbability)。另一个类似的故事说，庇罗无视世上一切明显的危险，因为他怀疑它们否是真正的危险，"不规避一切，不做任何预防，直面一切到来的事物，例如运货马车、峭壁和狗"[69]。幸亏他总有朋友陪伴，他们完全不能像庇罗那样对一切漠不关心，因此都会照顾他，例如把他从迎面而来的车队前拖走等。他们照顾庇罗一定很难，因为"他往往不告诉任何人就离开了家，还会和碰巧遇到的任何人一同漫步"[70]。

庇罗去世两百年后，他的一位捍卫者抛开了这些故事，宣布"他虽然按照搁置判断的原则实践其哲学，但在日常生活细节上，其行为并非漫不经心"[71]。此言想必是正确的。庇罗也许算是极为冷静——据说，伊壁鸠鲁赞扬过他的这个特点。他的另一位崇拜者则赞美过他"摆脱全部欺骗和劝说的束缚"的方式。[72]但他肯定不是个傻瓜。据说他活到了将近九十岁，而若如此，那些关于他的鲁莽行为的故事便不大可能是真的。但我们还是几乎不能责怪传闲话者和讽刺家，他们把庇罗的怀疑主义哲学当成了怀疑主义的逻辑结论。庇罗那些半严肃的轶事背后令人困惑的真相是：他告诫人们不可选择任何观点，不可误以为自己知道一切。在公元 2 世纪的琉善（Lucian，约 125—180 年）* 的讽刺文《拍卖学派》（*The Sale of Lives*）中，各类哲学家都被带到了奴隶市场上拍卖。犬儒哲学家第欧根尼的卖价少得可怜，只相当于一只家养宠物的价钱；而事实证明：晦涩的哲学家赫拉克利特即使以最低价都卖不出去；庇罗顽固地坚持以旷达的态度看待自己是否能被卖出，即便在他正被其买主带走时，也是如此。

极端的怀疑主义似乎极为怪异，以至于被认为来自外国人。据说，庇罗曾陪同亚历山大大帝东征到了印度，其间从他在印度见到的所谓"裸体哲学家"（naked philosophers）那里拾得了少许怀疑主义。

---

* 琉善：罗马帝国时代以希腊语写作的讽刺家。

这些印度人的生活方式与庇罗提倡的生活方式之间，的确存在着某些相似之处。这些裸体哲学家都是禁欲的智者，笃信着那教（Jain religion，印度教的一个异端分支），把食物和衣服视为清晰思考的障碍，常常住在森林里，以彻底避开这个障碍。他们相信，描述日常世界时完全可以否定自己（这也许就是他们对印度哲学影响很小的原因），因为他们认为：平常的表述只在某些方面是正确的，而其他方面都是错误的。他们相信，把感觉对灵魂的影响降到最低，这很重要；因此，正如一个人不该为疼痛和饥饿的感觉而烦恼，一个人也不该过分注意其所见所闻。裸体哲学家关于圣人的理想是：圣人竭力精通这项技能，其结果就是他们做到了令人钦佩的宁静、无动于衷、全无态度。

一段关于庇罗教导的叙述，似乎与这种思想十分相似：

> 无论是我们的感觉还是我们的观点，都不能告诉我们真伪。因此，我们根本不该相信它们，而应无任何观点、无任何态度、毫不动摇地说：每一个事物都是乌有，或曰它既存在又不存在，或曰它既非存在亦非不存在。真正持有这种态度者……其结果首先是不语，其次是摆脱一切搅扰。[73] *

不过，虽然印度的裸体哲学家可能对许多事情都"无任何观点，无任何态度"，但在宗教问题和宇宙问题上，他们也像十足的（希腊意义上的）怀疑主义者一样固执。他们也自称知道某些事情——例如：人死后灵魂会移往他处，宇宙是永恒的、不是创造出来的，以及万物都是有生命的和神圣的。这些恰恰都是真正的怀疑主义哲学家始终不肯妄下结论的主题。

---

* 亚力士多克勒斯（Aristocles）语，转引自尤西比乌斯（Eusebius）：《福音之备》（*Praeparatio evengelica*），14，18。《福音之备》是尤西比乌斯（公元 3 世纪和 4 世纪的基督教理论家）为基督教辩护、反对异教的著作，写于 4 世纪初，共 15 卷。

此外，不必去印度寻找怀疑主义的踪迹。许多早期希腊思想家质疑一些日常信念时，已显出了怀疑主义倾向。早在公元前 6 世纪，色诺芬就说过："没有一个人知道（或曰没有一个人将会知道）众神，知道我所说的一切，因为即使一个人碰巧说对了，他也不会知道——此事仅与观点有关。"[74] 他指出：不同的人往往把众神描述成他们自己心目中的形象——"埃塞俄比亚人说众神鼻子扁平、肤色黝黑，而色雷斯人却说众神长着浅蓝色眼睛和红头发。"[75] 此话是个有益的提醒，它使人们想到：连最被珍视的信念都靠不住，因为埃塞俄比亚人和色雷斯人似乎不可能都是正确的。巴门尼德和芝诺其实也为怀疑主义预备了土壤。其著名观点是，人们对世界的最基本认识错得离谱：虽然人人都确信世界充满运动和变化，但其实没有任何东西在动，也没有任何事情在变，一切其实都是同一个事物。这个令人不安的信条使庇罗主义（Pyrrho's Scepticism）* 的狂热信徒——弗利奥斯的泰门（Timon of Phlius，约公元前 320—约前 230 年）赞扬了埃利亚学派（Eleatics），因为后者据此强调了日常现象的虚幻性。（对于不那么赞同怀疑主义观点的思想家，泰门很刻薄，称他们为饶舌之徒和空谈之辈。他说，斯多噶主义的创始人自信地阐明了其学说的各种信条，"但他还不如班卓琴有智慧"[76]。）

智者学派** 哲学家也瓦解了许多广泛传播的信念，为怀疑主义铺平了道路。他们是伦理问题和政治问题上的相对主义者（relativist），臭名昭著：根据他们的理论，每个社会都有自己的价值观，而认为一个社会是对的、其他社会都是错的，则是幼稚的表现。一些智者学派哲学家（例如毕达哥拉斯）反对几乎全部关于世界和道德的理论，说可以认为每个人的信念都是对的——但只对他个人而言是对的。这意

---

* 即极端怀疑主义。
** 即诡辩学派。

味着人们不可能获得客观知识：根本无法确定事物的真正现实，因为旧信念像新信念一样，也是对的。德谟克利特时代前后的哲学家——科林斯的克塞尼德斯（Xeniades of Corinth）说一切都不是真的。此说似乎对立于普罗塔哥拉的思想，但这两位哲学家得出的结论却大致相同。一切信念是像普罗塔哥拉所说，全都是对的，还是像克塞尼德斯所说，全都错了，对这两者没有任何裁定，因此两者享有平等地位。一些资料说，苏格拉底也被拖入了类似的怀疑主义僵局，至少在科学问题上是这样。他认为，没有理由承认（例如）恩培多克勒的观点，也没有理由不承认阿那克萨哥拉斯的观点，所以放弃了对物理学、宇宙学和生物学的全部考察，认为那些考察毫无希望。当然，苏格拉底还有个著名的观点，即他本人一无所知，即使对他很感兴趣的伦理学问题，也是如此。我们已知道，完全不能只看他这个自白的表面价值；但苏格拉底习惯性的探究和考察，仍对后来的希腊怀疑主义思想方法产生了影响。

我们已看到，德谟克利特的学说也促进了怀疑主义的产生。像巴门尼德和埃利亚的芝诺一样，德谟克利特描绘的世界图画也暗示了一点：世界根本不是它呈现的那样。具体地说，我们知觉到的颜色和滋味没有（像德谟克利特所说）反映物体本身的存在方式，而是反映了物体的原子影响我们感官的方式。例如，我们说天是蓝的，这不是一则知识，而只是一个公认的惯例。外表与真实之间的这种天壤之别，恰恰被怀疑主义者利用了，他们以此宣布获取知识似乎纯属无法实现的野心。若不能相信感觉，那又能相信什么呢？这个问题虽然似乎没有让德谟克利特感到烦恼，但也许他理应感到烦恼。他怎么知道他的原子论学说是正确的？他（或任何人）根据什么证据，从一些纯粹的观点跳到了确定的知识呢？对庇罗及其追随者来说，对这个问题的回答应是"毫无证据"——不能如此跳跃。

但是，庇罗本人却似乎已经做了一次很不谨慎的跳跃。若怀疑主义是质疑一切的，那么，一些被认为是庇罗所说的话便前后不一，令人困惑。按照一些人的说法，庇罗认为"任何事物都不是高尚的或卑下的，都不是正义的或不义的；同理，无论在什么情况下，其实一切都不存在；而惯例和习惯乃是人们所做的一切事情的基础，因为一切皆不存在"[77]。因此，一个人便会知道：任何相信此类观点的人，最终都可能成为怀疑主义者，因为若"一切皆不存在"，那就没有任何需要知道的东西。但问题在于，有人认为怀疑主义者并非没有任何信念——即使"一切皆不存在"。既然如此，怀疑主义者怎么能自信地宣称"惯例和习惯乃是人们所做的一切事情的基础"呢？他难道不该说惯例和习惯可能是（might be）一切事情的基础吗？他难道不该说：据他所知（for all he knows），一切皆不存在吗？同样，据说庇罗的朋友阿纳克萨库（Anaxarchus，即前文中被庇罗撇在水沟里的那位朋友）把见到的一切都比作舞台布景（即假象），而这意味着：不但一个人无法判断平常事物的真假，而且那些事物全都不是真的。何况，这似乎也不是理论与行动一致的怀疑主义者有权做出的判断。他怎么知道一切都像舞台布景呢？理论与行动一致的怀疑主义者，不是也该搁置对这个问题的判断，只说事物或许是真、或许是假，而他分辨不出吗？

这就是后来塞克斯都·恩披里柯这种怀疑主义者所说的话，他们尽力恪守了这种理论与行动更一致、更无先入之见的怀疑主义形式。塞克斯都认为，怀疑主义者的工作是使人们搁置判断，"不抱任何观点地生活"，其方法是：以同样充分的理由使人相信与某个事物完全对立的事物，以此造成僵局，去反驳使人们相信前一事物的一切明确理由。怀疑主义者并非提供任何明确的世界理论——甚至不提供"一切皆不存在"的理论——而是为所有的理论提供了一种疗法："怀疑主义者是慈善家，希望尽量用论证医治武断论者（dogmatists）*的自

---

　　* 他们武断地认为理性是全能的、绝对可靠的。

负和轻率。"[78]"搁置判断"的思想直接来自庇罗，能使人们更宁静、更满足。但这种想要实现的、"不抱任何观点"的生活方式（即对见到的每一种学说都进行反驳、提出反对观点），也带有某种在柏拉图学园形成的哲学论辩风格。

就在庇罗去世前，一位名叫阿凯西劳斯的哲学家接过了柏拉图学园的领导权，开启了学园的有时被称为"怀疑主义"的阶段。他曾在亚里士多德的吕克昂学园学习。据传说，他进入柏拉图学园是因为爱上了那里最有名的男人之一。柏拉图去世后75年间，阿凯西劳斯的前任园长们都致力于阐述和宣讲他们认为的柏拉图学说，例如《谛美斯篇》里的创世故事及其"形式理论"。但这种对古代圣火的祭司式守护，却不能使阿凯西劳斯满意。他认为，继承柏拉图传统的最佳方式就是做得更像苏格拉底——换言之，就是要像苏格拉底那样质疑和探究。他喜欢模仿苏格拉底，用论证把人们逼到墙角，最终使人们自相矛盾。这是柏拉图学园在接下来的大约200年中的流行做法。它为怀疑主义增添了新的智能深度，但我们也许不该因此责怪苏格拉底本人，因为据说苏格拉底认为这种做法是毫无用处的诡辩。

阿凯西劳斯的探究大多直接对立于斯多噶主义者，特别是对立于斯多噶学派的知识理论和知觉理论。他的理论尤其对立于"斯多噶主义者芝诺"（此人不是巴门尼德的那位信徒）的理论。按照这位芝诺的理论，一些知觉或印象极为清晰明确，以至于其本身就能自证其精确。一个人立即就会知道那些知觉或印象是反映了真实的世界。因此，只要保留这些较为高级的印象，拒绝被其他一切印象引入歧途，便能获得可靠的知识。但是，阿凯西劳斯很快就戳破了"自证"（self-evidence）的概念。他首先指出了"真实之物造成的印象无一是真，虚假之物造成的印象亦无一是真"[79]。换言之，假象也能使人们相信它是真实的事物（这的确是假象的作用），因此你便不能仅凭观看就辨别出真假。制作精良的腊制苹果模型，其外观会与真苹果毫无二致：它会在人的头脑中产生与真苹果一样的印象。因此，怎么会存在"自证"的印象这种东西呢？

这种巧妙地瓦解哲学学说的技术，很快便在学园里流行起来。不久，各种理论都被它瓦解了。两难命题被提了出来，自相矛盾的说法被指了出来，令人不快的结论也被推导了出来。斯多噶主义者和其他受害者开始改进其理论，以回应来自学园的这些攻击。于是，学园哲学家们又尽力再次把他们击败。斯多噶主义者的"命运"学说遭到了全方位的连续打击。"懒惰论证"是柏拉图学园史上怀疑主义阶段的产物，它要证明：相信命运意味着做任何事情都毫无意义。如我们所见，斯多噶主义者认为他们已对"懒惰论证"做出了回答（见本章前文），但学园哲学家们又对斯多噶主义者的回答进行了回答，如此继续下去。学园哲学家们的靶子，就是斯多噶主义者为证明有"一种神圣的天意统驭着宇宙"的观点而提出的各种论证。斯多噶主义者宣布：没有某种超自然的指引之手，这个世界便不会具备这样或那样的特征。而学园哲学家们揭穿了他们的推理，并巧妙地证明了一点：各种自然力完全可能起到了同样的作用。学园哲学家们断言，斯多噶主义者令人振奋地谈论宇宙的"合理性"时（他们时常如此），根本不知道自己在说什么。这个说法大致上是正确的。学园哲学家们还利用由圣奥古斯丁（St Augustine，公元 354—430 年）提出、至今仍被其他思想家反复借用的一些出色论证，巧妙地反驳了斯多噶主义者对星相学和其他占卜形式的信仰，但令人遗憾的是，那些反驳对大众信仰的影响很小。

每当阿凯西劳斯批评斯多噶主义者或任何人的某种学说，都不是想证明他自己的某个明确命题，而只是想证明：上述争论各方都能放心地宣布自己占有了真理。他似乎甚至搁置了对"是否存在可知的事物"这个问题的判断。他指出，这个问题也像其他每个哲学问题一样，尚未以某种方式得到解决。后来的一些批评家断言，阿凯西劳斯到处反驳每一个人时，只是在展示其著名的论证能力；据说，"他在说服别人方面无人可及，而这使学园吸引了更多的学生，虽说他们畏惧他那种尖刻的机智"[80]。根据其传记的现存片段，我们知道阿凯西劳斯过度挥霍、过分奢华，与高级妓女公开同居，并渴求名望。但没有真正的理由否认这位多彩的人物是诚挚的怀疑主义者。我们的确完全有理由认为他是怀疑主义者，因为他不怕麻烦，并尽力证明了一点：一个人完全有可能过上不把日常生活视为灾难的生活。

从亚里士多德到大卫·休谟的各类哲学家都指出：过分的怀疑主义会使生活成为不可能的事情。1748 年，休谟写道：

> 若说庇罗主义者知道什么，有一点他一定知道：他的那些原则若是普遍地、稳定地占据了优势，人类生活便一定会消失。一切言论、一切行动很快都会消失；人们一直处于完全的昏睡状态，直到那些未得到满足的自然需要结束人们的悲惨生存。[81]

休谟认为，理论与行动一致的庇罗主义者会不吃、不喝、不避危险，因为他不具备决定怎样去做这些事情的能力。他是该把面包放进嘴里，还是该去嚼石块？普通人相信正是面包提供了营养，但怀疑主义者却一定会对此心存疑虑。他是该躲开咆哮的马，还是该被马蹄践踏？怀疑主义者不得不搁置对所有这些问题的判断，痛苦地承受因此造成的结果。一位古代作家也提出过类似的观点，他问道："搁置了判断的人想洗澡时，怎么没有直奔高山，而是直奔浴池呢？他想出门去市场时，怎么没有走向墙壁，而是走向了屋门呢？"[82]

对于这个问题，阿凯西劳斯和其他具有类似思想的哲学家有一个答案。浴池的确像是你能进行良好洗浴之处，因此，怀疑主义者想洗澡时才会直奔浴池。高山若像是洗浴之地，他便会直奔高山；但它不像，所以他去了浴池。门的确像是走出屋子的最佳方式，面包的确像是有营养，被马撞翻的确不像是好事。阿凯西劳斯认为，怀疑主义者哪怕不肯对事物的真实状况提出观点，也会坦率地承认事物以一种方式而不是以另一种方式出现。正如泰门所言："我不能断定蜂蜜是不是甜的，但承认蜂蜜像是甜的。"[83] 作为人类，怀疑主义者的行为与其他每一个人的行为很像，至少在生活的基本需要方面是如此。他遵循本能，服从习俗，通常都会做出合理的行动。但他这样做是出于习惯或人的天性，并非因为他赞成某种世界观。正如后来塞克斯都·恩披里柯所说，怀疑主义者遵循"法律、习俗和自然感情"，却"不持任何观点地活着"[84]。因此，你若问怀疑主义者是否确信面包有营养，他的确会说"不"，因为他搁置了对此事的判断。但你仍会在厨房里见到他。

人们很可能会问：一个人若总是把面包放到嘴里，还说他对"面包是否有营养"的问题"搁置（了）判断"，这是什么意思呢？我们将在后文讨论这个问题。现在要说的是，阿凯西劳斯至少尝试过解释"怀疑主义者是如何勉强地生活"的问题。在这种尝试方面，柏拉图学园后期的一位园长卡尼德斯（Carneades，约公元前 219—约前 129 年）甚至走得更远，但其做法却在庇罗主义的处方中掺了不少水。他认为：对一切事物搁置判断，这既无必要，亦不可能。怀疑主义者（或曰卡尼德斯）虽然不会持有任何观点，但会认为：在某些情况下做出不加论证的认可，承认某些信念似乎有理，这是可以的。

此时，柏拉图学园正逐渐远离怀疑主义，或曰一些忠诚的庇罗主义者认为它是如此。表面上，卡尼德斯的行为仍像怀疑主义者：他"采用了论证问题各个方面的方法，经常推翻别人使用的全部论证"[85]。但是，他虽然继续履行仪式，却似乎已放弃了信仰。学园后期的一位园长——拉里萨的菲洛（Philo of Larissa，约公元前 160—约前 83 年）似乎离怀疑主义更远。据说他曾自信地承认了各种事物，甚至明确地支持了某些哲学学说。庇罗的真正信徒绝不会这么做，至少学园里有一位成员仍然自认为是庇罗的真正信徒。

此人就是阿涅西德摩斯（Aenesidemus，约公元前 100—约前 40年），激进的怀疑主义者，生活在公元前 1 世纪。他与柏拉图学园决裂，重建了一种更纯粹的怀疑主义。他的庞罗主义复兴并未在世界上掀起风暴，甚至未在哲学的小世界里掀起风暴。数十年后，西塞罗写道：庞罗主义已经灭绝。一个世纪之后，塞内加欣然地报告说庞罗主义仍未复活。但这两人都错了。庞罗主义从来不大可能变成大规模的运动，它在阿涅西德摩斯时代之后继续发展，并确实达到了其智能的巅峰。这个巅峰与塞克斯都·恩披里柯的著作一起出现。塞克斯都大概出生于公元 2 世纪下半叶，其著作是怀疑主义观点的主要动力源，而那些观点塑造了从 17 世纪到当今的西方思想。以往 4 个世纪中许多最有趣的智力见解，都可被视为对这些（怀疑主义）观点的回应，其中既有反驳这些观点的勇敢尝试，也有认可这些观点的不情愿尝试。在怀疑主义的这些推理方面，塞克斯都似乎没有宣称自己有多少独创性，而他也确实不能这么做。许多推理已被阿涅西德摩斯和其他人使用过，而这似应归因于公元 1 世纪的一位几乎全无名气的人物，名叫阿格里帕（Agrippa）。但这两人*的著作都未留存下来，而塞克斯都的著作却留存至今。由于庞罗和阿凯西劳斯似乎都不屑于写下任何著作，所以塞克斯都就成了如今唯一能为自己代言的怀疑主义者。

正是在公元 1 世纪，被我们称为怀疑主义者的哲学家们才第一次以"怀疑主义者"自称。此前，他们只是"庞罗主义者"；但大约从阿格里帕时代起，他们就认同自己是"怀疑主义者"了，此词的字面意思是"调查者"或"探索者"。塞克斯都用三件事界定了复活的庞罗主义哲学。你在考察任何问题时，都会发生这三件事。你可以设想你已发现了真理，于是你或会得出结论说不可能发现真理，或继续去寻找真理。怀疑主义者（即"探索者"）是继续寻找真理的人。有些

_____

　　*　指阿涅西德摩斯和阿格里帕。

人认为自己已找到了（至少是关于某些事情的）答案，显著的例子是亚里士多德、伊壁鸠鲁和斯多噶主义者；塞克斯都把他们称为"教条主义者"（dogmatists，或称"武断论者"）。有些人则抵制了教条主义的诱惑，避免提出恼人的答案，其突出的例子就是庇罗。

人们何以成了怀疑主义者、不肯对事物表态呢？按照塞克斯都的理论，这是因为人们发现：让人愉悦的宁静之后，往往会出现这种开明状态（open-mindedness）。他认为，这个发现最早是偶然得到的。塞克斯都说：最早的怀疑主义者希望通过发现事物的真理寻得宁静。他们未能找到真理，便放弃了寻找，搁置了判断，因此他们很快便觉得舒服了些。而事实表明：令人感觉舒服的是搁置判断，而不是不断的探究。塞克斯都以一位名叫阿佩莱斯（Apelles）的画家的轶事为例，说明了这个观点。阿佩莱斯正在画一匹马，他想画出马的口沫。他试过了各种画技，终于发了脾气，抄起一块平日用来擦画笔的海绵，把海绵扔向了那幅画。看呀，海绵的撞击在画上造成了他一直想要的效果，分毫不差。怀疑主义者也正是如此：事实证明扔海绵成功了。"一旦他们搁置了判断，意外的是宁静便随后而至，如影随形。"[86]

塞克斯都尽力解释了搁置判断的含义。首先要理解的是：真正的怀疑主义者不赞成任何哲学命题，甚至不赞成"不存在可知的事物"和"一切都是相对的"。你若发现一名怀疑主义者说出"一切都不存在""所有关于事物的理论都同样正确，只是理论不同"之类的话，他其实就是在表述一个事实：任何人声称的自己知道事物的真相，都未能使他信服。因此，唯有通过宣布怀疑主义者本人过分武断，才能反驳到真正的怀疑主义者。使用"你怎么知道一切都不可知？"或"你怎么知道总是存在同样有力的不同观点？"这样的反驳，伤害不了怀疑主义者，因为他从未真的自称懂得这两个问题。也许总有一天，会出现真正的知识。也许总有一天，某个人会提出比其他理论更有说服力的理论。怀疑主义者只是说，他认为这样的一天尚未到来。

　　怀疑主义者在概述不同的观点以反驳别人时，并不会真的赞同他自己提出的不同观点。他提出异议，完全是为了辩论。例如，塞克斯都引述不同国家的大量不同信念，并不是想证明一些人或外国人是对的、希腊人是错的，而是想扰乱希腊人对自己观点的信心，想请希腊人和他一起保持开明的头脑。正因如此，伊壁鸠鲁对怀疑主义的批判才未能击中要害。伊壁鸠鲁和卢克莱修说，质疑一切的怀疑主义者缺少一条借以站立的腿：他会没有任何衡量正确的标准，因此根本没有把任何信念谴责为假的根据。但真正的怀疑主义者并不想证明我们的一切信念绝对是错的，而只是想让我们质疑那些信念，并期望此举能使我们不那么武断。怀疑主义者无需一条借以站立的腿。他想把他的判断悬在半空。

　　塞克斯都还尽力解释了如何把这种悬空的智能行动与基本的正常生活结合起来。他解释说，不是要把搁置判断用于一切事情，而是要只把它用于有争议之事。对于人们争论的任何事情、任何考察对象或智力思考，怀疑主义者一定都会不加臧否。但是，怀疑主义者虽然会对一切有争议的或模糊不清的智能问题搁置判断，并因此不肯"坚定地断言"[87]任何事物的终极性质或终极原因，但他仍会欣然说出事物呈现在他眼里的样子。例如，他会宣布自己觉得冷或热（或引用泰门那个古老的例子——他觉得蜂蜜是甜的）。他会说面包像是有营养的，或者说天气看上去要变坏。虽然怀疑主义者宣布"不持任何观点地活着"，但这并不意味着他们不肯谈论此类琐屑之事。这种表述也不算是表达了对事物真实状况的看法。

　　我们说怀疑主义者没有任何信念时，这里的"信念"并不包括一种含义，即信念就是默认关于某个事物的观点；因为怀疑主义者承认事物表象强加给他们的感觉——例如他们感到热或冷时，不会说"我认为我不热（或不冷）"。毋宁说："他们没有任

何信念"这句话中的"信念",指的是默认科学考察中某个尚不
清楚的对象的信念。[88]

科学不屑于调查和质疑天气之类的客观表象,也不屑于调查和质
疑个人的感觉是冷是热。此类表述毫无模糊之处或可争议之处。因
此,我们便不该指望怀疑主义者去反对它们。塞克斯都说怀疑主义者
欣然相信日常表象,就像孩童不假思索地相信其监护人一样。这种情
况下的监护人就是自然,自然使我们产生了某些思想、经验和冲动。
我们有天然的欲望,因此自然会被引向似乎能满足那些欲望的事物。
正如塞克斯都指出的,饥饿指挥我们走向食物。正因如此,人们也许
才会发现怀疑主义者也像其他每个人一样吃面包。这种行为包含着或
多或少的不假思索,包含着对表象(即我们知觉或体验到的东西)的
自发反应,就像牛不假思索地吃草那样。这些行为中没有判断,因此
也就绝无搁置判断。

怀疑主义者随时都能"相信"(go along with)[89]面包有营养的表
象;他也随时都能相信一个明显的事实:迈向悬崖或走向迎面而来的
车队皆非好主意。所以,阿凯西劳斯在为庞罗的名誉辩护时才指出:
怀疑主义并未使不会受到严重损害的日常生活成为不可能之事。事实
上,怀疑主义者会去过一种相当遵循习俗的生活,因为他也会相信他
的社会继承的法律和习俗,以避免麻烦。当然,若有人轻率地去质疑
这些法律明显的合理性,或向它们挑衅和批判它们,怀疑主义者便会
认为自己必须挺身而出,提出论据,以反驳这种自负者所说的一切。
他这么做是为了证明:对于任何一套具体法律的正确与否,必须搁置
判断,因为这种争论的双方都一定会有很多话要说。首先,最好是不
争论,继续遵照"日常规矩"[90]生活,而不可造成心智的混乱。这种情
况类似宗教。塞克斯都说:真正的怀疑主义者会"恪守其祖先的习俗
和法律,它们宣布了众神的存在——但在哲学考查方面,他们却承认

自己过于轻率"[91]。必须质疑那些武断的证据和详细的神学推断，但怀疑主义者会从"日常观点"[92]的角度尊重文明社会的人的天然信仰。

怀疑主义者对"日常规矩"的不抵抗态度，不但延伸到了传统习俗、信仰和"基于不带感情的客观感觉并非考察对象"的事物[93]，而且延伸到了某些形式的专业技术知识。塞克斯都认为，怀疑主义者应当欣然相信某些已被证实的应用科学成果，只要这些科学仅仅关注收集和整理观察的资料，并不涉及任何教条主义的理论概括。例如，用怀疑主义理论全面考察无证据的星相学推测时，认真的天文研究者使用的那种天文学便会得到（怀疑主义者）的认可，"因为它像农业学和航海学一样，也包括对现象的观察，有可能据此预测干旱、暴风雨、瘟疫和地震"[94]。同样，怀疑主义者也赞成把几何学和数学的公式用于实际测算，但并不相信那些可被质疑的数学理论（例如柏拉图"线其实由点构成"的理论），也不相信毕达哥拉斯关于数字意义的古怪思想。

像怀疑主义历史上的一些著名人物一样，塞克斯都也是执业医生。他在医学上提倡所谓"经验主义"（empiricist）的方法（他名字的后半部分 Empiricus 即由此而来），而这是个佳例，说明了怀疑主义者愿意容忍的那种专家的类型。经验主义最初是为了打破医学知识的僵化状态。名医希波克拉底认为，医学实践应基于人体结构及各种疾病成因的理论。这个观点似乎很有道理，但没过多久，就出现了一些互相矛盾的医学理论造成的混乱。大约在公元前 3 世纪上半叶，一些医生放弃了对所有这些理论的选择，提出了"成功的疗法无需任何理论"的主张。这些人就是经验主义者。他们认为，良好的经验主义医疗仅仅与经验有关：你要认真观察以往哪些疗法有效地治愈了症状，把那些成功经验作为你治疗的唯一指南。你不必费心理会"教条主义的"医生们［他们也被称为理性主义者（rationalists）］唠叨的那些复杂的、含糊的话，例如要平衡人的四种"体液"（血液、痰液、黑胆汁和黄胆汁）或不可见的原子穿过皮肤的不可见毛孔的运动。同样，你做诊断时也不必费心寻找"隐藏的"病因。例如，若是患者得了狂犬病，若是以往的观察表明狂犬病总是出现在被狗咬之后，那么，你要做的便只是了解造成这种状况的原因。至于治疗，你可以试用任何一种曾经有效的疗法。

还有一个反教条主义的医学学派，它以更开明的态度看待理论的作用，看待找到"隐藏的"病因的可能性。这些被称为"方法论者"（methodist）的医生都赞成主流伊壁鸠鲁主义者的一个观点：治疗患者时，简单的经验已够用了。但他们认为，总有一天，有人会找到某些隐藏的或"不明显"的因素，对疾病做出解释。塞克斯都指出：正是这个态度不明的方法论学派，为怀疑主义者提供了最恰当的医学哲学（也许，这位怀疑主义者应被称为 Sextus Methodicus*，而不是 Sextus Empiricus），因为经验主义者坚决认为隐藏的病因和模棱两可的医学理论在医学中发挥不了任何作用，而方法论者却搁置了对它们的判断。

人们也许想知道经验主义医生或方法论医生如何区分明显的证据和隐藏的证据。这两种医生都必须能判断出某种具体因素是否和证据有关，因此他们就必须有能力区分两种事情：一是对现象的可以接受的观察，二是对"尚不清楚"之事的不可接受的调查。但怎样区分这两者呢？当然，被一个人视为明显的证据，在另一个人看来也许并不清楚：专家毫不思索、在一瞬间就能观察到的东西，另一个人却可能要驻足思考之后才能看到。因此，我们并不清楚经验的明显事实与可被质疑的理论之间的界线何在。此类困惑似乎向所有的怀疑主义者提出了一个难题，因为怀疑主义者总是唠叨日常经验（或"表象"）与

---

　　* Sextus Methodicus：可译为"塞克斯都·梅瑟迪柯"。此为作者杜撰的名字，其后半部分来自"methodist"（方法论者）一词。

关乎智能之事的区别。怀疑主义者似乎需要一种区分这两类事物的方法，因为他们宣布仅仅搁置了对后一类事物*的判断。例如，某个宗教信仰在社会中传播得相当广泛，但绝非普遍；设想一些人不假思索地相信它，另一些人质疑它。怀疑主义者该怎么做？他是该搁置对这个问题的判断，还是该听从虔诚的、毫不质疑的群氓？他怎样判断这个信仰在智能上是否足以值得质疑？

怀疑主义者似乎没有谈论过这个难题，但他们也许不必谈论。我们还记得，怀疑主义是一种疗法，是对轻率和心智混乱的有益矫正。因此，"怀疑主义到底适用于什么"这个问题的答案便应注重实际：怀疑主义适用于一切碰巧需要解决的问题。怀疑主义者若认为人们过分执着于某件事情，以至于有破坏人们的宁静之虞，他就会慨然地去设法瓦解有关的信念，以矫正人们的认识。同样，他若发现自己被某个问题困扰，也会把他的怀疑主义疗法用于自己，以搁置对那个问题的判断。若是医生们无法停止关于某些病因的争论，怀疑主义者便会设法说服他们坚信他们一致承认的明显事实，不要再为"隐藏的"事实担忧——因为谈论它们只会造成不可调和的分歧。总之，怀疑主义者会通过找出造成麻烦的原因来确定质疑什么。他会首先矫正他认为的不良情况。排在各种不良情况的最前面的是一些有争议的唠叨，来自哲学家、科学家和其他对日常表象背后的真相大有可说的"教授"们。这些不快乐的人需要治疗，所以，他们的教条便成了怀疑主义者的著作集中讨论的对象。至于宗教信仰那样的普通信念，唯有它们造成了难题，怀疑主义者才会去矫正它们。

塞克斯都说，怀疑主义者用以驱除教条主义信念的论证如同泻药，能冲掉人体内的一切智能麻烦。像药物一样，怀疑主义者的疗法也具有各种强大的作用："怀疑主义者……能用严肃的论证，有力地

---

　* 指与智能有关的事。

反驳自负这种教条主义疾病，反对那些因过分草率而沮丧的人；他们用比较温和的论证反对一些自负者，这些自负者的表现十分肤浅，也容易治愈。"[95] 无论需要治疗的疾病是轻是重，怀疑主义者都特别需要一种能力，即"提出反面意见的能力"[96]。换言之，他必须善于指出一切互相冲突的知觉、信念、态度和价值之间的差异。而引进搁置判断，对解放思想大有裨益。

这些"反面意见"大多与观察某个事物时的外部环境有关，另一些则与知觉者的心理状态有关。一些意见与知觉者的心理状态有关，另一些则与对象所处的物理环境有关。一些意见强调了教养或环境对不同人的不同观点和趣味的不同影响，另一些意见则涉及不同地方流行的神话或法律。但这些意见的核心总是相同："指出所有这些差异"——这种思想旨在展示人们的所想、所言和所感（即人们视为真实的事物，或人们视为好的或可心的事物），这些事物因环境而异。塞克斯都说："毫无疑问，我们因此很容易说出就每个人而言每个现存对象如何，而不是其本身如何。"[97]

在展示了千差万别的表象，表明了那些表象取决于各种不同的环境后，怀疑主义者便开始了批评，其方法是提出一个问题：教条主义者认为一组表象优于另一组表象，宣布前者呈现了世界的真相，这有什么合理根据？教条主义者为什么说他的环境造成的信念都是正确的？无论教条主义者怎样回答这个提问，怀疑主义者都能立即提出与之相反的观点。教条主义者若引述其他信念，以证明他的观点是正确的，进而证明他自己的信念，怀疑主义者便会再次请他证明这个证据或信念是正确的，把他逼入绝境。若是教条主义者想提出第二个信念以支持第一个信念，又用第三个信念支持第二个信念，如此继续，怀疑主义者便会指出：这个确证的链条必将在某处结束，不然它其实就毫无根据。教条主义者若想把自己的观点建立在某个终点上，怀疑主义者便会设法证明前者的假定并未得到证实。同样，怀疑主义者也会尽力证明教条主义者犯了"预设答案"（begging the question）的错误，即直接预设问题的答案，据此做出无休止的循环论证。（例如，一位哲学家曾批评克律西波斯，其根据是克律西波斯用占卜证明"命运"，又用"命运"证明占卜。）

怀疑主义者的医疗工具包里，塞满了旨在使其疲惫的对手搁置判断的论证。若是一切论证均告无效，怀疑主义者马上就会求助于一个令人不安的事实，即人们的分歧总是无尽无休，以期这个事实本身能削弱其患者轻率的教条主义。如塞克斯都所言，即使我们听说过的所有人就某个问题达成一致意见，也仍然可能会有某些我们不知道的种族（我们不妨加上"某个不同于人类的物种"），其观察事物的方式与我们不同。你如何能使他们相信你是对的、他们是错的呢？人们并不只是在偶然的观点和认识上意见不一：专家们经常意见冲突，即使是在做了最详尽的调查之后。正如怀疑主义的一位评论者所言：

> 专家们都自称在追索事物中清晰、真实的东西，据此被分成了许多派别。他们确定的那些教条，不但与某个人偶然提出的观点不协调，而且其实在与其调查有关的、一切大大小小的问题上都不协调。[98]

专家们对包括科学在内的知识的各个分支的数千个问题"都做过数不尽的考察，但迄今仍未就其中任何一个问题达成一致意见"[99]。若连专家都弄不清这些问题，其他人有什么希望弄清呢？最好还是搁置判断。

一个昭然的事实对怀疑主义者十分有利：他们说"教条主义者一无所知"，此话绝对正确。按照我们的标准，古代思想家们（除了数学家）的一切理论最终都是错误的。这些人以为自己知道一切，但其实并非如此，而这正是怀疑主义者一直在说的话。但我们仍可以说如今的情况已大不相同：古希腊人也许在一切问题上都错得离谱，但当代人却知道得很多。若说怀疑主义者的学说在古代很有道理，那么，如今他们就一定不那么有理了。

人们是否真的了解事物？这个问题贯穿了相当程度上的哲学史，我将在后文对此做更多讨论。而此刻需要指出的是：如今，我们当中仍存在着古代怀疑主义者自鸣得意地指出的专家之间的那种分歧，且为数众多。很多困扰古人的科学问题都多少得到了解决，但新的争论又占据了它们原先的位置。物理学家不再争论元素的数量或真空的存在，但他们关于（例如）平行世界、时空中的虫洞、宇宙早期状态的争论却毫无结果。从医学到宇宙学的科学，充满了尚未解决的问题。当今的专家自信地认为他们接近了真理，但以往的专家也是这么认为的——而且并不仅限于科学问题。塞克斯都用他的一系列怀疑主义论证去反对当时的人文学科（例如反对音乐理论和语法理论）。在新的人文领域（例如经济学、心理学和社会学）中运用"提出反面意见的能力"，想必对他来说几乎没有难度。

不过，无论怀疑主义的论证在反对现代"教条主义者"方面是否有效，关于古代怀疑主义者及其思想成就，都仍有许多令人困惑的问题。例如：他们总是与别人作对，其论证的安定作用和治疗作用何在？若怀疑主义者像他所说的那样追求宁静，那他为什么要花那么多时间去争论？你若不愿接受任何回答，他们自诩为诚挚的"调查者"或"探索者"*之举便有几分值得怀疑。皮埃尔·培尔（Pierre Bayle，1647—1706 年）在其《历史与批判词典》（*Historical and Critical Dictionary*）中写道："他（庇罗）一生都在寻找真理，但他总是在寻找，因此总是不能确信他已发现了真理。"[100]

对此，庇罗主义者会回答说：质疑关于事物真理的一切信念，这种做法带来的麻烦和不便，确实超过了搁置对这些问题的判断带来的

---

* 据前文，此指怀疑主义者。

宁静。怀疑主义者也许会发现：保持开放头脑带来的快乐大于发现真理带来的快乐。例如，塞克斯都说：相信自己找到了事物的真理，会造成情感上的危险。这种危险会使你相信自己知道真好与真坏，但这种状态一定会使你"永远心神不宁"[101]，因为你若没有你认为真好的东西，你就会竭尽全力地去获取它。即使你得到了它，你离宁静仍然很远。人们抓住了一直拼命争取的东西时，"会不理智地过分得意，并会竭尽全力保住他们认为好的东西"。怀疑主义是摆脱这个重负的唯一办法。聪明人能搁置对真好或真坏的判断，"既不强烈追求、亦不强烈规避任何事情，因此他们的内心是宁静的"[101]。

塞克斯都知道：以怀疑主义方式看待生活，并不能消除全部的不幸之源。怀疑主义者是人，因此他们会发现：环境把某些不快之感强加给了他们——"我们承认，人们有时会颤抖，会产生焦渴之类的感觉"[102]。不过，真正的怀疑主义者却能通过"摆脱"一切使他们的感觉变得比他们真正需要的更糟的恼人观点，把他们的痛苦减到最小。

遗憾的是，怀疑主义者也想摆脱许多能使生活更快乐的观点。除了搁置对真正的坏东西的判断，他们也想搁置对真正的好东西的判断。我们认为：以此获得宁静，其代价太高，因为它意味着不再考虑令人满意的日常事物的诸多来源。例如，不准一个人因被提升到新职位而快乐，因为他怎么知道那个新职位是真正的好事呢？怀疑主义者会说：为了过上平静的生活，理应搁置对此事的判断，牺牲你终于做成此事时能享受到的快乐。如果你坚信那个职位极好，就会总是担心失去它，而那种感觉会很难熬。很多人都会反驳说：要做到既对生活的苦乐抱有如此超然的态度，又不绝对冷漠无情，这完全不可能。

也许重点就在这里。我们还记得：希腊化时期的重要哲学家虽然都在一定程度上谈论过普通人的种种需要，但其目的却是为普通人提供灵感和理想。哲学家们认为，智慧不是轻易获得的，智者的生活必定艰难。提出超脱现实的理想，就是为了冲淡这种理想，而到了一定的时候，怀疑主义也被冲淡了。古代怀疑主者的理想被忽视了一千余年（参见本书第 15 章）之后，又被挖掘了出来。当时，对于学习庇罗主义什么、忘掉庇罗主义什么，哲学家和科学家进行了精心选择。他们想继承一些优点，例如开明、宽容和理智的谨慎，以及怀疑主义者的乐于相信经验及其对教条的有益抵抗。但对"不持任何观点地活着"这个激进的庇罗主义计划，他们没那么感兴趣。本书最后一章将描述这种怀疑主义遗产是如何成熟的。但是，我们首先必须看看在其成熟以前发生了什么。

14

虔诚的避难所：古代后期和中世纪

公元 529 年，即塞克斯都·恩披里柯去世大约三个世纪之后，一位基督教皇帝发现了一种能迅速结束哲学争吵的方法。以前也有过这样的尝试。塞克斯都等怀疑主义者曾试图说服所有"教条主义"哲学家安静下来，但后者大多都对怀疑主义极为怀疑，以至于并未注意到塞克斯都等人的努力。现在，查士丁尼（Justinian，482 或 483—565年）皇帝尝试了一种更直接的方法。他索性关闭了雅典的哲学学校，似乎打算取缔整个罗马帝国的非基督教哲学。他的主要目的似乎是扑灭异教——据说，仅在小亚细亚他就强制让 70 000 人接受了洗礼——不过，他也迅速地镇压了君士坦丁堡帝国大学雅典人在知识领域的反叛。但是，无论什么原因使查士丁尼关闭了那些学校，对此事的开明、合理的调查在当时都为数寥寥。在很长的时期内，希腊化罗马的思想中神秘的和宗教的压力都日益增长："疲惫者啊，就让我在虔诚的避难所中抛锚吧。"[1]这是普罗克洛斯在他献给异教众神的赞美诗里说的话，他是公元 5 世纪最著名的希腊哲学家。

即使在非基督教思想家当中，希腊哲学的传统标记也开始淡化了。泰利斯、阿那克萨哥拉斯、德谟克利特和伊壁鸠鲁共有的理性主义精神，苏格拉底、诡辩派哲学家和怀疑主义者共有的极端质疑的传统，柏拉图对逻辑论证的热爱，亚里士多德对知识的广泛好奇——这一切品质都在渐渐消亡，至少是都在改变。普罗克洛斯对魔法和神谕也像对几何学和柏拉图一样感兴趣，而在这方面，他在他那个时代非常具有代表性。在查士丁尼试图出重手毁掉哲学之前很久，哲学的旧风格已令人厌倦了。

雅典的那些学校于公元 529 年被关闭，此事本身并不算重大事件。两个更早的事件对知识生活的损害要大得多：一是在公元 4 世纪，罗马帝国分裂为拉丁人的西罗马帝国和希腊人的东罗马帝国，此事很快切断了大多数欧洲人与其希腊文化遗产的联系；二是从公元 5 世纪开始，西罗马帝国及其文明在政治和经济上开始崩溃。不过，公元 529 年仍是哲学史上一个便于表述的里程碑。大约从那时开始，西方哲学一直或多或少臣服于基督教，这种状况持续了大约 1 000 年。

以现代的角度看，我们不禁想知道这段漫长的幕间曲与睡美人（Sleeping Beauty）故事的相似之处。哲学被基督教神学刺伤手指后，沉睡了大约 1 000 年，直到被笛卡尔之吻唤醒。笛卡尔时代前后的许多思想家都如此认为，只是他们往往既责怪亚里士多德，又责怪教会，认为是这两者造成了哲学的衰落（他们尚未把笛卡尔推为复活了哲学的人）。1651 年，托马斯·霍布斯写道：中世纪大学里的哲学"除了作为罗马帝国宗教的婢女，别无位置；自从亚里士多德的论著成了大学中唯一的课程，这项研究便不是真正意义上的哲学了（因此，其性质并不取决于哲学的作者），而成了亚里士多德研究"[2]。1605 年，弗朗西斯·培根把大学里盛行的"学术堕落"描述为"学术的蜘蛛网，其令人欣赏之处在于其蛛丝及做工之精美，却毫无实质内容，全然无益"[3]。

培根去世两百年后，笛卡尔已被视为大力清除了这个蜘蛛网的人。黑格尔也对中世纪哲学进行了诅咒式的审判。他诅咒中世纪哲学，并非通过他说出的话，而是通过他未说的话：黑格尔用 1 300 页的篇幅对哲学作了编年式考察，其中论及中世纪 1 000 年的篇幅只有

120页，论及1 200年的古代的篇幅有800页，论及现代200年的篇幅有将近400页。

如今的读者，大多几乎没有理由埋怨黑格尔的这项做法。在总体上，古代和现代哲学的产物不但更具创造性，而且比起这两个时期之间的那些世纪*里出现的艰辛评论和辩证法操练，它们更易为当代读者所理解。我建议，让大部分中世纪思想在其可谓黑暗的、无疑满是荆棘的森林中继续沉睡。

不过，无论是霍布斯还是培根，都不该过分看重"为什么中世纪哲学更不合现代人的胃口"这个问题。这并不仅仅是因为其中包含的亚里士多德或宗教的成分过多。说中世纪西方最优秀的思想家不曾提出任何"有实质内容的和有益的"思想，这个说法太过分了。

诚然，中世纪哲学最初是作为神学的婢女而被雇用的；在欧洲基督教国家，大学里的哲学家都是这种或那种神职人员，其中许多人都以做神学教师为生，他们当然不会反对"哲学是神学的婢女"的说法。但这位婢女是可以休息的。哲学家渐渐开始研究哲学的几个分支，而这种投资并没怎么影响神学的红利（theological dividends）。**何况，大量神学话题也自然地进入了哲学话题。例如，关于灵魂性质的讨论，很快就会变成对"头脑怎样获得物质世界的知识、怎样与身体联系"这类问题的探究。关于"罪"（sin）的讨论会变成对"自由意志"的探讨。关于上帝的先见之明的讨论很快就会变成关于时间性质的讨论。其实，中世纪基督教的许多教义都亟须成为哲学探讨的对象。例如，（基督教教义）要求基督教徒相信一片面包能变成一块肉，但看上去仍是面包；上帝可以同时是三个人。一些关于物质、形式和材料的深奥理论似乎能解释此类神秘现象，因此备受欢迎。科学（或

---

* 指中世纪。

** 意为哲学研究并未对神学研究造成太大影响。

曰自然哲学）在神学中也起了作用。从公元 11 世纪晚期到大约四个
世纪之后，其间主要的神学教科书是《四部语录》（*Sentences*），其作
者为彼得·伦巴德（Peter Lombard，约 1095—1160 年）。*该书第二卷
讲述了创世的细节。许多神学教师都对《四部语录》做了评注，其中
讨论了一些自然哲学问题，例如"天空是否具有火的性质"和"水是
否位于天空之上"[4]。

　　中世纪哲学与一种主宰了生活许多方面的宗教交织在一起，这也
有其好处。这虽然意味着哲学研究受到了一些如今看来难以忍受的方
式的限制，但同时也意味着这个学科得到了十分强大的保护者的关
注。由于教会对哲学感兴趣，每一个想提高自己社会层级的人（甚至
想得到良好教育的人）都只能也对哲学感兴趣。与如今不同，其实那
时每个受过教育的人都在某种程度上研究哲学，其借口或是研究神
学，或是研究自然哲学，或更常见的是研究逻辑学。哲学家们并未被
公开称作哲学家，却往往是重要人物。如今的著名哲学家会渴望成为
政府委员会在某些不大重要的事务上的顾问。中世纪的著名哲学家则
会成为大主教、红衣主教甚至教皇，掌握真正的权力。

　　当然，这些中世纪的著名哲学家若得出了错误的结论，也会被囚
禁、被开除教籍，甚至更糟。但是，我们不能只看阻碍中世纪哲学发
展的谴责令和禁令的表面价值。它们未能证明独立的思想能被轻易地
压制，却证明了独立的思想不能被轻易消除。若非如此，为什么教会
一直试图消除独立的思想呢？教会尝试了最严厉的手段，却在文艺复
兴时期收效最小，因为在那个时期，非正统思想的细流正在变为洪
水。即使在教会权力的鼎盛时期，教会的规定也只能延缓知识变化的
脚步，却不能改变其进程。1210 年，巴黎大学的教师尚被禁止讲授亚

　　* 彼得·伦巴德（Peter Lombard，约 1100—1160 年）：法国主教。其著作《四部语录》
写于 1148—1151 年，为中世纪大学的标准神学教科书。

里士多德的科学著作，否则会被开除教籍；而短短数十年之后，这些著作却成了必修课读物。

众所周知，中世纪教会对哲学实行了严格的控制。但中世纪早期并未禁止教师和学生接触其他的思想体系，因为它们并不存在，至少是并未以易于使用的形式存在。暂且假定：12世纪早期有一位知识分子突然发现，他已摆脱了教会主宰的教育制度和社会制度的种种限制。倘若他有时间和金钱去研究他想研究的任何科目，接触用他能理解的语言写成的一切最新著作，而跟他交谈的同事们也像他一样聪明，也摆脱了那些桎梏，他会用这种自由去做什么？他能在何处找到灵感和思想？只能在古希腊人的著作和阿拉伯人对它们的注释里找到。这正是12世纪和13世纪真实的知识分子的做法，那时他们开始挖掘并翻译他们的希腊遗产，虽说这些工作已开始得太晚。当时的教会限制过对那些被发掘出的著作的实质性理解及后来对它们的发展吗？可以说没有：西方人若非迫于基督教的命令，以更严格的批判眼光看待这项古代遗产，他们甚至完全可能会更晚修改并最终改变它。不妨想想1277年发生的事情：那年巴黎的主教颁令谴责了219个命题，它们来自新发现的希腊人和阿拉伯人的著作，或据称受到了那些著作的支持。我们将看到，这些谴责令（不久后，英国也颁布了类似的谴责令）的长期影响不但未能迫使思想家服从教会，反倒使他们以新的思路开始思考。

因此，我们没有太多理由认为：（例如）12世纪的抛弃基督教之举，大大改善了拉丁人地区的知识生活。在中世纪早期，学术其实已陷入了十分悲惨的境地，以至于一个专横的教会在中世纪思想家们眼里反而成了最无关紧要的问题。到公元1000年，医学、物理学、天文学、生物学——其实是除神学之外的所有理论知识分支，全都崩溃了。即使那些受过教育、能在修道院中立足的少数人，其知识也远少于8个世纪以前的希腊人。古典文学（包括古罗马文学）大多不为人知，只有少数僧侣知道。被发现的少量简短的数学笔记，其内容大多极为愚蠢。总之，基督教世界异常地愚昧无知。（同时，自从公元 8 世纪伊斯兰世界的学者们开始把古希腊的著作译成古代叙利亚文和阿拉伯文，伊斯兰世界便在医学、科学、数学和哲学方面有了惊人的进步。）

无人要扼杀希腊的遗产，只是让它自生自灭。也许基督教该对这种忽视负一部分责任。毕竟，一些有影响的早期基督教徒曾提出：唯一重要的事情是理解世界是上帝创造的。更多的细节统统与此无关。圣奥古斯丁谴责了"眼睛的贪欲"和"凭肉体获得的知觉……（以及）借用知识和科学之名的徒劳的求知欲"[5]。解剖尸体已被视为渎神的冒犯之举，更不用说认真的医学研究了。一些比较开明的基督教作家指出：古希腊人是上帝之子，因此也许应当听听他们的言论。但一些更响亮的声音却说：古希腊人出生得太早，因此尚不懂得生活中真正重要的事情，因此可以放心地忽略他们以及他们的"知识"。这种态度几乎无助于知识的进步。另外，罗马帝国的覆灭、其后文明化生活的消亡、黑暗时代（约公元 450—750 年）欧洲内陆国家的学校教育，也都无助于知识的进步。此外，事实证明：早在罗马帝国奉行基督教以前很久，罗马人就已是在半心半意地保管希腊的遗产了。正因如此，到公元 3 世纪，希腊人自己成了其遗产的保管人。

若说教会对于知识生活的影响并不像它有时被抹黑的那么恶劣，那么，霍布斯笔下的老坏蛋——亚里士多德的影响又如何呢？必须立即澄清"亚里士多德的思想主宰了中世纪"的观点：事实上，在中世纪的大部分时间里，亚里士多德的著作全都不为人知。除了两篇逻辑学短论，亚里士多德的著作直到中世纪时期的最后三个世纪（约 1150—1450 年）才流行起来。但是，中世纪的这个最后阶段却是其著作最流行的时期。中世纪大部分复杂的哲学和科学文献是在这一时期写出的，而由于希腊作者和阿拉伯作者们的翻译使亚里士多德的著作重见天日，它们便在 12 世纪中期前后开始流传。中世纪许多最著名的哲学家，从大阿尔伯特（Albert the Great，约 1200—1280 年）到奥卡姆的威廉（William of Ockham，约 1287—1347 年），其实都出现在 1200 年到 1350 年这 150 年间。正是在 1200 年到 1350 年间，我们最熟悉的中世纪世界图画成型了——那是但丁和乔叟描绘的世界图画。那个时期，亚里士多德的影响确实达到了顶峰。

亚里士多德提出的概念和术语被译成了拉丁文，为学术交流提供了最多的谈资。他若写作一个话题（他通常如此），他的理论就会成为针对该话题的一切深入讨论的起点。那个时代总是在寻找照亮其道路的指路权威。在学术研究方面，无人能与博学的亚里士多德媲美。例如，13 世纪刚出现的大学急需某些科目作为其教学课程，而亚里士多德的论著便满足了这个要求。撰写对他论著的评注，成了那些大学哲学活动的主要形式：大阿尔伯特写了大约 8 000 页这样的评注。

但是，大阿尔伯特若一直赞成亚里士多德的观点，那他就绝不会有那么多话可说。基督教的学说使赞成亚里士多德的全部学说成为不可能的事。亚里士多德说世界一直存在；基督教徒却认为并非如此。亚里士多德说灵魂在人死后便不存在；基督教徒却不这么认为。亚里士多德对"物质"这个概念的解释，似乎暗示了在逻辑上根本不可能存在圣餐的面包和红酒，而这个解释并未说服基督教徒。亚里士多德的神对人的所作所为毫无兴趣；而这（对基督教徒来说）显然难以理解。

对亚里士多德学说的接受总是令人惕然，总是招致批判。首先，最理想的办法是让他的理论符合教会关于"信"（faith）的教义。这并非只是要删去其著作中少数令人讨厌的段落，而是还要创造出一个基督教教义与亚里士多德学说的综合体。这个综合体的最高成就就是大阿尔伯特最优秀的门徒——圣托马斯·阿奎那的《神学大全》（*Summa Theologiae*）。亚里士多德学说也不得不被与少数令人尊敬的学术成就（例如柏拉图主义者的著作）权衡比较。（柏拉图本人的著作，除了《谛美斯篇》里的创世故事外，大多直到 15 世纪才为人所知；但被看作属于柏拉图的各种思想，却通过包括圣奥古斯丁在内的一些令人尊敬的作者，流传了下来。）不仅如此，亚里士多德的论著还与阿拉伯学者们大量具有启发性的评注一起来到了西方世界。基督教大学的教师们开始学习所有这些知识，并对它们发表意见；而他们若是没有自己想说的话，便几乎不会去学习和评论这些知识。因此，他们绝不是生吞和反刍亚里士多德学说。中世纪的最优秀的思想家们在表达对亚里士多德的赞同时，并非只是在重复他的观点，而是在证明他们自己已得出了与之相同的结论。

尽管如此，他们在与亚里士多德角力时，大多还是使用了他创造的术语，而这正是文艺复兴时期批评中世纪烦琐哲学的人最反对的。亚里士多德与其去世后的 16 个世纪毫无瓜葛，谁都不能为此责怪他本人。但他在中世纪晚期的后裔仍把他的哲学遗骸看作活人，并对它说话，便有些过分了。这些离他很远的后裔，也许给他的哲学增添了基督教徒的或阿拉伯人的口音，但他们仍然讲着亚里士多德的语言。他们有时也许会从一个不同的角度看待亚里士多德哲学，但他们仍然活在亚里士多德的世界里。即使他们质疑他的观点，也逃脱不了他那些概念、范畴和方法。

亚里士多德并不需要他身后有如此巨大的影响。如我们所见，他认为自己的理论是尝试性的叙述，唯有经受得住事实的检验，它们才值得保留（参见本书第 12 章）。他本人就是被开明的调查精神激活的：把一组曾经能解放思想的崭新概念变为思想牢笼的人，绝不是他。这使我们更接近中世纪学术的真正问题。让自己处于书本的暴君统治之下的，正是中世纪学者自己：问题并非出在亚里士多德的著作或圣书，而是出在他们对书本的总体态度；他们并未让思想接受新经验的考验，而往往让思想接受旧书本的考验。

在古代世界那些渐渐逝去的世纪中，有一种现象很符合这种保守的表现：在那些世纪里，获取新知识、新认识的愿望退化成了一种关切，即只关心保存和传承从前获得的知识。这种关切在中世纪早期加重了，而这也许是由于一个令人绝望的事实：当时几乎没有可以传承的知识。一位文学评论家曾如此描述中世纪的影响：

> 有文化者失去了其大部分书籍，忘记了如何阅读其全部希腊文书籍……一种夸张却并非完全伪造的模型，成了遭遇沉船者的伙伴。依靠这种模型，依靠收集沉船上碰巧剩下的书籍，他们试图在一个荒岛上建立一种文化。[6]

沉船和产生紧紧抓住那些文学残片的强烈愿望的最初原因，在此无法说清。但值得注意的是：若花在生产每一本书的每一个抄本上的时间超过了阅读它所用的时间，任何现存文本都一定会比我们想象的更为珍贵、更受赞美。

不难理解，对文本和古代权威的迷恋会造就一种学术，它准确地直奔那些枯燥无味、冗长复杂的书本。我们这位经历了沉船事故的爱书人一旦选出了尚存的书籍，马上就会知道：他的那些宝藏所说的，与基督教经文并不完全一致。除了使经文与异教的学术残篇相互协调的难题外，还有使教父*与教父、经文与经文、评注者与评注者互相协调的难题。这项事业永无止境。一有可能，最好的办法就是证明那些权威的意见基本一致。每当不可能造就和谐的综合体时，一个人都可以设法找出一条中间道路，起码是找出共同点。若连这种可能都没有，那他就不得不咬紧牙关，权衡利弊，坚决、合理地站在这一方或那一方。幸运的是：我们这位水手尽力保留下来的是古代逻辑学（但你若不赞同他的事业，对你来说这就是不幸了）。这门学科为分析和

---

* 即早期基督教作家。

辩论提供了完整的理论，从定义和分类的技术体系到对论证陷阱的研究。与现代逻辑学不同，古代逻辑学并不只是研究有效推理的原则，尽管它也研究那些原则。这种广义的逻辑学是中世纪教育的基石，其工具日益被人为地用于研磨和抛光那些文本。

在大学里，这种协调权威的做法演变成了一种明确的教学风格。12世纪早期的神学家发明了一种被称为"询问"（quaestio）的方法，用于比较和分析著名作者们在某个问题上相异的观点。这种方法最初似乎是作为写作练习，包括陈述有待论证的问题，支持或反对对该问题可能的答案的简要论证，对这些论证进行评论，然后做出某种判断。但这种方法也为口头辩论（disputationes）提供了一种形式，而口头辩论是大学生教育的重要部分。口头辩论的锦标赛每次都采用事先确定的模式，尽管不同时间、不同背景采用的模式不尽相同。例如，13世纪中期巴黎的神学教师甚至采用了一种常见的"两日教学法"，其做法为：第一日，由被选出的学生扮演"反对者"（objector）或"回答者"（respondent），围绕教师选出的简单对错问题进行辩论。辩论的双方都将引用权威的论述。反对者提出否定命题的观点；回答者用相反的观点反驳；教师会不时地干预辩论。第二日，教师总结并回答辩题，解释自己是如何得出答案的。在特殊的时节，例如复活节和圣诞节，学生可以自由地独立选择话题。还有一些为较年轻的学生组织的辩论，其学业尚未进展到神学等高级科目。这些辩论会涉及自然科学问题，更经常涉及逻辑学问题；据说，这种辩论有时会失控。一些资料说，以嘘声表示反对、互掷石块的现象并不鲜见。这些不同形式的辩论，其记录见于当时的许多主要哲学著作中，其中有些是公开发表的锦标赛现场记录，有些虽然汇编为教科书（例如阿奎那的《神学大全》），但仍然遵照"询问"的某种格式，例如先从第二个回答跳到第四个对立观点，再回到第三个回答，如此等等。对现代读者来说，这种方法似乎是故意设计得让人无法理解。其实，设计它是为了帮助学生。大学的教学环境部分地决定了这种方法的风格，并大大地强化了它。学生自己的书籍很少，做笔记的机会又很有限，因此必须为他们提供大量的材料。同样，学生的进步也大多根据他现场辩论的表现来评判。因此，学生会把重要语录、常用观点和标准辩论术记录下来，以供记忆。严格划分材料、给材料分类，均为有用的记忆术。讲课总是集中在文本上而不是话题上，最后往往会讲解某种有序的并因此可以被记住的模式，用于提问、辩论、反驳和得出结论。

无论它从何而来，无论其最初的优势到底是什么，这种教学风格都演变成了造型奇特的庞然大物。"辩别"论证前提（即证明：前提并不明确，因此在某种意义上可以接受，但在另一种意义上不可接受）的能力越来越受重视。解释命题的诸多不同含义，成了一种大受褒奖的技能。正如亚里士多德三段论逐渐主宰了逻辑学研究，天才的思想家们也大大地发挥了其独创性，硬给一些有趣的论证穿上了三条腿的裤子。时间一长，口头辩论和记录口头辩论的文学，渐渐变得不那么活泼了，而是更加正式了。16 世纪初，在辩论中等待"正确"答案的延宕过程被取消了，而这是为了适应一种格式，即其中的答案早已给出，但仍然必须劳心费力地做出各种赞成或反对答案的论证。这种从后向前的方法强化了一种倾向，即把这种表演变成了"为逻辑而逻辑"的练习。暂时不回应一个观点，不是因为它本质上有趣，而是因为辩论者关于它已有聪明的答案。这种诱惑有时很难抗拒。

根据流行的神话，这种烦琐哲学大约在 14 世纪晚期自寻了死路。哲学史往往使人如此认为，但直到 17 世纪，它其实仍然活跃在很多大学里。事实上，对于大学及其教学方法，后来的历史学家们已不再那么有兴趣。15 世纪中期，在印刷的书籍开始流传之后，加上其他一些理由，知识生活的扩散已大大超出了教育机构的限制。特别是在科学和哲学方面，创新者大多在学术界之外，而聚光灯也追着他们。康德（他去世于 1804 年）以前的后中世纪（post-medieval）哲学家，无一与任何大学有任何瓜葛（尽管洛克曾在牛津大学短期任教）。

中世纪的教授们自寻"死路"，迫使自己去讨论哲学史中那些说不清的难题。他们采用的方法十分吃力，他们的狭隘视野和神学信仰又大大限制了后世读者对其哲学著作的兴趣。尽管如此，我们仍不应得出结论：其哲学著作除了意义不大的吹毛求疵，一无可取。关于中世纪哲学，一件几乎众所周知的事情是：其执业者经常争论一些鸡毛蒜皮之事，例如有多少天使能在针尖儿上跳舞。应当更仔细地考察这个故事，因为其寓意与人们预期的相反。

清醒地计算跳舞的天使，这只能是美妙的想象，不会是真的。这个难题太容易破解了，不会花费任何人太多时间。人人都相信天使没有身体，因此，"有多少天使能在针尖儿上跳舞"这个问题的答案显然是"一个都没有"。你没有身体，便无法跳舞。所以，无怪没有任何证据表明有谁认真地讨论过这个问题。不过，大学中仍有一些纯粹旨在取乐的逻辑辩论赛。不妨把这些比赛比作学生的期末辩论："本庭认为国王都爱吃卷心菜。"一则古老的轶事并非不可能，它说天使起源于某种类似舞蹈的活泼运动——在这种情况下，缺乏幽默感的是贬低天使的人，而不是中世纪哲学家。但更有可能的情况是：在文艺复兴时期，天使们渐渐成为一场关于空间与天使的争论中的嘲笑对象。那场争论的发起者是约翰·邓斯·斯科特斯（John Duns Scotus，约 1266—1308 年），13 世纪最重要的哲学家之一，其真诚而复杂的著作为他赢得了"精微博士"（Doctor Subtilis）的绰号。[7]若是如此，被嘲笑的便是那位最先想出那则故事的文艺复兴时期的智者，无论他是谁。这是因为，斯科特斯讨论的那个问题与后来困扰牛顿的那个问题基本相同，迄今为止，它仍是物理学上的一个吸引人的基本问题。

它就是被称作"超距作用"（action at a distance）的问题。一个物体如何能影响与它毫无物理接触的东西？牛顿对一个事实感到不快：他假定的万有引力似乎造成了无关联的行动，地球似乎影响了他那只著名的苹果，但两者间却没有任何接触的媒介。斯科特斯也对一个事实感到不快：天使（通常认为他们能遵照上帝的命令造成物理事件）没有身体，因此不能接触任何东西。他们如何完成上帝交与的使命呢？为了回答这个问题，斯科特斯不得不重新思考亚里士多德关于地点的概念。他的答案涉及一种思想：天使即使没有形体和身高，也能在空间占据一个位置——天使就像数学里的"点"一样可被赋予坐标（尽管斯科特斯并未如此表述）。因此（或曰斯科特斯认为），他们能"出现在"受其影响的物体前或更接近该物体，由此消除了"超距作用"这种现象带给人的困惑。

斯科特斯的阐述虽有许多模糊不清之处，但毕竟是致力于解决当时一个真正难题的尝试。若说他关于物质的天使的推理中有什么荒谬之处，那就是他对天使的信仰，而非他关于天使的推理的风格。

一个人若使自己沉浸在中世纪文本中，便常会发现巨大的智能，发现极力理解作品意义的激情。读得越仔细，就越会发现敏锐思考的证据，这种思考力求摆脱文本环境的束缚。何况中世纪哲学的遗产尚未被印刷，更未被译成拉丁语，因此也许永远都不缺少激动地宣布自己在干草堆里发现了某种引人注目的东西的专家。不过，这种认真的检验还是必须辅以来自更广阔视野的观点。后退一步，看看古代晚期和中世纪的风景（其背景是其前和其后的历史时期），比较其前和其后的风景，这种做法并不是对这段时期的溢美。

本章其余部分将简述哲学和科学从在古代世界衰落到在新世界重获新生的故事，沿途会暂停，以简述一些人物和转折点。这番简述并不打算描绘出一幅完整的图画，也不打算提及全部最重要的人物。

回到塞克斯都·恩披里柯的时代，他是本书前一章描述的最后一位哲学家。他不会是个快乐的人。公元 3 世纪初，在他撰写为庇罗的怀疑主义辩护的文章前后，哲学的场景已变成了怀疑主义者的噩梦。那是个信仰者的时代，而不是怀疑者的时代，人们尽力相信大量的东西。在塞克斯都和少数其他人想嘲笑柏拉图、亚里士多德和斯多噶主义者的学说互相矛盾时，许多思想家却打算把这些学说结合起来，再吸取其中大部分思想。人们发现，基督教、异教神秘主义、招魂魔法、毕达哥拉斯学派的命理学（numerological）闲扯、各种风格的东方宗教，也都出现在了这场盛宴中。

如果说互相对立的哲学之间的竞争精神是亚里士多德去世后两百年的标志，那么，古代后期的思想家便是以协调精神著称。这并不是说大家都赞成对方的观点，也不是说哲学家不再彼此谩骂。不过，从大约公元1世纪开始，很多最优秀的思想家更关心的是以敬畏之心回顾以往的伟大哲学家，而不是挑战同代人。少数罗马名作家都只研究一种古代哲学：卢克莱修研究伊壁鸠鲁主义，塞内加研究埃皮克提图，马可·奥勒留研究斯多噶主义。但是，虽然卢克莱修一直在研究伊壁鸠鲁的著作，罗马的斯多噶主义者却用来自其他地方的思想稀释了古希腊斯多噶主义的原初思想。这种折中主义在当时十分常见。主流（尤其是希腊人当中的主流）的方向是综合以往的理论（那些理论意在证明哲学之间存在诸多差异）。公元前86—前68年间雅典学园园长阿斯卡隆的安条克（Antiochus of Ascalon，约公元前125—前68年）宣布：柏拉图主义、亚里士多德主义和斯多噶主义说的都是同一件事。常听安条克演说的演说家西塞罗也是一位拾荒者。他的哲学著作有时像柏拉图主义的自由作家之作，有时则像犯了错的斯多噶主义者之作。更使人混乱的是，他还自称是某种怀疑主义者。

大约在西塞罗时代，毕达哥拉斯主义开始有了些许回归，其坚信者们试图证明柏拉图的好的想法全都来自毕达哥拉斯。另外，这些毕达哥拉斯主义复兴运动者还声称：亚里士多德的好的想法全都来自柏拉图，因此把大部分古希腊哲学融合成了一种单一的学说。另一项更雄心勃勃的协调计划，出自犹太哲学家亚历山大里亚的菲洛（Philo of Alexandria，约公元前25—约公元45年）。他对希腊文《圣经》

（Septuagint，即《旧约》和伪经的希腊文译本）广泛的、有时令人困惑的注释，开创了《圣经》与希腊哲学完美结合的传统，而日后的犹太教、基督教和伊斯兰教神学家都延续了这项传统。到公元 2 世纪，毕达哥拉斯、柏拉图、亚里士多德、斯多噶主义者和其他哲学家的著作片段被组合成了拼图，使异教徒和基督教徒都为之着迷。

这个时期的一本哲学教科书，就把许多此类片段拼在了一起，其作者名叫阿尔西努斯（Alcinous）。他说，宇宙是一位顶级工匠用柏拉图《谛美斯篇》（见本书第 11 章）里所说的方法制造出来的。宇宙是"上帝造就的，他凝视某个宇宙理念（idea）*，它是宇宙的范本，宇宙则是它的摹本"[8]。亚里士多德虽然无暇编造这种创世故事，但他提出的"不动的推动者"的概念，却被阿尔西努斯借来解释天体的永恒运动："上帝本身没有任何运动，却启动了天体的运动……如同欲望的对象本身虽然始终未动，却激起了欲望。"[9]像亚里士多德的"神"那样，这位上帝也一定"永远都在独自沉思他自己及其思想"，因为其他任何事物都未重要到使他如此。[10]这些思想究竟是什么？亚里士多德说不出，但阿尔西努斯说它们就是柏拉图的理想"形式"，就是创世的蓝图。柏拉图把"形式"看作凭本身而存在的独立实体；阿尔西努斯则像菲洛那样说："形式"只是上帝头脑中的理念。这种改动对基督教徒、伊斯兰教徒和犹太教徒十分有益，因为它有助于摒除柏拉图的一个观点，即"形式"以某种方式高于神。阿尔西努斯大量采取和借用了更早的传统资料，并利用了一个斯多噶主义概念，即指导世界以最有益于人类的方式运作的"最令人赞叹的天意"[11]。这是以某种方式使上帝与这个世界不那么无关，即不像亚里士多德说的"不动的推动者"那样：对这个世界毫无兴趣，也不思考它。

阿尔西努斯说：认清上帝的一种方式，就是进行女祭司狄奥提玛

---

* 即柏拉图所说的"形式"（form）。

(Diotima) 借柏拉图《会饮篇》（见本书第 11 章）中苏格拉底之口所说的"智能攀登"（intellectual climb）。按照阿尔西努斯的说法，它就是：

> 首先沉思寓于身体之美，然后沉思心灵之美，然后沉思在习俗与法律中发现的美，然后沉思大海之美，然后沉思上帝本身、爱的目的、灵魂上升时如光一般照亮灵魂的欲望之美。此外，亦应深思"神"这个观念之美，因为他享有至高荣耀。[12]

狄奥提玛原本说的攀登"天梯"的顶点是"真正美的心灵"[13]。但阿尔西努斯却设法在此基础上再登高两级。他从柏拉图的"美的形式"，直接跳到了"善的形式"；而柏拉图认为"善"高于"美"，他在《理想国》里把"善"比作普照万物的太阳。接着，阿尔西努斯又从"善的形式"跳到了上帝。在公元 2 世纪，其实"上帝"和"善的形式"的含义几乎相同，尽管柏拉图本人也许会坚持说这两者截然不同。柏拉图认为，神在 500 年前曾是某种灵魂，并非抽象的"形式"。但是，现在渐渐出现了哲学的和宗教的主题。从前的抽象哲学概念开始有了新的形体，被看作了人化的神及神的思想。

　　公元 2 世纪的少数思想家沿袭古代斯多噶学派的习惯，把上帝描述为某种弥漫在宇宙中的火。但这种描述与那个时代格格不入。当时的主导精神对立于唯物主义，而一位火一样的上帝却显得过于物质了。那些被毕达哥拉斯主义动摇了的人，往往把上帝说成"1"（One）——他们说：上帝若是数字，挑出来能表示他的最佳数字就是"1"。但这些后世的毕达哥拉斯主义者绝非一神论者。他们认为还存在一些不那么重要的神（常常借自神话），并给他们指定了各自的数字。与阿尔西努斯同代的毕达哥拉斯主义者——阿帕米亚的努美尼乌斯（Numenius of Apamea）似乎认为至少有两位重要的神：一位年轻的神负责建造世界的工作，另一位年长的神则绝不会让这种工作脏了自己的手。努美尼乌斯引用了犹太人、埃及人、波斯人和印度人的经卷，以支持他的毕达哥拉斯主义和柏拉图主义的思想。他曾问道：柏拉图的著作除了是用希腊文写的摩西（Moses）著作，还能是什么呢?[14]

在对以往智慧的沉思中，柏拉图的幽灵占据了特殊的位置。它始终徘徊在那场知识生活崩溃的盛宴上。其典型表现是：阿尔西努斯把自己的著作称为"对柏拉图主要教导的概括"[15]，尽管它分明也借用了其他许多资料。其实，公元 3 世纪以前，希腊的重要哲学家全都自认为是某一类的柏拉图主义者。柏拉图的"物质世界只是某种更高级别的真实的影子"的思想，渐渐地覆盖了其他一切理论。亚里士多德那些更务实的观点，以及早期的斯多噶主义者和伊壁鸠鲁主义者强硬的唯物主义，对于一种文明并不具有与柏拉图主义同等的吸引力，因为那种文明在哲学问题和宗教问题上日益脱离了现实世界。

阿尔西努斯在世时的某个时候（也许在公元 120 年前后），土耳其西南部的奥诺达（Oenoanda）小城建起了一座石碑，纪念正渐渐消失的伊壁鸠鲁唯物主义，其碑文使它成了哲学史上最奇特的文献。一位名叫第欧根尼的著名市民建起了一座 100 码 * 高的石碑，在上面刻了一篇大约 25 000 字的论文，赞扬了伊壁鸠鲁，并为他做了为时太晚的辩护。此碑原未打算建成宏大的纪念碑，是后来的事情使它成了这样的纪念碑。后来的几个世纪中，人们偶然发现了伊壁鸠鲁的少数门徒；但他们之所以被拽出湮没无闻状态，却完全只是为基督教徒谩骂提供一个靶子而已。公元 3 世纪的某个时候，奥诺达的市民拆毁了那座石碑，用它的石头去建造自己的房屋。后来，大约四分之一的碑文被挖掘出来，重新拼在了一起，其中包括一个预言：伊壁鸠鲁主义一旦被人们接受，一个黄金时代便会到来。17 世纪对伊壁鸠鲁物理学的修正，的确有助于开创科学革命；但是，第欧根尼也许希望某件事情

---

* 等于 91.44 米。

比科学革命来得更快。

那篇铭文谈到了伊壁鸠鲁主义能带来的"救赎"（salvation）。至少在选词上，第欧根尼抓住了他那个时代的精神。那时的哲学已被普遍看作了一条通向精神救赎之路，而不是一剂获得宁静的药方或一种智力练习。一套颇具影响的神秘主义著作把哲学界定为"通过习惯性的沉思和虔诚的信仰，学会认识上帝"的事业[16]*。那个时代的宗教运动（例如诺斯替教运动）往往关注物质世界低等、虚幻的性质，关注用各种不大诉诸知识的方式去发现某种更好的事物。

第欧根尼建立的那座石碑，还把伊壁鸠鲁哲学描述为一种证据，说它证明了自然科学对人大大有益。这种观点根本没有引起任何人的共鸣（公元 2 世纪，对科学怀有兴趣的思想家为数寥寥）。阿尔西努斯及其信奉"柏拉图主义"的同伴们尊崇算术、几何学和天文学，因为柏拉图就是如此，但他们似乎只是空洞地尊崇它们。我们已看到，基督教徒在思考别的事情，所以无论如何都不会去质疑希腊的学问。名医帕加马的盖伦及其同代人亚历山大里亚的托勒密（Ptolemy of Alexandria，约 90—168 年）虽然是整个古希腊世界最著名的科学家中的两位，却处于（科学）这条线的末端。在很长一段时期内，他们都没继承者。托勒密是科学革命以前最有影响的天文学家：他对亚里士多德"地心说"的阐释，其实在 1 200 年当中都无人质疑。盖伦的著作大多基于他对动物的解剖，直到现代以前，它们一直是一切医学知识之源。他是一位古代的博学者，对哲学做出了令人印象深刻的贡献，尤其是在逻辑学方面；他还做过回答怀疑主义的尝试。但是，托勒密和盖伦若不是那些过时科学家中的最末两人，便不会给人们留下如此持久的印象。盖伦伤心地看到人们对物质世界的了解已不如以

---

* 参见赫尔墨斯·特里斯墨吉斯忒斯（Hermes Trismegistus）:《医神集》（*Asclepius*）。据传此书作者是一位与摩西同代的埃及神学家，但未必真有其人;《医神集》书名来自希腊神话的医神阿斯克勒庇俄斯（Asclepius），一说成书于公元 300 年。

前，而这也许是因为人们对物质世界已不再那么感兴趣。

　　出于一些原因，希腊的科学并未在罗马帝国繁荣起来。对其希腊臣民和奴隶的知识成就，罗马的统治阶级怀着鄙视与敬畏的复杂态度，这种态度虽很奇怪，但可以理解。一方面，任何受过教育的罗马人都不会怀疑希腊人在艺术和科学方面的优越性。除了其他方面，希腊的文学也比罗马文学的内容更广、更成熟。只要负担得起，希腊的教师显然是罗马人最愿雇用的，而希腊语显然也是高等教育使用的语言。马可·奥勒留皇帝用拉丁语处理帝国事务，这很自然；但他能用希腊文写出他的《沉思录》，这在他那个时代也很自然。另一方面，罗马人又高傲地下令说：始终都应把一个被征服种族的文化摆在其应有位置上。罗马人毕竟有自己的一些特殊才能，而它们理应占先。罗马人的兴趣和技能是务实的，而非理论性的：他们似乎更乐于建造引水渠，而不是提出论证。他们的成就使人很难反对其务实态度。例如，罗马人的卫生系统和管道工程拯救的生命，当然比任何希腊医学知识拯救的都多。

　　受过教育的阶级虽未完全抛弃希腊人的知识习惯，但也并未全心全意地接受它。因此，罗马人的哲学是二手的，其科学也是二手的，而二手的科学意味着根本不是真正的科学。罗马人也编写和阅读百科全书与趣事汇编，但总的来说，他们不赞成希腊人普遍观察、理解、综合、计算，不赞成希腊人普遍保持的活跃的探索精神。罗马人是单调乏味的收集者，而不是具有创新精神的思想家。老普林尼（Pliny the Elder，公元 23—79 年）在其《自然史》（*Natural History*）中自诩收集了"大约 20 000 条值得记载的事实，来自我研究过的 100 位作者"，还说"我毫不怀疑自己漏掉了很多事实"[17]。这种收集与亚里士多德的考察之间存在的众多区别之一是：亚里士多德绝不会想到停下来计算其行囊里已有了多少真理。

　　普林尼说，他的著作还包括一些来自他自身经历的有价值的知识——例如"一个惊人的但很容易被证明的事实：因打人而后悔者，若立刻向打过人的手掌里啐唾沫，其懊悔便会减轻"[18]。普林尼认为：科学与讲故事并无真正区别。他讲述了克利奥佩特拉溶化珍珠的故事*，详述了海豚的惊人本领，描述了自己如何目睹一个女子在其婚礼上变成了男人。他的著作还包括对地理学、动物学、植物学、医学和地质学进行的大量清醒观察和分类，但这些内容多少有些互相矛盾："最认真做研究的权威一致认为：在马库斯·勒皮德斯（Marcus Lepidus）和昆图斯·卡塔路斯（Quintus Catulus）担任领事期间，罗马没有一座房子比勒皮德斯自己的住宅更好。但请相信：30 年之后，那座房子甚至都未被列入前 100 座最佳住宅。"[19]

一个世纪之后，奥鲁斯·戈留斯（Aulus Gellius，约公元 130—约 180 年）编纂的一本百科全书证明了罗马人的求知方法如何更外行、更混乱、更异想天开。以下就是他这本书中章节标题的典型样本：

> 我们的祖先为何把送气音 h 插入了一些动词和名词里
>
> 地震时应向哪一位神献祭，并不确定
>
> 在很多自然现象中，我们已观察到了数字 7 的某种力量和效力
>
> 最高权威声称：柏拉图买过毕达哥拉斯主义者斐罗劳斯（Philolaus）的三本书；亚里士多德曾以令人难以置信的价格，买下了哲学家斯珀西波斯的几本书
>
> 泰奥弗拉斯托斯记录的山鹑（partridges）异事，以及泰奥庞普斯（Theopompus）记录的野兔异事
>
> 有趣而富于启发性的评论：关于几何学的所谓"光学"，关于几何学的所谓"和声学"，关于几何学的所谓"韵律学"

———————————

* 据罗马诗人贺拉斯（Horace）《讽刺诗集》（*Satires*）记载，克利奥佩特拉为在宴会上打赌获胜，用醋溶化了一颗价值 2 500 万银币的珍珠。

> 人们误以为检查发烧时摸到的是血管的搏动，而非动脉的
> 搏动
>
> 安东尼乌斯·朱利安努斯（Antonius Julianus）在宴会上对
> 某些希腊人的非常机智的回答[20]

如今，这本百科全书比当初写出时更有用。它是别处找不到的各种古代信息和故事的来源，其内容从早期斯多噶主义哲学家克律西波斯关于"命运"的思想，到"安得罗克鲁斯（Androclus）与友好的狮子"那个不算有名的故事。*但关于古代世界，它为我们揭示的最具启发性的事实却也许是：那时的求知方式是多么半心半意、多么没有章法、多么缺乏创意。

即使是公元 3 世纪之后希腊知识分子的少量数学、医学、天文学专著，也大多是对早先著作的汇编和评注，而不是原创的论著。其后300 年里，最佳的纯哲学著作也大多采用了评注的形式。其中一些著作显示了有力的新思想，但都是作为对那些受人尊敬的文本的注释，而这说明了其短于创新。哲学和科学似乎大多都不知该做什么。

公元 3 世纪最有影响的哲学家，则是这条规则的例外。他不只写评注，其口头教学也基于评注，因此当然也和其他一切知识分子一样，具有我们介绍过的思想倾向。此人就是普罗提诺（Plotinus，约公元 205—270 年）——一位异教的教师，在亚历山大里亚学习，在罗马任教。他的哲学超脱了现实世界，具有深刻的宗教性质，丝毫未被科学求知欲所动摇。他最推崇柏拉图的思想，同时又想把许多早期思想家的思想结合起来。这种做法在他那个时代十分常见。普罗提诺带有神秘倾向的思想，开创了希腊哲学的最后阶段，因为它蹒跚地越

---

* 罗马奴隶安得罗克鲁斯逃入森林，为一头受伤的狮子拔除了刺入爪中的尖桩，两者成了朋友。后来，他与狮子都被捕，被带进了罗马斗兽场。但狮子没有吃他，反与他叙旧，此景感动了观众。两者均被释放，获得了自由。

过了理性的边缘，进入了神秘主义和宗教地带。圣奥古斯丁有时说，普罗提诺的思想包含了基督教的一切重要观点，唯独没有基督其人。此话完全正确。更准确地说：基督教神学采用了普罗提诺的很多思想，其部分归功于圣奥古斯丁的努力。

普罗提诺的弟子和传记作者波菲利说：普罗提诺"似乎为自己有个身体而感到羞耻"[21]。普罗提诺把现世生活看作次等的存在，认为人们就像柏拉图那个幽暗洞穴中戴铐的囚徒。他受到了柏拉图关于不朽灵魂的论述、关于理想的"形式"（现实事物只是其模糊反映）的思想的启发，劝弟子们关注更高的精神王国。他比一切早期柏拉图主义者都更努力追求的，是对低级的"真"与高级的"真"的关系的理解。柏拉图本人几乎只是指了指那个高级的世界；而普罗提诺却想画出一幅地图，以展示这两个王国在何处相连。由此得出的理论，以及这种理论对真实的几个模糊层级的狂想式描述，后来在欧洲思想中断断续续地复活了。从 19 世纪开始，历史学家通常都把这种理论称为"新柏拉图主义"（Neoplatonism），以表明一个事实：这种理论已超出了柏拉图的所有理论。

普罗提诺知道自己在尝试描述无法描述的事物。他的哲学旨在与那个上帝般的"一"结合，他说自己有过这种经验。不过，他虽然报告了这种短暂结合的经验，但那些经验的性质本身却意味着他对它们没有多少可说的话。他认为理性无法理解"一"：它大大高于其他一切，以至于平常的概念不适用于它。他承认：从某种意义上说，把它称为"一"是个误解，因为这会引出一个无法回答的问题："一个什么?"这个"一"（或无论什么）甚至不能被称为存在，因为用柏拉图的话说，它"高于存在"。普罗提诺写道："任何东西都不能确证它——它不是存在、不是本质、不是生命——因为它超越了所有这些。"[22]

这个"一"超越了其他一切，因为它是其他一切的来源。万物以一种无法描述的方式从"一"而出，普罗提诺喜欢借助"放射"（emanation）这个形象比喻这种方式。来自"一"的"真实之流"（real-ity streams）如同太阳放射的光。但这个比喻之所以不完美，却是因为它并未表明普罗提诺"有层级的真实"的思想。也许更有用的形象是瀑布，其中的一切都从最高处（即这个"一"）流到了下面的一个个层级上。但不能认为这种来自"一"的流动是一个物理过程。其实，它根本就不是过程，因为它是永恒的。普罗提诺想表达的是关于"整个自然后面是什么"的真理。他并不仅仅是描述一种能以因果关系解释的、具体的自然现象。

普罗提诺那个抽象的喷泉主要有三个层级，而在某种意义上，每一层的水都在"溢出"，以造就下一层的事物。这个喷泉般的"一"下面是智能（intellect）层，再下面是灵魂（soul）层。在智能层上，我们发现了柏拉图的理想的"形式"，它们也被看作某种有生命的智能。智能是"一"的溢出；灵魂则是"智能"的溢出。灵魂本身可以分为几个附属的层级，最低的一级创造出了（或溢出了）可见的宇宙。地球上的物质是最低一层中最低的，它离"一"最远；而普罗提诺又把"一"称为"善"，这意味着地球上的物质是"恶"。普罗提诺认为，"恶"是纯否定性的概念，暗示着离"一"或"善"最远。

普罗提诺认为："真"有很多等级，就像"善"有很多等级一样。一些事物比另一些事物更真，事物离"一"越近就越真。他使用这种奇特表述，并不是说（例如）因为马存在、独角兽不存在，马就比独角兽更真。他的意思是：即使现存的事物中也有不同等级的"真"。即使独角兽真的存在，他还是会把它们放在那个真实之梯的底层，因为它们仍然是物体——而普罗提诺并不重视物体。任何事物若达不到真正的完整和完美，都不能被看作完全真实。普罗提诺认为：唯有"一"是绝对完整的。它"极为充分，完全自治，超越一切，最无需要"[23]。所以，唯有"一"才绝对真实。"智能"不如"一"那么真实，"灵魂"更不如"一"那么真实，而我们根本就不怎么真实。

但是，不必为此感到沮丧。我们并非绝对注定处在真实的最底层。幸好，我们有灵魂，有理性的力量；在某些环境中，我们能向"一"攀升。当然，这种旅行不是物质的，因为普罗提诺的那个喷泉及其流下来的各级"真"本来就都是非物质的。我们在自己头脑中完成这个旅行。一旦我们懂得每一层的"真"都依赖于其上一层，我们便会上升到更高的一层，也许最终会到达最高处的"一"。这种"智能攀登"能把我们带到比我们身体能到之处更远的所在，这种思想很像女祭司狄奥提玛所说的那种沉思式上升，即通过越来越抽象的美的形式达到"美自身"（或像普罗提诺有时对"一"的称呼，即"美上之美"[24]）。我们若到达了最高处，瞥见了"一"，那么

> 灵魂便会仰望到生命之源泉，亦即智能之源泉，亦即存在之始，亦即"善"之喷泉，亦即灵魂之根。

> 我们的存在因到达了此处而极为满足，此乃我们的成功……灵魂在此获得了安宁，脱离了"恶"，躲避在一个绝无错误之地。[25]

我们朝着"一"攀升，这种精神之旅是一种回归、一种回家之旅。它不但是返回我们的存在源头之旅，而且是发现我们的真正自我之旅。普罗提诺说："当灵魂再次上升，它到达的不是某种异己之物，而是它真正的自我。"[26]这是因为，我们最高级的自我很像最高级的真实。普罗提诺认为，高级的真实是精神的真实，不是物质的真实；他还认为，真实从"一"流出的方式，与思想从我们头脑流出的方式大致相同。换言之，他认为：我们自己的沉思能力反映了那种造就了世界的"溢出"的神秘过程。因此，我们才很像那个神圣的"一"。这使人想起了俄耳甫斯教的一个思想：我们体内的灵魂是一种神性的火花，虽然黯淡，但仍有生命。它也使人想起了亚里士多德的一个观点：我们灵魂中理性部分的活动与神的活动相同。

回攀到"一"需要两种东西：智能努力和道德美德。普罗提诺认

为，这两者都涉及从关心尘世之事上升到关心神圣之事或超验之事。但我们仍不清楚：他认为究竟需要多长时间才能弃绝现世生活。一位罗马参议员听到普罗提诺的言论，便放弃了其政治事业，以支持普罗提诺的哲学。但是，普罗提诺当然不认为一个人应当憎恶现世或忽视现世中的人。他说，一个人应尽力欣赏可见世界中的美，因为这个世界毕竟是那个"一"的宣示或是它创造出来的。一个人必须善待每一个人，因为每一个灵魂都是上帝之子。人们不该认为自己没有道德美德的通行证就能达到"一"。普罗提诺批评了一种思想，即灵魂向"一"的攀登只涉及了解世界如何运作的秘密的问题。但这种了解本身还不够，因为"一"也是"善"，而你自己若不为善，便不能与"善"结合起来。

像所有既重视道德行为又重视来世的哲学一样，普罗提诺的思想也似乎同时被拉向了两个截然相反的方向。若是一个"似乎对自己有个身体而感到羞耻"的人只能活一次，这种符合道德美德的生活究竟能维持多久？普罗提诺的那位出色弟子若不放弃参议员之职，难道就无法在这个世界上做出更多善举了吗？使普罗提诺痛苦的另一原因，是神秘主义和逻辑学这两个方向完全相反的学说对他的吸引力。他集神秘主义者和理性主义者身份于一身，而这种混合令人难以置信。普罗提诺常想证明自己的观点，为此借助于早期哲学的知识，以使自己置身于其理性主义前辈的传统中。他的论证几乎总是表达欠佳（连他的弟子波菲利都承认他是位十分草率的作者）；那些论证也许无尽无休，频频重复（连黑格尔都发现阅读它们"很容易使人疲倦"[27]），它们不会令当今多少读者信服。尽管如此，在普罗提诺那些纠缠不清的文章里，通常还是能见到力图挣脱纠缠的推理。例如，他并不是只强调"物质是不真实的"，他还力图证明：这个观点来自"我们很容易被物质的这些特性欺骗"这个事实，来自其他许多事实。这样的推理最终也许不能服人，却证明了普罗提诺理性主义者的一面。另外，普罗提诺也承认他想把我们引向理性和逻辑达不到的地方："因此，我们的方法便超出了求知。"[28]

亚里士多德说过，人人都天生渴望求知。普罗提诺渴望的不仅是知识，为此，他准备抛弃亚里士多德那些冷静的方法。定居罗马从事教学之前，普罗提诺参加过一次东方远征，旨在从波斯和印度的贤者那里获得某种启迪。遗憾的是，那次远征没走多远便放弃了。但普罗提诺总算还是让他的远征结束在了一些东方神秘主义精神上。他说，为了享受与"一"的极为幸福的结合，我们必须放弃"证据……证明……和推理的精神习惯"。"因此，不应把逻辑混同于我们幻想中的行动；并非我们的理性在观看，而是某种比理性更伟大的东西在观看"[29]。梅斯特·埃克哈特（Meister Eckhardt，约 1260—1327 年）、圣十字约翰（St John of the Cross，1542—1591 年）的基督教徒沉思的著作，以及一些伊斯兰教徒和犹太教徒神秘主义沉思的著作，往往都包含着普罗提诺的许多思想。像他们一样，普罗提诺也渴望天堂。当他能逃避日常生活、逃避日常的思维方式时，他便盼望"幻想不再破灭，自我不再受到肉体这个障碍物的任何阻碍的时代"。符合理性的思考自有用处，但只是达到目的的手段。

普罗提诺的哲学弥漫着一种令人迷醉般的欲望：它想表达无法表达的意思，想获取无法获取的东西。因此，在某种意义上，它是一种宗教哲学。对于施行魔法的宗教仪式，对于其他一切祈求或安抚众神的传统方式，普罗提诺都毫无兴趣。他尊重异教的信仰和做法，并似乎相信某些魔法咒语的功效，但认为这些东西全都与"一"无关。他认为，试图用祭拜、魔法或祈祷作为理解"一"的捷径既毫无意义，又容易让人误解。他甚至不屑于提到基督教。普罗提诺的哲学也许具有不同寻常的宗教性质，但他的宗教还具有不同寻常的智能性，这也是事实。

但不能说他的弟子和追随者也是如此。他们急于瞥见"一"，因此，普罗提诺一去世，他们很快就屈服于某些颇为荒谬的诱惑。波菲利抗拒不了一种思想：在通往那个最高王国的道路上，魔法操作和咒语也许能提供某种有益的第一步。他的弱点是笃信奇迹，尽管他似乎也知道优秀的普罗提诺主义者不应过分关注奇迹。在其著作《来自奇迹的哲学》（*Philosophy from Oracles*）中，波菲利设法在普罗提诺为奥林匹斯众神制定的万物格局中找到了一个位置，在那里添上了神和半人半神的英雄（例如俄耳甫斯和毕达哥拉斯）的灵魂。波菲利甚至为耶稣找到了位置，让他成了启迪众人的精神导师，尽管波菲利激烈地反对这个新宗教。按照他的思路，基督教把耶稣放在了本该属于"一"的位置上，这是犯了个地理错误*。作为毕达哥拉斯的热情追随者，波菲利为素食主义辩护，其理由是素食价格便宜，易于烹调，因此不那么容易使人转移对精神问题的关注。他有时暗示根本不存在最好的食物。像当时其他的毕达哥拉斯主义者一样，他也对数字的神秘力量感兴趣，有几本毕达哥拉斯主义论著。（他还有较为传统的著作，包括对荷马、柏拉图和托勒密的评论；还创作了一本介绍亚里士多德的一部分逻辑学的书——后来这本书成了他的重要著作。）

波菲利本人的弟子、卒于公元330年前后的伊姆布利丘斯（Iamblichus，约公元250—约330年）在叙利亚建立了一所学校，把普罗提诺的传统更进一步拖入了魔法和迷信的深渊。伊姆布利丘斯违背了普罗提诺学说中占主要地位的知性精神，认为哲学的一个重要部分在于做出仪式的行动，而人们甚至不应尝试理解那些行动。他认为可以很轻易地做到与"一"的结合：

> 其方法是依靠以恰当的方式做出的无法言喻的行动（我们无法理解它们）所发挥的效力，依靠无法言喻的象征（唯有众神才能理解它们）的效力。我们不必做出智能的努力，这些效力自身

---

* 即放错了地方。

的长处自会有助于完成其该做的工作。[30]

伊姆布利丘斯对一部名为《迦勒底神谕》(*Chaldean Oracles*)的神秘主义著作极感兴趣。此书包括一些"神谕",还有一些用六音步诗(hexameter)写的狂热评注。这些"神谕"的作者名叫尤利安努斯(Julianus),生活在公元 2 世纪下半叶马可·奥勒留皇帝在位时期。这些"神谕"成了"指南"般的东西,告诉人们怎样召唤并利用众神。这种操作被称为"法术"(theurgy),后来一位与伊姆布利丘斯同类的哲学家把它界定为"超越全部人类智慧之力,相信占卜的赐福,相信启蒙(initiation)的净化之力,总之,相信被神性占有时的一切操作"[31]。尤利安努斯似乎知道一些召唤出柯罗诺斯神(Chronos)*的幽灵的咒语,以制造霹雳,以获得身体以外的经验。此类事情似乎都发生在其家庭成员当中,因为尤利安努斯的父亲曾召唤出了柏拉图的鬼魂。

伊姆布利丘斯不做出"无法言喻的行动"时,几乎就是一位学者。除了对《迦勒底神谕》的注释,他还评注了柏拉图的许多篇"对话",评注了亚里士多德的几本论著,评注了尼各马可(Nicomachus,毕达哥拉斯主义者,其著作在一千年当中一直是算术的标准著作)的《算术导论》(*Introduction to Arithmetic*)。伊姆布利丘斯还写过关于声学和天文学的数学论文。他的确宣布过他有"从数学的角度批判自然中的一切"[32]的愿望。虽然他本人似乎谈不上取得了显著的成就,但其对提倡数字重要性的这种毕达哥拉斯主义信仰,却鼓舞了诸如 16 世纪的开普勒那样的科学家。

我们在伊姆布利丘斯身上见到的魔法师与原始科学(proto-scientific)思想家的混合体,会使人回想起古人恩培多克勒(见本书第 6 章)所说的奇迹制造者,更会使人回想起毕达哥拉斯本人。后来的一

　＊ 古希腊神话中的起始原神。

些柏拉图主义者把伊姆布利丘斯称为神，就像毕达哥拉斯的一些追随者把他们这位导师称为神一样。但是，伊姆布利丘斯在哲学史上的主要意义却是作为神学家，而不是作为神。他像波菲利一样，也想把普罗提诺学说中的那些枯燥概念变为活生生的神明，其方法是把"智能""灵魂"这样的抽象概念看作希腊和埃及万神庙中的神。因此，他促进了一种异教信仰的哲学神学（philosophical theology）的产生，它影响了基督教思想的发展。这项发展在普罗克洛斯的著作里达到了顶峰，他是雅典普罗提诺哲学学校的校长，该校是柏拉图学园的延续。

　　普罗克洛斯的《神学要义》（*Elements of Theology*），是古代最后一次对在柏拉图坟上萌生的柏拉图理论进行详细阐述的尝试。奇怪的是，这本不同寻常的书的格式竟来自欧几里得几何学。欧几里得以对线、面、角等概念的几个假设和定义为开端，推导出了一系列关于它们的命题。同样，《神学要义》也旨在证明 211 个命题，涉及真实的层级结构、时间的性质、存在、灵魂、"一"和所有次要的神。（经过合理编辑的）欧几里得著作还为学校的几何课本提供了基础。而现在看来，普罗克洛斯的《神学要义》倒像是一派胡言。他的宇宙是个神秘的动物园，其中的异教众神用一大堆几乎无法理解的抽象概念互相致意。为了把神和那个完美的"一"与低等的存在隔离开来，普罗克洛斯为一幅本来已很复杂的图画增添了许多新的关于真实性的中间层次。他的许多发明都以三个为一组，而这有时会使基督教徒以为他是在暗示"圣三一"（Holy Trinity）*。

　　普罗克洛斯那幅分级的世界图画的背景来自普罗提诺，但其哲学研究法却更多来自伊姆布利丘斯，来自《迦勒底神谕》的"法术"。普罗提诺对"一"消极的、神秘的解释被一种尝试取代了，那就是：积极地利用隐藏在各层级的"真"与其中一切事物之间的连接。总

---

　　* 即基督教教义中的"三位一体"。

之，普罗克洛斯是魔法师。他相信各种借助草药、宝石、符咒与神沟通的仪式操作。他相信龙，相信美人鱼，相信若对众神的雕像说出该说的话，它们便能动起来。

古代之后，雅典人的哲学气质显然大大改变了。阿那克萨哥拉斯、伯里克利的继承者何在？这两人猛烈地批判了当时的迷信，并力图从自然的角度解释那些神圣预兆。普罗塔哥拉的继承者何在？据说他对众神一无所知，因为这种事对人来说太过模糊，无法揣摩。苏格拉底的继承者何在？他唯有心不在焉时才对雕像说话。普罗克洛斯的思想显然与这些人大不相同。他完全可能通晓柏拉图和亚里士多德的著作。他也可能从事过很多学术分支的活动——他写出了关于数学、天文学、物理学和文学批评的著作。但他最想推进的科学却是关于救赎的。他的目的是：在俯视世界的众神与从世界仰望众神的灵魂之间架设一座桥梁，而魔法和宗教可以最好地完成这项任务。哲学的任务只是去解释精神的真理，而人们已通过其他手段达到了这个目的。

像看待欧几里得几何学公理一样，普罗克洛斯也把他神学里的那些基本前提视为无可置疑。这不是因为那些前提都像欧几里得"整体大于部分"的公理那样不证自明，而是因为它们带着经典权威（即柏拉图、普罗提诺以及《迦勒底神谕》的权威）的印记。普罗克洛斯的哲学著作旨在阐释这些被圣化的资源所揭示的思想。正如一位现代评论家所言："若不是需要为一种宗教辩护"，普罗克洛斯的哲学"便不会被创造出来"[33]。为了补充其《神学要义》中的推理，普罗克洛斯还写了一些祈祷词般的赞美诗，更通俗地总结了此书的信息。在罗马帝国正式成为基督教国家的时期，他却在极为刻苦地观察异教的仪式和祈祷，以至于数度惹来了麻烦。

波菲利、伊姆布利丘斯和普罗克洛斯把普罗提诺的哲学转变成了一种异教神学，而这种神学后来又被转变成了基督教神学。事实表明，普罗提诺的学说在基督教思想的发展中发挥了重要作用，但这多是因为大胆的伪造。一位很熟悉普罗克洛斯著作（甚至可能是其学生）的匿名基督教作家写了几本书，伪称是（雅典）大法官狄奥尼索斯（Dionysius the Areopagite）之作（《圣经》提到过是圣保罗使狄奥尼索斯皈依了基督教）[34]。这种造假赋予了那些书重大却是伪造的权威性。它是一种神学，其血统看似几乎能追溯到基督本人。这些书在公元 9 世纪被约翰·斯科特斯·埃里金纳（John Scotus Eriugena，约公元 810—877 年）从希腊文译成拉丁文之后，几乎每一个堪称重要的中世纪神学家都提到过这些书。埃里金纳是爱尔兰的学者，是原罗马帝国西部地区少数还懂得希腊语的人之一。圣托马斯·阿奎那特别关注这些书。但丁和弥尔顿的诗作描述的天界层级，基本上就来自这个"伪狄奥尼索斯"。这番造假终于在 19 世纪被揭露了。被揭露的还有基督教神学的几种主要思想。

普罗克洛斯的异教神学必须经过改造，才能为基督教服务。它承认的神很多（其实几乎是承认每一位神），但这算不上什么大问题。显而易见，那个"一"就是真正的上帝。但还有其他困难。例如，在"一"、智能和灵魂这个新柏拉图主义的主要层级中，智能和灵魂承担的工作似乎太多了。真实"溢出"的每一个中间层都创造出了其下一层的"真"，这个思想似乎与基督教的一种思想冲突，那就是：上帝（即那个"一"）直接创造了万物。因此，伪狄奥尼索斯才用一些不那么重要的角色，重塑了那些位于中间层的存在：例如，新柏拉图主义神学里那些次要的神现在变成了天使，其能力受到了更多限制。他们都是上帝直接创造的，其本身不能创造任何东西。伪狄奥尼索斯采用普罗克洛斯的三重层级，构建了上帝以下众神的先后次序，各层级本身又包括三组三位神。其层级中有天界层级，也有地上层级。天界层级包括：六翼天使（seraphim）、智天使（cherubim）和王座天使（thrones）；统治天使（dominions）、权力天使（powers）和权威天使（authorities）；天使长（principalities）、大天使（archangels）和天使

（Angels）。地上层级的最高层是基督，包括教会的各个等级和结构。

在后世神学家们看来，伪狄奥尼索斯不得不说的关于上帝的知识格外有趣。他提供了解决一个难题的办法，那个难题就是描述一种被认为无法理解的存在。异教的新柏拉图主义者认为："善的"（good）和"智慧的"（wise）之类的术语不能用来描述这种无法描述的存在，只能描述真实层级中上帝以下的要素。这显然不符合"上帝本身就是善的和智慧的"的基督教教义。对此，伪狄奥尼索斯的回答是：虽不能像描述人类那样，说上帝是善的和智慧的，但仍有一种特殊的智慧和善可用于描述上帝，因为上帝是人类这些品质的创造者。按照这种理论，宇宙某处表现出的一切正面品质都能扩及造物主本身，即用来描述上帝（条件是它必须符合上帝的非物质性）：例如不能说上帝肥胖或有蓝眼睛*。人类的善或智慧当然总不完美。我们只能体验到这些不完美的版本，它们使我们理解了人类的"善"和"智慧"的意义。因此，为了强调"上帝的善和智慧超过了人类的善和智慧"这个事实，伪狄奥尼索斯建议：我们其实应当用"超级的智慧""超级的善"等术语去描述上帝。

伪狄奥尼索斯采用一个基本上是由普罗克洛斯发明的概念，区分了认识上帝的积极方式和消极方式。上述那种方法从创世起发现的美德开始，说上帝的美德高于所有那些美德，是描绘上帝的图画的积极方式。这种方法很有用，但还有一种方法——拉丁神学家们后来所说的"通过否定"（via negativa），它能使人更接近上帝。它包括去掉我们关于"上帝"的观念中的全部日常概念。例如，去掉用于描述一切造物的"界限"（finitude）概念后，留给我们的便只有造物的缺位（absence）和无限性（infinity）的概念了，因此这两种性质便可用于描述上帝。诚然，我们其实并不知道何为无限性。但我们十分熟悉无

---

* 意为不可用描述物质属性的术语描述上帝。

限性的反面：我们周围都是"界限"的表现，即必死性、不完整性和不完美性。因此，我们便懂得了这些术语全都不能用于描述上帝，从而更了解上帝。伪狄奥尼索斯说：走近上帝的最佳方式就是"否定或去除一切存在的事物"[35]。此话意在把我们投入"超级的无知状态"（super-essential darkness），我们在其中被剥夺了一切日常思维方式，因此试图探索其他的思维方式。这种对智能的剥夺，会使我们陷入一种适合的状态，以接受关于上帝本质的神秘启迪。14世纪一位匿名作者写的基督教神秘主义经典作品《不知之云》（*The Cloud of Unknowing*）和其他许多类似著作，都探索了这个以消极方式认识上帝的主题。

再谈那种可把上帝说成"超级的善""超级的智慧"等的积极求知方式。人们也许想知道：伪狄奥尼索斯如何避免了也把上帝描述为"超级的恶"。若说上帝是"超级的善"是因为他制造了好人，那么，为什么他制造了坏人却不是"超级的恶"？为避开这个难题，伪狄奥尼索斯采用了普罗提诺的一种思想："恶"仅仅表示与那个"一"之间的距离。"恶"并不作为世界的一种真实特征而存在，它只是"善"的缺位。所以，把"恶"看作宇宙的组成部分便完全错了，更没有理由因此把造物主看作"超级的恶"。后来的许多基督教徒都赞成这种解释方法，例如，圣奥古斯丁和其他像他那样的人在受到普罗提诺的影响以前，甚至在伪狄奥尼索斯出现以前，都赞成它。

伪狄奥尼索斯看待"恶"的方式受到了基督教神学的欢迎。但他有时也会突然转向异端邪说。例如，他常会去寻找圣父、圣子、圣灵三位一体后面那个不可分割的"一"，因此把神学算术陷入了一个危险领域。三个人能以某种方式构成三位一体；但三个人加一个"一"却分明是异端邪说。上帝创世，这是新柏拉图主义使伪狄奥尼索斯误入的另一个主题。即使他剥夺了智能和灵魂的全部生产能力，只把创世能力留在了上帝手中，也仍然使《旧约·创世记》（*Genesis*）描述的那些事件听上去更像普罗提诺那个"一"的自动"溢出"。根据普罗提诺的理论，创世的发生是因为"一"的性质极为宏大，以至于必定会溢出，构成那些低层级的"真"。这就使整件事情显得过于客观，与天界的水管泄漏*相差无几。根据正统基督教教义，创世是有意的、自愿的行动，上帝本可以选择不继续创世，但幸好他决定创世。

伪狄奥尼索斯总是自称赞成关于这些问题的基督教教义。没有理由怀疑他的宗教信仰诚意，但他仍旧部分浸淫于新柏拉图主义的宇宙中。他有时会延伸这个新宗教的教义，以适应其哲学偏见，尽管他自己也许没有意识到这一点。若没有打上权威的伪冒印记，他的著作也许永远都不会对基督教产生如此影响。

相反，圣奥古斯丁却根本不必匿名就能把他的思想偷偷地运进基督教真经。他于公元386年皈依基督教之后所写的一切，都证明了他对基督教事业的绝对忠诚。他写道：哲学家"讲述了真实的事物，但我认为连他们都不是最终的权威"[36]。奥古斯丁在他认为的柏拉图哲学中发现了很多值得称赞的东西，但他的目的并不是像伪狄奥尼索斯那样，把柏拉图主义和基督教综合起来。他并不认为柏拉图主义是（与真宗教）对立的智慧资源，应把它与真宗教调和起来，而认为它是真宗教的不全面、不完美的先声（anticipation）。奥古斯丁感谢神圣的天意把他引向了"柏拉图的著作"（它们其实是由普罗提诺和波菲利写的）。他说，那些著作教会了他"区分两类人：一类人看到了目标所在，却不知怎样达到它；另一类人则看到了通往极乐之家的道路"[37]。

奥古斯丁在看到柏拉图与上帝之间的冲突时，无疑知道自己该与谁结盟。但他还是写道："没有谁比柏拉图主义者离我们更近"[38]。他推断说，"这些人若能和我们一起再活一次……只要改变少数词句和说法，他们就会变为基督教徒"[39]。作为最有影响的早期基督教思想

---

* 比喻下雨。

家，奥古斯丁把柏拉图及其弟子亚里士多德排在了其他所有希腊思想
家之上，正因如此，这两位雅典人才从此在西方享有如此崇高的
地位。

奥古斯丁于公元 354 年出生在北非，比普罗克洛斯早将近 60 年
出生；其母是基督教徒，其父为异教徒。他的《忏悔录》记述了他的
求学之路，十分有名：他早年高傲又堕落，后来学习了柏拉图主义，
此后又皈依了基督教。他先学习修辞学，后来当了修辞学教师，阅读
了西塞罗著作中关于希腊哲学的一些二手叙述。像西塞罗一样，奥古
斯丁也对阿凯西劳斯和卡涅阿德斯讲解的怀疑主义格外感兴趣，这两
人都认为人们无法确切地了解任何事物（见前文）。奥古斯丁皈依基
督教以后，确信上帝用智慧充满了他的头脑，便宣布自己能拒绝这种
怀疑主义观点。但他年轻时，哲学对他的主要影响，是激起了他的一
种尚不知如何满足的渴望："真理，真理：在我内心最深处，我最深
邃的思想是如何为你悲叹！"[40] 他热切地遵循西塞罗的劝诫——"不要
只学习某个特殊的部分，而要热爱、寻求并珍爱智慧本身，无论智慧
是在何处发现的。"[41] 他是先在《圣经》里寻找智慧，但发现自己还读
不懂《圣经》。那些经文似乎"不堪与西塞罗的著作相比。我膨胀的
自负心避开了《圣经》的束缚，从此再也看不到它的内在性质"[42]。相
反，他结交了一些人，他们"以其熟巧的言谈、十分世俗的思想和喋
喋不休为傲。他们口中有魔鬼的陷阱"[43]。这些人都是顽固的摩尼教教
徒（Manicheanism），而奥古斯丁热情地拥护过这种宗教，为期大约
10 年。

摩尼（Mani）是波斯的圣贤，他自称是神的使徒，大约公元 3 世
纪中期生活在巴比伦*的南部。他创立的宗教，包含着比波斯人的琐
罗亚斯德教（Zoroastrianism）教义（即关于永恒的善恶斗争的教义）

---

* 指位于美索不达米亚平原的古巴比伦王国的遗址，位于今天伊拉克境内。

古老得多的元素，还包含着俄耳甫斯教那样的希腊神话宗教的元素
（即关于净化与轮回的教义）。摩尼教的传统教义是："善"与"恶"
这两大力量进行着一场大致势均力敌的战争。生活中每一件事情，其
实都可以被看作这场战争的表现。光明的、精神的王国（它化身为善
神）对黑暗的、物质的王国（它化身为恶神）发动了战争。这个恶神
创造了地球，把我们的灵魂（它是光明的火花）囚禁在了我们肉体的
牢狱中。奥古斯丁认为，这幅画面比他见过的其他所有理论都更好地
说明了"恶"存在的意义。它为"上帝何以让恶繁盛"这个问题提供
了一个直接的答案：上帝对此几乎无能为力，因为他并不是人们通常
所想的那种全能的存在。

摩尼教（至少在理论上）不是道德败坏的许可证。相反，它旨在
以禁欲、素食、节制性事的生活净化灵魂。它主张规避生殖，因为生
殖造就了更多的肉体，扩大了恶神的帝国。据说，摩尼教信徒通过扑
灭自己的世俗欲望，站在了"善"与"光明"的一方。不过，奥古斯
丁还是出于后见之明，把摩尼教看作了治"恶"的药方。他和他的朋
友们也许认可了这个药方的一个异常宽松的版本，那就是只要求少数
摩尼教圣徒去过禁欲生活。摩尼教对净化的重视，也许给为获得净化
对象而犯罪（的做法）留出了大量余地。（摩尼教当然为犯罪提供了
便利借口，因为其教义说：人的恶行是由星辰决定的。）或可说，也
许只是因为摩尼教不够重要，尚不能分散奥古斯丁对那些卑劣的、毫
无意义的活动的注意力。无论怎样，奥古斯丁后来都对他这个时期的
生活做了如下描述：

> （这是）一个满怀种种欲望，被诱惑又诱惑别人、被骗又骗
> 别人的时期。我的公开身份是所谓"文科"（liberal，即语法、修
> 辞、逻辑、算术、几何、音乐及天文）的教师。私下里，我信奉
> 一种伪宗教——我扮演前一种角色时很傲慢，扮演后一种角色时

很迷信，迷信各种毫无意义的事物。一方面，我们追求出名的空洞荣耀，怀着博得观众喝彩的野心，关注众人的各种娱乐和无限纵欲的蠢行；另一方面，我们力求净化自己，清除那些龌龊之举。[44]

奥古斯丁身陷后来被他视为"摩尼教混乱"的泥潭，这使他不冷不热地接受了耶稣，把耶稣看作摩尼教所说的"善神"之子，并坚信：《旧约》里的上帝其实就是摩尼教中伪装了的邪恶之神。在那些愚昧的日子里，困惑的奥古斯丁也从事过星相术和占卜术。但向这种迷信和伪宗教发动全面进攻的时机一到，奥古斯丁就很好地利用了在希腊哲学中偶然发现的怀疑主义观点，尤其利用了在西塞罗著作中发现的批判星相术的观点。但是，最大程度地解放了奥古斯丁的思想、把他引向更好的哲学理论的，却正是柏拉图主义的信息。

当奥古斯丁的精神开始复原时，他最乐于摆脱的信念是"上帝和灵魂是物质的事物"。在"何为物质的、何为非物质的"这个问题上，摩尼教十分困惑。一方面，摩尼教谴责较重的物质——其典型代表是地球和人体；另一方面，它又认为灵魂和那位"善神"的表现是光和火——这两者当然也是物理现象。因此，像斯多噶主义者一样，摩尼教徒也认为精神是一种稀薄的、实体性较少的物质形式，而不是某种与物质截然不同的东西。生活在这种新宗教形成期的少数早期基督教徒，也如此认为。例如，斯多噶主义哲学家让第一位用拉丁文写作的重要的基督教神学家——德尔图良（Tertullian，约公元155—约225年）相信：上帝和灵魂都是由物质构成的。讽刺的是，针对这种对哲学的借用，德尔图良写出了最激烈的谴责文章之一：

抛掉一切想制造一种杂糅了斯多噶主义、柏拉图主义和辩证术的基督教的尝试吧！我们有了耶稣基督，便绝不需要什么好奇的争论！我们有了《福音书》，便绝不需要什么质疑！我们有了信仰，便绝不需要其他任何信仰。[45]

德尔图良似乎忘了其思想的出处。但奥古斯丁却很愿意把功劳归于其应有的出处。他承认：使他能把各种形式的唯物主义坚决抛在脑后的，正是柏拉图主义。

那些"柏拉图著作"使奥古斯丁坚信：真实的根本分界线就在物质与精神之间，而不在善恶之间。制造了一切物体的，只有一种超自然力量（即上帝），但他绝未造出任何意义上的物质的上帝，即未造出他本身。"恶"不是一种以粗俗的物质形式表现出来的、对立的超自然力。突然之间，奥古斯丁理解了全部事物的意义。正如他后来所说：

> 柏拉图主义者认识了上帝，找到了宇宙有组织的原因，找到了据以洞察真理的光，找到了提供幸福之水的泉。怀有此种上帝概念的哲学家，无不赞成我们对上帝的认识。[46]

奥古斯丁开始研究普罗提诺和其他柏拉图主义者的著作，同时在米兰从事教学，聆听米兰主教圣安布罗斯（St Ambrose）的布道。虽然他对柏拉图主义的一些认识基于误解，但他还是认为自己有了一个发现：柏拉图主义者的上帝（或曰那个"一"）和圣安布罗斯所说的上帝惊人地相似。这两种上帝都绝对至高、绝对善、绝对非物质。奥古斯丁确信这不可能是巧合，他的结论是：柏拉图一定是通过言传知道了《旧约》的某些内容。但他也认识到：柏拉图主义远远比不上基督教的启示。正如他所言：柏拉图主义表明了目标是什么，却未表明怎样达到目标。

关于耶稣及其在救赎中的作用，柏拉图主义当然无话可说。它没有意识到慈善和谦逊的重要性。最重要的是：柏拉图主义错误地认为人不靠任何帮助，仅凭自己的努力，便能认识一切事物。人无论进行多少哲学沉思或神秘冥想，都不能认识上帝，除非他回应了上帝对他的召唤。所有希腊思想的主要错误就是，相信人无须任何外力帮助便能认识真理，便能去做正确之事。而奥古斯丁认为基督教传递的信息是：人需要大量的帮助。

奥古斯丁发现：他一独立思考就会陷入罪与错。他总结认为别人也是这样。没有上帝，人什么都不是、什么都不能做、什么都不知道。后来的一些基督教思想家淡化了这种极端的观点，说人能靠自己了解少数事物。13 世纪时，圣托马斯·阿奎那区分了两种真理：一种是凭借人天生的理性力量即可认识的真理，另一种是唯有通过神启（divine revelation）才能认识的真理。但奥古斯丁认为绝无这两种真理之分。知识的每一个重要部分都来自某种神启，上帝在那些启示中把他的真理照进其创造的生灵的头脑中。

奥古斯丁通过审视自己的头脑来了解上帝留在其中的真理。他发现的第一个真理是他自己的存在，而这似乎是一个非常特殊的真理，因为任何怀疑主义推理都不能使他怀疑这个真理。只要他还能设想各种事物——（例如）他可以相信他醒着（而其实他在做梦）——他便不会怀疑自己的存在。他若真的不存在，他怎么能相信自己存在呢？奥古斯丁得意地宣布："我被骗，故我在！"[47]（后来，笛卡尔用他那句名言"我思故我在"表达了与之相同的思想。）内省使奥古斯丁认识到：他也不会怀疑其他各种事物，例如他自己的感情。例如，他怎么会怀疑他爱某个事物这个事实呢？一些永恒的、普遍的真理，亦不容怀疑：例如"6＋1＝7"那样的数学真理。奥古斯丁追问所有这些确信从何而来，结论是：它们只能来自上帝。如此，通过思考自己头脑的内容，奥古斯丁发现了许多真理，它们不但避开了怀疑主义哲学家的质疑，而且证明了上帝的存在。

怀疑主义者对某些事物的怀疑是错的，一旦知道了这一点，奥古斯丁就感到释然，遂得出结论说：怀疑主义根本不值得担心。他只是假定：上帝以某种方式使我们能了解世界及其内容。奥古斯丁写了整整一本书，以讨论怀疑主义这个题目，但这本闲聊式的著作唯一证明的事情却是他已失去了怀疑的欲望。他在另一处写道：既然救世主已经到来，哲学家就该停止他们的怀疑。奥古斯丁不再打算去质疑他的感觉告诉他的东西，不再打算去质疑别人告诉他的东西——尤其是不再打算质疑教会告诉他的东西。他已找到了真理。

在心存怀疑的过去，奥古斯丁"曾想确信一些我看不见的事物，就像确信'7＋3＝10'那样"[48]。在他成为基督教徒以后，这些强求的高标准很快就降低了。上帝之言的安慰力对他产生了极大影响，以至于他情愿单凭信仰就相信一切。三位一体、原罪、耶稣复活的教义、基督教开出的救赎药方，这些都几乎说不上享有与数学真理相同的、无可置疑的地位，但这没有阻止奥古斯丁相信它们。虽然他的著作时常显示出一定的哲学敏锐性和求知欲，但事实证明：他的首要兴趣依然是神学。他的哲学讨论全都源自某一个宗教问题，例如：他对时间的分析来自"上帝创世以前在做什么"的问题；他关于自由意志的讨论来一个愿望，即免除上帝对人类错误行为所承担的责任。令人失望的是，这些讨论一遇到神学难题便往往不了了之。每当奥古斯丁认为一个结论与基督教教义契合，他就会频频转移其求知欲对象，开始讨论别的话题。

建立一种明确的基督教思想框架，使其具备社会价值和政治价值，在这方面，奥古斯丁做的比其任何同代人都多。但他改信基督教以后，却再也没有站在这个框架之外，去客观地检验它。他既不认真质疑，也不试图证明基督教信仰的基础是正确的。因此，最终他与早期神话学家或神学家的共同之处，就多过了他与物理学家（即自然哲学家）的共同之处，而柏拉图和亚里士多德认为值得对后者进行考察。在某种意义上，奥古斯丁倒转了知识史的时钟。他又回到了那些使人安心的超自然故事上，而第一批哲学家曾试图摒弃它们，或至少曾想把它们合理化。没有人能像奥古斯丁那样深感人类极为欠缺理

性，深感人类必须盲目地跃向信仰，而此举可以算是完全致力于本来
意义上的哲学。这个判定不会给他带来困扰。应当说，奥古斯丁是第
一位肯说自己的身份首先是基督教徒的哲学家。

　　奥古斯丁于公元 430 年去世时，罗马帝国大约有一半人口是基督
教徒；而公元 4 世纪初，基督教徒大概不超过罗马帝国总人口的
10%。奥古斯丁在世时，力量的天平迅速地向基督教倾斜；到他去世
时，基督教徒大多更可能忙于压制其批判者的意见，而不是忙于压制
他们自己。公元 448 年前后，波菲利的一本反基督教的论辩著作被公
开焚毁。其他许多异教哲学家也写过批判基督教思想的著作，它们都
未能躲过烈火的净化审判。这一时期，受到审查的哲学家当中甚至出
现了亚历山大里亚的希帕提娅（Hypatia of Alexandria，约公元 370—
415 年）那样的殉身者：公元 415 年，她遭到了一群基督教暴徒的折
磨，并被杀死。中世纪的人们似乎认为希帕提娅这个令人震惊的故事
太完美了，以至于不该浪费在一个异教徒身上，因此，这个令人难堪
的故事中的元素便被用在了亚历山大里亚的圣凯瑟琳（St Catherine
of Alexandria，约公元 287—305 年）的基督教神话中。那个故事说，
圣凯瑟琳在反驳了 50 位异教哲学家之后殉教，那些哲学家被派来用
类似辩证法角力的方式说服她改变信仰。她似乎是被用希帕提娅和一
些无名基督教徒的故事混合在一起虚构出来的。在中世纪，这位圣凯
瑟琳曾是哲学家的保护圣徒，但后来，她的圣徒身份却被取消了，理
由是她根本就不存在。

　　圣凯瑟琳的故事在 16 世纪被戳穿时，这个历史混合体的一半真
相浮现了出来。但是，希帕提娅却开始吸引她自己的神话制造者，这
些人迄今一直很活跃。她的浪漫传奇衍生出了许多戏剧、诗歌和小
说；两种女权主义的学术杂志以她的名字命名。伏尔泰（Voltaire，
1694—1778 年）对她做了详细评述，吉本（Gibbon，1737—1794 年）
的《罗马帝国衰亡史》（*Decline and Fall of the Roman Empire*）则

正式宣布她为圣徒。像她的父亲一样，希帕提娅既是著名的数学家，又是当时柏拉图哲学的主要代表。她在亚历山大里亚当教师，是诚实正直的典范，还是富于智慧的民政顾问。但不幸的是，她遭到了当地主教［他后来受封圣徒，即圣西里尔（St Cyril）］的憎恨。此人派人把她拖入教堂，剥了她的皮，把她剁成了碎块。因为希帕提娅不是基督教徒，并对科学感兴趣，因为她想实现古代文明的真正目的，她便被塑造成了使科学不受宗教迫害的卫士，注定成为前基督教古代价值的代表，成为经院哲学熬过漫漫长夜之前自由探索的最后一支蜡烛，注定要被扑灭。伯特兰·罗素在其《西方哲学史》中写到了"对希帕提娅的凌迟。她是偏执时代的一位杰出女性，坚持新柏拉图主义哲学，全心研究数学……此后，亚历山大里亚城便再无哲学家制造麻烦了"[49]。

其实，希帕提娅绝非一切事情的终结。她死后，哲学和科学又在亚历山大里亚存在了整整一个世纪［其最值得注意的人物，是我即将讲述的约翰·菲洛庞努斯（John Philoponus，约公元 490—约 530 年）］。希帕提娅似乎也不是异教信仰的殉道者。她当然不是基督教徒，但并不参拜异教的神庙，也不参加不肯皈依基督教者的活动。她的一些学生就是基督教徒，其中两个后来还当了主教。看来，希帕提娅被迫害其实是因为政治原因。她陷入了圣西里尔主教与俄瑞斯忒斯（Orestes，亚历山大里亚的帝国行政官）之间的权力斗争，她是后者的朋友。圣西里尔担心如此强大的支持者会使俄瑞斯忒斯变得不可战胜，便造谣说希帕提娅是女巫和麻烦制造者。一帮显然是圣西里尔雇来的暴徒承揽了此事，决定除掉她。总之，希帕提娅完全是在错误的地点、错误的时间交了错误的朋友。

在其后那个世纪中，亚历山大里亚最值得注意的哲学家是约翰·菲洛庞努斯。他是基督教徒，著有物理学和哲学论著。他大大地领先于他的时代，以至于人们为求方便，往往不把他写入历史。他出色地反驳了亚里士多德的世界图画。而人们通常认为：他在物理学的几个重要问题上的观点，直到伽利略时代才得到了认同。例如，菲洛庞努斯批判了亚里士多德的一个理论，即地球与各个天体是两个独立的领域，必须用截然不同的物理学原理做出解释。菲洛庞努斯不承认恒星是永恒的、不可改变的，因此颠覆了日后中世纪标准宇宙论的基础。他认真地反驳了亚里士多德的观点，证明了那些观点本身不但毫无意义，而且与亚里士多德的其他说法相悖。最有意义的是，菲洛庞努斯广泛地利用了个人观察甚至实验，以支持他自己的物理学理论。例如，且看他是如何批判亚里士多德的一个观点的，即自由落体落向地面的速度与其重量成正比，换言之，重物比轻物下落得更快：

> 但这完全错了。实际观察会比任何口头论证更有效地证实我们的观点，因为你若从同一高度抛下两个重物，其中一个比另一个重许多倍，你便会看到：运动所需的时间比（ratio of the times）并不取决于物体的重量比（ratio of the weights），而时间差异很小。[50]

菲洛庞努斯本人的自由落体理论并不完全正确，但上述实验（它至少反驳了亚里士多德的观点）在 17 世纪被重复时，却预示了一项重大的科学突破。如今，人们大都根据传说把这个实验归于伽利略，而伽利略比菲洛庞努斯晚一千多年（且十分熟悉菲洛庞努斯的著作）。把这个实验归于伽利略更合适一些，因为人们认为伽利略不是哲学家，而菲洛庞努斯是哲学家，所以这个实验才被看作了"科学"发现，而不是"哲学"发现。

菲洛庞努斯是他那类哲学家当中的最后一位：就我们所知，在他之后，西欧再没有任何人像他那样分析过自然，一直到 14 世纪。希腊人探究知识的传统已移交给了阿拉伯世界。从大约 8 世纪中期开始，希腊的医学、科学、数学、哲学的学术著作就传入了阿拉伯人的领土，而三四百年之后，阿拉伯人手里的这些文本被译成了拉丁语。直到 12 世纪末，阿拉伯文明一直在这些领域占据着明显的领先地位。

任何西方人都不能与阿拉伯的大博学家媲美，后者包括阿尔·金迪（Al-Kindi，约公元 812—约 873 年）、阿尔·法拉比（Al-Farabi，约公元 870—约 950 年）、伊本·西纳［Ibn Sina，后来在西方被称为阿维森纳（Avicenna），约公元 980—约 1037 年］。还有许多专职的医生和物理学家，尤其还有数学家。而西方人终于见到了他们的著作后，便开始认真地研究它们。阿拉伯学者熟知柏拉图和亚里士多德的著作，也熟知希波克拉底、盖伦、欧几里得、托勒密和阿基米德的著作。他们也从事独创性的研究。除了取得其他成就，他们还提出了一种复杂的光学理论。我们已讲到了一些理由，解释了西方人的探索精神何以如此大幅衰退。至于探索精神在阿拉伯世界繁兴的确切原因，这个话题太大，不可能在此讨论。

菲洛庞努斯几乎被忽视了很长的时期，而事实表明：他的一位同代人却对西方哲学产生了很大的影响。波伊提乌（Boethius，约公元 475—524 年）是基督教哲学家和神学家，罗马贵族出身，曾任狄奥多里克国王（Theodoric the Ostrogoth，公元 493—526 年为意大利的统治者）的宰相。知识生活急剧衰败，西罗马帝国能看懂希腊经典者为数寥寥，波伊提乌对此感到失望。他着手把柏拉图和亚里士多德的全部著作译成拉丁文，以使人们读到它们。不幸的是，这项雄心勃勃的计划没进行多久，他便以叛国罪被虐杀了。如今这项计划仅存的成果是亚里士多德逻辑学著作的拉丁文本，而这或许能解释中世纪早期的哲学家何以如此迷恋古代逻辑学——因为他们几乎没有别的文本可研究。我们不禁会做出一个推断：若是波伊提乌的工作未被残忍地中断，拉丁语世界获得的信息一定会多得多。另外，因那个可能莫须有的罪名对他提出指控又是一件好事，尽管他并非如此。正是在死牢里，波伊提乌写出了他那部充满激情的著作《哲学的慰藉》（*The Consolation of Philosophy*）。即将到来的死刑奇迹般地集中了他的精神。这部名作成了中世纪被阅读最广的书籍之一。阿尔弗雷德大帝

（King Alfred the Great，约公元 848—899 年）、乔叟和伊丽莎白一世
女王（Elizabeth Ⅰ，1533—1603 年）都曾把此书译为英文。波伊提
乌若一直过着平静的学者生活，直到高龄，而未被卷入政治，便绝不
会写出此书。

《哲学的慰藉》为对话体，对话者是波伊提乌（他说散文）和哲
学女神（Lady Philosophy，她大多以韵文作答）。哲学女神回应了波
伊提乌消极的沉思（他以斯多噶主义和柏拉图主义的混合智慧沉思生
活的痛苦和不公）。她说：一般的逆境和特殊的邪恶君主都无力伤害
好人，因为"靠不住的命运之神"始终伤害不了优秀的灵魂；何况神
圣的天意还监督着一切。[51]哲学女神让波伊提乌不要再关注许多通向幸
福的虚假道路，试图把他引向沉思至善，即沉思上帝：

> 主啊，赐予我们能见到你庄严宝座的头脑，
>
> 赐予我们来自真善之源的目力，赐予我们光明，
>
> 好让我们以我们未失明的心目凝视你。
>
> 虽有尘俗事务的云遮雾罩，
>
> 你的全部光辉却依然闪耀，因对你的崇拜者而言，
>
> 你就是安宁与平静。我们的目的就是见到你，
>
> 你就是我们的本源、创造者、主人、道路和目标。[52]

此书始终没有明确地提到基督教，但力图以非技术方式回答信徒
会关心的许多哲学问题。例如，它回答了一个难题，即"若是全知的
上帝总是事先就知道一个人要做什么，怎么能说那个人真正地选择了
自己的行动呢？"波伊提乌的回答从这样一种思想开始：从上帝的角
度看，过去、现在、未来毫无区别。对上帝来说，一切都像现在一样
是永恒的。因此，上帝能预见我将做什么这个事实便不再会削弱我的
自由，就像我做这件事情时，旁人的观看不会削弱我的自由一样。从
本质上看，圣托马斯·阿奎那和其他一些中世纪晚期神学家做出的回

答也是如此。

《哲学的慰藉》确立了通俗哲学的模式。它证明了哲学既能用作镇痛药膏，医治生活的创伤，又是一种能说明宗教问题的长久智慧。它还能用来向一种文明传播柏拉图的世界图画，那种文明其实对"我们的仆人柏拉图"[53]（此为那位哲学女神之言）一无所知。中世纪文学中的许多主题和形象最终都来自柏拉图或亚里士多德，而它们早已生动地出现在了波伊提乌的《哲学的慰藉》中。

波伊提乌的影响绝不仅限于通俗哲学和文学。波伊提乌发明并采用了一些拉丁语单词，以表达亚里士多德的观点，因此大大地影响了技术哲学和神学。中世纪早期的僧侣学者和后来第一批大学的教师们，都提取并使用了他发明的新术语。他们用这套术语分析"三位一体"和其他复杂主题——他们无疑认为自己在澄清问题，尽管有时他们得到的结果适得其反。

波伊提乌还提出了一个问题，困扰了其后数个世纪的思想家。这个问题后来被称为普遍概念的问题（the problem of universals）；波菲利的一本书中最早提到了这个问题，该书被波伊提乌译成拉丁文以后，许多人都研究过它。这个问题涉及一些普遍性的术语和概念，能同时用于描述许多事物，例如"红的""美的""方的"。问题在于，何种存在物可被说成具有"红""美""方"这类普遍性质？这类性质是仅仅存在于头脑、仅仅存在于语言，还是具有某种客观性和外在表现（像它们描述的物体那样）？存在方形的物体，这很显然；但"方性"（squareness）本身存在吗？波菲利认为这个问题太难，把它放在了一边；但波伊提乌详尽地讨论了它，使它成了一切对抽象逻辑问题感兴趣的人眼中主要的哲学问题。据估计，到 12 世纪为止，关于这个问题至少出现过 13 种明显不同的观点。这个问题其实是关于柏拉图"形式理论"（见本书第 11 章）的争论的延续。对这个问题的讨论通常都超出了逻辑和语言的范畴，其中一些问题是围绕着人类知识的性质展开的。

波伊提乌对逻辑学的兴趣，说明了他对 7 种"自由技艺"（liberal arts）*的关心。之所以如此称谓，是因为罗马人把它们看作了适合自由民学习的科目。这 7 个受人尊敬的科目是语法、修辞、逻辑、算术、几何、天文和音乐。波伊提乌认为，这个标准课程表的许多部分都尚有改进的余地。语法、修辞和初级逻辑的教学都有拉丁文课本可用，波伊提乌对此十分满意；但他建议用拉丁文写出供其他 4 个科目使用的新课本，建议为逻辑学的高级话题（例如普遍概念的问题）提供更好的论著。波伊提乌是否有空编写他的几何学和天文学教材，我们并不清楚；即使他写过，那些教材也不复存在了。但是，他关于算术、音乐和逻辑的著作却被使用了数个世纪。700 年之后，13 世纪的第一批大学生开始学习时，"文科七艺"依然是基础科目。波伊提乌的一些著作依然被列为固定的教材。

这 700 年间的教材几乎没有多少变化，这几乎毫不奇怪。教育其实并不是一个繁荣的产业，因为波伊提乌去世后的大约 300 年中，学术活动大多都局限于修道院，并专注于神学和基督教会的事务。8 世纪末查理曼（Charlemagne，742—814 年）改革以前，知识界并未出现越变越好的变化，却出现了许多越变越糟的变化。波伊提乌去世时，正值菲洛庞努斯去世、雅典哲学学校被关闭的 10 年，欧洲几乎没有可被称作哲学的东西，这种状况直持续到查理曼时代。

查理曼起初是法兰克人的国王，最终统治了如今法国、比利时、荷兰、瑞士、意大利、现代德国和奥地利的大部分领土。他的基督教帝国几乎与昔日的罗马帝国的西部一样大，他打算通过教育人们来治理这个帝国。他首先建立了一所宫廷学校，以教育贵族、未来的主教和公务人员，然后又在整个帝国建立了一些附属于修道院和大教堂的

---

* 又作"文科"。

学校。这个教会学校（教授古代的自由技艺）的网络，使教育的传播范围比自罗马时代起拉丁人的西罗马帝国的范围更广。它的唯一宗旨是培养神职人员，虽未产生任何重要的学术著作和研究，但至少是个开始。

参与了 9 世纪和 10 世纪的这次小型文艺复兴的学者当中，唯一具备哲学才能的是约翰·斯科特斯·埃里金纳。他是爱尔兰人，翻译了伪狄奥尼索斯的一些伪作（见本章前文）。他进入了查理曼之孙——秃头查理（Charles the Bald，843—877 年）的宫廷。秃头查理请他翻译了多种希腊神学著作。埃里金纳根据基督教原则提出了一种比较复杂的自然理论，以把新柏拉主义与正统神学调和起来，还对几种自由技艺做出了贡献。他很快就出了名，成为当时重要的知识分子，名气大到足以生成著名哲学家常会招来的那种故事——据说：他被英国阿尔弗雷德大帝召见，在英国被自己的学生们用笔尖刺死。

埃里金纳死于公元 9 世纪 70 年代前后（无人知道他死于何地和怎么死的）。当时，政治动乱和教会的缺点已使查理曼及其继承者们的文明化改革承受了沉重的压力。入侵的维京人（Vikings）、马扎尔人（Magyars）和撒拉逊人（Saracens）破坏了社会的生活；教会也因为成了包括教皇在内的腐败的受害者而使自身遭到了损害。10 世纪时，一些本笃会教徒认真地研究了逻辑学，争论了波伊提乌的"普遍概念的问题"。但在欧洲本身取得进步之前，中世纪哲学是不会有真正进展的。从大约 11 世纪中期开始，欧洲文明才开始从政治的稳定、经济和技术（尤其是农业技术）的发展与人口的城市化中获益。

公元 1000 年到 1200 年间，欧洲人口大概翻了一倍，甚至也许翻了四倍。随着贸易和商业的发展，大量人口迁入了乡镇和城市。财富的新的集中产生的影响是，增加了对教育的需求，造成了知识活动的激增。不但教会学校的数量成倍增加，而且世俗学校也纷纷出现在了教会体系之外，为所有负担得起的人提供教育。有的时候，"学校"

会从一个地方迁至另一个地方，因为学生们会跟着有才能的教师旅行，就像公元前 5 世纪希腊巡游的智者学派那样。除了自由技艺的传统课程和神学训练，当时还有为方便学生日后从事法律和医学工作而设置的科目。新的学生需要研究某种东西，便决定尝试恢复研习拉丁文的古典著作。拉丁文的百科全书，柏拉图《谛美斯篇》的部分译文，都成了宇宙学和自然哲学方面的资料书；少量译自阿拉伯语的数学和医学教科书，也慢慢地进入了学术流通环节。波伊提乌对亚里士多德逻辑学的翻译和注释，也被极为详细地进行了研读。最有意义的哲学发展是：一些知识探险者试图用逻辑学的理性方法解决神学问题。把信仰与理性混为一体可能是一件有争议的甚至危险的事情，却越来越不可避免。

信仰与理性在那个时代的最著名混合，是圣·安塞姆（St Anselm，1033—1109 年）提出的证明上帝存在的所谓"本体论"（ontological）证明。安塞姆是意大利人，曾加入诺曼底的本笃会，最后成了坎特伯雷大主教。他早就想找到"唯一除了其自身无需其他证据的论证"，用以证明上帝的性质及其存在。[54] 经过长期的探索，他几乎要绝望地放弃这只神学的圣杯了[*]。但是，后来在某一天晨祷时，他突然见到了那只圣杯。他说，我们相信上帝是"某种比任何能想象出的事物更伟大的事物"[55]；他认为自己单凭这个定义便能证明上帝的存在。安塞姆认为：这种能想象出的最伟大存在，至少不存在于人们的头脑中，因此，唯一的问题便是它是否存在于现实之中。他说，它一定存在于现实之中，理由是：上帝若仅仅存在于头脑中，他就终归不是能想象出的最伟大存在，因为人们会想象出某种更伟大的事物，换言之，想象出一位在现实中存在的上帝。所以，若把上帝定义为"某种比任何能想象出的事物更伟大的事物"，其结论便是上帝存在。

---

[*] 比喻长期寻找而不得之物。

　　大量其他结论也随之产生，或曰安塞姆认为如此。但这只是他论证的第一阶段，即力图证明上帝存在（的阶段）；它引起了后世思想家们的关注。在哲学史上，这个巧妙的错误证明多次被驳倒，又多次被重提。安塞姆的一位同代人指出：同样的推理暗示地球海洋中的某个地方存在一个能想象出的最大的岛，这很荒谬。安塞姆回答了这位批评者，但其回答却没有说服力。13 世纪的圣托马斯·阿奎那反驳了安塞姆的证明之后，中世纪便很少讨论这个问题了。但 4 个世纪之后，笛卡尔却以稍微不同的形式重提了这个讨论，斯宾诺莎和莱布尼茨也是如此。18 世纪的休谟和康德再次批判了这个论证，但黑格尔后来又试图修复它。20 世纪初，伯特兰·罗素驳倒了这个论证，但即使如此，事情似乎仍未结束。后来，少数人试图复兴这个论证，包括 20 世纪最伟大的数学家之一库尔特·哥德尔——他的观点往往稍显奇特。20 世纪的几位神学家也曾怀着赞同之心，沉思过这个论证。

　　安塞姆提出他的证明，不是想要说服不信教者，更不是想要说服他自己。他制造出这个推理链条（其形式为祈祷或沉思），是因为他想从智能上更深刻地理解上帝。"主啊，我力求理解你，但我的头脑却理解不了你的至高性质，因为我的头脑根本配不上它；但我渴望对你的真理有所了解。"[56] 每当安塞姆认为逻辑技术有益于解释宗教问题时，他都会运用它。因此，他有时被称为经院哲学之父。但是，虽然他思考了思想、语言与现实之间的关系，但他探索这些主题，通常只是为了澄清似乎需要澄清的基督教教义的观点。像他的大多数同代人一样，他对为哲学而哲学的话题几乎毫无兴趣，当然也从未打算尽力生发教义的观点，使之更有意义。逻辑学并未给安塞姆带来麻烦，直到出现了彼得·阿贝拉（Peter Abelard，1079—1142 年）——中世纪第一位重要的哲学家和非常与众不同之人。

　　阿贝拉把他的自传称为"余之祸史"（the history of my misfortunes）。他那些不幸中最著名的就是他被爱人爱洛依丝（Héloïse）暴怒的亲戚们阉割。连这个不幸事件都是由于他学术上的英勇无畏和对逻辑学的倾心投入：

> 我爱逻辑的甲胄超过了爱一切哲学教学，所以我用其他一切武器换来了这种甲胄，将在辩论中取胜选作最好的战利品。于是，每当听说逻辑学这门艺术充满了活力，我便漫游于各个省份，以实践之。[57]

因此，他成了巴黎的一位十分成功的演说家。他又想到：

> 成功总是会让蠢人膨胀，世俗的宁静会削弱人的心智，肉欲会使人轻易地放松神经。有一段时间，我自认为是世上唯一的哲学家，根本不必惧怕别人，便放松了对我种种激情的约束。[58]

此时，他偶遇了爱洛依丝——一位"美貌出众"的姑娘，她具有惊人的文学才能并热爱哲学（对女性来说，这些品性在当时被视为不同寻常）。

> 我当时享有很大名望，更具出众的青春魅力，因此并不惧怕任何被我屈尊爱上的女子的拒绝。我觉得这位少女会更愿意向我让步，因为我知道她具备文学知识，并十分珍视它。

他禁不住进入了爱洛依丝叔父的住宅，设法当上了她的教师。阿贝拉不敢相信自己的好运："他将侄女完全置于我的掌控之下……他在此事上的单纯让我吃惊。他就是将一只柔弱的绵羊交给一头饿狼，也不会比这更让我吃惊。"

此事的结果是他们生了一个男孩，取名为阿斯查拉贝（Astralabe）。爱洛依丝当了修女，后来成为阿贝拉建造的一座小礼拜堂的修女团之首。爱洛依丝和阿贝拉仍旧彼此挚爱，还有许多书信往来，因此，他们的故事就成了中世纪最著名的故事之一。

阿贝拉这些早熟的才能给他一生的事业造成了问题。他曾在辩论中三次羞辱他的第一位老师，辩论大多涉及那个"普遍概念的问题"。他常常把更有名的同事们的观点说成"疯狂"的，并几乎和每一位都发生过争论。他从比他年长、比他更有名的教士那里吸引过来的学生越多，他招来的嫉妒和竞争就越多。有一个时期，他被选为布列塔尼省（Brittany）一个野蛮地区某修道院的院长，那里的修士总是密谋与他作对，甚至试图毒死他。他两次受到教会委员会的斥责。他的敌人们密谋策划，使教皇把他谴责为异端者，开除了他的教籍，下令焚毁了他的书籍（这个判决后来被撤销）。人们有时会因为阿贝拉这个暴发户的自负而同情那些迫害他的人，但总的来说，那些人的人品都不如阿贝拉那么值得赞美。阿贝拉的主要敌人——克莱沃的圣伯纳德（St Bernard of Clairvaux，1090—1153 年）直言不讳地提倡强迫异教徒改信基督教的做法。圣伯纳德的不宽容态度和狭隘头脑，与阿贝拉的《哲学家、犹太教徒、基督教徒的对话》（*Dialogue between a Philosopher, a Jew, and a Christian*）中犹太教徒的可敬形象形成了鲜明的对比。

阿贝拉最好的著作大多是逻辑学方面的，当时的逻辑学不但研究推理，而且研究有关语言和意义的问题，例如"普遍概念的问题"。当时，连这种显然不会冒犯任何人的问题都会引发争论，而这不是因为争论碰巧是最便于展示智能的战场，而是因为逻辑学理论可能包含着宗教的意义（例如关于"三位一体"）。阿贝拉对这些问题的求知欲和无畏精神渗透到了神学，使他写出了他最有影响的著作《是与非》（*Sic et non*）。此书汇集了 158 个看似互相冲突的命题，取自《圣经》和早期基督教作家的著作，还提供了一套判断和解决此类冲突的方法。这些辩证法练习后来成了大学中采用的教学步骤的原型。

阿贝拉的其他著作，则使他成了中世纪第一位严肃的道德哲学家。他超越了虔诚的道德说教的公认传统，那种说教通常仅限于引用《圣经》或其他宗教权威，力求以合理的分析说明道德的"善"的本

质。为了说明恶德与美德究竟是什么，阿贝拉首先区分了被说成
"善"或"恶"的事物的不同意义。"好"（good）这个单词的某些用
法，显然不是意在表达道德意义*：例如，"一个钓鱼的好日子"或
"一把好刀"。"好"的另一些用法看似表达了道德意义，但阿贝拉并
不太想让它们如此：例如，"出了某件事情，这很好"。阿贝拉认为：
我们说发生的某个事件"好"时，其实只是在说该事件是神的计划的
一部分。我们并未对该事件做出道德判断，因为应把道德判断交给上
帝。发生的一切大大小小的事情，毕竟都是由一位有远见的上帝规定
的，因此在某种意义上都是好的。他推理说：因此，道德上的善行和
恶行之别，便不可能仅仅表现在行动的结果上，因为从上帝全知的视
点看，每一项行动的结果最终都是好的。

　　阿贝拉的结论是：道德的"善"一定是指怀有正确的意图。末日
审判时，上帝判断人的唯一根据就是意图（但在地球上，我们做出的
道德判断却必定更粗略、更现成，因为我们总是无法深入人心去发现
人的意图，总是需要鼓励一些行为、制止另一些行为）。关于"是什
么区别了善意和恶意"这个问题，阿贝拉的回答很直接，并且是带有
神学色彩的：意图的善恶之别取决于上帝，更准确地说，取决于上帝
希望人们相信什么。一个人若蔑视他认为的上帝希望之事，便会去干
坏事；而他若拥护他认为的上帝希望之事，便会去做好事。可见阿贝
拉的道德哲学绝对没有完全脱离其宗教（在一些问题上，他对《圣
经》权威的依赖并不亚于他那些没有那么多哲学头脑的前辈和同代
人）。不过，他还是抓住了许多改进基督教道德思想的机会，其方法
是：把意图视为判断罪孽的关键，由此引出神学上的结论。例如，他
指出：迫害基督的犹太人若相信他们是在实现上帝的意愿（事实看起
来也是如此），他们其实就不是在犯罪。在 12 世纪的北欧，这个说法

---

　*　即道德的"善"。

既大胆又危险。但阿贝拉说，这是他这个经过仔细论证的前提引出的不可避免的结论。

阿贝拉对道德概念的分析虽不像亚里士多德的那么复杂，但在当时，即使以哲学论证法的古代标准去衡量，它也是一项足以惊人的成就。前人几乎没有给阿贝拉时代的知识分子留下什么，因此，后者便竭力重新发掘别人早已知道的东西。但是，西方知识传统中这个令人痛苦的断裂却依然会被修复。阿贝拉去世太早了。他若活到了 13 世纪，一定会接触到多得多的古代学术。正是在他去世的 12 世纪中期前后，希腊人、阿拉伯人和犹太人的伦理学、逻辑学、医学、星相学、炼金术、数学和自然科学著作的拉丁文译本开始涌入了北欧。这大大提高了人们在许多问题上的辩论水平。虽然拉丁人的原西罗马帝国地区在数个世纪之后方能自称超过了古人的成就，但它毕竟还是有所进步。

有几件事情促进了译本的大量涌入，其中最重要的之一是基督教徒重新占领了被阿拉伯人占领的西班牙：它使人们更易接触伊斯兰文化，更易接触那种文化仍试图保护的古希腊火焰。许多基督教学者去西班牙旅行，学习阿拉伯文，寻找书籍，把它们译成了拉丁文。这些书籍当中，有一些原文是阿拉伯文，还有一些原文是叙利亚文或希腊文著作的阿拉伯文版。克雷莫纳（Cremona）一个名叫杰勒德（Gerard，1114—1187 年）的人去了西班牙，译出了 17 本数学和光学著作、至少 12 本天文学著作、14 本逻辑学和物理学著作及 24 本医学论著。一些书籍（主要来自西西里和君士坦丁堡）直接根据希腊文译出，其译者是少数仍然精通希腊文的拉丁语学者。学校的数量和规模迅速增长——1200 年前后第一批大学在巴黎、牛津和博洛尼亚的出现，都增加了搜寻、翻译和传播此类著作的诱因。

1200 年巴黎大学获得办学许可证时，西方知识分子面临着一种他们完全不熟悉的挑战。当时的任务已不再是尽力恢复少量的古典学术片段，而是应付它们的泛滥了。许多新发现的科学著作——例如欧几里得的《几何原本》、托勒密的《至大论》（*Alamagest*）、阿维森纳的《医典》（*Canon of Medicine*）和阿尔·花剌子模（al-Khwarizmi，约780—约850年）的《代数学》（*Algebra*）——都造成了特殊的意识形态问题。但亚里士多德的一些著作也是如此。正如我们所见，亚里士多德学说有时很难与基督教神学调和起来（参见本章前文）。阿拉伯最著名的亚里士多德著作注释家——伊本·路世德［Ibn Rushd，又称阿威罗伊（Averroes），约1126—1198年］的著作，甚至造成了更多的问题。不过，亚里士多德的一部分著作虽然最初在一些地方遭到了查禁，但这种态度分明等于知识的自杀，不可能持续下去。圣托马斯·阿奎那这样的思想家发起了一项艰巨而很有必要的计划，试图把基督教与最新的学术发展——亚里士多德哲学（Aristotelianism）结合起来。

12世纪的犹太教拉比、宫廷医生——摩西·麦蒙尼德（Moses Maimonides，1138—1204年）也想把犹太教（Judaism）与亚里士多德哲学结合起来。麦蒙尼德出生于伊斯兰统治时期的西班牙，一生大部分时间在开罗度过。在犹太人当中，麦蒙尼德最著名的著作是不朽的犹太教口头法律汇编《犹太律法》（*Mishneh Torah*），此书写于12世纪70年代。大约15年以后，他以阿拉伯语写的《迷途指津》（*Guide for The Perplexed*）也试图把犹太教教义与（伊斯兰学者们理解的）亚里士多德的科学和哲学综合起来。阿奎那了解麦蒙尼德的著作，有时也引用它。

阿奎那的巨著《神学大全》中的一些言论最初引起了争论。但是，这部写于1266—1273年间的著作，却在天主教思想中渐渐获得了崇高的地位。16世纪时，它开始取代伦巴德的《四部语录》，成为神学教科书。1567年，阿奎那被宣布为天主教"教会博士"（Doctor of the Church），这是项十分罕见的荣誉（其他十几位天主教"教会博士"中的最后一位去世于 1 000 年前)。1879 年，经教皇批准，阿奎那改良过的亚里士多德哲学终于成为罗马天主教的官方哲学（这一年，爱因斯坦诞生；教会在处理哲学的事情上也并不草率）。

1914 年，教皇庇护十世（Pope Pius Ⅹ）说：哪怕对阿奎那哲学最小的偏离也是"严重的冒险"[59]。为了防止这种危险行为，梵蒂冈很方便地归纳出了阿奎那的 24 个关键思想，以 13 世纪的亚里士多德哲学的技术语言表述出来。例如：

> 有肉体的生灵……其本质由潜能（potency）与行动（act）构成。对本质的潜能与行动的称谓是"物质"（matter）和"形式"（form）。

> 神的本质……由抽象概念构成，抽象概念与其存在的现实性同一，换言之，抽象概念本身即为持续的存在；同理，抽象概念也向我们显示了其无限完美的原因。[60]

阿奎那时代的神学不但研究上帝，而且研究上帝创造的世界。因此，这部 150 万字的《神学大全》既涉及科学和哲学的全部话题，也涉及一些纯粹的宗教问题，例如"天使如何变得邪恶""说基督受割礼是否恰当"，等等。例如，《神学大全》第一部分有一篇关于人性的独立论文，篇幅很长，讨论了知觉、思想、知识、意志、欲望和身心的关系。但是，《神学大全》里最让现代哲学家关注的部分却与宗教问题有关。那就是阿奎那为证明上帝存在提出的 5 项证明，被称为"五种证明"（the Five Ways）。这 5 项证明，每一项都始于对自然界事物的观察：它们不断变化；它们受制于因果关系；它们出现又消失；它们的特质逐步提升；它们似乎受到了指引，朝着各自的目标发展。阿奎那指出：在每一种情况下，这些现象若没有某种实体作基础，便都不会存在。例如，必定存在某种永远存在的实体，必定存在一个无原因的原因，等等。因此，阿奎那提出了一个观点：这个实体必定具有传统上认为上帝所具有的那些性质，例如完美性、无限性和道德的"善"。

《神学大全》虽然篇幅很长，却是阿奎那仅存的文字著作。据估计，阿奎那的全部著作约有 800 万字。据说他能同时向几个秘书口授不同的作品（似乎有这种可能），还有说法称他能在睡眠中口授作品（这不大可能）。20 世纪的一位历史学家（也是天主教神父和修士）欣喜若狂地宣布：阅读阿奎那就是体验"理性和现实的纯粹之光照进我们的头脑"；阿奎那解释宇宙之和谐的能力"在世界上的伟大哲学家中无与伦比"[61]。有个故事说：在其生命的最后几个月中，阿奎那的头脑中产生了关于天堂的某种幻象，遂宣布自己所写的一切都毫无价值。但这个故事只是在阿奎那去世多年后才出现的，彼时人们正考虑把他封为圣徒，其支持者们希望找到他宗教信仰方面的证据。

在中世纪，我们如今所说的"哲学"是在逻辑学、神学或"自然哲学"（即科学）的名目下教授的。在这种教会控制的大学之外从事哲学活动的机会很少。因此，在一些有争议的问题上，任何想站在古人或阿拉伯人一边的学者，都会发现自己身处困境。不是每一个尝试调和理性与宗教的人，都能驳倒阿奎那的和谐宇宙的积极观点。具有独立思想的思想家不能公开教授任何直接对抗宗教信仰的东西，因此便倾向于规避和闪转。一方面，他们提出符合理性的论证。另一方面，他们马上又补充说：这种思路必然引出的一些异端结论当然会败给基督教的启示；哲学虽然证明了某种理论，但哲学当然不是全部真理。例如，这样的论证有时能用于解释创世。亚里士多德哲学证明世界必定始终存在；基督教却证明：世界是在某个特定时刻从无到有地被创造出来的，因此，我们必须相信世界是被创造出来的，哪怕我们似乎能证明世界并非如此。这种双刃的表述有时纯属遁词，意在把一些非正统信仰偷偷运进大学的课程表，有时则是对困惑的真诚表述。但这两种情况总是混在一起。教会有理由谴责一切暗示"可能存在两种真理，一种是神学真理，一种是哲学真理"的企图。世界要么是被创造出来的，要么不是；在这个问题和其他一切问题上，都没有留下两种真理的可能。

13 世纪末，教会的保守派对希腊理性主义哲学思想发起了警告性批判。他们说，运用人的理性这种自然机能固然很好，但其前提是这么做能得出正确的结论。1277 年，巴黎的主教列出了禁止得出的 219 个结论（包括阿奎那的一些结论），想以此解决这个问题。但是，天然的理性却不这么容易被限制在这个人为界限之内。对于这种给思想家的思想任意划定范围的尝试，一些思想家暗中不满，便以一种颇似玩笑的方式表达了他们的意见。14 世纪的一位法国哲学家详细解释了一些论证（它们似乎证明了可能有过《圣经》所说的创世）之后，勉强承认了还是有创世这件事情，但用一句评论补上了这个逻辑漏洞："应当补充一句：创世异常罕见；它只发生过一次，并且是在很久以前。"[62]

信仰与理性的这种不稳定的妥协，引出的并不只有笑话。1277 年的那道谴责令，最终导致了新亚里士多德主义世界图画的崩溃，并催生了一种新的、不那么局限于书本的自然考察法。这个变化在很久之后才出现，因为书呆子式的经院哲学仍处于全盛期，而在三个世纪之后，一幅新的世界图画才真正形成。这个变化是偶然的，因为那些谴责者的意图只是批判宗教异端邪说，批判似乎是由异端邪说引出的一小部分亚里士多德哲学。尽管如此，信仰与理性的冲突还是在 13 世纪末催生出一些思想，它们最终促进了中世纪全部知识研究法的瓦解。

那些谴责令的主要靶子是所谓的"阿威罗伊学说"（Averroism），该学说是以 12 世纪亚里士多德著作的阿拉伯注释家阿威罗伊的名字命名的。他也是伊斯兰教统治时期的西班牙和北非的一位著名法官和私人医生。阿威罗伊认为：唯有哲学能提供真正的真理，神学则大多

是隐喻性格言的汇集。（在阿威罗伊看来，亚里士多德学说其实就是
"终极的真理，因为他的思想是人类思想的最高表现"[63]。）阿威罗伊的
方法是像亚里士多德那样，先用天然的理性之光检验每一个话题，再
弄清如何将上帝融入那些话题。重要的是，不能以其他方法绕行，而
应把宗教置于首位：不能让所谓宗教启示颠覆了人们艰辛获得的对世
界的认识。因此，巴黎主教谴责阿威罗伊的第 147 个命题才说：某个
事物若被证明与自然相反，那就连上帝都不能使它出现。与此命题相
反，《圣经》的保守派坚称没有如此限制上帝的自由。事实证明：正
是对上帝绝对力量的这般强调，才造成了影响深远的后果。

古希腊人的"神"的概念认为：神是自然的一部分，因此受制于
自然规律。柏拉图所说的那位"巨匠"在组装这个世界时，根本腾不
出一只完全自由的手：他不得不与一些性质已经固定的材料打交道。
连他都无法让火变凉，无法用空气创造出河流。亚里士多德所说的神
也大致相同，也不得不遵守物理法则。但是，《圣经》里的上帝却亲
自制定了自然法则，因此能随心所欲地创造出任何东西。哪怕他想使
岩石轻于空气，想从鸡蛋黄里孵出母牛，想使月亮成为宇宙中心，也
什么都阻止不了他。这种对上帝的自由的确认虽然令人不安，但终归
是有益的，其主要影响就是使人们怀疑它能在多大程度上解释这个世
界。人们会证明自然必定以某种方式发展，但上帝的想法却会与此不
同。亚里士多德会认为某种说法能对某个现象做出最简单的解释——
但若上帝喜欢用复杂的方式行事，又会如何？因此，事实表明：那些
听上去最合理的理论是错误的。这种思想鼓舞了 14 世纪的一些思想
家，他们开始探索已被亚里士多德否定的那些可能性，其中几种可能
性是：恒星不是永恒不变的，地球是自转的，还存在其他许多像我们
的地球这样的星球。

沉思过上帝的自由的意义的最佳哲学家之一，是奥卡姆的威廉。
他在牛津和伦敦教授神学，写有大量逻辑学论著，1328 年因与教皇约

翰 22 世（Pope John XXII）的麻烦被开除教籍。奥卡姆认为，上帝能随意做出任何事情，除了造成任何用语矛盾。（上帝不能使已婚者成为单身者，因为必须把所有的单身者定义为未婚者。但奥卡姆论证说：这种纯粹的用词必要性不能算作对上帝力量的限制。）奥卡姆指出：因此，每当"两个事物各自独立存在，互不相干"的假设中没有矛盾时，它们便真的被上帝分开了。例如，上帝会造成一个原因，却不造成其通常产生的结果。上帝能使太阳在明天升起，再不落下，因为"上升后再不落下的太阳"的说法虽然也许非常古怪，却不是真正的用语矛盾。奥卡姆知道，这个观点产生的一个结论是：科学能告诉我们确已发生之事，但不能告诉我们必定发生之事。不存在任何必定发生之事，因为上帝总是能进行干预。

这种思想瓦解了科学研究方法的一个关键因素。中世纪对知识和科学的一致认识，来自对"自然的必然性"（natural necessities）或曰本质（essences）的揭示。科学研究（对一位 13 世纪的忙碌的教师来说，科学研究就是阅读非常古老的书籍）能告诉人们一种事物的基本特性，根据这些特性，人们可以推导出该事物何以做出那样的行为。例如，按照完美的轨道运行是行星的特性，因此行星必定按照完美的环形运行。这就是科学。但奥卡姆指出：如此谈论本质甚为肤浅，因为它并未给我们对有关现象的认知增添任何东西，却让我们误以为我们能证明我们其实不能证明的东西。上帝在决定世界应当是什么样子时，没有义务关心任何"自然的必然性"，既然如此，我们又何必关心那些必然性呢？

奥卡姆最常使用这种语气轻蔑的批判。他把物理学（其实也是哲学）视为一个整体，其中充满了抽象的概念，它们能被去除，也该被去除。此类伪概念的一例就是"自然的必然性"，此外还有许多。为了剔除伪概念，奥卡姆使用了后来所谓的"奥卡姆的剃刀"（Ockham's

Razor），它通常被表述为"若无必要，勿增实体"*的原则。其实，奥卡姆发表的著作中并未出现过这项值得引用的原则，但它却精确地反映了他的节俭方法。他认为，理论应尽量简单，应尽少涉及其他。他说：人们太容易被各种语言误导，以为这个世界比实际上更复杂。例如，哲学家并不理解抽象名词的存在只是"为了使话语简明，或为了装饰语言"[64]，而抽象名词不一定对应于任何现实事物。因此，我们必须总是保持警惕，随时准备使用这把剃刀，以防止虚假的抽象概念四处传播。奥卡姆试图证明：学术论证使用的许多概念其实都和装饰物相差无几，而这些装饰物并不十分吸引人。

奥卡姆也许应当花更多精力在对自己使用剃刀上，因为他自己的著作就是由晦涩的、往往不必要的技术用语组成的迷宫。但他对其前辈的批判却十分有力，令人不安，尤其是在宗教问题上。奥卡姆认真剖析了阿奎那提出的证明上帝存在的五个标准证据，得出结论：不可能证明有一种无限的、至高的、完美的存在。他还批判了关于灵魂不朽的传统观点。奥卡姆指出，这是因为上帝的行动完全自由，他可以决定把永恒的生命赐予他想赐予的任何人，但一定没有义务把永生赐予每一位优秀的基督徒。总之，人们并无多少证据能证明上帝是什么样子、有何计划。因此，1277年谴责令强调的对上帝的自由的重视，在奥卡姆手中就变成了各种悬而未决的可能性，不但有物理学上的可能性，而且有神学上的可能性。

奥卡姆与教皇之间的麻烦主要涉及"使徒的贫困"（apostolic poverty）的问题，即耶稣和使徒们是否拥有财产，以及这对教会自身拥有的令人瞩目的财富意味着什么。圣方济各教派（奥卡姆为其成员）断言耶稣一无所有。奥卡姆指出：教皇约翰22世在这个问题上

---

* 据说这是奥卡姆评论彼得·伦巴德《四部语录》时的名言，其拉丁语为"Numquam ponenda est pluralitas sine necessitate"，又称为"节俭原则"（parsimony），但它并未见于奥卡姆的任何著作。

所持的相反观点，及其权力之广，都使他成了异端者，这意味着他其实绝非教皇。奥卡姆一生的几乎最后 20 年都是在慕尼黑度过的，处于约翰 22 世的敌人——神圣罗马帝国皇帝、巴伐利亚的路德维希（Ludwig of Bavaria）的保护之下。在此期间，奥卡姆主要写作政治书籍，提倡减少罗马教皇的权力，使路德维希这样的君主掌握更多的权力。

奥卡姆的成就包括在逻辑学方面取得的一些进展，逻辑学是 14 世纪的人们最热衷研究的哲学分支之一。奥卡姆及其后继者们研究了被亚里士多德忽视的几类推理，以一种新的复杂的方式考察了许多悖论。但这项工作并未造成持久的影响，因为到了 15 世纪中期，许多重要的思想家都厌烦了逻辑学这个学科。长期以来，逻辑学一直是高等教育的支柱，文艺复兴时期的知识改革者认为这已足够了。因此，像亚里士多德的 192 种旧三段论一样，奥卡姆的 1 368 种新三段论也被扔进了垃圾桶。

虽然事实证明 14 世纪的逻辑学是条死胡同，但物理学却截然不同。一些思想家迈出了不同寻常的一步，把测量和计算引进了对自然的讨论。对中世纪哲学而言，这是一种新方法，它也为伽利略的一些思想奠定了基础。牛津大学默顿学院（Merton College）的一些哲学家后来以"牛津计算家"（Oxford Calculators）闻名。他们对运动进行了数学分析，几乎创造出了速率（velocity）这个现代概念。事实证明，测量和计算极为引人入胜，使他们极为着迷，以至于想把精确测量用于一些不可衡量的事物上，例如罪（sin）与恩（grace）。（"牛津计算家"当中的一位后来做了坎特伯雷大主教，但并不是因为这项错误的成就。）"牛津计算家"的一项不那么富于幻想的工作是区分了热的强度和热量，因此预示了现代意义上的热度与温度的区别；但他们其实并不知道怎样测量这两种性质。总之，他们的这些努力都来自一个事实：他们感兴趣的是逻辑辩论术，而不是考察自然。他们把物理学问题看作了抽象的逻辑悖论，更迷恋关于无限性的理论难题，而不是预测和控制自然现象的实际挑战。尽管如此，他们还是绊倒在了这些正确的道路上，而事实证明他们的工作只是死胡同。

让·布里丹，当时最有影响的巴黎哲学家之一，重新引进了公元6世纪约翰·菲洛庞努斯（见本章前文）提出的一些关于运动的概念，促进了对亚里士多德物理学的瓦解。亚里士多德认为，若把一个像石头那样的重物抛向空中，抛掷者便搅动了石头周围的空气，而这个事实能解释石头的持续运动：这种被搅动了的空气，使石头离开抛掷者手臂后能继续运动。奥卡姆等人已证明这个解释不可能是正确的，但他们却没有其他令人满意的解释。布里丹指出：抛掷者把"动力"（impetus）或曰外力（impressed force）赋予了石头，仅凭这一点就足以解释石头的上升运动。他指出：很久以前，上帝就以类似的方式，异常有力地推动（push）了各个天体，因此后来无须天使们去维持天体的运动。

布里丹没有加入过教士的教派（例如多明我会和圣方济各会），对一位大学哲学家来说，这很不寻常，因为13世纪和14世纪的许多教师都属于那些教派。据说，这使他成为一位更具独创性的思想家，因为他不必把时间浪费在对立教派热衷的教义争论上。他的另一个不同寻常之处是：他从未受过神学训练，所以从未被允许教授神学。因此，他能自由地专心研究逻辑学、自然哲学和亚里士多德的著作，他一生都在巴黎大学艺术系教授这些课程。欧洲其他许多大学都讨论过布里丹对亚里士多德伦理学、政治学、逻辑学及科学著作的评论。他名望极大，以至于一些传言说他与法国王后有染，还曾为了一个女人与教皇打架，用鞋子打了教皇。而那头人尽皆知、犹豫不决的"布里丹之驴"（Buridan's Ass）*似乎也是杜撰的，因为他的著作中根本没

---

* 布里丹之驴：据说布里丹认为推理决定选择。有人举例反驳说，处于两堆一模一样的干草之间的毛驴会因无法决定吃哪一堆而被饿毙。

有这种动物。这头牲畜大概源自人们对布里丹的自由意志论的批评。

布里丹的学生、巴黎的哲学家和主教——尼古拉斯·奥利斯姆（Nicholas Oresme，约 1325—1382 年）发展了他老师的运动理论，并发明了一种用几何的方式表示"牛津计算家"的一些思想的方法。这使他提出了一些证据，证明一些关于加速度和速率的重要定理（他做出的图解是现代图表的原型）。奥利斯姆还提供了一些讨人喜欢、与亚里士多德学说相反的古怪描述，例如"地球在自转""地球并非唯一的同类星球"。因此，奥利斯姆的科学思想便在两个方面领先于他的时代：一是，它赋予了数学技术比其在中世纪物理学中更重要的地位；二是，它质疑了——至少是在理论上——亚里士多德世界图画的核心教条。

但这只是在理论上。奥利斯姆对获取智慧的其他方法的探索，几乎总是止步于成功的边缘，功亏一篑。这种情况并不仅仅出现在他身上。总的来说，14 世纪的思想家们仍然相信恒星是永恒的、地球是静止的、地球是唯一的星球，相信其亚里士多德遗产其余部分中的大多数。他们对互相对立的可能性极感兴趣，却并不真的承认它们。奥利斯姆也许反驳过旨在证明"地球不动"的传统论证，但最终还是为传统观点做了辩护。为帮助判断这个问题，他赞许地引用了《诗篇》（*Psalm*）的第 93 篇："他建立了这个世界，它不得移动"。

使奥利斯姆和像他那样的人们止步的，不只是宗教。14 世纪的思想家们有能力也有意愿修补亚里士多德的理论，却没有任何较为系统的理论取代那些理论。亚里士多德几乎已对一切都做出了解释，既然如此，何必打破他的如意计划呢？否定已被接受的观点，却不能阐明另一种同样全面的观点，此举便毫无意义；若是已被接受的观点得到了教育权威（即教会）的认可，有时显然得到了《圣经》的认可，此举尤其没有意义。但是，把探索另外的理论当作纯粹的智力练习（这大多是奥利斯姆那样的人所做的），却可以接受。

其实，1277年的那些谴责令既刺激了对自然的考察，又阻碍了这种考察，因为它们强调了上帝的一种自由：既暗示科学无用，又暗示科学有用。一方面，既然上帝安排这个世界时能随心所欲地做任何事情，那么发现他究竟做了什么的唯一办法就是检验事实。这似乎是积极、开明的科学研究的一个诱因，因为它暗示了即使是最看似有理的理论也需要得到确证。另一方面，既然上帝能创造出十分复杂、十分模糊的事物，那么人们还有何希望了解事物的真相呢？某些问题的证据似乎会一直指向某个方向（例如指向"地球在自转"的结论），但它又能证明什么呢？上帝也许很容易地使地球静止，却又使它显得并非如此。上帝能完全自由地进行完全独创的创造，因此，任何看似的确证都足以让我们相信：我们已经了解了上帝的神秘做法。因此，科学就成了某种游戏。人们可以思考一切理论，了解其结论，通过观察检验那些结论。但是，揭示上帝的真理却完全是另一回事。这种谦卑的思想，使像奥利斯姆那样的人们再次反思了"彻底了解了事物"的说法。

16世纪科学革命的先驱们没有这种疑虑。1543年，哥白尼发表了关于地球自转和公转的论述，其工作最具革命性的一点就是他宣布了真切的真理。他提出了他的新天文学，却没有把它当作行星计算的一种假定性练习，而是当作了对太阳系的真实叙述。哥白尼的一些朋友想掩盖一个令人震惊的事实：哥白尼《天体运行论》的首版中有一篇作者匿名的序言，宣布此书的思想其实不是哥白尼真正想表达的。根据这篇序言（该序言是由一位神经紧张的朋友加进该书中的，那位朋友通过出版社渠道看到这位将死的作者的作品），关于天体的实际位置及运动，哥白尼并不打算暗示任何东西。此书只是暗示了另一种天体模型如何可以为天体计算提供一种有用的基础。

这篇序言旨在消除敌意，却未能骗过任何人。《天体运行论》出版以前，哥白尼的思想已传播多年，并很快遭到了新教改革者们的批判，被视为背离《圣经》，不可接受。马丁·路德（Martin Luther，1483—1546 年）一直主张恪守《圣经》的字面意义——他把这个主张看作回归基督教的原始教义，把哥白尼称为蠢人和傲慢自负的星相家。[65]天主教会不那么坚持对《圣经》的原教旨主义立场，对哥白尼做出的官方谴责也较晚。但到了 16 世纪末，新教日益增长的威胁使天主教统治集团对挑战其知识权威性的做法更为敏感。哥白尼学说正在成为这样的挑战，因此必须被封杀。结果，天主教会于 1610 年起禁止天主教徒阅读哥白尼的著作（事实上，到 1822 年为止，天主教会一直拒绝批准出版哥白尼的一切著作）。到 17 世纪 30 年代为止，许多著名科学家都认可了"日心说"，但这种共识反而使天主教会更激烈地强调它拥有决定人们该相信什么的权力。1633 年，宗教裁判所因迫使伽利略撤回了对哥白尼的支持（此举使伽利略名誉扫地）而出名。

哥白尼学说躲过了天主教会较早的审查，因为人们需要一段时间才会了解这种学说暗示的意义。直到一些坦率的思想家采纳了这种新天文学，人们才认清了这种学说的巨大颠覆性。最令人不安的例子也许是乔尔丹诺·布鲁诺（Giordano Bruno，1548—1600 年），他是著名的修士，1600 年被烧死在火刑柱上。他的观点太可憎，教会方面对于他未按照先绞死、再施以火刑的通常行刑程序（而是直接施以火刑）。若有人怀疑纯粹的天文学理论会给宗教造成严重的后果，他们只需看看布鲁诺相信的那些神秘的废话便知道了。

哥白尼学说当然像是在恶劣的环境中兴盛起来的。布鲁诺审判案的卷宗已经亡佚，因此无人确切知道宗教裁判所挑出了他的哪些异端邪说。他的著作内容广泛，有足够多的非正统思想可供宗教裁判所挑选。他的讲演内容丰富，包括神学、自然哲学、一种古怪的逻辑学和记忆术。他的论著涉及魔法、谩骂亚里士多德、批判《圣经》、宇宙论诗歌和一些哲学对话等内容，他在其中公开质疑基督教教义。他有时自称路德派，有时自称加尔文派，但他真正的教派只是基督教。他对魔法极感兴趣，对各种形式的神秘幻想十分着迷，尤其热衷于古埃及的那些宗教。正是拜火教信条的部分影响，使布鲁诺选择支持哥白尼的宇宙论。

部分地出于对卢克莱修和古希腊原子论者那些鲜为人知的思想的热情，布鲁诺又前进了一步，把被哥白尼改组了的太阳系放进了无限的宇宙：

> 有一种······唯一的无限（immensity），我们可以随意地称之为"太空"（void），其中有无数个地球，它们都像我们居住并生长其上的这个地球；我们宣布空间是无限的。这是因为：没有任何理由，没有任何天赋的缺点······能妨碍整个空间中其他地球的存在。[66]

我们已看到，14 世纪的一些思想家都摆弄过"多个地球"（plurality of worlds）的概念，却并不真的相信它们。布鲁诺却满怀热情，把这个充满了天体的宇宙看作一项惊人的发现，看作他那个时代正被发现的众多惊人真理之一。他认为，充满了众多天体的宇宙最适于用来表明上帝的无限伟大。他写道："不止一个太阳，而是无数的太阳；不止一个地球，而是一千个地球，照我说是无数的地球，都在赞美上帝。"

这种思想令人极为不安。由众多地球构成的宇宙也许赞美了上帝，但它把人类置于何处呢？人类的这个家园不再是宇宙的中心，而只是太空中的又一个微粒。那么，人类真的是最引人注目的造物吗？顺带问一句：万物的这种新格局中，天堂的位置何在？布鲁诺的确不能像伽利略那样被算作新一代科学家。他更像是引用伪经或新柏拉图主义的杂乱理论，而不是能支持其理论的任何实验、计算或观察。但他的一些思想很像伽利略的思想，并以一种更令人不安的方式表述了出来。他和一些科学家描述的宇宙，与中世纪的人让自己相信自己生活其中的那个宇宙，几乎毫无共同之处。

诗人多恩（John Donne，1572—1631 年）* 写到充满 17 世纪早期世界的不确定性时，既是在为困惑的普通教徒代言，也是在为受到围攻的神学家代言：

> ……新哲学号召怀疑一切
> …………
>
> 太阳消失了，地球消失了，任何人的智慧
> 都不能明确引导他从何处寻到它。
> 人们自由地承认这个世界已废，
> 在众多行星间，在苍穹下，
> 人们在探索如此多的新世界……
> 一切都成了碎片，一切都同时消失[67]

当然，太阳和地球绝未消失。归功于哥白尼的智慧，人们终于找回了太阳和地球。长期以来，人们一直把太阳显示出来的运动错当成了真正的运动；同样，17 世纪的保守派也把日出错当成了日落。作为一幅正在形成的世界图画，哥白尼学说正在破晓，而非正在消失。而当时看起来并非如此，其原因之一也许是：太多的事物同时发生了变化，过于热闹，以至于无人能看清正在发生什么。

---

* 约翰·多恩：英国教士，玄学派诗人。

15

重新发现之旅：文艺复兴时期

　　哥白尼于 15 世纪下半叶去世，这个时期的许多方面都相对平静。科学研究尚未成为神学的战场。印刷书籍的传播及其造成的不可控制的思想激增，才刚刚开始。最重要的也许是：学术界的争论尚未被新教徒与天主教徒之间的血腥战争打断。尽管如此，知识生活的几个领域还是发生了创造性的剧变。欧洲人已开始探索一些新的世界。它们不是新星球或新宇宙，而是新大陆、新技能、看待自然和教育的新态度，以及新作者（更准确地说，是长期被遗忘的作者）的世界。

　　被忽视的关于希腊语和其他一些古代语言的研究开始复活，从而重新开启了通往过去的通道，那个通道已关闭了将近一千年。学者们希望看到更好的经典著作文本和译本，他们的中世纪前辈已经知道那些书籍（或曰他们认为如此），并且开始找回其知识遗产的一部分——它们曾在 12 世纪和 13 世纪初期的翻译科学和哲学著作大潮中被忽视。在有限的中世纪课程表中几乎毫无位置的文学、政治、伦理、历史书籍和其他古代书籍，全都复活了。首先在意大利，后来在北欧，一批新型知识精英开始重视文学研究、哲学、演说术、诗歌和历史。这些人文学科（studia humanitatis）之所以能得到发展，其部分是出于培养贵族会议或共和国会议办事员、城市和国家的大法庭法官，以及教皇办公室办事员的原因。这个由秘书和世俗学者构成的新阶级想知道的是如何写得更好，而不是怎样进行神学辩论。他们想写出文笔优雅、有说服力的信件，而不想解决逻辑难题。大学之外的这些知识发展，也影响了大学里的知识发展。

这种"人文主义"运动对哲学的影响，是增加了人们对伦理和政治领域的兴趣。亚里士多德的一些道德论著及其《诗学》得到了广泛的研究。柏拉图的具有很高文学素养的著作也流行了起来。人文主义态度造成的另一个结果是，公开反对粗劣的语言和形式主义的学术论证法。意大利思想家罗伦佐·瓦拉（Lorenzo Valla，1407—1457 年）用如下文字发泄了对中世纪逻辑学的绝望情绪：

> "没有一个人是石头；一些人是动物。因此，一些动物不是石头。"我不禁喊道：你们这些疯人国的人啊，你们听到过这样的论证吗？[1]

可以理解，瓦拉等人文主义者更感兴趣的是有效的修辞方法，而不是抽象的、人为的亚里士多德三段论。当时，人们热切地阅读昔日拉丁文作家（例如西塞罗）的著作，是为了学习其文体技巧，而经院派评注家的拉丁文著作恰恰令人遗憾地缺少这些。除了文笔优雅，西塞罗的著作其实几乎谈不上任何独创性，但这几乎无关紧要。人文主义者把西塞罗的演说视为陈述法的典范，把他的哲学著作当作关于希腊化时期生活哲学的可读的读物，而中世纪的大学教师其实根本不知道那些书。

最有影响的人文主义学者是鹿特丹的伊拉斯谟（Erasmus of Rotterdam，1466—1536 年），他在其《愚人颂》（*In Praise of Folly*）里对大学哲学家们的批判，使人想起了柏拉图对伯里克利时代所谓诡辩派智者们的批判。伊拉斯谟使经院哲学显得荒谬、小气。他能像弗朗索瓦·拉伯雷（François Rabelais，1493—1553 年）那样，轻易地使读者相信当时的神学家是愚昧、腐败的傻瓜；1534 年，拉伯雷在其小说《巨人传》（*Gargantua et Pantagruel*）里激烈地嘲讽了神学家。
伊拉斯谟说，许多教士只懂得他们自称用以教课的文本。此话也许是
对的。黑死病大大压缩了可供教会从中汲取其知识才能的那个水塘的
面积。伊拉斯谟对外表华丽、内心贫瘠的教会当权派的猛烈批判，为
新教改革家马丁·路德和加尔文（Calvin，1509—1564 年）铺就了道
路。事实表明，人文主义专家的文学技能成了这场战斗中最有力的武
器，因为伊拉斯谟讨论《圣经》和早期基督教著作的学术著作，帮他
证明了当时的教会离基督教原始教义是何等遥远。

与伊拉斯谟同代的意大利人尼科洛·马基雅维利（Niccolò Mach-
iavelli，1469—1527 年）以另一种方式瓦解了神学家的权威。他索性
绕过了宗教问题，用一种新方式撰写政治论著。他没有从神学上为政
治机构和政治实践辩护，而是提供了一本获取和行使权力的现实主义
指南。他的简明著作《君主论》（*The Prince*）非常有名，把成功的统
治者描绘成了这样的人：他们有意识地无视道德顾虑，实施无情的压
迫。马基雅维利的主要著作《论提图斯·李维的前十卷书》（*Dis-
courses on the First Ten Books of Titus Livius*）不如《君主论》那么
令人震惊，篇幅也比后者长得多，因此不那么有名。部分地因为《君
主论》，马基雅维利获得了宣扬"无情算计"（calculating callousness）
的名声。但总的来说，他的著作在社会学方面并不如此愤世嫉俗。那
些著作始于描述现实世界中的政治运作方式，它们成就了一门新型的
社会研究学科；而在由教会主宰的中世纪课程表中，这门学科毫无
位置。

文艺复兴时期，对自然的考察也出现了新面貌。简单地说，它更
切合实际了。这个特点最初在意大利的大学中表现得最为明显，那些
大学长期把自然哲学研究与医学结合起来，而不是像在巴黎和牛津那
样把自然哲学研究与神学结合起来。文艺复兴时期最有趣的科学著作
都来自更务实、更以经验为据的医学传统（例如，哥白尼就是一位训

练有素的医生，其生前在医学上比在天文学上更有名）。自然研究的新方法也见于文艺复兴时期画家的作品。他们开始对观察术感兴趣，以使其作品更真实。列奥纳多·达·芬奇（Leonardo da Vinci，1452—1519 年）在科学史上占有引人瞩目的位置，这不但因为他那些著名的简略发明（从直升机到速射大炮），而且因为他按照以下的思路对画家同行提出的忠告。他说：要画风景，便一定要研究天气；要画视觉透视，便一定要研究数学［视觉透视是建筑师和博学者列昂·巴蒂斯塔·阿尔贝蒂（Leon Battista Alberti，1404—1472 年）的最新发现］；要正确地描绘人体，便一定要研究生理学。最重要的是应注重观察，不应研究书本，而要研究世界，尽力独立地去发现，不可依赖二手叙述。人文主义的新学者敦促人们返回原始文本，以了解剥去了中世纪外壳的古代学问。同样，列奥纳多也指出：

> 直接了解自然原作，比了解自然原作的仿制品更可靠。那些仿制品大大损伤了自然原作，使人们采用了一种恶劣的方法，因为有办法直达源头者，不会走向水罐。[2]

路易斯·维伏斯（Luis Vives，1492—1540 年）也提出了类似的忠告。他是西班牙人文主义者，公开批评了科学中的烦琐哲学传统。但他的批评针对的是哲学家，不是画家。他强调了依靠独立的认真观察的重要性，说自然哲学的出路在于研究工艺和实际技术。他并不认为哲学家应当放下笔去做技工，而是建议哲学家更多地学习画家、工程师、建筑师，更多地学习为天文学家、音乐家、航海家制造设备的人——换言之，更多地向一些人学习：文艺复兴使观察、记录、分析成了那些人的职业，而只要可能，他们便能熟练地处理自然现象。路易斯·维伏斯认为，街头那些注重实际的专业人士的方法，才是获取自然知识的方法，比大学学者的传统方法更可靠。

文艺复兴时期的一个惊人事实是：人们发现的关于自然的事实更

多了。15 世纪充满了大胆的发现之旅，它们大多始自西班牙和葡萄牙，带回了未知物种和其他陌生地方的消息。古人著作里能算作探险家叙述的东西的，探险家们现在都亲眼见到了。阿美利哥·维斯普西（Amerigo Vespucci，1454—1512 年）* 访问了那片后来以他的名字命名的大陆之后说，老普林尼的《自然史》（此书经过了 1 400 年仍是权威著作）连能在那块大陆看到的动物的千分之一都没有讲到。"古人不知道，而我们知道"，造物呈现出了极大的多样性，这种情况越来越明显了。[3]

维斯普西写于 1503 年的《关于新世界的信》（*Letter on the New World*）被广泛阅读，其中写道："在那个半球，我看到了与哲学家的观点不相容的东西。"植物群和动物群新奇的多样性使他震惊，土著人那些不寻常的习惯和态度也使他震惊。那个新世界里，似乎连人性都截然不同。维斯普西写道，人们根本没有宗教，像动物那样无拘无束地活着。他们非常快乐，没有各种文明的服饰，更像"伊壁鸠鲁主义者"，而不像"斯多噶主义者"。此话似乎是说他们只关心使自己快乐，不关心履行其责任。维斯普西无疑是误解并渲染了他看到的许多事情。例如，他说，这些自由的灵魂通常能活到 150 岁。但明显的事实却表明：他和其他探险者发现的细节值得怀疑。换言之，被中世纪欧洲看作世界知识的东西，在最好的情况下也是不完整的，在最坏的情况下则显然是错误的。因此，必须抛弃许多古代偏见，重新开始——像达·芬奇主张的那样，回到自然本身的源头，不再依赖古人水塘里的死水。

正是秉持这种精神，16 世纪的许多思想家表达了对古代科学家的蔑视，其方式有时很夸张。菲利普斯·奥里欧勒斯·忒奥弗拉斯特·博姆巴斯图斯·冯·霍恩海姆（Philippus Aureolus Theophrastus

---

　　* 阿美利哥·维斯普西：意大利商人、航海家、探险家。

Bombastus von Hohenheim)，通常称为帕拉塞尔苏斯（Paracelsus，1493—1541 年），他在开始医学讲演时，有时先要焚毁盖伦和阿维森纳的著作。据说，巴黎哲学家彼得鲁斯·拉穆斯（Petrus Ramus，1515—1572 年）曾为"亚里士多德所说的一切都是捏造"的命题公开辩护。即使拉穆斯并未这么做，其他许多人也认为他一定会如此。（1572 年圣巴托洛缪大屠杀中，拉穆斯被捕杀，克里斯托弗·马洛的一部悲剧描写了这个事件。剧中一个士兵问拉穆斯："是你嘲笑了亚里士多德吗？"拉穆斯答道："是。"士兵命令说："杀了他。"[4] 这个情节大概是虚构的。）

焚书的帕拉塞尔苏斯不向任何权威妥协，除了《圣经》，或曰他自称如此。他更喜欢亲自体验和实验古人传下来的智慧。但他其实比他所承认的更依赖古代的资料和传统（它们不只是普通的资料和传统）。帕拉塞尔苏斯也许抛弃了古希腊化学及其四元素说，抛弃了古希腊医学及其四体液说，但他自己关于化学药品（其主要成分是汞、硫黄和盐的有毒聚合物）的思想，却大多来自 800 年前的古代阿拉伯炼金术士。除了炼金术，在其他一些有关超自然的话题中，帕拉塞尔苏斯还对星相学和犹太教喀巴拉秘术（Cabala）极感兴趣。对超自然的这种折中主义的信仰，在当时十分常见。文艺复兴时期的许多思想家都认为：我们所说的科学与我们所说的魔法之间并无巨大的差别。现代科学早期发展的动力，的确也有一些来自文艺复兴时期的魔法。

为化学和天文学做保姆的，有时并不只是炼金术和星相术；发展中的技术也在想方设法变得更成熟。启发开普勒等人寻找自然的数学钥匙的，也并不只是毕达哥拉斯和喀巴拉秘术的数字神秘主义。科学与魔法的关系，比两者的这些偶然交汇所暗示的更深。驱动文艺复兴时期自然考察者的，其实正是魔法师精神。当时，魔法师的意图就是控制事物中的隐藏力量，尽量利用这些力量创造奇迹。魔法师需要一种能变为实际效力的、不易得到的知识，并往往十分热切地寻找这种知识，以至于在如今看来最不可能存在这种知识之处寻找它——例如喀巴拉秘术的数字魔术，或是那个窃窃私语的灵魂的世界。

我们已知道：亚里士多德的科学知识探索法和现代科学先知培根等人的科学研究法，两者最重要的区别在于它们对实际应用（科学知识）的希望（参见本书第 12 章）。亚里士多德其实未抱这种希望。培根则十分痴迷于这种希望，他写道："人的知识，人的力量，都来自同一个事物，因为在一切不知原因之处，皆不会产生结果。"[5] 17 世纪 20 年代，培根极力主张成立一个科学家团体，其目的是"发现关于原因的知识，发现事物运动的秘密，扩大人类帝国的边界，发现一切可能存在的事物的影响"[6]。大约 40 年之后，培根的这项提议促使英国成立了皇家科学院（Royal Society），其成员包括罗伯特·波义耳和艾萨克·牛顿。这些人多少都是文艺复兴时期魔法师的继承者，曾想把对自然的被动研究变成对自然力的积极管理。皇家科学院成员把魔法师的梦想变成了现实，至少是尽了他们最大的努力。

培根严厉地批评了文艺复兴时期的半吊子魔法师，但他批评的主要不是他们的魔法不灵，而是那些魔法实现得太轻易。他认为：魔法虽然太随意、太落后，但其思路绝不是完全错误的。培根的这种保留态度，使他没有反对基本属于魔法的（或唯心主义的）世界观。例如，他承认那些神秘驱邪物的效用："许多事物……都通过神秘的感应和反感作用于人的精神……（例如）寄寓着精灵的宝石的优良品性。"[7]总之，培根想在星相术、炼金术和魔法的基础上建立科学，而不是废除它们，因为他认为：它们追求知识与力量的完美结合，这个目标也是正确的。（牛顿也是如此，以现代的标准看，他很像一位热衷魔法的怪人。他写出了百余万字关于炼金术的胡话。[8]但在牛顿生活的 17 世纪下半叶，科学家对魔法产生兴趣却十分常见，牛顿的魔法活动大多是在私下进行的。）

在所谓"自然魔法"（natural magic）和"恶魔魔法"（demonic

magic）之间，文艺复兴时期的思想家划出了清晰的界线。前者（而不是后者）被认为大多符合基督教教义，而完全值得发展。连圣托马斯·阿奎那都写过一篇论述"自然魔法"无害的论文，认为星相学的驱邪物很有效。"恶魔魔法"包括一些浮士德式的尝试，即唤起一些被禁止的力量，与死者进行非法沟通；"自然魔法"则力图揭示无形的、不可触及的却完全自然的现象：

> 自然是一位魔法师，处处设置带诱饵的陷阱，为特定的对象提供特定的食物。农夫耕田播种，是为了获得自然的馈赠……我们常把通晓自然和天文之事的哲学家称为魔法师，这很正确；他们也在恰当的时间，借助某些迷人的符咒，将天界之物植入了平凡物体。[9]

这段话出自马西里奥·费奇诺（Marsilio Ficino，1433—1499 年），他是佛罗伦萨的学者和思想家，把文艺复兴时期一些最有影响的神秘学文本译成了拉丁文。这些文本就是所谓"赫尔墨斯"文集（'Hermetic' writings），是不知名的希腊作者们在公元 100 年到 300 年间撰写的一套书，但在费奇诺的时代被视为赫尔墨斯·特里斯墨吉斯忒斯之作，此人是紧接摩西时代之后的虚构的埃及预言家。15 世纪下半叶，费奇诺等人提倡的"自然魔法"试图把各种魔法传统要素与正统宗教结合起来。神秘主义和基督教确实被看作互为补充：与费奇诺思想相似的乔万尼·皮科·米兰多拉（Giovanni Pico della Mirandola，1463—1494 年）* 在 1486 年写道，"任何一部分知识，都不如魔法和喀巴拉秘术那样能使我们确信基督的神性"[10]。

16 世纪中期，"自然魔法"的深奥思想变成了一种全新的自然哲学。帕拉塞尔苏斯和布鲁诺等人描述了一个令人迷醉的世界，其中存

---

* 乔万尼·皮科·米兰多拉：意大利哲学家、人文主义者。

在一些能以正确符咒操纵的隐秘的对应性和心灵感应。这个世界似乎比大学课本中亚里士多德描述的宇宙更多彩，适应了那个时代的活跃氛围。魔法的观点认为，自然已成熟到了可被开发利用的程度，对文艺复兴时期机智、乐观的人们来说，这是一个非常有吸引力的前景。一些科学家对神秘主义几乎没有兴趣或毫无兴趣，但他们仍属例外，其著作也未像魔法师和半魔法师的著作那样被广泛阅读。正如一本现代的历史著作所说：在 16 世纪的大部分自然哲学里，"人们几乎不知道科学始于何处，降神仪式止于何处"[11]。

在文艺复兴时期的创造性混乱中，科学与魔法的这种混合，在约翰·迪（John Dee，1527—1608 年）的事例中得到了很好的说明；他很可能是莎士比亚戏剧《暴风雨》（*The Tempest*）中普洛斯彼罗（Prospero）的原型。约翰·迪是英国伊丽莎白女王时代的一流数学家之一。他主持了对新发现的女王土地的地理和水文考察，在三角学、航海学和历法改革方面做了重要的工作。但他也把大部分时间用于借助祈祷文、水晶球、镜子、神秘数字和其他魔法设备与天使们沟通。这些尝试虽不像他希望的那样经常成功，但天使们的确像是通过他所谓的心灵沟通，向他口授了一些秘籍。有个事实能说明这个问题：使他获得大魔法师声誉的，并不是他与心灵王国沟通的种种努力，也不是他对星相术、炼金术和喀巴拉秘术的热心参与。相反，正是 1546 年他在剑桥大学三一学院的一部希腊悲剧演出中营造的某种纯机械的舞台效果，使他获得了大魔法师的声誉。较聪明的机器（在那场演出中是一只巨大的人造飞行甲虫）似乎被看作了更"超自然"的东西，因为与幸运符和会说话的天使相比，人们对它更陌生。

文艺复兴时期的魔术师和工程师的发明有时的确是新的，但他们对魔法的热情却有很深的根源。自然史和物理学方面那些过时的希腊罗马文本时常遭到嘲笑，但在一些知识领域，古人却树立了供后人模仿的范例。神秘学（occult）像人文学科一样，也是这些领域之一。15 世纪和 16 世纪的自然魔法师，其实是返回了古代后期希腊人世界中猖獗的超自然主义和折中主义宗教信仰。马西里奥·费奇诺的许多译作启发了这些人更加玄奥的幻想，其中既有神秘主义的新柏拉图主义者［例如扬布里科斯（Iamblichus，约 245—约 325 年)*、波菲利、普罗克洛斯］的著作，也有《迦勒底神谕》（参见本书第 14 章）。费奇诺的全部思想中，也许最有名的是普罗提诺及其追随者们的神秘的柏拉图主义。费奇诺认为，宗教就是一步一步地走向一个净化了的精神王国，而这个很有影响的观点正是来自这个古代传统**，而不是来自其他传统。

使柏拉图著作再度流行的，正是费奇诺。他为西方提供了柏拉图著作的第一批完整译本，使所有受过教育的人（而不仅是数量少但日益增多的懂得希腊语和拉丁语的人）都能看到那些著作。人们总是把柏拉图的名字挂在嘴上，因此极易忘记自己对柏拉图的真正言论所知甚少，这种情况一直持续到 15 世纪后半叶。中世纪初期以来，真正了解柏拉图著作的欧洲人为数寥寥，人们通常只知道《谛美斯篇》里的创世故事和少数传闻，例如那个更高的真实领域，它具有抽象的、数学上的完美，潜伏在物质世界之上。现在，柏拉图的名字和思想都被人们挂在了嘴上。费奇诺的柏拉图著作译本立即成了畅销书，但他对这些著作的评注却给读者留下了这样的印象：柏拉图的哲学比实际上更同质化、更统一、更教条。在其保护人科西莫·德·美第奇（Cosimo de'Medici，1389—1464 年）的支持下，费奇诺甚至仿照当年雅典的柏拉图学园，在佛罗伦萨建立了一个柏拉图学园，尽管关于其活动的唯一已知事实是那里曾举办过纪念柏拉图诞辰的宴会。

---

* 扬布里科斯：新柏拉图主义哲学家，生于叙利亚，波菲利的弟子。
** 即柏拉图主义。

　　像圣奥古斯丁一样，费奇诺也认为柏拉图主义包括基督教的一些重要先声。但费奇诺走得更远。他认为柏拉图的著作具有和《圣经》一样的权威性。哲学能像《圣经》那样得自天启，而柏拉图的哲学就是如此，或曰费奇诺认为如此。他指出，柏拉图所说的与"善本身"（goodness itself）（或曰"善的形式"本身）的心灵接触，就是基督教徒所说的对上帝的认识。费奇诺把柏拉图主义和基督教教义完美地结合了起来，既把信仰提升到了哲学的高度，又把哲学带到了地面上。他认为：只要实践爱的福音，人在必死的一生中便能做到与新柏拉图主义者所谓"高于存在的存在"（being beyond being）的最高存在的神秘结合。这种福音当然能见于《圣经》，但也能见于柏拉图《会饮篇》中女祭司狄欧蒂玛的讲话，其中有灵魂上升到"形式的天界"的著名形象（参见本书第 11 章）。费奇诺写出了很有影响的《会饮篇》评注，普及了"柏拉图式爱情（精神恋爱）"的概念。他指出，一个人真正的爱情类似于为爱慕上帝所做的准备。爱情若是双向的，恋爱者若学会了超越纯粹的肉欲，一心关注灵魂，那么其爱情就变成了一种宗教般的虔诚。"柏拉图式爱情"的概念成了诗人和散文家喜欢的话题，其寿命大大超过了文艺复兴时期的哲理文学（这个概念就是从哲理文学中诞生的）。一些评论者认为这个概念甚至影响了 20 世纪的一些诗人，例如叶芝（Yeats，1865—1939 年）、里尔克（Rilke，1875—1926 年）和华莱士·史蒂文斯（Wallace Stevens，1879—1955 年）*。如今，这个术语本身已几乎成了"独身主义"（celibacy）的代称。

　　柏拉图的阴影笼罩在文艺复兴时期的科学上，也笼罩在这个时期的文学上。大学里教的自然哲学理论本质上是亚里士多德的，因此其中的定量和测量几乎毫无意义。但是，许多实践者和自由职业的自然

---

　　* 叶芝是爱尔兰诗人，里尔克是奥地利人，华莱士·史蒂文斯是美国诗人。

考察者的著作，却仍以其对数学的痴迷为特点。这不但会使人回想起柏拉图和毕达哥拉斯学派，而且往往让人直接与他们的著作联系起来。研究透视法则的画家，忙于计算的工匠，甚至使用神秘数字密码的魔法师，其实都是在追求柏拉图"将数学用作打开自然秘密的钥匙"这个目标。那些将成为数学家的人，常常是未学会走路便想长跑。数学化方法的早期拥护者和柏拉图主义者——库萨的尼古拉斯（Nikcholas of Cusa，1401—1464 年）说：有可能通过仔细计算三月份的水和谷粒，预测当年的收成。但是，这种对数字及其应用的热情却为伽利略的科学成就铺就了道路。哥白尼、伽利略和开普勒都深受复活了的柏拉图主义传统的影响。伽利略说："柏拉图希望弟子们首先精通数学，这难道不是完全正确的吗？"[12]

文艺复兴时期柏拉图主义的一个不那么显著的特征，是对太阳的尊敬，它碰巧有助于为 17 世纪的（科学）发展打下基础。柏拉图把太阳比作"善本身"，这个比喻使文艺复兴时期的柏拉图主义者用后来的哥白尼主义方式描述太阳，而这种做法几乎是自然而然的。例如，费奇诺写道：

> 最能充分地揭示"善"的本质的乃是（阳）光。其一，光是最灿烂、最清晰的可感对象。其二，任何东西都不能像光那么易于广泛而迅速地扩散。其三，光如爱抚，穿透一切事物，既无害又最柔和。其四，与光相伴的热培育并滋养了万物，普遍地生成和推动了万物。我恳求你们，看看天空吧。太阳可以向你们表示出上帝本身……[13]

对于作为科学的天文学的发展，费奇诺毫无兴趣，但他以太阳为神的思想却使人们认为太阳就是万物的中心。哥白尼本人借用了这个以太阳为神的柏拉图主义比喻，以支持他那个革命性的学说："太阳坐在位于一切中央的宝座上。在这座最美的神庙中，我们还能把这个发光体（他能同时照亮万物）放在更好的位置上吗?"他说，太阳"坐在庄严的宝座上，统治着他的孩子们，即他周围的行星"[14]。约翰尼斯·开普勒提出，行星的轨道其实不是圆形的，而是椭圆形的，从而改进了哥白尼天文学（他还改进了其他一些科学理论），而这也是利用了一种思想，即宇宙的中心是神性实体的合适家园。

若不是其事业与一项显著的发展同时存在，费奇诺翻译柏拉图著作的伟大工作不会产生如此巨大的影响。费奇诺出生时，欧洲的手稿书籍仅仅数以千计，人们接触这些珍品仍然比较困难。图书馆的书籍常常被用锁链拴在书架上。但到费奇诺去世时，欧洲的两三百个地方都建立了印刷所，而流通的书籍已超过了 1 000 万册。私人藏书家很容易拥有数千种藏书。1454 年，古滕堡（Gutenberg，1398—1468 年）*根据《圣经》第一版印出了他那部著名的《圣经》，这个版本的《圣经》便于携带和交换；当时，费奇诺还是青年。这项新技术不但使书籍数量大增，而且使大众识字开始起步。古滕堡及其印刷商同行使书籍真正地摆脱了锁链。

16 世纪开始时，读书的大众比知识生活仅限于教会的时代的人数更多，身份也更多样。文艺复兴时期欧洲疆界的扩大，商人、政治家和富有的统治家族的资助，造就了一个更世俗的知识界。各种读物的快速出版满足了各种文学趣味：从对读者文化要求不高的作品［例如《伊索寓言》（*Aesop's Fables*）和薄伽丘（Boccaccio，1313—1375 年）写的那些色情故事］，到学者版的希腊数学著作。科学和哲学著作摆脱了为中世纪修士和教师服务的模式，逐渐形成了一些新的形式，以满足更广大读者群的需要。以通俗语言而非拉丁文写成的著作日益增多。到 16 世纪末，论文和散文开始成为对传统的学院评论样式的补充。现代哲学著作即将问世，其中包括今人阅读的霍布斯和笛卡尔的

---

* 古滕堡：德国发明家，西方活字印刷术的发明者。

著作。

亚里士多德及其评注者也受益于古腾堡的革命。16 世纪初，亚里士多德的著作多次再版，其读者比以前更多。但这已经太晚了。亚里士多德学说虽然在许多大学和宗教机构中远未死去，但历史还是把它抛在了身后。日后所谓"新哲学"的主要动力，则大多来自怀疑主义和伊壁鸠鲁主义，这两种哲学是一千多年前出现的亚里士多德思想的老对手。在 16 世纪和 17 世纪，少数知识分子曾自称伊壁鸠鲁主义者或怀疑主义者。但为他们指出了新方向的，却正是这些如今被广泛阅读的古代希腊化时期的哲学。

16 世纪下半叶被复原并译为拉丁文的古代著作中，有第欧根尼·拉尔修的《哲学家传》(*Lives of the Philosophers*)，其中包括第一位著名的怀疑主义哲学家庇罗的传记，还有西塞罗为曾在雅典学园中实践的一种温和的怀疑主义所作的辩护。从这些著作中，人们知道了一些哲学家，他们无论如何都不肯承认任何理论，此举实在是莫名其妙，令人恼火。这样的哲学当然招来了嘲讽。16 世纪 30 年代，拉伯雷在其《巨人传》中，玩笑式地塑造了虚构的庇罗主义哲学家特鲁尤甘（Trouillogan）。这部小说的一个人物*不知道自己该不该结婚，甚至也不知道这位"哲学家"是否幸福地结过婚：

> 巴奴日：你结过婚吗？
>
> 特鲁尤甘：好像结过。
>
> 巴奴日：你娶这位妻子以前结过婚？
>
> 特鲁尤甘：可能吧。
>
> 巴奴日：你的第一次婚姻交好运了吗？
>
> 特鲁尤甘：并非不可能。
>
> 巴奴日：你的第二段婚姻好不好？

---

* 指弄臣巴奴日（Panurge）。

特鲁尤甘：命中注定了。

巴奴日：到底怎么样？告诉我，你觉得好吗？

特鲁尤甘：好像挺好。

巴奴日：天主在上，凭着圣克里斯托弗（Saint Christopher）*
背着的基督起誓，叫你做出明确的回答，比叫死驴放屁还难。[15]

怀疑主义若走得太远，便显得滑稽可笑。但古代的怀疑主义却在16世纪引起了共鸣。那个时代毕竟还有比结婚的欲望更重要的问题，而怀疑主义的搁置判断的确像是对其中一些问题的恰当反应。天文学、地理学、解剖学等学科的新发现使人们怀疑全部传统的确定事物（certainties），这些怀疑又导致了更多怀疑。由于诸多旧思想都遭到了批判，有知识者不得不思考新思想的可靠性。正如散文家蒙田（Montaigne，1533—1592年）后来所言："因为托勒密的基本原则曾被误解，便相信现在谈论的现代性，这难道不是很愚蠢吗？"[16]

面对大量的新理论，少数失败主义者声称拒绝一切旨在理解这个世界的尝试。1526年出现了一篇反对知识的讽刺文章，它竟然宣布知识就是"鼠疫，毁灭了全人类，并使我们受制于各种罪恶"。其作者**说：即使"做个傻子，一无所知"，也好于头脑中充满有害思想。[17]但是，这种彻底的怀疑主义虽然是对当时提供的过多"知识"的反驳，可以理解，这种哲学却很难坚守，其实任何人都不曾坚守它（连这篇文章的作者后来都发现自己能相信各种学说）。严格地限制使用怀疑主义的武器，这种做法更常见、更明智。怀疑主义论证通常用于削弱那些过时的或野心过大的知识观，并不用于攻击所有知识活动。

---

　* 圣克里斯托弗：天主教的14位救难圣人之一，曾背圣婴基督过河，遂被称为"背负基督者"（Christ-bearer）。

　** 阿格里帕·冯·奈兹海姆（Agrippa von Nettesheim，1486—1535年）是德国神秘主义者和炼金术士，通称"阿格里帕"，在科隆、巴黎等地从事过间谍、医生、法律教授等职业、著作很多。

　　例如，伊拉斯谟曾援引古代的怀疑主义，揭露了教条主义神学家的表述方法，为当时的一种更谨慎的辩论法做了辩护。他警告说，"人类事务极为复杂和模糊，以至于正如我的学院同人们（即西塞罗描述的怀疑主义哲学家）所说，人们无法确切地了解任何事情"[18]。伊拉斯谟写道，人的头脑天生易受虚假性的影响，而不易受真实性的影响，因此，承认自己得不出任何结论，也好于匆忙得出结论、愚弄自己。伊拉斯谟此处所指的，是关于人的自由意志的神学争论。伊拉斯谟怀疑路德最近做出的一些解决这个问题的尝试，并指出：这个问题极为复杂，数个世纪以来，饱学的神学家们一直对它意见不一。假定路德现在碰巧发现了其前辈们久久未能发现的真理，这真的可信吗？伊拉斯谟认为：以古代怀疑主义者为榜样，搁置对这个问题判断，一定更为合理。这种不置可否的态度激怒了路德，他警告伊拉斯谟：圣灵（the Holy Ghost）绝非怀疑主义者，末日审判一到，上帝绝不会赞成这种软弱的犹豫不决。

　　路德一直认为，基督教徒消受不了怀疑主义这种乖张的乐趣。他们必须以某种方式表明自己的信仰，不应保持中立："表明信仰乃基督教徒之典型特征。不表明信仰，便不是基督教徒。"[19]但具有讽刺意味的是：路德等新教改革家散布的怀疑主义瘟疫，比任何人散布的都多，因为正是他们粗暴地挑战了宗教权威的资格，由此使"你怎么知道的？"这个问题成了当时最迫切的问题。路德拒绝承认教会当权派是一贯正确的："我绝不相信教皇或（教会）委员会的权威，因为他们显然经常犯错，自相矛盾。"[20]相反，他把个人良知推为宗教事务真理的仲裁人。合格的基督教徒应当阅读《圣经》，用自己的良知和宗教体验去解读它，以找到信仰。这是新教教义的精髓。但是，路德挑战教会却引出了一系列无法回避的问题：在一个充满激烈分歧的世界中，究竟谁的良知能作为指导呢？你若不相信教皇，又能相信谁呢？

　　捍卫天主教正统思想的人们，很快就开始用路德自己提出的质疑反对路德。若路德能提出"未获支持的权威"这种令人难堪的问题，他们也能如此。他们说，猛烈批判教皇及其等级制度的权威资格，这固然很好，但若要抛弃传统，你就需要某种能替代传统的东西，而无论你怎样选择，那种东西都一定更值得质疑。若说可以质疑教皇的判断，那也可以质疑你的判断。因此，传统主义者便发现：对权威的批判一旦得出了符合逻辑的结论，这些批判也能用来支持传统主义。给由路德发起的游戏增加困难，便能瓦解那些持异议者的观点，从而（在理论上）把那些迷途的灵魂送回教会的可靠怀抱。怀疑主义能使人们"意识到自己无知，从而乞求上天的帮助，服从宗教信仰的权威"[21]。

新教改革家当然不肯如此轻易地服从宗教权威。他们回答说：假使我们除了向权威让步别无选择，我们又怎么知道当今教会的权威就是我们应当让步的正确对象呢？我们怎么知道谁是合法的教皇？毕竟以前也出现过互相竞争教皇职位的人：1409 年，同时至少有三个可能担任教皇的人。因此，新教徒和天主教徒双方都能用怀疑主义反击对方。其结果是陷入僵局。因此，路德在质疑宗教知识的基础时，对"到何处寻求支持一个人的观点"这个难题的回答，便极为复杂。

不过，传统主义者至少宣布了一点：他们比新教徒更忠实地遵循着古代怀疑主义者的足迹。庞罗和恩皮里柯都说过，一个人应遵从在其时代得到普遍承认的习俗。他们建议人们遵从保守主义，因为任何改变都不足以令人信服。在这场信仰之战里，这项主张有利于天主教会一方，因为毫无疑问，即使不能证明教皇是"合法的"，他也毕竟是得到了普遍承认的。因为古代怀疑主义批准了温顺地接受现状，所以，肆虐于 16 世纪和 17 世纪的神学战争中，最热心地利用了怀疑主义思想的，正是天主教的思想家。

"你怎么知道的？"这个不可抗拒、无法回答的问题很快就传入了神学以外的领域。16 世纪 60 年代，恩皮里柯著作的拉丁语文本出版时，所有的怀疑主义论证都意在证明人类理性的弱点、知觉的不可靠性、人的价值的明显相对性，并证明哲学家是思想的支配者。不久以后，蒙田的散文（以法文写成）使这些观点引起了更多公众的关注。蒙田的著作有力地强调了人类经验的性质（即人类的经验是有限的、有偏见的），强调了寻求真理的努力中那些固有的不确定性。培根和笛卡尔都阅读过蒙田的著作，都决定试着把人类的知识建立在一个更坚实的基础上。

蒙田的远房表弟弗朗西斯科·桑切斯（Francisco Sanchez，1552—1623 年）在图卢兹大学（Toulouse University）教授医学和哲学，也在使怀疑主义占据哲学的主要位置方面起了关键作用。蒙田只想证明应当搁置对一些问题的判断，证明理性需要信仰的补充；他这位表弟却表达了一种更积极、意义更深远的意见。桑切斯想表明：人类知识有明确的限制，必须在科学的概念中全面地改变这些限制的性质。他在其论著《为何一切事物皆不可知》（*Why Nothing Can be Known*，1581）中指出：人类能得到的对自然界的最佳认识，就是根据观察和经验，对事物的外在表现做出有限的说明。他把这种谨慎的经验性方法称为"科学方法"（scientific method）——这显然是第一次使用这个如今被人们熟知的术语。他认为：唯有上帝才具备关于错综复杂的自然事物的绝对知识。亚里士多德当然不具备这种知识，而他那些雄心勃勃、包罗一切的理论，仍是许多大学的科学教育中的主食。

桑切斯的怀疑主义虽然悲观地暗示了人类无法获得全面的知识，但也有其积极的一面。科学研究能提供对事物的暂时描述，这种思想可以作为日常生活的指导，适用于那种实际的、经验性的自然研究法，文艺复兴时期的人们提倡过这种方法，而伽利略等人正在使用它。"科学方法"这一概念源于怀疑主义，至少以两种方式促进了新科学。第一，怀疑主义论证是打击旧思想、为新思想铺路的有用大棒。桑切斯本人就猛烈地批判过亚里士多德主义和神秘主义。第二，怀疑主义似乎以某种方式明确地支持了伽利略主义新物理学（或至少像当时人们常说的那样，即"新哲学"）。要了解怀疑主义怎样促进了新物理学，我们就必须更仔细地考察伽利略描绘的世界图画——它在本质上是现代的世界图画。

如今，伽利略以其与宗教裁判所相悖的天文学异端理论而被人们记住，那种理论就是他对哥白尼"日心说"的信仰，以及他对"天空也受制于支配地球的物理规律"这种非亚里士多德学说的信仰。这些令人震惊的真理，已被伽利略的望远镜证实，更使一些保守主义者拒绝通过这架可恶的仪器观望星空（此事很有名）。但是，伽利略的著作中还有某种不能接受的东西，也在一定程度上使他遭到了谴责。那种东西就是他对德谟克利特、伊壁鸠鲁和卢克莱修原子物理学的支持，该学说认为：最终应把物质世界理解为微粒的机械互动。这些微粒具备可以测出的性质（例如大小、位置、重量），但不具备感觉的（或曰"次级的"）性质，例如颜色、质地和味道。德谟克利特和伽利略都认为，后一类性质完全是主观的，只应解释为原子对我们感官的影响。因此，"自然哲学"便首先与自然的机械方面和数学方面相关。这种理论所预示的科学以伽利略、笛卡尔和波义耳为先锋，又被艾萨克·牛顿改进。

以教会的观点来看，有一些事情是错误的。第一，原子论的背景极为可疑。德谟克利特描述的宇宙中，似乎并未给上帝留下多少位置；卢克莱修描述的宇宙中，根本没有上帝的位置；伊壁鸠鲁则以不那么虔诚和诚实而闻名。第二，神学家们指出：关于物质的原子论与圣餐（Eucharist）相悖，这绝非小事。

根据教义，面包和红酒被神父遵照恰当仪式圣化后，就变成了"超物质的"东西，应被看作代表基督肉体和血液的材料。它们虽然保留了面包和红酒的外观（例如，它们仍保留着其质地、颜色和味道，即原子论者所说的主观的"次级"性质），但教义还是认为它们以某种方式失去了面包和红酒的固有性质。换言之，它们已不是真正的面包和红酒。但原子论认为这是不可能出现的事情。以原子论的方式观察事物，一片物质的外观不能以这种方式与其材料分开。面包的材料（即面包的固有性质）就是其微粒的类型和排列；面包的外观则完全是这些微粒对我们感觉的影响使然。因此，不改变面包的外观，怎么能改变面包的材料呢？面包若真是由基督的肉体构成的，那么，其外观就必须是基督的肉体。面包具有面包的外观（它显然如此），只能因为它是由面包的微粒构成的。因此，神学家们得出结论说：根据伽利略的学说，"圣餐礼上的面包或红酒具有物质的成分，这个错误曾受到天主教特伦托会议（Sacred Tridentine Council）第 13 次会议制定的教规第 2 条的谴责"[22]。

伽利略的原子物理学不但包含着令人尴尬的对神学的暗示，而且全面地否定了传统的自然哲学。也许是因为亚里士多德对生物学的热衷，中世纪科学继承了一个本质上有机的世界模型。亚里士多德往往从整体的角度看待部分，把整体视为某种活物：连无生命体都几乎被解释成了类似活物的活动。例如，亚里士多德虽然认为石头落向地面时并不真的"想要"到达地面，但还是把这种运动描述为石头返回其"自然位置"或家园，如同兔子奔向其穴。这种半生物学的解释法，如今已被严格的机械学解释法取代了。因此，波义耳也像伽利略和古希腊原子论者一样，把世界描述为一台"巨大的自动机"（great automaton），并把它比作了钟表。[23]

但是，世界上事物的表面并不像钟表。这台所谓机器的工作部件（即伽利略科学重点研究的微粒或原子）不能被直接观察到，因为它们太小了。伽利略科学以抽象的、数学的方式研究物质，这种方式似乎背离了未受过教育者的常识。因此，伽利略科学选择了忽略我们通过眼睛和耳朵感知到的关于日常物体的一些知识，而正是基于这个方面，它才在一定程度上成了怀疑主义的回声。古希腊怀疑主义者一直认为感官知觉是不可靠的和主观的（现代原子科学如今似乎也赞成这个观点）。感觉告诉我们的确实不是世界的全部真理。因此，伽利略的原子论便以一种大不相同的甚至更根本的区别，取代了作为亚里士多德科学标志的天地之间的巨大区别。它把由颜色、味道和气味构成的日常世界，与由不可见的微粒构成的几何世界分离开来，而后者从此便得到了认真的世界考察者的关注。

解释伊壁鸠鲁原子论的更新版如何能成为一种切实的"科学方法"的核心，这是皮埃尔·伽桑狄（Pierre Gassendi，1592—1655年）毕生的工作。伽桑狄是法国的数学和哲学教授，积极致力于天文学、解剖学和运动物理学研究。伽桑狄也是天主教神父，其首要任务是为上帝和不朽的灵魂在古代原子论的机械宇宙中留出位置。伽桑狄试图把伊壁鸠鲁基督教化，这很像阿奎那曾试图把亚里士多德基督教化。虽然伽桑狄从未像阿奎那那么著名——例如他的著作过于冗长枯燥——但很大程度上多亏了伽桑狄，"机械论哲学"（mechanical philosophy）才能在17世纪末充分肃清了无神论的怀疑，成了被所有人承认的科学。伽桑狄及其朋友马林·梅森（Marin Mersenne，1588—1648年，也是神父）都处于一个先锋派数学家和思想家圈子的中心，那个圈子还包括伽利略、开普勒和霍布斯，他们都曾发展和解释这门新的机械论科学。

根据伽桑狄改造过的原子论，构成宇宙的原子不是永恒和无限的，而是数量有限、由上帝创造的。它们的运动，并非像德谟克利特和伊壁鸠鲁认为的那样完全是任意的，而是由上帝启动，有时由上帝指导。应当用上帝指导下的原子机械运动解释物质世界的一切——连人的思想都能解释为大脑物质的物理变形（或曰伽桑狄如此认为）。但除了物质世界，还有一个精神世界，其中包括上帝和不朽的人类灵魂。伽桑狄就是这样翻新了伊壁鸠鲁的宇宙图画，描绘了一幅更符合《圣经》思想的宇宙图画。这种基督教原子论为波义耳和牛顿后来采用的理论提供了框架。

伊壁鸠鲁对伽桑狄的启发并不限于物理学。伽桑狄还接受了伊壁鸠鲁的一种理论，即心灵宁静是最高的道德之"善"，并试图也给这种思想加上基督教的色彩。（受伽桑狄影响的霍布斯强调心灵的宁静是最重要的，这个观点也许就来自伽桑狄阐述的伊壁鸠鲁伦理学。）伽桑狄还重复了伊壁鸠鲁的经验主义，他写道："经验是天平，应当用它衡量一切事物。"[24] 一门真正的科学必须重视观察而不是理论，在这方面，伽利略科学做得大大好于其亚里士多德主义前辈。但伽桑狄却认为人类的知识范围极为有限。观察和实验能为我们提供物质世界的全部真正信息，但这些信息其实并不多。科学能给我们的，最多是关于事物外观的暂时知识，而不是事物的真理："一切根据事物本身做出的对事物性质的陈述，都能得到可靠的确证。"[25]

伽桑狄和梅森都意识到了庇罗主义者的怀疑主义挑战，但都不知道如何直接做出回应。另外，他们又坚信伽利略科学是正确的。这种科学当然像是一种预测和处理各种现象的"科学方法"。因此，他们详细阐述了其所谓"缓和的或建设性的"怀疑主义，该理论认为：应把原子论看作一种有用的假设或模型。这门新科学是一种有用的工具，其实就是务实的考察自然者最有用的工具，但并不一定是从事其他研究的有用工具。由于怀疑主义者的不懈质疑揭示了人类思维的弱点，所以唯有上帝才能确切地知道机械论的原子论正确与否。

17 世纪最好的思想家全都致力于解决新科学提出的一些问题。怎样以物质微粒解释精神活动？在机械论的宇宙中，人处于什么位置？上帝处于什么位置？物理学和数学给我们提供了何种知识？原子论说我们的许多知觉都是主观的，这个说法若是正确的，根据我们的感觉提供的证据，能推导出多少关于世界的真理？如何防止一种明显的"科学方法"的谨慎方式退化为极端的怀疑主义？这些问题都以某种方式推动了此后的哲学。现代哲学不同于前现代哲学，大多是因为它致力于解决现代科学提出的这些问题。

托马斯·霍布斯是第一个尝试用新科学提出一种关于人和宇宙的全面理论的人。他 40 多岁时有了顿悟，从文学研究转向了数学、物理学研究，并由此转向了总体哲学的研究。他对几何学产生了极大的兴趣，他与其雇主纽卡斯尔伯爵（Earl of Newcastle）一起进行了光学实验，他还朝圣般地与伽利略见了面。正如我们所见（参见本书第 12 章），霍布斯提出了一种革命性的理论：思考就是某种计算，换言之，思考是一种机械过程，就像物理学家尝试描述的自然的整体运作一样。霍布斯极为重视机械论世界观并做出了推论（他认为连上帝本身都是物质的存在），导致他的哲学被普遍地谴责为十分危险的无宗教信仰。

在霍布斯如今被人们记住的政治著作里，最著名的是《利维坦》（*Leviathan*，1651）。他在这部著作中提出了一种社会观，它不但受到了机械科学的启发，而且受到了怀疑主义挑战的启发。它重复了机械论，把人的心理描述为推动或拉动人们的种种欲望与反感。这种理论力图提出一些实际原则，以平息怀疑主义者的质疑，而即使对揭示这个真理表示怀疑的人也会认为那些原则是合理的，可以作为生活指导。霍布斯认为：人类活动的基本动机显然就是人类的自我保存。独处的个人不易保存自己，因为这种生存是"穷困、肮脏、残忍和短命的"[26]（此为霍布斯的名言）——因此，人们便力求生活在他人的社会里。但这却使他们面临种种危险，因为他人也都力图自我保存，而这很可能使他人与自己发生冲突。霍布斯指出：由此可见，服从一位全能的君主，其绝对权威能保护每一个人，使之不受邻人的伤害，这种方式最符合每一个人的利益。连教会都不得不听从君主，君主有权以皇家判决解决神学争论，从而确定人们应当相信什么。

笛卡尔的宗教比霍布斯的更正统，并在煽动性的政治问题上聪明地保持沉默。他对这幅新的世界图画带来的问题的惊人回答，激发了他那个时代的人们的想象，至少是一时如此。在有学问的人们当中，笛卡尔也比霍布斯更有权威，因为他远非霍布斯那样的古怪的数学爱好者，而是数学家和科学家，其重要性很快便得到了承认，被视为仅次于伽利略。

笛卡尔感到了由蒙田清晰地提出的那个问题的迫切性：如此众多的旧观点若都是错的，我们又怎能确定新观点是正确的呢？像他之前的弗朗西斯·培根一样，笛卡尔也认为：必须检修考察的原则——那些原则是树立对新思维方法的信心所需的。培根本人的贡献（即他提出的收集和整理经验性结果的规则）大多是合理的，但走得还不够远。例如，他并未谈到激进的怀疑主义的问题。怎么才能为新科学（其实也是为任何事物）做出最起码的辩护，以反对坚决怀疑一切的批评者呢？笛卡尔认为：唯有找到一种能使这种想象的对手满意的方式，才能把新科学建立在令人放心的基础之上。伽利略的学说令人印象深刻，笛卡尔本人毫不怀疑它是正确的，但又感到"（伽利略的）大厦缺少基础"[27]，便决定为它提供一个基础。

培根曾写道："一个人若从确信开始，便会以怀疑结束；但他若愿从怀疑开始，便会以确信结束。"[28]笛卡尔设计出了把这句格言变为现实的一种方式，或曰他认为如此。笛卡尔既反对最极端的怀疑主义，又巧妙地利用了它的一些合理观点，力图一劳永逸地阐明新科学的真理。他还试图证明：新科学绝非与宗教冲突，其实反而是依靠了宗教。在笛卡尔那些动人的著作中，庞罗主义的怀疑论和伊壁鸠鲁的机械论这两种希腊化时期哲学的要素汇合起来，为科学的世界图画提供了一种崭新的详尽阐述。因此，西方思想便重新获得了在古代末期失去的活力；当时，哲学正在虔诚的天堂中避难。

注　释

注释中的缩写

ATH: *The Art and Thought of Heraclitus*, edited and translated by C. H. Kahn, Cambridge University Press, 1979.

CDP: *The Collected Dialogues of Plato*, edited by Edith Hamilton and Huntington Cairns, Princeton University Press, 1963.

CWA: *The Complete Works of Aristotle*, edited by Jonathan Barnes, Princeton University Press, 1984.

KRS: *The Presocratic Philosophers*, edited and translated by G. S. Kirk, J. E. Raven and M. Schofield, Cambridge University Press, 2nd edition, 1983.

LOP: *Lives of the Philosophers*, by Diogenes Laertius, translated by R. D. Hicks, Loeb Classical Library, 1972.

PWD: *The Philosophical Writings of Descartes*, edited and translated by J. Cottingham, R. Stoothoff, D. Murdoch and A. Kenny, Cambridge University Press, vol. 1 (1984), vol. 2 (1985), vol. 3 (1991).

THP: *The Hellenistic Philosophers*, edited by A. A. Long and D. N. Sedley, Cambridge University Press, 1987.

References to Presocratic fragments use the standard numbering of H. Diels, *Die Fragmente der Vorsokratiker*, 6th edition (except in the case of Heraclitus, where ATH's numbering is used). References to the works of Plato and Aristotle use the standard pagination of Stephanus and Bekker respectively, followed by the page number in CDP or CWA.

1.原型：米利都哲学家

1 *seven and sixty years* . . . Diogenes Laertius, *Lives of the Philosophers*, IX, 18 (LOP, vol. 2, p. 427).

2 Nietzsche: *Philosophy in the Tragic Age of the Greeks*, trans. Marianne Cowan, Gateway Editions, 1962, p. 31.

3 *because it floated* . . . Aristotle, *On the heavens*, 294a28 (CWA, p. 484).

4 *It is said that once* . . . Diogenes Laertius, *op. cit.*, I, 34 (LOP, vol. 1, p. 35).

5 *pay penalty* . . . quoted in Simplicius, *On Aristotle's* Physics, 24, 13 (KRS, p. 107).

6 *Hot, Cold, Moist* . . . Milton, *Paradise Lost*, II.898.

7 *For it behoves* . . . Aristotle, *On the heavens*, 295b10 (KRS, p. 133).

8 *He says that the heavenly bodies do not move* . . . Hippolytus, *Refutatio Omnium Haeresium*, 1, 7, 6 (KRS, p. 154).

9 *Then what is the thunderbolt?* . . . Aristophanes, *Clouds*, 403 (trans. T. G. West and S. T. West in *Four Texts on Socrates*, Cornell University Press, 1984).

10 *loud-crashing Earth-Shaker.* Hesiod, *Theogony*, 441 (Loeb Classical Library edition, trans. H. G. Evelyn-White, p. 111).

11 *the earth, through being drenched* . . . Aristotle, *Meteorology*, 365b6 (KRS, p. 158).

12 *This disease styled sacred* . . . Hippocrates, *The Sacred Disease*, XXI, 1 (Loeb Classical Library edition, trans. W. H. S. Jones, vol. 2).

13 Herodotus: *Histories*, VI, 98.

14 *Any power, any force* . . . G. M. A. Grube, *Plato's Thought*, Methuen, 1935, p. 150.

15 *the power of speech* . . . Aristotle, *Politics*, 1253a14 (CWA, p. 1, 988).

2.世界的和谐：毕达哥拉斯学派

1 *What is the opinion of Pythagoras* . . . Shakespeare, *Twelfth Night*, IV, 2.

2 *of which the main tenets* . . . Bertrand Russell, *History of Western Philosophy*, Allen & Unwin, 1961, p. 29.

3 *intellectually one of the most important* . . . *ibid.*, p. 49.

4 *Above all, he forbade as food* . . . Diogenes Laertius, *Lives of the Philosophers*, VIII, 19 (LOP, vol. 2, p. 337).

5 *the irritation felt by the plain man* . . . J. Burnet, *Early Greek Philosophy*, Black, 1892, p. 98.

6 *in most respects* . . . Aristotle, *Metaphysics*, 987a30 (CWA, p. 1561).

7 *So, now flaunt your purity!* . . . Euripides, *Hippolytus*, 952 (Penguin, 1953, trans. Philip Vellacott).

8　*practised inquiry* . . . Heraclitus, fragment XXV in ATH.

9　*Leon . . . asked him to name the art* . . . Cicero, *Tusculan Disputations,*
　　V, 3, 8 (Loeb Classical Library Edition, trans. J. E. King, p. 433).

10　*Herein I emulate the Pythagoreans* . . . Proclus, *In Euclidem* (quoted in
　　Sir Thomas Heath, *A History of Greek Mathematics,* Dover Publica-
　　tions, 1981, p. 141).

11　*For surely, Adeimantus* . . . Plato, *Republic,* 500c (CDP, p. 735).

12　*above all because* . . . Bertrand Russell, *The Problems of Philosophy,*
　　Oxford, 1912, p. 94.

13　*he who has been earnest* . . . Plato, *Timaeus,* 90b (CDP, p. 1,209).

14　*through the infinity of the universe* . . . Bertrand Russell, *op. cit.,* p. 92.

15　*the Pythagoreans* . . . Aristotle, *On the heavens,* 300a15 (CWA, p. 492).

16　*The men of old* . . . Plato, *Philebus,* 16d (CDP, p. 1,092).

17　*the one major case* . . . G. E. R. Lloyd, *Magic, Reason and Experience,*
　　Cambridge, 1979, p. 146.

18　*Sit, Jessica* . . . Shakespeare, *Merchant of Venice,* V, 1.

19　*What happens to men* . . . Aristotle, *On the heavens,* 290b27 (CWA, p.
　　479).

20　*melodious and poetical* . . . Aristotle, *On the heavens,* 290b30 (CWA,
　　p. 479).

21　*they were the first* . . . Aristotle, *Metaphysics,* 985b24 (CWA, p. 1,559).

22　*theologians would not have sought* . . . Bertrand Russell, *History of
　　Western Philosophy,* p. 56.

23　*Their houses* . . . Jonathan Swift, *Gulliver's Travels* (1726), III, 2.

24　*the feeling that intellect* . . . Bertrand Russell, *My Philosophical Develop-
　　ment,* Allen & Unwin, 1959, p. 158.

3.探究自己的人：赫拉克利特

1　*the part I understand* . . . Socrates in Diogenes Laertius, *Lives of the
　　Philosophers,* II, 22 (LOP, vol. 1, p. 153).

2　*Death is all things* . . . Fr. LXXXIX in ATH.

3　*Lifetime is a child* . . . Fr. XCIV in ATH.

4　*the absence of anything enigmatic* . . . Charles Kahn in ATH, p. 26.

5　*Nature loves to hide.* Fr. X in ATH.

6　*the prince of impostors.* Fr. XXVI in ATH.

7　*neither declares or conceals* . . . Fr. XXXIII in ATH.

8　*I went in search of myself.* Fr. XXVIII in ATH.

9　*You will not find out the limits* . . . Fr. XXXV in ATH.

10　*Man's character* . . . Fr. CXIV in ATH.

11　*Whatever comes from sight* . . . Fr. XIV in ATH.

12　*things unknown.* Fr. XII in ATH.

13　*much learning, artful knavery.* Fr. XXV in ATH.

14　*Men are deceived* . . . Fr. XXII in ATH.

15　*men ever fail to comprehend* . . . Fr. I in ATH.

16　*All things come to pass* . . . Fr. LXXXII in ATH.

17　*All things are one.* Fr. XXXVI in ATH.

18　*Even the potion* . . . Fr. LXXVII in ATH.

19　*As they step into the same rivers* . . . Fr. L in ATH.

20　*War is father of all* . . . Fr. LXXXIII in ATH.

21　*Homer was wrong* . . . Fr. LXXXI in ATH.

22　*The death of fire* . . . Fr. XLI in ATH.

23　*fire everliving* . . . Fr. XXXVII in ATH.

24　*all things are requital* . . . Fr. XL in ATH.

25　*Cold warms up* . . . Fr. XLIX in ATH.

26　*For souls it is death* . . . Fr. CII in ATH.

27　*they are one.* Fr. XIX in ATH.

28　Flann O'Brien: *The Third Policeman*, MacGibbon and Kee Ltd, 1967, chapter 8.

29　*The way up and down* . . . Fr. CIII in ATH.

30　*The same* . . . Fr. XCIII in ATH.

31　*It is disease* . . . Fr. LXVII in ATH.

32　*The sea is the purest* . . . Fr. LXX in ATH.

33　*the views* . . . *of the professed Heracliteans* . . . Aristotle, *Metaphysics*, 1010a10 (CWA, p. 1,594).

34　*many of our modern philosophers* . . . Plato, *Cratylus*, 411c (CDP, p. 447).

35　*there is no discussing these principles* . . . Plato, *Theaetetus*, 179e (CDP, p. 884).

36　*One cannot step twice* . . . Fr. LI in ATH.

37　*there is nothing stable or permanent* . . . Plato, *Cratylus*, 411c (CDP, p. 447).

38　*persuaded of the truth* . . . Aristotle, *Metaphysics*, 1078b12 (CWA, p. 1,705).

4. "无" 的真理：巴门尼德

1　*And the goddess greeted me* . . . Fr. 1, 22 (KRS, p. 242).

2　'*Who did you pass* . . .' Lewis Carroll, *Through the Looking-Glass*, chapter VII.

3　*We know how to speak many false things* . . . Hesiod, *Theogony*, 27 (Loeb Classical Library edition, trans. H. G. Evelyn-White, p. 81).

4　*both the unshaken heart* . . . Fr. 1, 29 (KRS, p. 242).

5　*what need would have driven it* . . . Fr. 8, 9 (KRS, p. 250).

6　*whole and of a single kind* . . . Fr. 8, 3 (KRS, p. 248).

7　*equally balanced* . . . Fr. 8, 43 (KRS, p. 252).

8　*although these opinions* . . . Aristotle, *On generation and corruption,* 325a18 (CWA, p. 531).

9　*you must hold back your thought* . . . Fr. 7 (adapted from KRS, p. 248).

10　Plato on Parmenides: Plato, *Sophist,* 256c–268c.

11　*His assumption* . . . Aristotle, *Physics,* 186a24 (CWA, p. 318).

12　*look upon thinking* . . . Aristotle, *On the soul,* 427a22 (CWA, p. 679).

13　*there is one being whom I respect above all* . . . Plato, *Theaetetus,* 183e (CDP, p. 888).

14　*said much about the earth* . . . Plutarch, *Adv. Colotem,* 1114B (KRS, p. 257).

15　*no thought of mortal men* . . . Fr. 8, 61 (KRS, p. 258).

16　*Parmenides began Philosophy proper.* Hegel, *Lectures on the History of Philosophy,* trans. E. S. Haldane, Kegan Paul, 1892, vol. 1, p. 254.

17　*the transient has no truth.* Hegel, *loc. cit.*

18　*cold bath* . . . Nietzsche, *Philosophy in the Tragic Age of the Greeks,* trans. Marianne Cowan, Gateway Editions, 1962, p. 78.

19　Xenophanes on God: KRS, pp. 169–72.

20　Nietzsche on Xenophanes: *loc. cit.,* p. 69ff.

5.悖论之路：芝诺

1　*is in fact a sort of defence* . . . Parmenides, 128c (CDP, p. 922).

2　on the racetrack paradox: see Aristotle, *Physics,* 239b11 (CWA, p. 404); 233a21 (CWA, p. 393); 263a4 (CWA, p. 439).

3　*a pupil of Zeno* . . . Plutarch's *Lives* (Loeb Classical Library edition, trans. Bernadotte Perrin, vol. 3, p. 11).

4　*inventor of dialectic.* Diogenes Laertius, *Lives of the Philosophers,* IX, 25 (LOP, vol. 2, p. 435).

5　*To be refuted in every century* . . . 'Process and Reality' (1932), reprinted in *Essays in Science and Philosophy,* Rider, 1948, p. 87.

6　Russell's treatment: *The Principles of Mathematics,* Unwin, 1903, chapters XLII, LIV; *Our Knowledge of the External World,* Open Court, 1914, lecture VI, 'Mathematics and the Metaphysicians', reprinted in *Mysticism and Logic,* Unwin, 1917.

7　Tolstoy: *War and Peace,* book XI, chapter 1.

8　farce: *Jumpers* by Tom Stoppard, Faber, 1972, pp. 27–8.

9　contemporary physics: *The Natural Philosophy of Time,* by G. J. Whitrow, Oxford, 2nd edition, 1980, pp. 200–5; *Time, Space and Philosophy,* by Christopher Ray, Routledge, 1991, pp. 5–6; *Modern Science and Zeno's Paradoxes,* by Adolf Grunbaum, Wesleyan University Press, 1967.

10   modern commentator: Gregory Vlastos, 'Zeno of Elea', in *The Encyclo-paedia of Philosophy*, ed. Paul Edwards, Macmillan, 1967, vol. 8, p. 373.

11   Cantor on infinity: see the works by Russell mentioned above; or 'Infinity' by Hans Hahn, reprinted in *The World of Mathematics*, vol. 3, ed. James Newman, Simon & Schuster, 1956.

12   *the ghosts of departed quantities.* George Berkeley, *The Analyst*, section 35 (reprinted in *A Source Book in Mathematics*, ed. D. E. Smith, New York, 1959, p. 633).

13   arrow paradox: KRS, p. 272–4.

14   Another of his paradoxes: KRS, p. 274–6.

6.爱与斗：恩培多克勒

1   comparison to Faust: E. Zeller, *Outlines of the History of Greek Philoso-phy*, trans. L. R. Palmer, Meridian Books, 1955, p. 71.

2   *Go forward, Faustus . . .* Marlowe, *The Tragical History of Dr Faustus* (1604), I, 1.

3   Diogenes Laertius, VIII, 68 (LOP, vol. 2, p. 383); Milton, *Paradise Lost*, III, 470; Arnold, *Hymn to Empedocles.*

4   *I go about honoured by all . . .* Fr. 112 (KRS, p. 313).

5   *Fools!* Fr. 11 (KRS, p. 291).

6   *already been once a boy . . .* Fr. 117 (KRS, p. 319).

7   father of rhetoric: Quoted in Diogenes Laertius, IX, 25 (LOP, vol. 2, p. 435).

8   *of all mortal things . . .* Fr. 8 (KRS, p. 291).

9   *comply with custom.* Fr. 9 (KRS, p. 291).

10   *men . . . seize pigments . . .* Fr. 23 (KRS, p. 293).

11   *Here sprang up many faces . . .* Fr. 57 (KRS, p. 303).

12   *Most of the parts of animals . . .* Aristotle, *Physics*, 196a23 (CWA, p. 335).

13   *survived, being organized spontaneously . . .* Aristotle, *Physics*, 198b30 (CWA, p. 339).

14   *We here see . . .* Charles Darwin, 'An Historical Sketch of the Progress of Opinion on the Origin of Species, previously to the Publication of This Work', appended to 6th edition of *The Origin of Species* (1872), fn1.

15   *nothing to say.* Aristotle, *Rhetoric*, 1407a34 (CWA, p. 2,244).

16   *colour is an effluence . . .* Plato, *Meno* 76d (CDP, p. 359).

17   *for thrice ten thousand years . . .* Fr. 115 (KRS, p. 315).

18   *For nine years . . .* Hesiod, *Theogony*, 801 (Loeb Classical Library edi-tion, trans. H. G. Evelyn-White, p. 137).

19   *an exile from the gods . . .* Fr. 115 (KRS, p. 315).

20   *Alas that the pitiless day . . .* Fr. 139 (KRS, p. 319).

21　*in an alien garment* . . . Fr. 126 (KRS, p. 316).
22　*Among them was no war-god* . . . Fr. 128 (KRS, p. 318).
23　*All things were tame and gentle* . . . Fr. 130 (KRS, p. 318).
24　*But at the end they come* . . . Frs. 146, 147 (KRS, p. 317).
25　*Come now, observe with all your powers* . . . Fr. 3 (KRS, p. 285).

7.心灵与物质：阿那克萨哥拉斯

1　*I do not believe* . . . Plato, *Apology*, 26d (CDP, p. 12).
2　*filled full of the so-called* . . . Plutarch, *Life of Pericles*, V (Loeb Classical Library edition, trans. Bernadotte Perrin, p. 13).
3　Socrates on the rhetorical powers of Pericles: Plato, *Phaedrus*, 269 (CDP, p. 515).
4　*from the ancient days* . . . Cicero, *Tusculan Disputations*, V, IV, 10 (Loeb Classical Library edition, trans J. E. King, p. 435).
5　*When I was young* . . . Plato, *Phaedo*, 96a (CDP, p. 78).
6　*How could hair* . . . Fr. 10 (KRS, p. 369).
7　*things . . . appear different* . . . Aristotle, *Physics*, 187b3 (CWA, p. 320).
8　*corn also, when it is being ground* . . . Lucretius, *On the Nature of Things*, 1, 880 (Loeb Classical Library edition, trans. W. H. D. Rouse and M. F. Smith, p. 73).
9　*parts which only reason* . . . Aetius, *Placita*, I, 3, 5 (KRS, p. 375).
10　*Appearances are a glimpse* . . . Fr. 21 (KRS, p. 383).
11　*Neither is there a smallest* . . . Fr. 3 (trans. after Zeller; cf. KRS, p. 360).
12　*And it began to rotate* . . . Fr. 12 (KRS, p. 363).
13　*there are some things in which* . . . Fr. 11 (KRS, p. 366).
14　*all knowledge about everything* . . . Fr. 12 (KRS, p. 363).
15　*I knew that my children* . . . Diogenes Laertius, *Lives of the Philosophers*, II, 13 (LOP, vol. 1, p. 143).
16　*Have you no concern* . . . Diogenes Laertius, *ibid.*, II, 7 (LOP, vol. 1, p. 137).

8.笑到最后的人：德谟克利特

1　*Do not be suspicious* . . . (etc.) Frs. 91, 43, 61 (trans. J. M. Robinson in *An Introduction to Early Greek Philosophy*, Boston, 1968, pp. 227, 235).
2　*When man's life* . . . *On the Nature of Things*, 1.62 (Loeb Classical Library edition, trans. W. H. D. Rouse and Martin Smith, p. 8).
3　on the king of Persia: Fr. 118.
4　*these atoms move* . . . Simplicius, *De caelo*, 242 (KRS, p. 426).
5　*Creatures . . . flock together* . . . Fr. 164 (KRS, p. 420).

6　On sweet things, etc.: Theophrastus, *De causis plantarum*, 6, 1, 6.

7　On thunder: Aetius, *Placita*, III, 3, 1 (trans. C. Bailey in *The Greek Atomists and Epicurus*, Oxford, 1928, p. 153).

8　*the motes in the air* . . . Aristotle, *On the soul*, 404a2 (CWA, p. 644).

9　*The hidden nature of a thing* . . . Lamery, *Cours de Chymie* (1675), quoted in F. M. Cornford, *Before and after Socrates*, Cambridge, 1932, p. 26.

10　Melissus: Fr. 8 (KRS, p. 399).

11　*The same thing* . . . *Metaphysics*, 1009b3 (CWA, p. 1,593).

12　*By convention sweet* . . . Fr. 9 (KRS, p. 410).

13　colours as names: Parmenides, Fr. 8 (KRS, p. 252).

14　*He expressly declares* . . . Sextus Empiricus, *Adversus Mathematicos*, VII, 139 (Loeb Classical Library edition, trans. R. G. Bury, vol. 2, p. 77).

15　*Whenever I conceive* . . . Galileo, *Il Saggiatore* (1623), quoted in *Discoveries and Opinions of Galileo*, trans. Stillman Drake, Anchor Books, 1957, p. 274.

16　*an atomical philosophy* . . . cited in Charles Singer, *A Short History of Scientific Ideas to 1900*, Oxford, 1959, p. 273.

17　*nothing in the Objects* . . . *An Essay concerning Human Understanding* (1690), II, 8, 10.

18　*elementary particles of various types* . . . Steven Weinberg, *The Discovery of Subatomic Particles*, Penguin, 1993.

19　*In some worlds there is* . . . Hippolytus, *Refutatio Omnium Haeresium*, 1, 13, 2 (KRS, p. 418).

20　*from infinite time* . . . *On the Nature of Things*, V, 422 (Loeb Classical Library edition, trans. W. H. D. Rouse and Martin Smith, p. 409).

21　*The Selfish Gene*, Oxford, 2nd edition, 1989, pp. 1, 2, 13.

22　*emerged from the ground* . . . Lactantius, *Institutiones divinae*, VII.7.9, (trans. J. M. Robinson, *op.cit.*, p. 216).

23　pupils of animals: Fr. 154.

24　indulgence in education: Fr. 178.

25　*A man who wants children* . . . Fr. 277 (trans. J. M. Robinson, *op. cit.*, p. 227).

26　*a sophistical rhetorician* . . . Benjamin Disraeli in *The Times*, 29 July 1878.

9.打开潘多拉魔盒：智者

1　*Mighty indeed* . . . Thucydides, *The Peloponnesian War*, II, 41 (trans. Rex Warner, Penguin, 1954, p. 148).

2　*Our constitution* . . . ibid., II, 37 (p. 145).

3　*We Athenians* . . . ibid., II, 40 (p. 147).

4　*And here we have a map of the world* . . . Aristophanes, *Clouds*, 206.

5　*The proper care* . . . Plato, *Protagoras*, 318e (CDP, p. 317).

6　Hippias at the Games: Plato, *Lesser Hippias*, 368b.

7　*I have never found* . . . ibid., 364a (CDP, p. 201).

8　*The whole of life* . . . Antiphon, Fr. 51 (trans. Kathleen Freeman, *Ancilla to the Pre-Socratic Philosophers*, Harvard, 1948, p. 150).

9　*Life is like* . . . Fr. 50 *(loc. cit.).*

10　*the art of the sophist* . . . Aristotle, *Topics*, 165a (CWA, p. 279).

11　*Gorgias said that you should* . . . Aristotle, *Rhetoric*, 1419b2 (CWA, p. 2,268).

12　*we must be able to employ persuasion* . . . ibid., 1355a29 (CWA, p. 2,154).

13　One associate of Socrates: Xenophon, *Memorabilia*, 1, VI, 13.

14　*makes the weaker argument defeat* . . . Plato, *Apology*, 19b (CDP, p. 5).

15　*Has one of the Sophists* . . . Plato, *Meno*, 92b (CDP, p. 376).

16　*I loathe that* . . . Eupolis (in *Socrates: A source book*, compiled by John Ferguson, Macmillan, 1970, p. 173).

17　*You have seen it for yourselves* . . . Plato, *Apology*, 18b (CDP, p. 5).

18　*I must try* . . . ibid., 19a (CDP, p. 5).

19　*I have never countenanced* . . . ibid., 33a (CDP, p. 18).

20　*lads when they first get a taste* . . . Plato, *Republic*, 539b (CDP, p. 771).

21　Gorgias on communication: Fr. 3 (trans. Kathleen Freeman, *op. cit.*, p. 129).

22　*the power of speech* . . . Gorgias, Fr. 11 (14)(*loc. cit.*, p. 133).

23　*persuasion, when added to speech* . . . Gorgias, Fr. 11 (13)(*loc. cit.*, p. 132).

24　*Man is the measure of all things.* Protagoras, Fr. 1 (KRS, p. 411, n1).

25　*is to me such as it appears* . . . Plato, *Theaetetus*, 152a (CDP, p. 856).

26　*Sometimes, when the same wind* . . . ibid., 152b (CDP, p. 857).

27　*There remains the question of dreams* . . . ibid., 157e (CDP, p. 862).

28　*if Protagoras is right* . . . Plato, *Cratylus*, 386c (CDP, p. 424).

29　*The true is the name* . . . William James, *Pragmatism* (1907), Lecture II (Harvard University Press edition, 1975, p. 42).

30　*wise and honest public speakers* . . . Plato, *Theaetetus*, 167c (CDP, p. 873).

31　*if anyone were to propose* . . . Herodotus, *Histories*, III, 38 (trans. H. Carter, Oxford, 1962, p. 182).

32　Locke and Rousseau: John Locke, *Second Treatise on Civil Government* (1690); Jean-Jacques Rousseau, *Du Contrat social* (1762).

33　*the laws of men* . . . Antiphon, Fr. 44 (trans. J. M. Robinson, *An Introduction to Early Greek Philosophy*, Boston, 1968, p. 251).

34　*most of the things* . . . Antiphon, *loc. cit.*

35　*custom, the tyrant* . . . Plato, *Protagoras*, 337d (CDP, p. 331).

36　*if the case* . . . Antiphon, *loc. cit.* (p. 252).

37　*The eye of Zeus* . . . Hesiod, *Works and Days*, 264 (trans. D. Wender, Penguin, 1973, p. 67).

38　*About the gods* . . . Protagoras, Fr. 4 (trans. K. Freeman, *op. cit.*, p. 126).

10.哲学殉道者：苏格拉底及其信徒

1   [y]ou are mistaken . . . Plato, *Apology*, 28b (CDP, p. 14).

2   *started wrestling* . . . Plato, *Symposium*, 220c (CDP, p. 571).

3   *fell into a fit* . . . *ibid.*, 174d, 175b (CDP, pp. 529–30).

4   *I have never lived* . . . Plato, *Apology*, 36b (CDP, p. 21).

5   *anyone who is close* . . . Plato, *Laches*, 187e (CDP, p. 131).

6   *who had only to put his flute* . . . Plato, *Symposium*, 215b (CDP, p. 566).

7   *speaking for myself* . . . *ibid.*, 215d (CDP, p. 567).

8   *I've been bitten* . . . *ibid.*, 218a (CDP, p. 569).

9   *The first step, then* . . . Xenophon, *The Banquet*, V (trans. adapted from E. C. Marchant and O. J. Todd, *Xenophon*, Loeb Classical Library edition, vol. 4, p. 599).

10 *After puzzling about it* . . . Plato, *Apology*, 21b (CDP, p. 7).

11 *I reflected as I walked away* . . . *ibid.*, 21d (CDP, p. 7).

12 *whenever I succeed* . . . *ibid.*, 23a (CDP, p. 9).

13 *the arguments never* . . . Plato, *Theaetetus*, 161a (CDP, p. 866).

14 *If I say that this* . . . Plato, *Apology*, 37e (CDP, p. 23).

15 *it has always been* . . . Plato, *Crito*, 46b (CDP, p. 31).

16 *in obedience to God's commands* . . . Plato, *Apology*, 33c (CDP, p. 19).

17 *I want you to think* . . . *ibid.*, 22a (CDP, p. 8).

18 *when it comes* . . . *ibid.*, 31d (CDP, p. 17).

19 *I spend all my time* . . . *ibid.*, 30a (CDP, p. 16).

20 *ashamed that you give* . . . *ibid.*, 29e (CDP, p. 22).

21 *these people give you* . . . *ibid.*, 36e (CDP, p. 22).

22 Apollodorus: Xenophon, *Socrates' Defence*, 28.

23 *to be afraid of death* . . . Plato, *Apology*, 29a (CDP, p. 15).

24 *heroes of the old days* . . . *ibid.*, 41b (CDP, p. 25).

25 *the work of* . . . Plato, *2nd Letter*, 314c (CDP, p. 1,567).

26 *All his private conduct* . . . Xenophon, *Memoirs of Socrates*, IV (trans. E. C. Marchant, Loeb Classical Library edition, p. 309).

27 *that stuffy old prig.* Jonathan Barnes, *The Presocratic Philosophers*, Routledge, 1982, p. 448.

28 modern scholars: particularly Gregory Vlastos, *Socrates: Ironist and Moral Philosopher*, Cambridge, 1991; *Socratic Studies*, Cambridge, 1994.

29 *purified* . . . Plato, *Phaedo*, 67c–d (CDP, p. 50).

30 *mathematics has come to be* . . . Aristotle, *Metaphysics*, 992a32 (CWA, p. 1,568).

31 *our birth is but a sleep* . . . Wordsworth, 'Intimations of Immortality' (1807) V.

32 *we have helped him* . . . Plato, *Meno*, 84b (CDP, p. 368).

33　*At present these opinions . . . ibid.*, 85c (CDP, p. 370).

34　*I shall question him . . .* Plato, *Apology*, 29e (CDP, p. 370).

35　*sometimes, however . . .* Plato, *Lesser Hippias*, 372d (CDP, p. 209).

36　*I am full of defects . . . ibid.*, 372b (CDP, p. 209).

37　*an accurate knowledge of all that.* Plato, *Euthyphro*, 5a (CDP, p. 172).

38　*Is what is holy . . . ibid.*, 10a (CDP, p. 178).

39　*Those who believe that God . . .* Leibniz, *Theodicy* (1710), 176 (trans. E.M. Huggard, Open Court, 1985, p. 236).

40　*We must not limit our inquiry . . .* Aristotle, *Magna Moralia*, 1182a4 (CWA, p. 1,868).

41　*he thought all the virtues . . . ibid.*, 1216b2 (adapted from CWA, p. 1,925).

42　*he is doing away with . . . ibid.*, 1182a21 (CWA, p. 1,868).

43　*No one, he said, acts . . .* Aristotle, *Nicomachean Ethics*, 1145b27 (CWA, p. 1,810).

44　*in the strength of his character . . .* K. Joel (quoted in W. K. C. Guthrie, *Socrates*, Cambridge, 1971, p. 138).

45　*Evil, be thou my Good.* Milton, *Paradise Lost*, IV.110.

46　*no one would choose evil . . .* Aristotle, *Magna Moralia*, 1200b26 (CWA, p. 1,900).

47　*divine naïveté . . .* Nietzsche, *The Birth of Tragedy* (1872), 13 (trans. W. Kaufmann, Random House, 1967, p. 88).

48　*wisdom full of pranks.* Nietzsche, *Der Wanderer und sein Schatten* (1880), 86.

49　*This was Socrates' Muse . . .* Galen, *On the Use of the Parts of the Body*, I, 9.

50　*mutilated by . . .* Plato, *Crito*, 47e (CDP, p. 33).

51　*nothing can harm . . .* Plato, *Apology*, 41d (CDP, p. 25).

52　*the difficulty is not . . . ibid.*, 39b (CDP, p. 24).

53　*to live well means . . .* Plato, *Crito*, 48b (CDP, p. 33).

54　*the just* [man] *is happy . . .* Plato, *Republic*, 354a (CDP, p. 604).

55　*So there is every . . .* Plato, *Gorgias*, 507b (CDP, p. 289).

56　*Those who say that the victim . . .* Aristotle, *Nicomachean Ethics*, 1153b19 (CWA, p. 1,823).

57　*if you are serious . . .* Plato, *Gorgias*, 481c (CDP, p. 265).

58　*it is no ordinary matter . . .* Plato, *Republic*, 352d.

59　*A Socrates gone mad.* Diogenes Laertius, *op. cit.*, VI, 54 (LOP, vol. 2, p. 55).

60　*travelled around with her husband . . . ibid.*, VI, 96 (as trans. J. M. Rist in *Stoic Philosophy*, Cambridge, 1969, p. 61).

61　*wrangling Euclides . . .* Timon of Phlius, in Diogenes Laertius, *op.cit.*, II, 107 (LOP, vol. 1, p. 237).

62　*O Stranger* . . . Athenaeus, *Deipnosophistai*, IX, 410E (trans. St George Stock in *Stoicism*, London, 1908, p. 36).

63　Gödel's Theorem: see *Gödel's Proof*, by E. Nagel & J. R. Newman, London, 1959.

64　*I know how to produce* . . . Plato, *Gorgias*, 474a (CDP, p. 256).

65　*If you put me to death* . . . Plato, *Apology*, 30e (CDP, p. 16).

11.理性共和国：柏拉图

1　*one who feels no* . . . (etc.) Plato, *Republic*, 475c–e (CDP, p. 714–5).

2　*delight in beautiful* . . . (etc.) *ibid.*, 476b–c (CDP, p. 715).

3　*I imagine that whenever the mind* . . . Roger Penrose, *The Emperor's New Mind*, Oxford, 1989, p. 428.

4　*the workings of the actual* . . . *ibid.*, p. 159.

5　*things are not* . . . Plato, *Cratylus*, 386c (CDP, p. 424).

6　*must set himself to be* . . . (etc.) Plato, *Symposium*, 210b–d (CDP, p. 562).

7　*And now, Socrates* . . . *ibid.*, 210e (CDP, p. 562).

8　Mystical philosophers and early Christian writers: Plotinus, *Enneads*, 1, 6, 8–9. Origen: *De Principis*, II, xi, 7. St Augustine: *Confessions*, 9, 10.

9　*when names, definitions* . . . Plato, *7th Letter*, 344b (as trans. W. K. C. Guthrie, *A History of Greek Philosophy*, Cambridge, 1978, vol. 5, p. 410).

10　*withdrew in disgust* . . . *ibid.*, 325a (CDP, p. 1,575).

11　*the justest man* . . . *ibid.*, 324e (CDP, p. 1,575).

12　*some of those in control.* *ibid.*, 325b (CDP, p. 1,575).

13　*finally saw clearly* . . . *ibid.*, 326a (CDP, p. 1,576).

14　*I found myself utterly at odds* . . . (etc.) *ibid.*, 326b–d (CDP, p. 1,576).

15　*liberty for the Syracusans* . . . *ibid.*, 324b (CDP, p. 1,574).

16　*set before him* . . . (etc.) *ibid.*, 327a–b (CDP, p. 1,576).

17　*a regimen that counts* . . . Plutarch, *Life of Dion*, IV, 6 (trans. Bernadotte Perrin, Loeb Classical Library edition, p. 9).

18　*how many subjects* . . . Plato, *7th Letter*, 340d (CDP, p. 1,588).

19　*I feared to see myself* . . . *ibid.*, 328c (CDP, p. 1,578).

20　*forsook my own pursuits* . . . *ibid.*, 329b (CDP, p. 1,578).

21　*The young king once* . . . Plutarch, *Life of Dion*, VII, 7 (Loeb Classical Library edition, p. 17).

22　*It makes no difference* . . . (etc.) Plato, *Republic*, 592b (CDP, p. 819).

23　*you must look at the matter* . . . Plato, *Republic*, 343c (CDP, p. 593).

24　*no one could be found* . . . *ibid.*, 360b (CDP, p. 607).

25　*what it is that* . . . *ibid.*, 367e (CDP, p. 614).

26　*a change to a new type of music* . . . *ibid.*, 424c (CDP, p. 666).

27　Allan Bloom: *The Closing of the American Mind*, Simon & Schuster, 1987.

28　*to represent the evil* . . . Plato, *Republic*, 401b (CDP, p. 646).

29　*the multitude* . . . (etc.) *ibid.*, 431d (CDP, p. 673).

30　*was not impracticable* . . . *ibid.*, 456c (CDP, p. 695).

31　*certain ingenious lots* . . . *ibid.*, 460a (CDP, p. 699).

32　*the offspring of the good* . . . *ibid.*, 460c (CDP, p. 699).

33　*distasteful topic. ibid.*, 502d (CDP, p. 738).

34　*from fathers* . . . *ibid.*, 461a (CDP, p. 700).

35　*our purpose was not* . . . *ibid.*, 472c (CDP, p. 711).

36　*Do you think* . . . *ibid.*, 472d (CDP, p. 711).

37　*the smallest change* . . . *ibid.*, 473b (CDP, p. 712).

38　*those whom we now call* . . . *ibid.*, 473d (CDP, p. 712).

39　*altogether the best* . . . *ibid.*, 540a (CDP, p. 771).

40　*do not fall short of* . . . *ibid.*, 484d (CDP, p. 721).

41　*a mind habituated* . . . *ibid.*, 486a (CDP, p. 722).

42　*a cowardly and illiberal spirit* . . . *ibid.*, 486b (CDP, p. 722).

43　*strivers after truth* . . . *ibid.*, 485d (CDP, p. 722).

44　*when they have thus beheld* . . . *ibid.*, 540a (CDP, p. 771).

45　*And if* . . . *one should* . . . *ibid.*, 515d (CDP, p. 748).

46　*at this point he* . . . *ibid.*, 516b (CDP, p. 749).

47　*what passed for wisdom there. ibid.*, 516c (CDP, p. 749).

48　*provoke laughter* . . . (etc.) *ibid.*, 517a (CDP, p. 749).

49　*uneducated and inexperienced* . . . *ibid.*, 519c (CDP, p. 751).

50　*linger there* . . . *ibid.*, 519d (CDP, p. 752).

51　*the law is not* . . . *ibid.*, 519e (CDP, p. 752).

52　*Down you must go* . . . *ibid.*, 520c (CDP, p. 752).

53　*the fourth and final* . . . *ibid.*, 544c (CDP, p. 773).

54　*hereditary principalities* . . . *ibid.*, 544d (CDP, p. 774).

55　*high-spirited* . . . (etc.) *ibid.*, 548c (CDP, p. 777).

56　*from being lovers* . . . *ibid.*, 551a (CDP, p. 779).

57　*Suppose men* . . . *ibid.*, 551c (CDP, p. 780).

58　*chock-full* . . . (etc.) *ibid.*, 557b (CDP, p. 785).

59　*a garment* . . . *ibid.*, 557d (CDP, p. 786).

60　*the tolerance* . . . *ibid.*, 558a (CDP, p. 786).

61　*he establishes* . . . *ibid.*, 561b (CDP, p. 789).

62　*a kind of equality* . . . *ibid.*, 558c (CDP, p. 786).

63　*day by day* . . . *ibid.*, 561c (CDP, p. 789).

64　*so sensitive* . . . *ibid.*, 563d (CDP, p. 791).

65　*the father* . . . *ibid.*, 562e (CDP, p. 791).

66　*the horses and asses* . . . *ibid.*, 563c (CDP, p. 791).

67　*the exploited group* . . . (etc.) Peter Singer, *Animal Liberation*, Thorsons, 1983, p. xii.

68 *finally pay no heed* . . . Plato, *Republic*, 563d (CDP, p. 792).
69 *devise that famous* . . . ibid., 566b (CDP, p. 794).
70 *trying to escape* . . . ibid., 569b (CDP, p. 797).
71 *Our dreams* . . . ibid., 572b (as trans. C. M. A. Grube and C. D. C. Reeve, Hackett, 1992, p. 242).
72 *are awakened in sleep* . . . ibid., 571c (CDP, p. 798).
73 *either his nature* . . . ibid., 573c (trans. Grube and Reeve, p. 243).
74 *full of slavery* . . . ibid., 577d (trans. Grube and Reeve, p. 248).
75 *so far from finding* . . . ibid., 579e (CDP, p. 806).
76 *ill-governed in his own soul.* ibid., 579c (CDP, p. 806).
77 *pleasures mixed* . . . ibid., 586b (trans. Grube and Reeve, p. 257).
78 *those who have no experience* . . . ibid., 586a (trans. Grube and Reeve, p. 25).
79 twentieth-century critics: Sir Karl Popper, *The Open Society and its Enemies*, Routledge, 1945, vol. 1.
80 *preferably indwelling* . . . Plato, *Republic*, 590d (CDP, p. 818).
81 *we don't allow* . . . ibid., 590e (adapted from Grube and Reeve, p. 262).
82 *expert craftsmen* . . . ibid., 395c (CDP, p. 640).
83 *unity is the greatest* . . . ibid., 464b (CDP, p. 703).
84 *There comes a point* . . . Aristotle, *Politics*, 1263b (as trans. T. A. Sinclair, Penguin, 1962, p. 65).
85 *when they meet* . . . ibid., 1281b (CWA, p. 2,033).
86 *there are some arts* . . . ibid., 1282a (CWA, p. 2,034).
87 *the world is* . . . Plato, *Timaeus*, 29a (CDP, p. 1,162).
88 *it is not to be conceived* . . . *Principia* (2nd edition, 1713), General Scholium to Book III (in *Newton's Philosophy of Nature*, Hafner, 1953, p. 42).
89 Kant: *Theory of the Heavens* (1755) and *The Only Possible Ground for a Proof of the Existence of God* (1763). See also *Kant and The Exact Sciences*, by Michael Friedman, Harvard, 1992, pp. 11–13.
90 Hume: *Dialogues Concerning Natural Religion* (1779).
91 *that in man* . . . R. L. Nettleship, *Lectures on the Republic of Plato*, Macmillan, 1901, p. 220.
92 *craftsmen do not* . . . Plato, *Gorgias*, 503e (CDP, p. 286).
93 *Where the Christian says* . . . G. M. A. Grube, *Plato's Thought*, Methuen, 1935, p. 150.
94 *Enough if we adduce* . . . *Timaeus*, 29c (CDP, p. 1,162).
95 *a figure that* . . . ibid., 33c (as trans. by D. Lee, *Timaeus and Critias*, Penguin, 1971, p. 45).
96 *a moving image of eternity.* ibid., 37d (CDP, p. 1,167).
97 *Mind, the ruling power* . . . ibid., 48a (CDP, p. 1,175).
98 *if they were created* . . . ibid., 41c (CDP, p. 1,170).
99 *who were cowards* . . . (etc.) ibid., 91–2 (CDP, pp. 1,210–11).

100　*on the joints of the bones* . . . ibid., 74e (CDP, p. 1,197).

101　*thus producing insatiable* . . . ibid., 73a (CDP, p. 1,195).

102　*no man is voluntarily bad* . . . ibid., 86e (CDP, p. 1,206).

103　*the influence of* . . . (etc.) George Sarton, *Ancient Science Through the Golden Age of Greece*, 1952 (Dover edition, 1993, pp. 423 and 430).

104　*Linnaeus and Cuvier* . . . Charles Darwin, Letter to William Ogle, 1882 (*Darwin's Life and Letters*, ed. F. Darwin, 1887, London, vol. 3 p. 252).

105　*There is a fault* . . . Lucretius, *On the Nature of Things*, IV, 823 (adapted from the Loeb Classical Library edition, trans. W. H. D. Rouse and M. F. Smith, p. 341).

106　*he answered me* . . . Robert Boyle, *Disquisition about the Final Causes of Natural Things* (1688) (quoted in *A History of Embryology*, by Joseph Needham, Cambridge, 2nd edition, 1959, p. 59, n1. Spelling and punctuation modernized).

107　Heisenberg: see *The Advancement of Science and its Burdens*, by Gerald Holton, Cambridge, 1986, pp. 122, 144, 151, 162.

108　Popper: *Conjectures and Refutations*, Routledge, 5th edition, 1974, p. 89.

109　*A man may sometimes* . . . Plato, *Timaeus*, 59c (CDP, p. 1,184).

110　*natural, or no less real* . . . Plato, *Laws*, 890d (CDP, p. 1,446).

12.知者的大师：亚里士多德

1　*nature does not give weapons* . . . Aristotle, *Generation of Animals*, 759b (CWA, p. 1,176).

2　history of embryology: Joseph Needham, *A History of Embryology*, Cambridge, 2nd edition, 1959, p. 56.

3　*speculations apparently* . . . John Herschel, *A Preliminary Discourse on the Study of Natural Philosophy (1830)*, Chicago, 1987, p. 11.

4　*master of those who know.* Dante, *Inferno*, IV, 131.

5　*How fortunate that man was* . . . Descartes, Letter to Plempius, 15 February 1638 (PWD, vol. 3, p. 79).

6　*I may tell you* . . . Descartes, Letter to Mersenne, 28 January 1641 (PWD, vol. 3, p. 173).

7　*The longest tyranny* . . . John Dryden, 'To Dr Charleton' (1662).

8　*Such appears to be the truth* . . . Aristotle, *Generation of Animals*, 760b (CWA, p. 1,178).

9　*We must survey* . . . Aristotle, *Nicomachean Ethics*, 1179a (CWA, p. 1,863).

10　*not only admitted experience* . . . Galileo, *Letters on Sunspots (1613)*, trans. Stillman Drake, *Discoveries and Opinions of Galileo*, Doubleday, 1957, p. 118.

11 *in the whole range of times past* . . . Aristotle, *On the heavens*, 270b (CWA, p. 451).

12 *his knowledge had included* . . . Galileo, *op. cit.*, p. 118.

13 seventeenth-century Italian critic: Lodovico Castelvetro (1505–71).

14 layman's guide to science: Bryan Appleyard, *Understanding the Present*, Pan, 1992, p. 27.

15 *moved more jubilantly* . . . Herbert Butterfield, *The Origins of Modern Science*, Bell & Hyman, 2nd edition, 1957, p. 6.

16 *Plato is dear to me* . . . traditional attribution (perhaps based on *Nicomachean Ethics*, 1096a).

17 *Orders were given* . . . Pliny the Elder, *Natural History*, VII.44 (trans. J. Healy, Penguin, 1991, p. 114).

18 *sin twice against philosophy. Life of Aristotle* (5th century AD), attributed to Ammonius Hermiae or John Philoponus.

19 *All men by nature* . . . Aristotle, *Metaphysics*, 980a (CWA, p. 1,552).

20 *a natural instinct* . . . Aristotle, *Rhetoric*, 1355a (CWA, p. 2,154).

21 *is beautiful because* . . . Plato, *Phaedo*, 100c (CDP, p. 81).

22 *to speak abstractly and idly.* Aristotle, *Eudemian Ethics*, 1217b (CWA, p. 1,927).

23 *we can dismiss* . . . Aristotle, *On the Soul*, 412b (CWA, p. 657).

24 *the loftier interest* . . . Aristotle, *Parts of Animals*, 645a (CWA, p. 1,004).

25 *Of substances constituted* . . . *loc. cit.*, 644b (CWA, p. 1,003).

26 *for each and all* . . . (etc.) *loc. cit.*, 645a (CWA, p. 1,004).

27 *why shouldn't nature work* . . . Aristotle, *Physics*, 198b (trans. after J. L. A. Ackrill, *Aristotle the Philosopher*, Oxford, 1981, p. 41).

28 *For teeth and all* . . . *loc. cit.*, 198b (CWA, p. 339).

29 British clergyman: William Buckland, *Geology and Mineralogy Considered with Reference to Natural Theology*, London, 1836.

30 *exist for the sake of* . . . Aristotle, *Politics*, 1256b (CWA p. 1,993).

31 *I consider the customary search* . . . Descartes, *Meditations*, IV (PWD, vol. 2, p. 39).

32 *the love that moves* . . . Dante, *Paradiso*, Canto XXXIII.

33 *We assume the gods* . . . Aristotle, *Nicomachean Ethics*, 1178b (CWA, p. 1,862).

34 *hold good for everything that is* . . . Aristotle, *Metaphysics*, 1005a (CWA, p. 1,587).

35 *above the natural philosopher* . . . (etc.). *loc. cit.*, 1005a (CWA, p. 1,587).

36 *must inquire also* . . . *loc. cit.*, 1005b (CWA, p. 1,587).

37 *certain things being stated* . . . Aristotle, *Prior Analytics*, 24b (CWA, p. 40).

38 *That some deductions* . . . Aristotle, *Sophistical Refutations*, 164a (CWA, p. 278).

39　*See how the Fates* . . . Gilbert and Sullivan, *The Mikado.*

40　*Barbara celarent* . . . from the *Introductiones in Logicam* by William of Shyreswood (thirteenth century), quoted in William and Martha Kneale, *The Development of Logic,* Oxford, 1962, p. 232.

41　*to all appearances* . . . Immanuel Kant, *Critique of Pure Reason* (1787), trans. Norman Kemp Smith, Macmillan, 1929, p. 17.

42　*the form to which* . . . Richard Whately, *Elements of Logic* (1826), 9th edition, p. 13.

43　*the universal types* . . . J.S. Mill, *System of Logic* (1843), II, 2, 1.

44　Augustus de Morgan: see his *On the Syllogism & Other Logical Writings* (1846–68), Routledge, 1966.

45　Stoic logic: see Benson Mates, *Stoic Logic,* University of California Press, 1961.

46　Galen: see '"A third sort of syllogism": Galen and the logic of relations', by Jonathan Barnes, in *Modern Thinkers & Ancient Thinkers,* ed. R. W. Sharples, London, 1993.

47　*a kind of universal mathematics* . . . Leibniz, *New Essays on Human Understanding* (1703–5), IV, 7 (trans. P. Remnant and J. Bennett, Cambridge, 1981, p. 478).

48　*The only way to rectify* . . . Leibniz, 'The Art of Discovery' (1685), trans. P. Wiener in *Leibniz Selections,* Scribners, 1951, pp. 51–2.

49　*a language whose signs* . . . Leibniz, 'Towards a Universal Characteristic' (1677), trans. P. Wiener (*op. cit.,* p. 18).

50　Lull: see Martin Gardner, *Logic Machines and Diagrams,* Harvester, 1983, chapter 1.

51　*By ratiocination I mean* . . . Hobbes, *Elements of Philosophy* (1656), 1, 2.

52　Boole: *The Mathematical Analysis of Logic (1847).*

53　Peirce: *Reasoning and the Logic of Things* (1898) (ed. K. L. Ketner, Harvard, 1992).

54　Frege: *Begriffschrift* (1879) (trans. and ed. T. W. Bynum, Oxford, 1972).

55　recent scholarship: H. Putnam, 'Peirce the Logician', in his *Realism with a Human Face,* Harvard, 1990; W. Quine, 'Peirce's Logic' (1989), in his *Selected Logic Papers,* enlarged edition, Harvard, 1995; W. Goldfarb, 'Logic in the 20s', in *Journal of Symbolic Logic,* 49 (1979), pp. 351–68.

56　logic and computers: see Martin Davis, 'Mathematical Logic and the Origin of Modern Computing' and 'Influences of Mathematical Logic on Computer Science', both in *The Universal Turing Machine,* ed. R. Herken, Oxford, 1988.

57　*It is the mark of an educated man* . . . Aristotle, *Nicomachean Ethics,* 1094b (CWA, p. 1,730).

58　*the whole account* . . . *ibid.,* 1104a (CWA, p. 1,743).

59   *old customs . . .* (etc.) Aristotle, *Politics*, 1268b (CWA, p. 2,013).

60   *superior refinement and active disposition.* Aristotle, *Nicomachean Ethics*, 1095b (CWA, p. 1,731).

61   *just as for a flute-player . . . ibid.*, 1097b (CWA, p. 1,735).

62   *in accordance with . . . ibid.*, 1098a (CWA, p. 1,735).

63   *for one swallow . . . ibid.*, 1098a (CWA, p. 1,735).

64   *sufficiently equipped with external goods. ibid.*, 1101a (CWA, p. 1,739).

65   *fall short of or exceed . . . ibid.*, 1107a (CWA, p. 1,748).

66   *moral excellence is concerned . . . ibid.*, 1106b (CWA, p. 1,747).

67   *Aristotle's works are full of platitudes . . .* J. O. Urmson, *Aristotle's Ethics*, Blackwell, 1988, p. 71.

68   *the life according to intellect . . .* Aristotle, *Nicomachean Ethics*, 1178a (CWA, p. 1,862).

69   *best thing in us . . .* (etc.) *ibid.*, 1177a (CWA, pp. 1,860–61).

70   *we must not follow . . .* (etc) *ibid.*, 1177b (CWA, p. 1,861).

71   *in a secondary degree . . .* (etc.) *ibid.*, 1178a (CWA, p. 1,862).

72   *shall we not . . . ibid.*, 1094a (CWA, p. 1,729).

73   *we are inquiring . . . ibid.*, 1103b (CWA, p. 1,743).

74   *master art. ibid.*, 1094a (CWA, p. 1,729).

75   *It makes no small difference . . .* (etc.). *ibid.*, 1103b (CWA, p. 1,743).

76   *it is through laws . . . ibid.*, 1180b (CWA, p. 1,866).

77   *that which is always . . .* Aristotle, *Metaphysics*, 1027a (CWA, p. 1,622).

78   *poetry is something . . .* Aristotle, *Poetics*, 1451a (trans. after T. S. Dorsch, *Classical Literary Criticism*, Penguin, 1965, pp. 43–4).

79   *consists in rejoicing . . .* (etc.). Aristotle, *Politics*, 1340a (CWA, p. 2,126).

80   *hymns to the gods . . .* Plato, *Republic*, 607a (CDP, p. 832).

81   *Tragedy is . . .* Aristotle, *Poetics*, 1449b (CWA p. 2,320).

82   *like ourselves* (etc.). *ibid.* 1453a–1454a (CWA, p. 2,325):

83   *might lead a timorous man . . .* R. Janko, 'From Catharsis to the Aristotelian Mean', in *Essays on Aristotle's Poetics*, edited by A. O. Rorty, Princeton, 1992, p. 352.

84   *in inspiring the pleasure of the ridiculous . . .* (etc.). Umberto Eco, *The Name of the Rose* (trans. Warren Weaver, Picador, 1985, p. 468).

85   *if one day . . . loc. cit.*, pp. 476–8.

86   *Because it was by the Philosopher . . . loc. cit.*, p. 473.

13.通向宁静的三条道路：伊壁鸠鲁学派、斯多噶学派和怀疑主义学派

1   *Empty are the words . . .* quoted in Porphyry's *To Marcella*, 31 (THP, p. 155).

2   *so easily grasped . . .* Cicero, *Tusculan Disputations*, IV, 3 (Loeb Classical Library edition, trans. J. E. King, p. 335).

3 *in accordance with nature.* Stobaeus, *Anthologium*, II, 75 (THP, p. 394).

4 *notorious midnight philosophizings.* Diogenes Laertius, *Lives of the Philosophers*, X, 7 (LOP, vol. 2, p. 585).

5 *the world is filled* . . . John of Salisbury, *Policraticus* (1159), VIII, 24 (trans. H. Jones, in his *The Epicurean Tradition*, Routledge, 1989, p. 140).

6 *Serenely full* . . . Sydney Smith, 'Recipe for A Salad'.

7 *sex is never* . . . Epicurus, *Vatican Sayings*, 51 (THP, p. 116).

8 *Roman vice* . . . W. E. H. Lecky, *History of European Morals*, Longmans, 1882, vol. 1, p. 231.

9 *when we say that pleasure* . . . Epicurus, *Letter to Menoeceus*, 131 (THP, p. 114).

10 *impossibility of living* . . . Epicurus, *ibid.*, 132 (THP, p. 114).

11 *the just life* . . . Epicurus, *Key Doctrines*, 17 (THP, p. 125).

12 *immortal.* Epicurus, *Vatican Sayings*, 78 (THP, p. 126).

13 *It is more pleasurable* . . . Plutarch, *Against Epicurean Happiness*, 1097A (THP, p. 126).

14 *the undisturbed man* . . . Epicurus, *Vatican Sayings*, 79 (THP, p. 126).

15 *Nature has placed* . . . Bentham, *Introduction to the Principles of Morals and Legislation* (1789), I, 1.

16 *the greatest happiness* . . . Bentham, *Deontology* (1834), vol. 1, p. 300.

17 *calculation and survey* . . . Epicurus, *Letter to Menoeceus*, 130 (THP, p. 114).

18 *We must liberate ourselves* . . . Epicurus, *Vatican Sayings*, 58 (THP, p. 126).

19 *an activity* . . . Sextus Empiricus, *Adversus Mathematicos*, II, 169 (THP, p. 156).

20 *What is insatiable* . . . Epicurus, *Vatican Sayings*, 59 (THP, p. 116).

21 *fears concerning* . . . Epicurus, *Key Doctrines*, 10 (THP, p. 115).

22 *mind and spirit* . . . (etc.) Lucretius, *On the Nature of Things*, III, 161–176 (trans. R. Latham, Penguin, 1951, p. 101).

23 *seeing that when we* . . . Epicurus, *Letter to Menoeceus*, 125 (THP, p. 150).

24 *a correct understanding* . . . (etc.). Epicurus, *ibid.*, 124–126 (THP, pp. 149–50).

25 *they are delicate* . . . Lucretius, *op. cit.*, IV, 726 (THP, 74).

26 *opinions, on the other hand* . . . (etc.). Sextus Empiricus, *Adversus Mathematicos*, VII, 210 (THP p. 81).

27 *If you fight* . . . Epicurus, *Key Doctrines*, 23 (THP, p. 80).

28 *do not trump up* . . . Lucretius, *ibid.*, IV, 386 (THP, p. 82).

29 *storm-tossed* . . . Lucretius, *ibid.*, IV, 1076 (Penguin, p. 163).

30 *you assure yourself* . . . Lucretius, *ibid.*, IV, 1066 (p. 163).

31 *Body clings greedily* . . . Lucretius, *ibid.*, IV, 1108 (p. 164).

32　*sprite* (etc.) Lucretius, *ibid.*, IV, 1162–1167 (p. 166).

33　*in her physical nature* . . . Lucretius, *ibid.*, IV, 1174 (p. 167).

34　*Vent the seed* . . . Lucretius, *ibid.*, IV, 1065 (p. 163).

35　*an alluring face* . . . Lucretius, *ibid.*, IV, 1033 (p. 162).

36　*Food and fluid* . . . Lucretius, *ibid.*, IV, 1091 (p. 164).

37　*no collision* . . . Lucretius, *ibid.*, II, 222 (p. 66).

38　*a piece of childish fancy.* Cicero, *De finibus*, I, 6 (Loeb Classical Library edition, trans. H. Rackham, p. 23).

39　*it would be better* . . . Epicurus, *Letter to Menoeceus* (THP, p. 102).

40　*if all movement* . . . Lucretius, *op. cit.*, II, 251 (Penguin, p. 67).

41　*science thereby withdraws,* . . . A. S. Eddington, *The Nature of the Physical World* (1928), Everyman's Library edition, 1935, p. 284.

42　*if it is a matter* . . . A. J. Ayer, 'Freedom and Necessity', in his *Philosophical Essays*, Macmillan, 1954, p. 275.

43　*for a comprehensive view* . . . Epicurus, *Letter to Herodotus*, 35 (LOP, vol. 2, p. 567).

44　*we must grasp* . . . Epicurus, *ibid.*, 37 (THP, p. 87).

45　*keep thought always* . . . C. Bailey, *The Greek Atomists and Epicurus*, Oxford, 1928, p. 235.

46　*all our notions* . . . Diogenes Laertius, *Lives of the Philosophers*, X, 32 (LOP, vol. 2, p. 561).

47　*When the winds* . . . Lucretius, *op. cit.*, II, 1 (trans. A. A. Long in his *Hellenistic Philosophy*, University of California Press, 1974, p. 74).

48　*You, who out of black darkness* . . . Lucretius, *op. cit.*, III, 1 (Penguin, p. 96).

49　*Do not seek* . . . Epictetus, *Encheiridion*, 8 (Loeb Classical Library edition of Epictetus, trans. W. Oldfather, vol. 2, p. 491).

50　*It is not the things* . . . Epictetus, *ibid.*, 5 (p. 489).

51　*Under all forms* . . . B. Ward and R. Dubos, *Only One Earth* (Penguin, 1972, p. 83). Quoted in A. A. Long, *op. cit.*, p. 158.

52　*Never say about anything* . . . Epictetus, *op. cit.*, 11 (p. 491).

53　*no one will ever* . . . Epictetus, *ibid.*, 1 (p. 483).

54　*Withdraw into yourself.* Marcus Aurelius, *Meditations*, VII, 28 (trans. A. S. L. Farquharson, Everyman, 1992, p. 47).

55　*The happy man* . . . Seneca, *On Sophistical Argumentation*, 9 (trans. R. M. Gummere, *Epistulae Morales*, Loeb Classical Library edition, vol. 1, p. 295).

56　*I deny that riches* . . . Seneca, *On the Happy Life*, 24 (trans. J. W. Basore, *Moral Essays*, Loeb Classical Library edition, vol. 2, p. 165).

57　*be not troubled* . . . Marcus Aurelius, *Meditations*, VIII, 5 (p. 53).

58　*a certain imperious* . . . Aulus Gellius, *Attic Nights*, VII, 2 (trans. J. B. Gould in his *The Philosophy of Chrysippus*, SUNY Press, 1970, p. 148).

59　*The story goes* . . . Diogenes Laertius, *Lives of the Philosophers*, VII, 23 (THP, p. 389).

60　*the doer and source of all* (etc.) Aeschylus, *Agamemnon*, 1,485 (trans. P. Vellacott, Penguin, 1956, p. 94).

61　*Why is it that God* . . . Seneca, *On Providence*, IV (trans. J. W. Basore, *Moral Essays*, Loeb Classical Library edition, vol. 1, p. 29).

62　*Evil of every sort* . . . Seneca, *op. cit.*, VI (p. 43).

63　*Nature made us relatives* . . . Seneca, *Epistle* XCV.

64　Epictetus on self-interest: *Discourses*, II, 10.

65　*Her husband is lucky.* Epictetus, *op. cit.*, II, 18.

66　*There have ever been stern* . . . W.E.H. Lecky, *op. cit.*, vol. 1, p. 172.

67　*Place me in the midst* . . . (etc.) Seneca, *On the Happy Life*, 25 (trans. J. W. Basore, *Moral Essays*, Loeb Classical Library edition, vol. 2, p. 165).

68　*He was always in the same mental state* . . . Diogenes Laertius, *Lives of the Philosophers*, IX, 63 (THP, p. 13).

69　*avoiding nothing* . . . Diogenes Laertius, *ibid.*, IX, 62 (THP, p. 13).

70　*often . . . he would leave* . . . Diogenes Laertius, *ibid.*, IX, 63 (LOP, vol. 2, p. 477).

71　*although he practised philosophy* . . . Diogenes Laertius, *ibid.*, IX, 62 (THP, p. 13).

72　*unloosed the shackles* . . . Timon, Fr. 822 (THP, p. 18).

73　*neither our sensations* . . . Aristocles, quoted in Eusebius, *Praeparatio evangelica*, 14, 18 (THP, p. 15).

74　*Nobody knows* . . . Xenophanes, Fr. 34 (KRS, p. 179).

75　*The Ethiopians* . . . Xenophanes, Fr. 16 (KRS, p. 169).

76　*less intelligent than a banjo.* Timon, Fr. 812 (LOP, vol. 2, p. 127).

77　*nothing is honourable* . . . Diogenes Laertius, *op. cit.*, IX, 61 (adapted from THP, p. 13).

78　*Sceptics are philanthropic* . . . Sextus Empiricus, *Outlines of Pyrrhonism*, III, 280 (trans. J. Annas and J. Barnes as *Outlines of Scepticism*, Cambridge, 1994, p. 61).

79　*no impression* . . . Cicero, *Academica*, II, 78 (THP, p. 243).

80　*in persuasiveness* . . . Diogenes Laertius, *op. cit.*, IV, 37 (LOP, vol. 1, p. 415).

81　*a Pyrrhonian* . . . David Hume, *An Enquiry Concerning Human Understanding* (1748), XII.

82　*how is it that* . . . Plutarch, *Adversus Colotem*, 1122e (THP, p. 450).

83　*That honey is sweet* . . . Timon, quoted in Diogenes Laertius, *op. cit.*, IX, 105 (THP, p. 15).

84　*laws and customs* . . . Sextus Empiricus, *op. cit.*, I, 231 (*loc. cit.*, p. 61).

85　*adopted the practice* . . . Eusebius, *Praeparatio Evangelica*, 14, 7, 15 (trans. J. Hankinson, in his *The Sceptics*, Routledge, 1995, p. 95).

86 *When they suspended* . . . Sextus Empiricus, *op. cit.* I, 29 (p. 11).

87 *make firm assertions.* Sextus Empiricus, *ibid.*, I, 208 (p. 53).

88 *When we say that Sceptics* . . . Sextus Empiricus, *ibid.*, I, 13 (p. 6).

89 *go along with.* Sextus Empiricus, *ibid.*, 230 (p. 61).

90 *everyday observances.* Sextus Empiricus, *ibid.*, I, 23 (p. 9).

91 *in conformity with his ancestral customs* . . . Sextus Empiricus, *Adversus Mathematicos*, IX, Loeb Classical Library (edition of Sextus, trans. R. G. Bury, vol. 3, p. 29).

92 *from an everyday point of view.* Sextus Empiricus, *Outlines of Pyrrhonism*, I, 24 (*op. cit.*, p. 9).

93 *depend on passive* . . . Sextus Empiricus, *ibid.*. I, 22 (p. 9).

94 *for this, like Agriculture and Navigation* . . . Sextus Empiricus, *Adversus Mathematicos*, V, 2 (*op. cit.*, vol. 4, p. 323).

95 *Sceptics . . . employ weighty arguments* . . . Sextus Empiricus, *Outlines of Pyrrhonism*, III, 280 (p. 216).

96 *an ability to set out* . . . Sextus Empiricus, *ibid.*, I, 8 (p. 4).

97 *it is no doubt easy* . . . Sextus Empiricus, *ibid.*, I, 112 (p. 29).

98 *profess to hunt down* . . . Philo of Alexandria (c.30 BC–AD 45), *On drunkenness*, 198 (trans. J. Annas and J. Barnes in their *The Modes of Scepticism*, Cambridge, 1985, p. 155).

99 *there have been countless inquiries* . . . Philo of Alexandria, *op. cit.*, 202 (p. 156).

100 *All his life* . . . Pierre Bayle, *Historical and Critical Dictionary* (1697), 'Pyrrho' (trans. R. Popkin, Hackett, 1991, p. 194).

101 *perpetually troubled* . . . (etc.) Sextus Empiricus, *Outlines of Pyrrhonism*, I, 27 (p. 10).

102 *we agree that* . . . (etc.) Sextus Empiricus, *ibid.*, I, 29 (p. 11).

14.虔诚的避难所：古代后期和中世纪

1 *And so let me anchor* . . . Proclus, *Hymns* (quoted in *Outlines of the History of Greek Philosophy*, by Eduard Zeller, trans. L. Palmer, New York, 1957, p. 337).

2 *hath no otherwise place* . . . Hobbes, *Leviathan* (1651), IV, 46 (punctuation modernized).

3 *the kind of degenerate learning* . . . Francis Bacon, *The Advancement of Learning* (1605), I, iv, 5.

4 *whether the firmament* . . . (etc.) Edward Grant, *A History of Natural Philosophy*, Cambridge, 2007, p. 264.

5 *the lust of the eyes* . . . (etc.) St Augustine, *Confessions*, X, xxxv (trans. H. Chadwick, Oxford, 1991, p. 211).

6　*a literate man* . . . C. S. Lewis, 'Imagination and thought in the Mid-dle Ages' (1956) in his *Studies in Medieval and Renaissance Literature*, Cambridge, 1966, p. 43.

7　Scotus on angels and space: see Helen Lang's *Aristotle's Physics and its Medieval Varieties*, SUNY Press, 1992, chapter 8.

8　*fashioned by God* . . . Alcinous, *Didaskalikos*, 12 (trans. J. Reedy as *The Platonic Doctrines of Albinus*, Phanes Press, 1991, p. 42).

9　*without motion himself* . . . Alcinous, *ibid.*, 10 (p. 38).

10　*contemplate eternally* . . . Alcinous, *loc. cit.* (p. 39).

11　*most marvellous providence.* Alcinous, *ibid.*, 12 (p. 42).

12　*one contemplates first* . . . Alcinous, *ibid.*, 12 (p. 40).

13　*the heavenly ladder* . . . (etc.) Plato, *Symposium*, 211c–d (CDP, p. 563).

14　Numenius on Plato: quoted in Clement of Alexandria, *Stromateis*, 1.21.

15　*a summary of Plato's principal teachings.* Alcinous, *op. cit.*, 1 (p. 21).

16　*learning to know* . . . Hermes Trismegistus, *Asclepius*, 12 (trans. E. R. Dodds in his *Pagan and Christian in an Age of Anxiety*, Cambridge, 1965, p. 92).

17　*some 20,000 facts* . . . Pliny, *Natural History*, preface (trans. J. Healy, Penguin, 1991, p. 5).

18　*A surprising fact* . . . Pliny, *ibid.*, XXVIII, 36 (p. 255).

19　*The most carefully researched authorities* . . . Pliny, *ibid.*, XXXVI, 109 (p. 356).

20　*For what reason our forefathers* . . . Aulus Gellius, *Attic Nights* (trans. J. C. Rolfe, Loeb Classical Library edition).

21　*seemed ashamed* . . . Porphyry, *Life of Plotinus*, I (trans. A. H. Arm-strong in the Loeb Classical Library edition of Plotinus, vol. 1, p. 3).

22　*nothing can be affirmed of it* . . . Plotinus, *Enneads*, III, 8, 10 (trans. S. MacKenna, Penguin, 1991, p. 246).

23　*supremely adequate* . . . Plotinus, *ibid.*, VI, 9, 6 (p. 542).

24　*beauty beyond beauty.* Plotinus, *ibid.*, VI, 7, 32 (p. 501).

25　*the soul looks upon the wellspring of life* . . . Plotinus, *ibid.*, VI, 9, 8–9 (p. 545).

26　*When the soul begins* . . . Plotinus, *ibid.*, VI, 9, 11 (p. 548).

27　*is apt to prove wearisome.* Hegel, *Lectures on the History of Philosophy*, I, 3, C, 2 (trans. E. S. Haldane, Kegan Paul, 1892, vol. 2, p. 407).

28　*our way then takes us beyond knowing.* Plotinus, *op. cit.*, VI, 9, 4 (p. 540).

29　*proof . . . evidence* . . . (etc.) Plotinus, *ibid.*, VI, 9, 10 (p. 547).

30　*by the efficacy* . . . Iamblichus, *De mysteriis*, 96, 13 (trans. E. R. Dodds, in *The Greeks and the Irrational*, California, 1951, p. 287).

31　*a power higher* . . . Proclus, *Platonic Theology* (trans. E. R. Dodds, *ibid.*, p. 291).

32 *attack mathematically everything in nature.* Iamblichus, *On the Common Mathematical Science*, 32 (trans. G. E. R. Lloyd in his *Greek Science After Aristotle*, Norton, 1973, p. 156).

33 *would not have been created* . . . A. C. Lloyd in *The Cambridge History of Later Greek and Early Medieval Philosophy*, ed. A. H. Armstrong, Cambridge, 1967, p. 305.

34 Dionysius in the Bible: Acts of the Apostles, 17.34.

35 *denying or removing* . . . (etc.) Pseudo-Dionysius, *Mystical Theology*, 2 (trans. F. C. Copleston in his *History of Philosophy*, Doubleday, 1962, vol. 2, p. 95).

36 *have said things which are true* . . . Augustine, *Confessions*, III, vi (p. 41).

37 *distinguish the difference* . . . Augustine, *ibid.*, VII, xx (p. 130).

38 *There are none* . . . Augustine, *City of God*, VIII, 5 (trans. H. Bettenson, Penguin, 1972, p. 304).

39 *If these men* . . . Augustine, *De vera religione*, 7 (trans. H. Bettenson, *ibid.*, p. 304, n10).

40 *Truth, truth* . . . Augustine, *Confessions*, III, vi (p. 40).

41 *not to study* . . . Augustine, citing Cicero's *Hortensius* [now lost], *ibid.*, III, iv (p. 39).

42 *unworthy in comparison* . . . Augustine, *ibid.*, III, v (p. 40).

43 *men proud of their slick talk* . . . Augustine, *ibid.*, III, vi (p. 40).

44 *one of being seduced* . . . Augustine, *ibid.*, IV, i (p. 52).

45 *Away with* . . . Tertullian, *On Prescription against Heretics*, VII (trans. E. Gilson in his *Reason and Revelation in the Middle Ages*, Scribners, 1954, p. 9).

46 *the Platonists* . . . Augustine, *City of God*, VIII, II (p. 313).

47 *If I am deceived, I exist!.* Augustine, *ibid.*, XI, 26.

48 *wanted to be as certain* . . . Augustine, *Confessions*, VI, iv (p. 95), p. 385

49 *the lynching of Hypatia* . . . Bertrand Russell, *History of Western Philosophy*, p. 365.

50 *But this is completely erroneous* . . . Philoponus, *Commentary on Aristotle's Physics*, 683 (trans. in *A Source Book in Greek Science*, ed. M. Cohen and I. Drabkin, Harvard, 1966, p. 220).

51 *slippery Fortune.* Boethius, *The Consolation of Philosophy*, I, v (trans. V. E. Watts, Penguin, 1969, p. 47).

52 *Grant, Father* . . . Boethius, *ibid.*, III, ix (p. 97).

53 *my servant Plato.* Boethius, *ibid.*, I, iii (p. 39).

54 *a single argument* . . . St Anselm, *Proslogion*, Preface (trans. in *Medieval Philosophy*, ed. J. Wippel and A. Wolter, Free Press, 1969, p. 154).

55 *something than which* . . . St Anselm, *loc. cit.*, 2 (p. 155).

56 *It is not your sublimity* . . . St Anselm, *loc. cit.*, I (p. 155).

57 *Since I preferred* . . . Abelard, *Historia Calamitatum* (trans. J. T. Muckle, Pontifical Institute of Medieval Studies, 1954, p. 12).

58 *success always puffs up fools* . . . (etc.) Abelard, *ibid.* (pp. 25–7).

59 *grave risk.* Pius X, *Doctoris Angelici,* quoted in Bernard McGinn, *Thomas Aquinas's Summa theologiae,* Princeton, 2014, p. 183.

60 *The corporeal creature* . . . Sacred Congregation of Studies, *Decree of Approval of some theses contained in the Doctrine of St. Thomas Aquinas* . . . , Rome, 1914 (excerpted from *The Sheed and Ward Anthology of Catholic Philosophy,* ed. by James C. Swindal & Harry J. Gensler, Sheed and Ward, 2005, pp. 293–96.)

61 *the pure light of reason* . . . *The Evolution of Medieval Thought,* by David Knowles, Longman, 2nd ed., 1988, p. 232.

62 *Let it be added* . . . John of Jandun, quoted and trans. in *Reason and Revelation in the Middle Ages,* by Etienne Gilson, Scribners, 1954, p. 63.

63 *the supreme truth* . . . Averroes' commentary on Aristotle's *De anima,* quoted and trans. in David Knowles, *op. cit.,* p. 181.

64 *for the sake of brevity* . . . William of Ockham, *Tractatus de successivis,* ed. P. Boehner, New York, 1944, p. 37.

65 Luther on Copernicus: see T. S. Kuhn, *The Copernican Revolution,* Harvard, 1957, p. 191.

66 *There is a* . . . *single vast immensity* . . . (etc.) Giordano Bruno, *De l'infinito universo e mondi* (1584) (trans. D. W. Singer, cited in A. Koyre, *From the Closed World to the Infinite Universe,* Johns Hopkins, 1968, pp. 40 and 42).

67 *new Philosophy calls* . . . John Donne, *An Anatomy of the World* (1611).

15.重新发现之旅：文艺复兴时期

1 'No man is a stone . . . ' Lorenzo Valla (1405–87), *Opera Omnia,* II, 739, Turin, 1962 (trans. in *Renaissance Philosophy,* by B. P. Copenhaver and C. B. Schmitt, Oxford, 1992, p. 226).

2 *it is safer* . . . *The Notebooks of Leonardo da Vinci* (trans. E. MacCurdy, cited in *Sources of the Western Tradition,* vol. I, ed. M. Perry et al., Houghton Mifflin, 1987, p. 303).

3 *unknown to the ancients* . . . (etc.). Amerigo Vespucci, *Mundus Novis* (trans. in *The Philosophy of the 16th and 17th Centuries,* ed. R. Popkin, Free Press, 1966, pp. 29–30).

4 Christopher Marlowe: *The Massacre at Paris* (1592), 389.

5 *Human knowledge* . . . Francis Bacon, *Novum Organum* (1620), I, 3 (trans. P. Urbach and J. Gibson, Open Court, 1994, p. 43).

6 *the knowledge of Causes* . . . Francis Bacon, *New Atlantis* (c. 1623) (ed. A. Johnston, Oxford, 1974, p. 239).

7   *many things . . . work upon the spirits of man . . .* Francis Bacon, *De Augmentis* (1623) (trans. B. Copenhaver in *The Cambridge History of Renaissance Philosophy*, ed. C. B. Schmidt and Q. Skinner, Cambridge, 1988, p. 296).

8   Newton's alchemical manuscripts: see 'Isaac Newton: Alchemist and Fundamentalist', by Martin Gardner, *Skeptical Inquirer*, September/October 1996, pp. 13–16.

9   *nature is . . .* Marsilio Ficino, *De vita coelitus comparanda* (1489) (adapted from translation in Copenhaver, *op. cit.*, p. 274).

10 *there is no department . . .* Pico della Mirandola, *Conclusiones* (1486) (trans. Copenhaver, *op. cit.*, p. 270).

11 *one scarcely knows . . .* B. Copenhaver and C. Schmidt, *Renaissance Philosophy*, Oxford, 1992, p. 289.

12 *Was not Plato perfectly right . . .* Galileo, *Discorsi* (1638), II, 175 (trans. H. Crew and A. de Salvio, *Dialogues Concerning Two New Sciences*, Dover, 1954, p. 137).

13 *Nothing reveals . . .* Ficino, *Liber de sole* (1576), trans. T. S. Kuhn in his *The Copernican Revolution*, Harvard, 1957, p. 130.

14 *In the middle of all . . .* (etc.) Copernicus, *De revolutionibus* (1543), I, 10 (trans. J. F. Dobson and S. Brodetsky, cited in Kuhn, *op. cit.*, p. 131).

15 *Are you married? . . .* François Rabelais, *Gargantua and Pantagruel*, III (1546), chapter 36 (trans. T. Urquhart and P. Le Motteux, Everyman, 1994, p. 442).

16 *Since Ptolemy . . .* Michel de Montaigne, *Essais* (1580), II, 12 (trans. M. Screech, Penguin, 1991, p. 644).

17 *the very pestilence . . .* Agrippa von Nettesheim, *De incertitude et vanitate scientarium* (English translation of 1569, quoted in *The History of Scepticism*, by R. Popkin, Berkeley, 1979, p. 24).

18 *human affairs . . .* Erasmus, *In Praise of Folly* (1511), 45 (trans. B. Radice, Penguin, 1971, p. 135).

19 *Nothing is more characteristic . . .* Martin Luther, *Selections from his Writings*, ed. J. Dillenberger, New York, 1961, pp. 168–9.

20 *I put no trust . . .* Martin Luther, *Final answer at the Diet of Worms* (1521) (trans. H. Bettenson in *Documents of the Christian Church*, Oxford, 1963, p. 201).

21 *conscious of the darkness . . .* Pierre Bayle, 'Pyrrho', *Historical and Critical Dictionary* (1697) (trans. R. Popkin, Hackett, 1991, p. 194).

22 *it follows that in the Sacrament . . .* Archive of the Sacred Congregation for the Doctrine of the Faith (cited in *Galileo: Heretic*, by Pietro Redondi, Penguin, 1989, p. 334).

23 *great automaton.* Robert Boyle, *Origin of Forms and Qualities* (1666),

in *Selected Philosophical Papers of Robert Boyle*, ed. M. A. Stewart, Hackett, 1991, p. 71.

24　*experience is the balance* . . . Pierre Gassendi, *The Selected Works of Pierre Gassendi*, ed. C. B. Brush, Johnson Reprint Corporation, 1972, p. 40.

25　*no proposition* . . . Pierre Gassendi, *ibid.*, p. 102.

26　*poor, nasty, brutish, and short.* Thomas Hobbes, *Leviathan*, I, 13.

27　*[Galileo's] building lacks a foundation.* Descartes, Letter to Mersenne, 11 September 1638 (PWD, vol. 3, p. 124).

28　*If a man will begin* . . . Francis Bacon, *The Advancement of Learning*, I, v, 8.

图书在版编目（CIP）数据

理性之梦：古希腊到文艺复兴时期哲学史／（英）
安东尼·戈特利布（Anthony Gottlieb）著；肖聿译
. －－北京：中国人民大学出版社，2021.11
书名原文：The Dream of Reason：A History of
Western Philosophy from the Greeks to the
Renaissance
ISBN 978-7-300-29897-9

Ⅰ．①理… Ⅱ．①安…②肖… Ⅲ．①西方哲学-哲
学历 Ⅳ．①B5

中国版本图书馆 CIP 数据核字（2021）第 189455 号

理性之梦

古希腊到文艺复兴时期哲学史

［英］安东尼·戈特利布（Anthony Gottlieb）　著

肖　聿　译

Lixing zhi Meng

出版发行	中国人民大学出版社				
社　　址	北京中关村大街 31 号		**邮政编码**	100080	
电　　话	010 - 62511242（总编室）		010 - 62511770（质管部）		
	010 - 82501766（邮购部）		010 - 62514148（门市部）		
	010 - 62515195（发行公司）		010 - 62515275（盗版举报）		
网　　址	http://www.crup.com.cn				
经　　销	新华书店				
印　　刷	天津中印联印务有限公司				
规　　格	160 mm×235 mm　16 开本		**版　　次**	2021 年 11 月第 1 版	
印　　张	31 插页 2		**印　　次**	2021 年 11 月第 1 次印刷	
字　　数	391 000		**定　　价**	89.00 元